U0876234

中国社会科学院创新工程学术出版资助项目

智库 中社 年度报告 Annual Report

China City Marketing Development Report（2017）

Cities' Responsibility in National Brand Strategy

中国城市营销发展报告

——国家品牌战略的城市担当

刘彦平 主 编

许 峰 钱明辉

赵 峥 何春晖 副主编

2017

中国社会科学出版社

图书在版编目（CIP）数据

中国城市营销发展报告.2017：国家品牌战略的城市担当/刘彦平主编.
—北京：中国社会科学出版社，2018.1
（中国城市营销丛书）
ISBN 978-7-5203-1246-2

Ⅰ.①中… Ⅱ.①刘… Ⅲ.①城市市场—市场营销学—研究报告—中国—2017 Ⅳ.①F723.81

中国版本图书馆 CIP 数据核字（2017）第 261018 号

出 版 人 赵剑英
责任编辑 喻 苗
责任校对 赵雪姣
责任印制 王 超

出 版 中国社会科学出版社
社 址 北京鼓楼西大街甲 158 号
邮 编 100720
网 址 http://www.csspw.cn
发 行 部 010-84083685
门 市 部 010-84029450
经 销 新华书店及其他书店

印 刷 北京君升印刷有限公司
装 订 廊坊市广阳区广增装订厂
版 次 2018 年 1 月第 1 版
印 次 2018 年 1 月第 1 次印刷

开 本 710×1000 1/16
印 张 29.75
字 数 503 千字
定 价 118.00 元

凡购买中国社会科学出版社图书，如有质量问题请与本社营销中心联系调换
电话：010-84083683
版权所有 侵权必究

中国城市营销发展报告（2017）课题组

顾　　问　杜志雄　何德旭　郭国庆　肖金成　倪鹏飞　丁俊杰
李校堃　应树德　皮·奥夫·伯格　金元浦　王诚庆
刘志明　张英伟　陈　岱　范　红　连　漪　李峥嵘
泽波·瑞尼斯特

研究合作　温州大学产学融城战略研究院
中国人民大学中国市场营销研究中心
浙江大学经济与文化研究中心

数据支持　中国社会科学院城市与竞争力指数数据库
中青华云大数据平台

主　　编　刘彦平
副 主 编　许　峰　钱明辉　赵　峥　何春晖
核心成员　（排名不分先后）
周　凯　［瑞典］艾玛　马聪玲　庄德林　郝胜宇
方　涛　黄江松　王京红　易　炜　谭昆智　徐振强
许　峰　钱明辉　赵　峥　何春晖　张巍巍　刘新鑫
沈　涵　王　恒　王林生　隋　欣　牛　天　李泽锋
项　辉　［意］诺韦尔托·穆尼斯·马丁内斯　王玉玺
胡　纯　王明康　石　俊　李帅帅　陈露丹　张刘卓
刘彦平　李祎玚　杨喻涵　徐志轩　林雪娇　牛文霞
罗　欢

中国社会科学院财经战略研究院简介

中国社会科学院财经战略研究院（National Academy of Economic Strategy，CASS）简称“财经院”，成立于1978年6月。其前身为中国社会科学院经济研究所财政金融研究组和商业研究组。初称“中国社会科学院财贸物资经济研究所”。1994年，更名为“中国社会科学院财贸经济研究所”。2003年，更名为“中国社会科学院财政与贸易经济研究所”。2011年12月29日，作为中国社会科学院实施哲学社会科学创新工程的一个重大举措，也是在创新工程后成立的首批跨学科、综合性、创新型学术思想库和新型研究机构，以财政与贸易经济研究所为基础，组建综合性、创新型国家财经战略研究机构——财经战略研究院，并从此改用现名。

著名经济学家刘明夫、张卓元、杨圣明、刘溶沧、江小涓、裴长洪、高培勇、何德旭先后担任所长。现任院长为何德旭教授，党委书记为杜志雄教授。

作为中国社会科学院直属的研究机构，自成立以来，财经院与祖国的改革开放事业共同成长，始终以天下为己任，奋进在时代前列。几代财经院人，不辱使命，在中国经济社会发展进程中的几乎每一个环节，都留下了自己的印记。经过30多年的努力，今天的财经院已经发展成为拥有财政经济、贸易经济和服务经济等主干学科板块、覆盖多个经济学科领域的中国财经科学的学术重镇。

主要合作研究机构简介

中国社会科学院城市与竞争力研究中心

中国社会科学院城市与竞争力研究中心是2010年4月26日成立的院级非实体研究机构。中心组织国内外各界相关研究人员，开展城市竞争力、房地产等相关领域的学术研究，发表相关的研究论文，出版专著和研究报告；组织中心学者进行国际学术访问；组织国内外相关领域的专家、城市管理者及各界人士召开城市竞争力国际论坛及相关学术会议；接受研究生实习、学者学术访问、培养学以致用的学术和管理人才。中心是中国城市百人论坛的秘书处，在协同国内城市与房地产学科的研究和交流方面发挥着重要的作用。

中心现任主任倪鹏飞教授（博士生导师，著名城市经济学家）关于中国城市竞争力的研究曾荣获“孙冶方经济科学奖”，主持中国住房发展的研究获得国家社科基金重大招标项目支持。中国城市竞争力报告、中国住房发展报告等研究成果，已成为中国社会科学院重要的学术品牌，在国内外产生了广泛的影响，也为中央和地方的政府相关决策提供了参考。

中心组织和联合全世界的城市竞争力研究专家，成立全球城市竞争力项目组，联合国人居署、世界银行集团及世界著名城市学者开展相关领域的科研合作，发表全球城市研究报告，举办城市竞争力国际论坛，扩大了中国社会科学院在相关学术领域的话语权和影响力。

中国人民大学中国市场营销研究中心

中国人民大学中国市场营销研究中心于1995年6月经原国家教委批准成立，是中国市场营销研究、推广、交流和应用的权威机构。现任主任是中国人民大学博士生导师郭国庆教授（中国市场营销学泰斗，全国政协第八、第九、第十届委员，第十一届全国人大代表）。中国人民大学中国市场营销研究中心是中国商业史学会副会长单位、国际营销科学与信息技术大会主席单位。中国人民大学中国市场营销研究中心自成立以来一直在国家层面推动营销的发展，1995 年推动“营销”首次写入“九五”规划纲要；2016 年参与起草首个国家品牌战略文件并开展文件政策解读。中心已经与美国市场营销学会（AMA）、新加坡营销学会等国际著名学术机构达成了长期合作意向，与《亚洲营销学报》（*Asian Journal of Marketing*）、《管理世界》等多个国内外学术期刊建立战略伙伴关系，致力于打造能在多点和多层面上精准把握中国市场营销核心课题和中国品牌发展战略要素的专业公共智库。

温州大学产学融城战略研究院

温州大学产学融城战略研究院由温州大学、加拿大（温哥华）温州商会和世界温州人投资联盟有限公司共同发起，并于 2017 年 6 月 16 日正式成立。研究院围绕优化温州空间格局、提升温州产业能级和塑造温州城市形象展开研究，重点关注构建温州创新创业生态系统的路径，努力为推进温州产业、科教、金融与城市功能的深度融合，进而打造温州转型发展的新优势提供决策支持。研究院聚焦“引进来”战略，让世界关注温州，协助引进国际先进的科技、教育和文化资源，实施本土化融合创新，为温州的城市建设和转型发展提供助力；聚焦“走出去”战略，让温州走向世界。发挥“东方犹太人”的创业创新优势，把本地的资本、知识产权和商业模式，借由“一带一路”倡议及行动走向全球。研究院现任院长李校堃教授是教育部“长江学者”特聘教授、博士生导师，现任温州大学校长，国家基因工程药物工程研究中心首席科学家，教育部生物反应器与药物科学开发工程研究中心首席科学家，曾荣获国家科技进步奖一等奖、二等奖及其他奖项多项。研究院下设行政支持机构及学科研究中心若干，正在开展广泛的国际、国内合作，努力将自身建设成为具有较高学术影响力和社会影响力的新型智库。

中青华云大数据机构

中青华云系共青团中央批准成立，管理和技术团队以外企高管和清华博士组成，目前有员工 230 余名，拥有互联网、人工智能、大数据等领域的高端人才。公司以 SaaS 模式为客户提供服务，以大数据为底层分析平台。拥有自主研发的云计算采集技术、网络信息智能分析技术以及基于深度学习的自然语义理解平台，配备了分布于国内外的2000余台服务器，结合深度人工服务和深度分析团队，打造了一支国内专业的互联网信息监测、大数据服务团队和资深分析师团队。多年来，为各级政府及企事业单位提供舆情、数据分析产品与服务，其全范围、高时效性的舆情监测能力和专业的舆情报告及建言，也多次得到高层领导的高度评价。中青华云服务客户包括中央网信办、国家卫计委、中央政法委、团中央、山西省人民政府、河北省人民政府、浙江省委宣传部、浙江省公安厅、浙江省政法委等，商业客户有奥美、蓝色光标、OMP集团、中国石油、中国交建、中民投等。全资子公司宁波中青华云新媒体科技有限公司被列入浙江省大数据应用示范企业（第一批），承担共青团全团互联网信息综合平台（包括共青团中央App）、卫计委健康中国平台、国家网信办互联网上报反馈平台等重大项目的建设。

主要编著者简介

刘彦平　中国人民大学管理学博士，中国社会科学院金融学博士后，美国明尼苏达大学访问学者。中国社会科学院财经战略研究院城市与房地产经济研究室副主任、副研究员。兼中国人民大学中国市场营销研究中心副主任、教授，温州大学产学融城战略研究院副院长，中国社会科学院旅游研究中心特约研究员，首都科技发展战略研究院特约研究员，清华大学国家形象传播研究中心智库专家，中国城市经济学会理事，北京旅游学会理事，北京国信品牌评价科学研究院理事等。出版专著及研究报告十余部，主持、参与国家级科研课题及地方政府委托课题多项，发表学术论文40多篇。主要致力于城市营销、城市品牌及城市治理等方面的研究。

许　峰　北京大学经济学博士，芬兰赫尔辛基商学院博士后，加拿大政府研究专项奖获得者，美国南卡罗来纳大学访问学者，入选国家首批旅游业青年专家培养计划，获评山东省旅游业中青年专家。担任中国区域科学协会理事、山东省旅游行业协会会长助理、山东省服务业标准化技术委员会委员、山东省旅游商品专家委员会委员、山东省森林风景旅游资源评价委员会委员、山东省比较管理研究会理事，山东省旅游景区检查员。现为山东大学管理学院旅游管理系副主任、副教授，昌吉学院经济管理系副主任（第九批中央和国家机关、央企援疆干部）。主要研究领域为旅游开发与规划、城市与区域经济、战略管理与营销、品牌经济与管理等。承担和参与国家及省部级以上科研项目十余项，在《中国软科学》《财贸经济》《旅游学刊》《中国文化产业评论》《旅游科学》《体育学刊》等发表学术论著60余篇，完成近30项服务社会和地方的研究课题，获颁第11届孙冶方经济科学著作奖、第5届海峡两岸旅游观光研讨会优秀论文奖、山东大学优秀科研个人等荣誉。

赵　峥　经济学博士，现任北京师范大学绿色经济研究所副所长，亚太绿色发展中心副主任，首都科技发展战略研究院副院长。兼任中国社会科学院城市与竞争力研究中心特约研究员、旅游研究中心特约研究员。中国城市经济学会学科建设委员会专家委员。中欧政策对话支持项目中方专家。曾出版《中国城市化与金融支持》等著作，主编《亚太城市绿色发展报告》，参编《中国市场经济发展报告》《中国绿色发展指数报告》《首都科技创新发展报告》等研究报告十余部。主持及参与国务院发展研究中心、国家发改委、环保部、统计局、北京市等数十项研究课题，并为多地政府编制区域和城市发展战略规划或开展决策咨询。

钱明辉　中国人民大学管理学博士，中国人民大学信息资源管理方向博士后，现为中国人民大学信息资源管理学院副教授、博士生导师，信息资源管理教研室主任，中国人民大学中国市场营销研究中心常务副主任，中国人民大学智慧城市研究中心副主任，中国商业史学会品牌专业委员会副主任、秘书长，中华人民共和国农业部农产品加工业专家委员会委员，中国博士后科学基金评审专家，教育部学位中心评审专家。曾主持教育部人文社基金项目、国家自然科学基金重点项目子课题、交通运输部科学研究院、中华商标协会等课题项目20余项，出版专著4部，研究报告8部，教材6部，在国内外期刊发表论文90余篇。主要研究领域为品牌管理、智慧城市、信息资源产业。

何春晖　女，浙江大学传媒与国际文化学院副教授，策略传播系副主任。浙江大学经济与文化研究中心执行主任，中国公关学会副会长，中国国际公共关系协会学术委员。兼任复旦大学信息与传播研究中心特聘研究员，中国人民大学中国市场营销研究中心副主任，浙江省形象设计协会副会长，杭州市城市品牌促进会副会长。曾为意大利特伦特大学访问学者，编著有《中外公关经典案例解析》《公共关系通论》等。主持政府和企业的形象传播及文化传播战略规划项目30余项，发表论文数十篇。主要研究领域为公共关系学、品牌传播管理、城市形象（品牌）传播管理。

刘新鑫　女，英国莱斯特大学全球化与大众传播学硕士，中国传媒大学广告学博士，瑞典斯德哥尔摩大学商学院访问学者。中国传媒大学亚洲传媒研究中心副研究员。主要研究成果有编著《亚洲城市品牌塑造：战略与实践》《城市品牌与城市文化：对话中国九大名城》。参与主持省部级课题多项，发表学术论文近 30 篇。主要致力于城市营销、品牌管理、形象传播、城市文化等方面的研究。

王　恒　北京师范大学管理学博士，现为北京联合大学旅游学院旅游管理系副教授，中国社会科学院城市与竞争力研究中心特约研究员。在 CSSCI 和中文核心期刊发表学术论文 30 余篇，参与撰写《中国旅游经济结构研究》《非物质文化遗产旅游发展战略研究——以北京为例》等学术著作。曾主持教育部重点课题、北京市自然科学与社会科学两界协同创新基地项目、北京市旅游发展委员会委托课题等课题多项。主要研究领域为城市旅游营销、社交媒体营销、旅游职业技术教育。

沈　涵　女，英国诺丁汉大学市场营销学硕士，中国社会科学院管理学博士，香港理工大学博士后。复旦大学旅游学系副教授，国际旅游学会常务副秘书长，中国社会科学院旅游研究中心特约研究员，中国旅游行为研究学术联盟共同创始人。主要学术研究领域是旅游目的地品牌，旅游消费者行为，新媒体营销。主持国家级、省部级课题十余项。入选复旦大学卓学人才计划，国家旅游局首批“旅游业青年专家”，论文多次获得国际会议最佳论文奖。

王林生　中国人民大学文学博士，北京社会科学院/北京大学艺术学博士后。现为北京社会科学院文化研究所副研究员，首都文化发展研究中心特聘研究员，中国人民大学文化创意产业研究所特聘研究员。主持及参与国家社科基金、国家社科基金重大项目及部委课题多项，主持及参与地方文化发展规划项目多项。在各类核心期刊发表论文 20 多篇，多篇文章被人大复印资料、《新华文摘》（网刊）等转载。主要研究领域为创意城市、文化产业、文化研究等。

李凌燕　女，同济大学建筑学博士。同济大学艺术与传媒学院助理教授，同济大学跨媒体艺术与传播研究中心副主任。主要研究领域为建筑与城市传播、跨媒体艺术与传播、文化艺术创意与策划等跨学科领域的传播实践与理论研究。

隋　欣　中国传媒大学亚洲传媒研究中心助理研究员。主要研究领域为区域品牌、听觉传播等。

牛　天　女，中国人民大学新闻学院博士，中国社会科学院新闻与传播研究所助理研究员。主要研究领域为突发公共事件、网络舆情等。

李泽锋 宁波城市职业技术学院/宁波大学职教学院助教、专任教师。主要研究领域为全域旅游、区域旅游开发与城市营销。

胡 纯 中国社会科学院研究生院博士研究生。主要研究领域为城市营销、城市品牌化。

王明康 中国社会科学院研究生院博士研究生，主要研究领域为旅游经济与管理、旅游目的地营销。

石 俊 中国人民大学创意产业技术研究院助理研究员，主要研究领域为文化产业、创意经济与城市品牌。

李帅帅 北京大学政府管理学院博士研究生，主要研究领域为旅游者行为、城市与区域经济。

王玉玺 中国人民大学研究生院博士研究生，主要研究领域为营销模型、定价设计、消费行为分析及城市营销。

题　　要

本书是课题组第四部城市营销专题研究报告。按照课题组提出的城市品牌发展指数（City Brand Development Index，CBDI）概念及指数模型，本书对中国内地287个地级以上城市的品牌发展进行了评估与测量。在此基础上，形成2016—2017年的中国城市品牌发展指数总报告、中国城市文化品牌发展指数报告、中国城市旅游品牌发展指数报告、中国城市投资品牌发展指数报告、中国城市宜居品牌发展指数报告以及中国城市品牌传播发展指数报告。

本书对“国家品牌战略的城市担当”进行了主题研究。报告对2016年以来中国城市营销在国家品牌战略背景下的发展态势进行了回顾和展望，考察了代表性企业品牌榜单与城市品牌经济发展状况的关系，研究了“一带一路”背景下丝路城市品牌联合营销策略，探讨了特色小镇热潮当中的特色小镇品牌建设，以及大众旅游时代基于城市品牌塑造的旅游公共服务创新。此外，报告还尝试探讨了城市更新政策热点背景下的标志性空间生产与文化品牌事件的互动，以及城市品牌危机管理创新的问题。

同时，结合中国城市营销与城市品牌化发展的实际需要，报告选取了墨尔本、深圳、北京、青岛、成都及杭州6个中外城市，分别作为城市品牌化、城市文化品牌、城市旅游品牌、城市投资品牌、城市宜居品牌以及城市品牌传播的典型案例进行了深入研究。

基于数据分析、发展考察、理论聚焦及案例研究，本书从多个角度对我国城市营销与品牌化发展提出对策建议。作为集体努力的成果，本书致力于推进中国城市营销与品牌化研究，并为城市营销实践提供有价值的理论指导与经验借鉴。

Abstract

This is thefourth city marketing research report in China. Trends and prospects of China city marketing development in recent years have been reviewed in the report. Based on the Chinese City Brand Development Index (CBDI) this study has formulated, we tested and ranked 287 cities in mainland China, and created the annual CBDI report (2016 - 2017) as well as five subject reports, including the city cultural brand development report, the city tourism brand development report, the city investment brand development report, the city livable brand development report, and the city brand communication report.

Cities' Responsibility in National Brand Strategy has been discussed as the theme of the China City Marketing Development Report. We focus on several hot topics related to China's city marketing, such as the development trend of China's city marketing in the national brand strategy background since 2016, the relationship between the influential enterprise brand rankings and the development of the city's brand economy, the joint branding strategy of the "Belt & Road" cities, the strategic branding of Chinese characteristic towns, city brandingand tourism public service innovation in mass tourism era. In addition, this report also explores the interaction between public space production and cultural brand events in the context of urban renewal policies, as well as the crisis management in city branding.

At the same time, according to the needs of Chinese city marketing development, we have selected a number of cities and case studies with relevant and interesting experiences in terms of city marketing, such as Melbourne, Shenzhen, Beijing, Qingdao, Chengdu and Hangzhou, respectively, as holistic city brand, city culture brand, city tourism brand, city investment brand, the city livable brand and the city brand communication case.

Based on data analysis, development study, theoretical focus and case study, China City Marketing Development Report is committed to promote research and practice of strategic city marketing development in China.

目　录

第Ⅲ编　专题研究:国家品牌战略下的城市品牌担当

第Ⅳ编 案例研究:城市营销与城市品牌化

Contents

第Ⅰ编

中国城市营销发展：总体报告

第一章　中国城市品牌发展指数 2016—2017 年排名

一　中国城市品牌发展指数（CBDI）2016—2017年总体排名

表 1 - 1　2016—2017 年中国 287 个城市的城市品牌发展指数排名*

城市	CBDI 总分	排名	文化品牌指数	排名	旅游品牌指数	排名	投资品牌指数	排名	宜居品牌指数	排名	品牌传播指数	排名
北京	0.763	1	0.733	1	0.781	1	0.787	1	0.549	3	0.965	1
上海	0.700	2	0.601	2	0.745	2	0.732	3	0.578	1	0.843	2
深圳	0.597	3	0.487	11	0.494	27	0.770	2	0.576	2	0.658	3
广州	0.582	4	0.533	5	0.581	9	0.654	4	0.502	6	0.641	4
杭州	0.576	5	0.514	8	0.631	4	0.631	5	0.497	7	0.605	5
重庆	0.569	6	0.538	3	0.727	3	0.530	15	0.455	16	0.592	6
成都	0.560	7	0.533	4	0.628	5	0.563	11	0.493	8	0.584	8
南京	0.548	8	0.515	7	0.552	11	0.603	6	0.479	9	0.590	7
天津	0.548	9	0.516	6	0.591	8	0.583	8	0.467	12	0.584	9
西安	0.531	10	0.510	9	0.581	10	0.551	12	0.471	11	0.540	10
武汉	0.529	11	0.488	10	0.605	6	0.572	10	0.465	13	0.513	11
苏州	0.512	12	0.471	12	0.594	7	0.595	7	0.471	10	0.427	22
厦门	0.490	13	0.388	24	0.509	17	0.573	9	0.515	4	0.462	13
宁波	0.485	14	0.436	16	0.541	13	0.549	13	0.451	17	0.446	17

* 本报告数据来源的时间跨度较大，统计类数据主要来自 2016 年度的城市统计公报及中国社会科学院城市与竞争力研究中心数据库；大数据则主要取自 2017 年前三季度（包括截取 2017 年 9 月）的数据。因此指数报告标注为 2016—2017 年字样，下同。

续表

城市	CBDI总分	排名	文化品牌指数	排名	旅游品牌指数	排名	投资品牌指数	排名	宜居品牌指数	排名	品牌传播指数	排名
青岛	0.483	15	0.433	18	0.542	12	0.536	14	0.446	20	0.460	14
长沙	0.472	16	0.464	13	0.505	19	0.519	17	0.449	19	0.422	23
郑州	0.461	17	0.451	15	0.507	18	0.485	21	0.402	45	0.459	15
大连	0.457	18	0.342	39	0.491	31	0.508	18	0.502	5	0.444	18
昆明	0.456	19	0.431	19	0.523	14	0.444	30	0.445	21	0.439	20
济南	0.454	20	0.453	14	0.496	26	0.482	23	0.399	50	0.441	19
南昌	0.446	21	0.434	17	0.520	15	0.450	29	0.438	24	0.389	27
福州	0.445	22	0.414	21	0.475	40	0.465	26	0.414	32	0.457	16
沈阳	0.443	23	0.425	20	0.457	52	0.501	20	0.429	26	0.400	26
无锡	0.441	24	0.346	38	0.502	23	0.529	16	0.457	15	0.374	32
佛山	0.421	25	0.348	36	0.465	46	0.479	24	0.387	57	0.428	21
中山	0.415	26	0.340	42	0.379	126	0.435	33	0.449	18	0.469	12
东莞	0.413	27	0.290	71	0.421	83	0.502	19	0.440	23	0.411	24
合肥	0.412	28	0.334	49	0.452	58	0.484	22	0.411	35	0.379	30
洛阳	0.410	29	0.396	23	0.503	20	0.403	45	0.369	70	0.377	31
哈尔滨	0.409	30	0.372	28	0.478	38	0.428	36	0.378	65	0.389	28
长春	0.406	31	0.339	44	0.470	42	0.462	27	0.411	36	0.347	43
太原	0.405	32	0.397	22	0.465	45	0.439	31	0.385	61	0.341	48
烟台	0.404	33	0.333	50	0.491	30	0.423	40	0.412	34	0.362	36
石家庄	0.401	34	0.336	48	0.510	16	0.421	41	0.380	63	0.358	38
兰州	0.400	35	0.364	30	0.433	72	0.432	35	0.421	30	0.352	41
绍兴	0.399	36	0.355	33	0.471	41	0.427	37	0.376	67	0.364	34
吉林	0.397	37	0.336	47	0.436	65	0.425	38	0.443	22	0.347	44
泉州	0.396	38	0.377	26	0.436	66	0.397	48	0.401	49	0.369	33
贵阳	0.396	39	0.337	46	0.479	37	0.413	44	0.412	33	0.339	49
扬州	0.394	40	0.376	27	0.406	94	0.398	47	0.401	48	0.388	29
南宁	0.394	41	0.320	54	0.486	34	0.418	42	0.406	41	0.338	51
珠海	0.393	42	0.300	66	0.396	105	0.459	28	0.407	40	0.403	25
温州	0.390	43	0.322	52	0.490	32	0.438	32	0.368	72	0.335	54
桂林	0.390	44	0.341	40	0.493	28	0.355	65	0.426	27	0.335	53

续表

城市	CBDI 总分	排名	文化品牌指数	排名	旅游品牌指数	排名	投资品牌指数	排名	宜居品牌指数	排名	品牌传播指数	排名
常州	0.388	45	0.314	59	0.429	73	0.467	25	0.409	38	0.322	58
保定	0.383	46	0.382	25	0.476	39	0.371	60	0.329	155	0.355	40
嘉兴	0.380	47	0.301	65	0.460	51	0.425	39	0.370	68	0.343	46
海口	0.376	48	0.317	57	0.355	163	0.387	53	0.457	14	0.363	35
南通	0.375	49	0.317	56	0.414	87	0.434	34	0.399	51	0.310	64
大同	0.374	50	0.365	29	0.453	56	0.290	107	0.401	46	0.360	37
湖州	0.373	51	0.282	81	0.456	54	0.392	51	0.390	55	0.346	45
金华	0.372	52	0.276	87	0.493	29	0.389	52	0.366	76	0.337	52
徐州	0.368	53	0.360	32	0.405	95	0.372	59	0.359	83	0.342	47
宜昌	0.365	54	0.330	51	0.503	21	0.343	73	0.359	84	0.293	78
潍坊	0.363	55	0.317	58	0.482	36	0.370	62	0.347	106	0.300	71
惠州	0.361	56	0.300	67	0.410	90	0.393	50	0.386	60	0.315	59
镇江	0.360	57	0.310	61	0.391	113	0.402	46	0.387	58	0.308	67
淄博	0.359	58	0.362	31	0.423	77	0.374	58	0.337	131	0.299	72
乌鲁木齐	0.357	59	0.290	72	0.369	141	0.415	43	0.401	47	0.310	65
唐山	0.357	60	0.270	91	0.451	59	0.377	57	0.347	108	0.338	50
秦皇岛	0.354	61	0.277	85	0.446	61	0.352	66	0.404	42	0.294	77
呼和浩特	0.352	62	0.347	37	0.373	137	0.360	63	0.410	37	0.269	101
延安	0.352	63	0.350	34	0.422	81	0.290	105	0.381	62	0.314	60
银川	0.351	64	0.340	41	0.319	205	0.371	61	0.422	29	0.305	68
黄山	0.351	65	0.284	79	0.496	25	0.274	129	0.432	25	0.267	103
赣州	0.349	66	0.340	43	0.502	22	0.298	97	0.349	102	0.258	119
台州	0.349	67	0.253	111	0.452	57	0.378	55	0.348	104	0.314	62
邯郸	0.348	68	0.320	53	0.466	43	0.283	117	0.341	121	0.332	56
三亚	0.348	69	0.255	110	0.422	80	0.285	111	0.422	28	0.356	39
承德	0.348	70	0.349	35	0.484	35	0.263	146	0.356	91	0.288	84
泰安	0.347	71	0.289	73	0.464	47	0.333	81	0.353	99	0.297	73
南阳	0.345	72	0.338	45	0.407	92	0.293	102	0.337	132	0.350	42
济宁	0.343	73	0.293	70	0.463	49	0.348	67	0.338	129	0.273	98
临沂	0.341	74	0.288	74	0.457	53	0.347	69	0.347	105	0.263	110

续表

城市	CBDI总分	排名	文化品牌指数	排名	旅游品牌指数	排名	投资品牌指数	排名	宜居品牌指数	排名	品牌传播指数	排名
芜湖	0.338	75	0.256	108	0.400	98	0.383	54	0.354	95	0.297	76
九江	0.336	76	0.250	115	0.464	48	0.285	110	0.377	66	0.304	69
日照	0.335	77	0.287	75	0.428	74	0.267	140	0.357	90	0.333	55
威海	0.334	78	0.256	107	0.395	107	0.347	70	0.380	64	0.292	80
舟山	0.334	79	0.238	131	0.416	85	0.378	56	0.356	93	0.282	89
张家口	0.334	80	0.258	103	0.466	44	0.280	123	0.368	71	0.297	74
漳州	0.333	81	0.303	64	0.415	86	0.315	84	0.356	92	0.278	93
西宁	0.333	82	0.262	98	0.373	136	0.336	80	0.408	39	0.284	87
廊坊	0.332	83	0.253	112	0.434	70	0.337	79	0.308	190	0.331	57
丽江	0.329	84	0.287	76	0.443	64	0.219	207	0.415	31	0.282	88
柳州	0.328	85	0.279	84	0.399	100	0.323	82	0.346	112	0.293	79
开封	0.327	86	0.319	55	0.379	129	0.291	104	0.343	116	0.302	70
鞍山	0.326	87	0.229	140	0.393	110	0.359	64	0.358	85	0.289	83
宝鸡	0.323	88	0.276	86	0.449	60	0.284	112	0.343	117	0.265	109
北海	0.323	89	0.248	118	0.386	117	0.284	113	0.387	59	0.308	66
十堰	0.320	90	0.274	88	0.433	71	0.262	151	0.353	98	0.279	92
岳阳	0.320	91	0.263	96	0.436	67	0.253	161	0.358	86	0.288	86
绵阳	0.320	92	0.234	136	0.367	146	0.348	68	0.361	81	0.288	85
株洲	0.319	93	0.219	157	0.422	82	0.341	74	0.350	101	0.262	113
长治	0.318	94	0.259	102	0.392	111	0.283	115	0.393	53	0.266	106
景德镇	0.318	95	0.267	93	0.425	76	0.259	155	0.389	56	0.252	128
遵义	0.318	96	0.306	62	0.435	68	0.269	137	0.351	100	0.228	163
盐城	0.318	97	0.250	116	0.342	175	0.339	78	0.367	73	0.290	81
汕头	0.317	98	0.243	126	0.391	112	0.344	72	0.340	125	0.266	105
安阳	0.317	99	0.311	60	0.378	133	0.299	96	0.299	203	0.297	75
大庆	0.316	100	0.228	143	0.317	210	0.396	49	0.397	52	0.244	137
淮安	0.316	101	0.305	63	0.334	184	0.282	118	0.347	107	0.313	63
汉中	0.315	102	0.285	78	0.379	127	0.275	127	0.346	110	0.290	82
衢州	0.313	103	0.266	94	0.397	102	0.302	91	0.342	119	0.255	122
襄阳	0.312	104	0.284	80	0.377	134	0.303	90	0.322	165	0.273	97

续表

城市	CBDI 总分	排名	文化品牌指数	排名	旅游品牌指数	排名	投资品牌指数	排名	宜居品牌指数	排名	品牌传播指数	排名
乐山	0.312	105	0.252	114	0.435	69	0.278	126	0.322	166	0.272	100
包头	0.309	106	0.228	142	0.305	222	0.347	71	0.403	43	0.263	111
安庆	0.309	107	0.229	141	0.412	89	0.280	122	0.344	115	0.280	90
咸阳	0.308	108	0.285	77	0.401	97	0.297	98	0.305	194	0.250	131
沧州	0.306	109	0.279	83	0.386	116	0.291	103	0.318	171	0.255	123
吉安	0.303	110	0.218	159	0.443	63	0.244	175	0.353	97	0.258	118
江门	0.303	111	0.241	128	0.380	125	0.340	75	0.317	173	0.239	145
东营	0.303	112	0.258	104	0.330	193	0.339	76	0.339	127	0.248	134
运城	0.303	113	0.246	121	0.454	55	0.233	187	0.321	168	0.259	117
湛江	0.302	114	0.219	158	0.386	119	0.288	108	0.363	78	0.255	125
德州	0.302	115	0.261	100	0.376	135	0.320	83	0.286	230	0.267	104
晋中	0.301	116	0.249	117	0.489	33	0.256	158	0.335	136	0.177	214
上饶	0.301	117	0.237	133	0.496	24	0.215	213	0.341	122	0.217	173
连云港	0.301	118	0.218	160	0.334	186	0.308	88	0.331	141	0.314	61
新乡	0.300	119	0.244	124	0.356	159	0.309	87	0.343	118	0.249	132
丽水	0.300	120	0.225	148	0.406	93	0.293	101	0.365	77	0.211	179
泸州	0.298	121	0.260	101	0.354	165	0.295	99	0.329	152	0.254	126
安康	0.298	122	0.256	106	0.388	114	0.249	165	0.363	80	0.235	150
滨州	0.298	123	0.232	138	0.370	140	0.294	100	0.357	88	0.239	143
莆田	0.298	124	0.206	179	0.367	147	0.280	121	0.357	87	0.277	95
泰州	0.296	125	0.264	95	0.339	176	0.301	94	0.329	150	0.248	135
肇庆	0.295	126	0.256	109	0.336	181	0.301	93	0.304	195	0.277	94
衡阳	0.294	127	0.223	150	0.379	131	0.272	132	0.334	138	0.265	107
常德	0.293	128	0.237	132	0.386	118	0.267	139	0.353	96	0.223	168
聊城	0.293	129	0.273	89	0.325	198	0.290	106	0.314	175	0.261	114
南平	0.292	130	0.224	149	0.403	96	0.270	134	0.340	124	0.225	164
晋城	0.292	131	0.245	122	0.407	91	0.226	194	0.307	192	0.274	96
宜宾	0.292	132	0.267	92	0.354	164	0.279	125	0.316	174	0.242	138
焦作	0.291	133	0.242	127	0.423	79	0.315	85	0.317	172	0.159	242
湘潭	0.289	134	0.209	175	0.363	154	0.310	86	0.344	114	0.222	171

续表

城市	CBDI总分	排名	文化品牌指数	排名	旅游品牌指数	排名	投资品牌指数	排名	宜居品牌指数	排名	品牌传播指数	排名
宜春	0.289	135	0.226	147	0.444	62	0.214	215	0.322	163	0.238	146
鄂尔多斯	0.288	136	0.226	146	0.345	173	0.265	142	0.390	54	0.213	176
龙岩	0.286	137	0.218	162	0.384	120	0.272	131	0.339	126	0.217	174
张家界	0.286	138	0.203	183	0.460	50	0.170	266	0.339	128	0.256	121
潮州	0.285	139	0.258	105	0.371	139	0.237	183	0.294	213	0.265	108
宁德	0.284	140	0.235	135	0.362	156	0.262	150	0.321	167	0.241	140
抚州	0.284	141	0.216	164	0.399	99	0.226	193	0.340	123	0.240	142
榆林	0.284	142	0.296	68	0.369	143	0.247	167	0.331	143	0.177	215
锦州	0.282	143	0.218	163	0.351	170	0.300	95	0.332	140	0.209	181
呼伦贝尔	0.281	144	0.236	134	0.397	103	0.209	223	0.402	44	0.162	237
梅州	0.281	145	0.245	123	0.378	132	0.242	177	0.321	169	0.221	172
蚌埠	0.281	146	0.220	156	0.339	177	0.302	92	0.313	178	0.231	156
三明	0.281	147	0.211	171	0.379	130	0.282	120	0.345	113	0.187	206
菏泽	0.280	148	0.271	90	0.351	168	0.237	182	0.278	247	0.263	112
商丘	0.280	149	0.295	69	0.314	214	0.258	156	0.296	208	0.237	149
天水	0.280	150	0.253	113	0.333	187	0.224	198	0.335	135	0.254	127
郴州	0.280	151	0.220	154	0.384	121	0.239	178	0.324	160	0.232	155
黄冈	0.279	152	0.240	129	0.379	128	0.229	190	0.296	209	0.250	130
邢台	0.277	153	0.262	97	0.381	124	0.225	196	0.286	226	0.232	154
信阳	0.276	154	0.220	153	0.355	162	0.262	148	0.314	176	0.231	157
临汾	0.276	155	0.222	151	0.413	88	0.238	179	0.329	151	0.178	212
荆州	0.276	156	0.196	200	0.355	161	0.251	164	0.307	193	0.272	99
马鞍山	0.276	157	0.193	207	0.246	266	0.339	77	0.342	120	0.259	116
白山	0.276	158	0.215	167	0.334	185	0.263	145	0.369	69	0.198	193
清远	0.275	159	0.201	187	0.364	151	0.231	189	0.311	187	0.268	102
张掖	0.275	160	0.282	82	0.332	190	0.216	211	0.336	133	0.207	185
抚顺	0.274	161	0.176	230	0.320	203	0.287	109	0.330	146	0.255	124
安顺	0.274	162	0.201	185	0.420	84	0.209	225	0.330	148	0.207	186
六安	0.273	163	0.207	177	0.397	104	0.212	220	0.301	199	0.249	133
渭南	0.273	164	0.247	120	0.423	78	0.251	163	0.282	238	0.162	238

续表

城市	CBDI总分	排名	文化品牌指数	排名	旅游品牌指数	排名	投资品牌指数	排名	宜居品牌指数	排名	品牌传播指数	排名
衡水	0.273	165	0.231	139	0.347	171	0.208	227	0.298	204	0.279	91
玉林	0.272	166	0.170	238	0.366	148	0.234	185	0.330	145	0.258	120
南充	0.270	167	0.196	201	0.327	196	0.256	157	0.331	142	0.239	144
丹东	0.269	168	0.190	211	0.335	182	0.237	180	0.355	94	0.229	161
牡丹江	0.269	169	0.186	218	0.395	106	0.270	135	0.326	158	0.170	228
普洱	0.269	170	0.189	212	0.372	138	0.194	243	0.349	103	0.240	141
枣庄	0.268	171	0.238	130	0.369	142	0.237	181	0.294	214	0.204	190
吕梁	0.268	172	0.220	152	0.393	108	0.190	245	0.330	147	0.207	184
韶关	0.267	173	0.200	189	0.365	149	0.260	154	0.336	134	0.175	220
盘锦	0.267	174	0.197	196	0.331	191	0.261	152	0.367	74	0.178	213
怀化	0.267	175	0.207	176	0.393	109	0.206	230	0.312	182	0.216	175
玉溪	0.267	176	0.182	224	0.295	230	0.265	144	0.347	109	0.245	136
濮阳	0.266	177	0.233	137	0.368	144	0.225	195	0.281	240	0.222	170
酒泉	0.265	178	0.218	161	0.351	169	0.234	186	0.363	79	0.159	244
滁州	0.265	179	0.201	188	0.332	189	0.262	149	0.288	220	0.242	139
宣城	0.265	180	0.243	125	0.363	155	0.221	201	0.299	202	0.197	194
阜阳	0.264	181	0.209	174	0.304	223	0.266	141	0.291	218	0.252	129
铜陵	0.264	182	0.209	173	0.293	235	0.304	89	0.323	161	0.188	203
黄石	0.263	183	0.215	166	0.278	249	0.272	130	0.311	185	0.238	147
萍乡	0.263	184	0.195	203	0.365	150	0.223	200	0.323	162	0.209	182
广元	0.262	185	0.197	193	0.357	158	0.190	246	0.335	137	0.234	151
池州	0.262	186	0.202	184	0.427	75	0.210	221	0.309	189	0.163	236
赤峰	0.261	187	0.188	214	0.283	243	0.268	138	0.360	82	0.206	188
忻州	0.260	188	0.200	190	0.384	122	0.215	212	0.312	181	0.188	205
德阳	0.259	189	0.183	221	0.290	236	0.282	119	0.310	188	0.232	153
河源	0.258	190	0.192	208	0.337	179	0.202	235	0.330	149	0.228	162
营口	0.258	191	0.177	228	0.322	202	0.279	124	0.300	200	0.211	180
通化	0.257	192	0.179	227	0.284	240	0.283	116	0.314	177	0.224	167
本溪	0.257	193	0.174	233	0.364	152	0.245	174	0.334	139	0.166	232
淮南	0.256	194	0.201	186	0.305	221	0.271	133	0.277	248	0.224	165

续表

城市	CBDI总分	排名	文化品牌指数	排名	旅游品牌指数	排名	投资品牌指数	排名	宜居品牌指数	排名	品牌传播指数	排名
许昌	0.256	195	0.247	119	0.293	234	0.261	153	0.281	243	0.197	195
齐齐哈尔	0.256	196	0.212	169	0.303	225	0.245	173	0.338	130	0.180	210
宿迁	0.255	197	0.214	168	0.306	220	0.246	168	0.302	196	0.204	189
雅安	0.252	198	0.163	251	0.290	237	0.234	184	0.367	75	0.208	183
铜仁	0.252	199	0.194	204	0.398	101	0.201	236	0.283	235	0.183	207
来宾	0.252	200	0.182	223	0.324	199	0.224	197	0.346	111	0.182	208
眉山	0.252	201	0.194	205	0.329	194	0.228	191	0.312	183	0.195	196
驻马店	0.251	202	0.199	191	0.323	200	0.246	169	0.295	211	0.190	199
阳泉	0.251	203	0.190	210	0.338	178	0.246	170	0.311	184	0.168	230
达州	0.250	204	0.215	165	0.330	192	0.245	172	0.283	237	0.179	211
梧州	0.249	205	0.171	237	0.318	207	0.212	218	0.283	234	0.261	115
新余	0.249	206	0.159	253	0.277	250	0.252	162	0.322	164	0.234	152
平顶山	0.247	207	0.209	172	0.327	197	0.245	171	0.288	221	0.164	235
邵阳	0.247	208	0.199	192	0.355	160	0.220	205	0.311	186	0.148	258
自贡	0.246	209	0.228	144	0.288	238	0.248	166	0.255	274	0.212	177
武威	0.246	210	0.261	99	0.267	253	0.198	240	0.275	253	0.230	159
白银	0.246	211	0.207	178	0.208	278	0.269	136	0.320	170	0.224	166
三门峡	0.245	212	0.196	198	0.360	157	0.205	231	0.288	222	0.176	217
钦州	0.244	213	0.169	242	0.381	123	0.209	224	0.286	229	0.174	222
曲靖	0.244	214	0.188	215	0.299	227	0.255	160	0.301	198	0.175	219
通辽	0.243	215	0.186	217	0.287	239	0.243	176	0.327	156	0.172	226
朔州	0.243	216	0.212	170	0.363	153	0.188	247	0.302	197	0.147	260
广安	0.240	217	0.154	259	0.311	215	0.214	216	0.284	233	0.238	148
孝感	0.240	218	0.220	155	0.319	204	0.228	192	0.267	259	0.164	234
永州	0.239	219	0.191	209	0.323	201	0.171	263	0.329	154	0.182	209
黑河	0.239	220	0.181	225	0.333	188	0.193	244	0.313	180	0.175	221
阜新	0.238	221	0.167	246	0.266	254	0.256	159	0.297	206	0.203	191
四平	0.238	222	0.183	220	0.206	279	0.274	128	0.325	159	0.200	192
茂名	0.237	223	0.176	229	0.314	212	0.224	199	0.285	231	0.188	204
益阳	0.237	224	0.187	216	0.318	209	0.179	254	0.297	207	0.206	187

续表

城市	CBDI总分	排名	文化品牌指数	排名	旅游品牌指数	排名	投资品牌指数	排名	宜居品牌指数	排名	品牌传播指数	排名
咸宁	0.237	225	0.195	202	0.346	172	0.201	237	0.279	245	0.165	233
荆门	0.237	226	0.206	181	0.301	226	0.232	188	0.290	219	0.157	245
淮北	0.236	227	0.174	235	0.258	262	0.262	147	0.295	212	0.189	202
阳江	0.235	228	0.169	241	0.319	206	0.217	209	0.298	205	0.173	225
毕节	0.235	229	0.206	180	0.388	115	0.154	275	0.275	252	0.151	253
宿州	0.234	230	0.174	232	0.296	229	0.208	229	0.261	263	0.230	160
漯河	0.231	231	0.197	194	0.245	267	0.205	232	0.283	236	0.223	169
攀枝花	0.230	232	0.172	236	0.223	273	0.265	143	0.329	153	0.160	241
百色	0.229	233	0.174	234	0.367	145	0.176	257	0.293	216	0.136	267
揭阳	0.229	234	0.170	239	0.314	213	0.212	219	0.258	269	0.190	198
亳州	0.229	235	0.227	145	0.299	228	0.198	241	0.259	266	0.162	239
辽阳	0.228	236	0.152	263	0.281	245	0.214	217	0.282	239	0.212	178
庆阳	0.226	237	0.197	195	0.259	260	0.199	239	0.286	228	0.190	200
周口	0.226	238	0.188	213	0.294	233	0.200	238	0.281	241	0.167	231
嘉峪关	0.225	239	0.155	257	0.251	265	0.218	208	0.327	157	0.174	223
佳木斯	0.224	240	0.154	260	0.236	269	0.220	203	0.357	89	0.154	247
遂宁	0.224	241	0.161	252	0.318	208	0.204	233	0.288	223	0.150	255
鹤壁	0.224	242	0.166	247	0.294	232	0.172	262	0.258	271	0.230	158
河池	0.223	243	0.168	244	0.352	167	0.181	252	0.269	258	0.145	262
莱芜	0.220	244	0.205	182	0.262	258	0.210	222	0.264	260	0.159	243
克拉玛依	0.219	245	0.125	276	0.224	272	0.284	114	0.331	144	0.133	270
内江	0.219	246	0.155	256	0.306	219	0.220	204	0.260	264	0.153	249
汕尾	0.219	247	0.164	250	0.303	224	0.172	261	0.287	225	0.168	229
防城港	0.217	248	0.159	254	0.317	211	0.185	251	0.285	232	0.141	264
巴中	0.217	249	0.182	222	0.281	244	0.170	265	0.300	201	0.149	257
保山	0.216	250	0.152	262	0.328	195	0.173	260	0.274	254	0.154	248
中卫	0.213	251	0.180	226	0.278	248	0.156	274	0.277	249	0.174	224
商洛	0.213	252	0.197	197	0.334	183	0.185	249	0.235	283	0.113	281
松原	0.212	253	0.165	249	0.280	246	0.208	226	0.274	255	0.135	268
乌兰察布	0.211	254	0.145	266	0.260	259	0.215	214	0.308	191	0.129	273

续表

城市	CBDI总分	排名	文化品牌指数	排名	旅游品牌指数	排名	投资品牌指数	排名	宜居品牌指数	排名	品牌传播指数	排名
铁岭	0.210	255	0.144	268	0.284	241	0.208	228	0.270	257	0.142	263
六盘水	0.209	256	0.148	264	0.344	174	0.163	268	0.252	277	0.140	266
固原	0.209	257	0.168	243	0.308	217	0.163	267	0.279	246	0.126	275
铜川	0.208	258	0.194	206	0.295	231	0.177	256	0.235	282	0.141	265
贺州	0.208	259	0.145	267	0.337	180	0.159	270	0.276	251	0.123	277
临沧	0.207	260	0.144	269	0.353	166	0.128	283	0.280	244	0.129	274
云浮	0.204	261	0.124	277	0.259	261	0.203	234	0.260	265	0.176	216
资阳	0.202	262	0.121	279	0.283	242	0.173	259	0.263	261	0.171	227
娄底	0.202	263	0.141	271	0.279	247	0.148	279	0.292	217	0.150	256
巴彦淖尔	0.202	264	0.158	255	0.243	268	0.171	264	0.313	179	0.125	276
平凉	0.201	265	0.167	245	0.264	255	0.150	278	0.276	250	0.147	261
鹰潭	0.200	266	0.116	282	0.309	216	0.181	253	0.286	227	0.109	282
陇南	0.199	267	0.169	240	0.254	263	0.156	273	0.261	262	0.153	250
葫芦岛	0.198	268	0.117	280	0.269	252	0.197	242	0.258	267	0.148	259
昭通	0.198	269	0.175	231	0.270	251	0.151	277	0.258	270	0.134	269
伊春	0.197	270	0.112	283	0.253	264	0.139	281	0.288	224	0.194	197
定西	0.197	271	0.196	199	0.208	277	0.157	271	0.273	256	0.151	254
白城	0.197	272	0.121	278	0.217	274	0.220	206	0.293	215	0.133	271
乌海	0.192	273	0.140	272	0.156	284	0.217	210	0.258	268	0.189	201
贵港	0.191	274	0.116	281	0.262	257	0.178	255	0.247	280	0.152	251
吴忠	0.190	275	0.154	261	0.233	270	0.156	272	0.254	275	0.152	252
随州	0.189	276	0.165	248	0.262	256	0.147	280	0.240	281	0.133	272
鄂州	0.188	277	0.155	258	0.214	275	0.187	248	0.230	285	0.155	246
崇左	0.185	278	0.112	284	0.306	218	0.153	276	0.250	278	0.105	283
金昌	0.182	279	0.132	274	0.164	283	0.160	269	0.281	242	0.175	218
石嘴山	0.178	280	0.142	270	0.195	280	0.185	250	0.249	279	0.117	279
辽源	0.177	281	0.140	273	0.154	285	0.221	202	0.253	276	0.118	278
鸡西	0.174	282	0.079	287	0.210	276	0.126	284	0.296	210	0.161	240
朝阳	0.171	283	0.183	219	0.232	271	0.119	285	0.232	284	0.089	286
绥化	0.165	284	0.130	275	0.147	286	0.175	258	0.257	273	0.114	280

续表

城市	CBDI 总分	排名	文化品牌指数	排名	旅游品牌指数	排名	投资品牌指数	排名	宜居品牌指数	排名	品牌传播指数	排名
双鸭山	0.156	285	0.147	265	0.194	282	0.111	286	0.257	272	0.070	287
鹤岗	0.141	286	0.088	286	0.195	281	0.092	287	0.226	286	0.105	284
七台河	0.115	287	0.088	285	0.066	287	0.135	282	0.188	287	0.099	285

二　中国城市文化品牌发展指数 2016—2017 年总体排名

表 1 - 2　2016—2017 年中国 287 个城市的城市文化品牌发展指数排名

城市	文化品牌指数	排名	文化独特性	排名	文化开放性	排名	文化活力	排名	文化吸引力	排名
北京	0.733	1	0.897	1	0.856	1	0.310	3	0.870	2
上海	0.601	2	0.804	2	0.543	2	0.306	5	0.752	3
重庆	0.538	3	0.721	6	0.452	12	0.305	7	0.676	4
成都	0.533	4	0.713	9	0.491	7	0.333	1	0.594	7
广州	0.533	5	0.676	12	0.519	4	0.306	6	0.630	6
天津	0.516	6	0.638	18	0.459	10	0.314	2	0.651	5
南京	0.515	7	0.708	10	0.508	6	0.301	9	0.544	9
杭州	0.514	8	0.734	5	0.468	8	0.305	8	0.551	8
西安	0.510	9	0.767	3	0.444	13	0.298	11	0.533	10
武汉	0.488	10	0.699	11	0.434	15	0.308	4	0.511	12
深圳	0.487	11	0.266	132	0.525	3	0.260	30	0.896	1
苏州	0.471	12	0.742	4	0.391	24	0.293	14	0.460	28
长沙	0.464	13	0.625	20	0.428	16	0.301	10	0.500	16
济南	0.453	14	0.648	16	0.392	22	0.281	16	0.490	18
郑州	0.451	15	0.560	28	0.453	11	0.294	13	0.499	17
宁波	0.436	16	0.553	31	0.411	19	0.276	19	0.503	14
南昌	0.434	17	0.604	22	0.422	17	0.270	23	0.439	32
青岛	0.433	18	0.526	37	0.393	21	0.296	12	0.514	11
昆明	0.431	19	0.583	27	0.391	23	0.270	24	0.479	20
沈阳	0.425	20	0.530	36	0.382	26	0.282	15	0.505	13

续表

城市	文化品牌指数	排名	文化独特性	排名	文化开放性	排名	文化活力	排名	文化吸引力	排名
福州	0.414	21	0.548	32	0.366	29	0.271	21	0.469	26
太原	0.397	22	0.425	59	0.513	5	0.189	65	0.459	29
洛阳	0.396	23	0.714	7	0.281	53	0.182	72	0.409	41
厦门	0.388	24	0.350	84	0.466	9	0.280	17	0.458	30
保定	0.382	25	0.584	26	0.298	46	0.254	38	0.391	61
泉州	0.377	26	0.662	14	0.288	49	0.181	77	0.376	70
扬州	0.376	27	0.661	15	0.278	55	0.174	84	0.392	60
哈尔滨	0.372	28	0.479	43	0.331	33	0.202	60	0.475	24
大同	0.365	29	0.673	13	0.299	45	0.139	115	0.350	102
兰州	0.364	30	0.294	111	0.439	14	0.265	27	0.457	31
淄博	0.362	31	0.474	45	0.246	79	0.243	42	0.487	19
徐州	0.360	32	0.535	34	0.239	84	0.258	35	0.409	40
绍兴	0.355	33	0.639	17	0.232	90	0.181	75	0.369	76
延安	0.350	34	0.714	8	0.257	70	0.108	196	0.320	166
承德	0.349	35	0.634	19	0.246	78	0.145	102	0.370	75
佛山	0.348	36	0.476	44	0.304	43	0.227	52	0.387	63
呼和浩特	0.347	37	0.446	53	0.402	20	0.141	112	0.400	50
无锡	0.346	38	0.377	72	0.309	42	0.263	28	0.434	33
大连	0.342	39	0.270	127	0.351	32	0.271	20	0.477	22
桂林	0.341	40	0.556	29	0.261	63	0.151	95	0.394	55
银川	0.340	41	0.447	52	0.358	30	0.162	89	0.393	58
中山	0.340	42	0.367	74	0.357	31	0.270	25	0.367	79
赣州	0.340	43	0.502	39	0.221	100	0.228	49	0.407	43
长春	0.339	44	0.243	147	0.385	25	0.261	29	0.467	27
南阳	0.338	45	0.601	23	0.221	101	0.148	98	0.382	67
贵阳	0.337	46	0.236	154	0.368	27	0.267	26	0.477	23
吉林	0.336	47	0.466	47	0.258	66	0.258	34	0.362	92
石家庄	0.336	48	0.320	97	0.320	38	0.233	46	0.469	25
合肥	0.334	49	0.264	134	0.315	39	0.255	37	0.501	15
烟台	0.333	50	0.444	55	0.313	41	0.181	74	0.392	59

续表

城市	文化品牌指数	排名	文化独特性	排名	文化开放性	排名	文化活力	排名	文化吸引力	排名
宜昌	0.330	51	0.364	77	0.294	47	0.243	41	0.419	37
温州	0.322	52	0.384	68	0.322	36	0.181	78	0.402	45
邯郸	0.320	53	0.491	41	0.242	83	0.146	101	0.402	48
南宁	0.320	54	0.267	131	0.265	60	0.270	22	0.478	21
开封	0.319	55	0.544	33	0.243	82	0.122	151	0.367	82
南通	0.317	56	0.370	73	0.228	95	0.259	33	0.413	39
海口	0.317	57	0.215	176	0.368	28	0.279	18	0.407	42
潍坊	0.317	58	0.456	49	0.215	111	0.183	69	0.415	38
常州	0.314	59	0.357	81	0.315	40	0.181	76	0.402	46
安阳	0.311	60	0.590	24	0.182	155	0.124	143	0.348	109
镇江	0.310	61	0.491	42	0.258	67	0.142	109	0.350	103
遵义	0.306	62	0.435	56	0.178	160	0.211	57	0.399	51
淮安	0.305	63	0.444	54	0.164	188	0.230	48	0.383	65
漳州	0.303	64	0.534	35	0.203	126	0.135	125	0.339	126
嘉兴	0.301	65	0.351	83	0.273	57	0.182	71	0.398	52
珠海	0.300	66	0.214	179	0.320	37	0.260	31	0.406	44
惠州	0.300	67	0.292	113	0.261	64	0.259	32	0.386	64
榆林	0.296	68	0.588	25	0.117	248	0.114	177	0.364	87
商丘	0.295	69	0.556	30	0.153	203	0.113	179	0.359	94
济宁	0.293	70	0.357	80	0.285	52	0.189	66	0.339	129
东莞	0.290	71	0.240	149	0.322	34	0.205	58	0.393	57
乌鲁木齐	0.290	72	0.121	259	0.419	18	0.191	64	0.428	35
泰安	0.289	73	0.409	63	0.233	88	0.192	63	0.323	161
临沂	0.288	74	0.331	92	0.215	109	0.255	36	0.353	98
日照	0.287	75	0.356	82	0.257	69	0.231	47	0.306	189
丽江	0.287	76	0.470	46	0.252	72	0.111	185	0.313	180
咸阳	0.285	77	0.454	50	0.231	91	0.128	134	0.328	150
汉中	0.285	78	0.501	40	0.200	130	0.114	169	0.324	155
黄山	0.284	79	0.363	78	0.227	96	0.234	45	0.314	177
襄阳	0.284	80	0.300	106	0.196	131	0.215	55	0.422	36

续表

城市	文化品牌指数	排名	文化独特性	排名	文化开放性	排名	文化活力	排名	文化吸引力	排名
湖州	0.282	81	0.310	100	0.252	73	0.174	85	0.393	56
张掖	0.282	82	0.430	57	0.244	81	0.114	175	0.341	123
沧州	0.279	83	0.379	71	0.228	94	0.154	91	0.354	97
柳州	0.279	84	0.412	61	0.192	137	0.140	113	0.369	77
秦皇岛	0.277	85	0.333	90	0.275	56	0.127	135	0.371	73
宝鸡	0.276	86	0.322	95	0.260	65	0.123	149	0.400	49
金华	0.276	87	0.381	69	0.140	218	0.251	40	0.333	144
十堰	0.274	88	0.306	102	0.184	151	0.225	54	0.379	69
聊城	0.273	89	0.396	66	0.186	145	0.141	110	0.367	78
菏泽	0.271	90	0.347	86	0.189	143	0.183	70	0.365	86
唐山	0.270	91	0.252	138	0.248	75	0.147	100	0.431	34
宜宾	0.267	92	0.463	48	0.147	211	0.110	188	0.349	106
景德镇	0.267	93	0.611	21	0.110	253	0.114	171	0.231	268
衢州	0.266	94	0.360	79	0.201	128	0.138	120	0.367	83
泰州	0.264	95	0.292	112	0.233	89	0.180	79	0.352	101
岳阳	0.263	96	0.397	65	0.186	147	0.154	93	0.316	172
邢台	0.262	97	0.322	96	0.176	166	0.149	96	0.402	47
西宁	0.262	98	0.242	148	0.322	35	0.139	117	0.343	116
武威	0.261	99	0.453	51	0.212	114	0.096	242	0.284	226
德州	0.261	100	0.341	88	0.221	102	0.125	140	0.356	96
泸州	0.260	101	0.410	62	0.183	152	0.105	204	0.342	119
长治	0.259	102	0.284	118	0.280	54	0.102	222	0.370	74
张家口	0.258	103	0.284	117	0.258	68	0.127	136	0.365	85
东营	0.258	104	0.236	155	0.210	119	0.226	53	0.359	95
潮州	0.258	105	0.514	38	0.161	194	0.167	87	0.189	283
安康	0.256	106	0.365	75	0.212	115	0.109	191	0.339	127
威海	0.256	107	0.182	217	0.238	86	0.239	44	0.366	84
芜湖	0.256	108	0.223	167	0.186	146	0.241	43	0.375	72
肇庆	0.256	109	0.334	89	0.201	129	0.142	107	0.344	115
三亚	0.255	110	0.232	156	0.186	148	0.254	39	0.349	105

续表

城市	文化品牌指数	排名	文化独特性	排名	文化开放性	排名	文化活力	排名	文化吸引力	排名
台州	0.253	111	0.270	129	0.218	105	0.181	73	0.343	117
廊坊	0.253	112	0.305	105	0.229	92	0.143	105	0.334	139
天水	0.253	113	0.388	67	0.184	149	0.109	195	0.329	149
乐山	0.252	114	0.427	58	0.133	229	0.112	182	0.336	132
九江	0.250	115	0.297	107	0.236	87	0.125	141	0.342	121
盐城	0.250	116	0.206	189	0.229	93	0.175	83	0.390	62
晋中	0.249	117	0.364	76	0.193	135	0.102	223	0.339	128
北海	0.248	118	0.295	110	0.214	113	0.148	99	0.335	135
许昌	0.247	119	0.251	140	0.245	80	0.153	94	0.338	130
渭南	0.247	120	0.348	85	0.210	121	0.109	194	0.321	164
运城	0.246	121	0.309	101	0.220	103	0.107	200	0.348	110
晋城	0.245	122	0.317	98	0.216	107	0.107	197	0.341	122
梅州	0.245	123	0.381	70	0.152	204	0.107	199	0.340	125
新乡	0.244	124	0.284	119	0.191	140	0.154	92	0.348	108
宣城	0.243	125	0.272	125	0.302	44	0.119	155	0.280	232
汕头	0.243	126	0.250	141	0.223	99	0.177	81	0.321	165
焦作	0.242	127	0.331	91	0.177	165	0.115	168	0.348	111
江门	0.241	128	0.206	188	0.191	139	0.214	56	0.353	99
黄冈	0.240	129	0.328	93	0.098	259	0.200	61	0.334	138
枣庄	0.238	130	0.275	122	0.211	116	0.117	162	0.349	107
舟山	0.238	131	0.220	172	0.285	51	0.114	174	0.333	143
常德	0.237	132	0.270	128	0.192	138	0.124	144	0.363	90
上饶	0.237	133	0.305	104	0.238	85	0.118	158	0.286	222
呼伦贝尔	0.236	134	0.226	160	0.264	61	0.170	86	0.285	225
宁德	0.235	135	0.267	130	0.211	118	0.133	130	0.328	151
绵阳	0.234	136	0.204	191	0.209	122	0.143	106	0.381	68
濮阳	0.233	137	0.295	108	0.149	209	0.138	121	0.350	104
滨州	0.232	138	0.345	87	0.155	202	0.124	146	0.304	194
衡水	0.231	139	0.224	164	0.210	120	0.123	148	0.367	81
鞍山	0.229	140	0.274	124	0.207	124	0.103	217	0.334	137

续表

城市	文化品牌指数	排名	文化独特性	排名	文化开放性	排名	文化活力	排名	文化吸引力	排名
安庆	0.229	141	0.315	99	0.150	208	0.131	131	0.320	167
包头	0.228	142	0.107	261	0.270	59	0.141	111	0.395	54
大庆	0.228	143	0.208	187	0.271	58	0.103	218	0.331	145
自贡	0.228	144	0.419	60	0.085	263	0.102	225	0.306	187
亳州	0.227	145	0.399	64	0.134	228	0.111	183	0.264	250
鄂尔多斯	0.226	146	0.167	233	0.287	50	0.109	192	0.343	118
宜春	0.226	147	0.324	94	0.192	136	0.107	198	0.280	234
丽水	0.225	148	0.265	133	0.137	221	0.124	142	0.375	71
南平	0.224	149	0.237	153	0.214	112	0.113	178	0.333	141
衡阳	0.223	150	0.190	206	0.111	252	0.228	51	0.363	88
临汾	0.222	151	0.283	120	0.168	180	0.103	213	0.334	136
吕梁	0.220	152	0.276	121	0.208	123	0.097	236	0.301	198
信阳	0.220	153	0.290	115	0.125	239	0.117	161	0.347	112
郴州	0.220	154	0.212	182	0.182	153	0.122	150	0.363	89
孝感	0.220	155	0.257	137	0.137	220	0.186	67	0.300	200
蚌埠	0.220	156	0.217	175	0.211	117	0.135	127	0.316	173
株洲	0.219	157	0.189	207	0.193	134	0.159	90	0.335	134
湛江	0.219	158	0.249	143	0.179	159	0.139	116	0.307	185
吉安	0.218	159	0.289	116	0.182	154	0.114	172	0.287	220
连云港	0.218	160	0.172	226	0.170	176	0.134	128	0.396	53
酒泉	0.218	161	0.245	146	0.247	77	0.098	235	0.281	229
龙岩	0.218	162	0.228	159	0.187	144	0.116	167	0.340	124
锦州	0.218	163	0.222	169	0.204	125	0.109	190	0.335	133
抚州	0.216	164	0.274	123	0.165	185	0.111	184	0.312	181
达州	0.215	165	0.238	152	0.190	142	0.097	240	0.338	131
黄石	0.215	166	0.225	163	0.215	110	0.119	157	0.302	197
白山	0.215	167	0.212	180	0.290	48	0.090	264	0.266	248
宿迁	0.214	168	0.173	222	0.164	187	0.178	80	0.342	120
齐齐哈尔	0.212	169	0.263	135	0.170	175	0.104	212	0.313	179
朔州	0.212	170	0.290	114	0.181	157	0.091	262	0.286	221

续表

城市	文化品牌指数	排名	文化独特性	排名	文化开放性	排名	文化活力	排名	文化吸引力	排名
三明	0.211	171	0.182	216	0.216	108	0.114	170	0.331	147
平顶山	0.209	172	0.239	151	0.178	161	0.097	238	0.322	162
铜陵	0.209	173	0.175	221	0.254	71	0.118	159	0.291	215
阜阳	0.209	174	0.219	173	0.158	197	0.144	104	0.314	176
湘潭	0.209	175	0.158	240	0.224	98	0.137	123	0.315	174
怀化	0.207	176	0.271	126	0.127	237	0.142	108	0.289	217
六安	0.207	177	0.223	166	0.179	158	0.129	133	0.295	207
白银	0.207	178	0.119	260	0.252	74	0.163	88	0.293	210
莆田	0.206	179	0.206	190	0.195	133	0.119	156	0.305	192
毕节	0.206	180	0.172	225	0.168	179	0.101	226	0.382	66
荆门	0.206	181	0.221	171	0.182	156	0.112	181	0.308	183
莱芜	0.205	182	0.169	230	0.128	236	0.199	62	0.324	156
张家界	0.203	183	0.252	139	0.155	201	0.126	137	0.279	236
池州	0.202	184	0.259	136	0.171	174	0.136	124	0.242	265
安顺	0.201	185	0.197	198	0.184	150	0.105	207	0.319	169
淮南	0.201	186	0.183	214	0.171	173	0.120	152	0.330	148
清远	0.201	187	0.192	203	0.178	162	0.140	114	0.292	212
滁州	0.201	188	0.218	174	0.120	245	0.144	103	0.320	168
韶关	0.200	189	0.197	197	0.162	191	0.117	163	0.324	158
忻州	0.200	190	0.246	145	0.166	183	0.098	233	0.288	218
驻马店	0.199	191	0.229	158	0.140	217	0.102	220	0.326	153
邵阳	0.199	192	0.229	157	0.129	235	0.148	97	0.288	219
广元	0.197	193	0.202	194	0.114	250	0.106	202	0.367	80
漯河	0.197	194	0.193	199	0.167	182	0.134	129	0.295	208
庆阳	0.197	195	0.215	178	0.156	199	0.103	219	0.315	175
盘锦	0.197	196	0.189	208	0.225	97	0.095	244	0.280	233
商洛	0.197	197	0.225	161	0.157	198	0.103	214	0.302	196
三门峡	0.196	198	0.295	109	0.082	266	0.110	187	0.297	206
定西	0.196	199	0.186	210	0.190	141	0.093	250	0.314	178
荆州	0.196	200	0.250	142	0.115	249	0.137	122	0.280	231

续表

城市	文化品牌指数	排名	文化独特性	排名	文化开放性	排名	文化活力	排名	文化吸引力	排名
南充	0.196	201	0.190	205	0.132	231	0.135	126	0.325	154
咸宁	0.195	202	0.249	144	0.165	184	0.109	193	0.257	260
萍乡	0.195	203	0.225	162	0.219	104	0.105	205	0.231	267
铜仁	0.194	204	0.211	184	0.130	233	0.103	216	0.333	140
眉山	0.194	205	0.184	213	0.160	195	0.103	215	0.331	146
铜川	0.194	206	0.215	177	0.173	170	0.123	147	0.265	249
马鞍山	0.193	207	0.182	218	0.168	181	0.116	164	0.306	186
河源	0.192	208	0.193	201	0.163	189	0.139	119	0.272	245
永州	0.191	209	0.168	232	0.132	230	0.139	118	0.324	157
阳泉	0.190	210	0.200	196	0.196	132	0.093	252	0.273	244
丹东	0.190	211	0.179	219	0.177	164	0.104	211	0.301	199
普洱	0.189	212	0.191	204	0.168	178	0.066	286	0.333	142
周口	0.188	213	0.211	183	0.114	251	0.104	209	0.324	160
赤峰	0.188	214	0.080	265	0.202	127	0.112	180	0.359	93
曲靖	0.188	215	0.147	248	0.151	206	0.093	257	0.362	91
益阳	0.187	216	0.172	224	0.150	207	0.126	138	0.298	204
通辽	0.186	217	0.177	220	0.161	192	0.099	229	0.306	188
牡丹江	0.186	218	0.209	185	0.171	172	0.105	203	0.257	261
朝阳	0.183	219	0.130	255	0.076	272	0.228	50	0.299	203
四平	0.183	220	0.070	269	0.264	62	0.093	253	0.305	191
德阳	0.183	221	0.149	246	0.178	163	0.110	189	0.295	209
巴中	0.182	222	0.201	195	0.126	238	0.087	273	0.316	171
来宾	0.182	223	0.203	193	0.125	240	0.084	278	0.317	170
玉溪	0.182	224	0.152	245	0.169	177	0.083	280	0.322	163
黑河	0.181	225	0.173	223	0.174	169	0.085	274	0.292	211
中卫	0.180	226	0.240	150	0.083	265	0.185	68	0.214	277
通化	0.179	227	0.069	270	0.248	76	0.090	265	0.308	184
营口	0.177	228	0.166	234	0.158	196	0.093	249	0.291	213
茂名	0.176	229	0.171	227	0.135	225	0.124	145	0.276	241
抚顺	0.176	230	0.147	247	0.162	190	0.116	166	0.278	239

续表

城市	文化品牌指数	排名	文化独特性	排名	文化开放性	排名	文化活力	排名	文化吸引力	排名
昭通	0.175	231	0.135	253	0.174	168	0.093	254	0.297	205
宿州	0.174	232	0.185	212	0.101	257	0.120	153	0.291	214
本溪	0.174	233	0.212	181	0.087	262	0.097	237	0.299	202
百色	0.174	234	0.223	165	0.051	284	0.093	251	0.327	152
淮北	0.174	235	0.162	237	0.135	224	0.119	154	0.278	237
攀枝花	0.172	236	0.059	277	0.165	186	0.110	186	0.352	100
梧州	0.171	237	0.159	239	0.148	210	0.099	230	0.276	240
玉林	0.170	238	0.154	241	0.081	267	0.099	232	0.347	113
揭阳	0.170	239	0.144	250	0.147	213	0.176	82	0.212	278
陇南	0.169	240	0.169	229	0.131	232	0.094	248	0.282	228
阳江	0.169	241	0.182	215	0.138	219	0.129	132	0.227	270
钦州	0.169	242	0.162	235	0.098	258	0.091	263	0.324	159
固原	0.168	243	0.193	200	0.125	242	0.092	259	0.261	253
河池	0.168	244	0.222	168	0.064	278	0.094	246	0.290	216
平凉	0.167	245	0.162	236	0.130	234	0.104	210	0.274	243
阜新	0.167	246	0.168	231	0.125	241	0.092	260	0.281	230
鹤壁	0.166	247	0.209	186	0.052	283	0.102	224	0.303	195
随州	0.165	248	0.306	103	0.046	286	0.114	176	0.194	282
松原	0.165	249	0.203	192	0.135	226	0.090	266	0.231	269
汕尾	0.164	250	0.221	170	0.103	256	0.116	165	0.217	276
雅安	0.163	251	0.091	263	0.147	212	0.102	221	0.310	182
遂宁	0.161	252	0.153	244	0.134	227	0.101	227	0.258	258
新余	0.159	253	0.136	252	0.120	246	0.104	208	0.278	238
防城港	0.159	254	0.137	251	0.122	243	0.118	160	0.261	255
巴彦淖尔	0.158	255	0.071	268	0.171	171	0.089	267	0.300	201
内江	0.155	256	0.055	278	0.136	222	0.125	139	0.305	190
嘉峪关	0.155	257	0.097	262	0.218	106	0.095	243	0.209	279
鄂州	0.155	258	0.121	258	0.088	261	0.106	201	0.304	193

续表

城市	文化品牌指数	排名	文化独特性	排名	文化开放性	排名	文化活力	排名	文化吸引力	排名
广安	0.154	259	0.186	209	0.073	275	0.098	234	0.261	254
佳木斯	0.154	260	0.154	242	0.108	254	0.095	245	0.260	256
吴忠	0.154	261	0.193	202	0.070	277	0.097	241	0.256	262
保山	0.152	262	0.066	272	0.176	167	0.088	270	0.280	235
辽阳	0.152	263	0.134	254	0.136	223	0.093	255	0.247	264
六盘水	0.148	264	0.064	274	0.079	268	0.105	206	0.345	114
双鸭山	0.147	265	0.159	238	0.084	264	0.081	282	0.262	252
乌兰察布	0.145	266	0.072	266	0.143	215	0.205	59	0.161	284
贺州	0.145	267	0.185	211	0.049	285	0.092	261	0.253	263
铁岭	0.144	268	0.146	249	0.119	247	0.088	269	0.224	272
临沧	0.144	269	0.153	243	0.059	281	0.079	285	0.285	223
石嘴山	0.142	270	0.126	256	0.077	269	0.099	231	0.267	247
娄底	0.141	271	0.049	280	0.142	216	0.114	173	0.257	259
乌海	0.140	272	0.037	284	0.146	214	0.092	258	0.285	224
辽源	0.140	273	0.031	285	0.161	193	0.085	276	0.282	227
金昌	0.132	274	0.061	276	0.152	205	0.094	247	0.219	275
绥化	0.130	275	0.170	228	0.072	276	0.081	283	0.199	280
克拉玛依	0.125	276	0.072	267	0.156	200	0.000	287	0.271	246
云浮	0.124	277	0.063	275	0.122	244	0.089	268	0.221	273
白城	0.121	278	0.064	273	0.077	270	0.084	277	0.258	257
资阳	0.121	279	0.123	257	0.076	273	0.087	272	0.197	281
葫芦岛	0.117	280	0.043	283	0.105	255	0.093	256	0.226	271
贵港	0.116	281	0.049	279	0.053	282	0.088	271	0.275	242
鹰潭	0.116	282	0.067	271	0.077	271	0.100	228	0.220	274
伊春	0.112	283	0.048	281	0.073	274	0.085	275	0.240	266
崇左	0.112	284	0.047	282	0.041	287	0.097	239	0.262	251
七台河	0.088	285	0.087	264	0.060	280	0.080	284	0.126	287
鹤岗	0.088	286	0.024	286	0.094	260	0.082	281	0.152	285
鸡西	0.079	287	0.019	287	0.061	279	0.084	279	0.152	286

三　中国城市旅游品牌发展指数 2016—2017 年总体排名

表 1-3　2016—2017 年中国 287 个城市的城市旅游品牌发展指数排名

城市	旅游品牌指数	排名	旅游人气	排名	旅游吸引力	排名	旅游发展效益	排名	旅游营销传播	排名
北京	0.781	1	0.955	2	0.921	2	0.549	4	0.697	1
上海	0.745	2	0.981	1	0.832	3	0.503	16	0.663	2
重庆	0.727	3	0.910	3	0.939	1	0.500	17	0.559	5
杭州	0.631	4	0.895	7	0.548	8	0.492	20	0.589	3
成都	0.628	5	0.896	6	0.534	9	0.519	13	0.564	4
武汉	0.605	6	0.901	5	0.561	7	0.470	26	0.488	12
苏州	0.594	7	0.851	11	0.620	4	0.430	37	0.476	15
天津	0.591	8	0.909	4	0.446	28	0.490	21	0.517	11
广州	0.581	9	0.875	9	0.402	49	0.495	18	0.552	6
西安	0.581	10	0.861	10	0.568	5	0.374	66	0.521	10
南京	0.552	11	0.808	22	0.450	26	0.428	38	0.521	9
青岛	0.542	12	0.822	16	0.467	20	0.395	58	0.484	13
宁波	0.541	13	0.832	13	0.442	30	0.420	43	0.471	16
昆明	0.523	14	0.836	12	0.236	173	0.579	1	0.443	22
南昌	0.520	15	0.750	50	0.363	66	0.572	2	0.395	37
石家庄	0.510	16	0.737	59	0.444	29	0.412	47	0.448	18
厦门	0.509	17	0.832	14	0.305	110	0.370	72	0.528	8
郑州	0.507	18	0.786	33	0.451	25	0.363	79	0.427	27
长沙	0.505	19	0.830	15	0.340	89	0.404	52	0.444	20
洛阳	0.503	20	0.821	17	0.452	24	0.359	84	0.379	44
宜昌	0.503	21	0.747	53	0.517	10	0.433	35	0.315	75
赣州	0.502	22	0.728	68	0.462	22	0.537	9	0.282	103
无锡	0.502	23	0.780	37	0.424	37	0.396	57	0.408	31
上饶	0.496	24	0.772	39	0.402	50	0.548	6	0.262	129
黄山	0.496	25	0.803	26	0.466	21	0.276	178	0.436	24
济南	0.496	26	0.753	48	0.479	18	0.341	100	0.410	30

续表

城市	旅游品牌指数	排名	旅游人气	排名	旅游吸引力	排名	旅游发展效益	排名	旅游营销传播	排名
深圳	0.494	27	0.891	8	0.185	217	0.356	88	0.544	7
桂林	0.493	28	0.813	19	0.333	93	0.373	69	0.453	17
金华	0.493	29	0.809	21	0.387	56	0.433	36	0.341	65
烟台	0.491	30	0.773	38	0.498	14	0.340	102	0.353	60
大连	0.491	31	0.817	18	0.338	92	0.363	78	0.445	19
温州	0.490	32	0.808	23	0.357	76	0.388	61	0.405	35
晋中	0.489	33	0.755	45	0.508	12	0.407	50	0.284	100
南宁	0.486	34	0.782	36	0.355	78	0.411	48	0.398	36
承德	0.484	35	0.733	61	0.348	82	0.517	14	0.337	67
潍坊	0.482	36	0.751	49	0.566	6	0.320	122	0.290	96
贵阳	0.479	37	0.753	47	0.241	168	0.516	15	0.407	32
哈尔滨	0.478	38	0.742	56	0.391	55	0.366	75	0.414	28
保定	0.476	39	0.732	62	0.414	44	0.401	55	0.358	53
福州	0.475	40	0.784	34	0.330	95	0.378	65	0.407	33
绍兴	0.471	41	0.801	27	0.366	65	0.366	76	0.351	61
长春	0.470	42	0.762	41	0.276	132	0.459	29	0.383	42
邯郸	0.466	43	0.650	135	0.422	39	0.485	23	0.307	79
张家口	0.466	44	0.687	101	0.351	80	0.494	19	0.332	69
太原	0.465	45	0.759	42	0.383	58	0.337	105	0.382	43
佛山	0.465	46	0.788	32	0.370	64	0.317	127	0.383	41
泰安	0.464	47	0.758	44	0.433	35	0.317	126	0.349	62
九江	0.464	48	0.792	30	0.342	86	0.425	40	0.298	87
济宁	0.463	49	0.753	46	0.509	11	0.308	144	0.282	104
张家界	0.460	50	0.746	54	0.282	124	0.384	63	0.427	25
嘉兴	0.460	51	0.795	28	0.275	133	0.414	45	0.355	55
沈阳	0.457	52	0.790	31	0.324	96	0.309	143	0.407	34
临沂	0.457	53	0.727	69	0.506	13	0.291	162	0.304	82
湖州	0.456	54	0.794	29	0.279	127	0.421	41	0.330	71
运城	0.454	55	0.716	76	0.431	36	0.401	56	0.268	118
大同	0.453	56	0.721	72	0.342	87	0.364	77	0.385	40

续表

城市	旅游品牌指数	排名	旅游人气	排名	旅游吸引力	排名	旅游发展效益	排名	旅游营销传播	排名
台州	0.452	57	0.730	65	0.310	105	0.426	39	0.342	64
合肥	0.452	58	0.784	35	0.266	144	0.363	80	0.395	38
唐山	0.451	59	0.675	115	0.362	68	0.452	33	0.317	73
宝鸡	0.449	60	0.749	52	0.441	32	0.328	113	0.276	108
秦皇岛	0.446	61	0.722	71	0.271	137	0.435	34	0.354	58
宜春	0.444	62	0.681	108	0.417	43	0.465	28	0.214	197
吉安	0.443	63	0.732	63	0.361	70	0.458	31	0.222	184
丽江	0.443	64	0.759	43	0.185	218	0.386	62	0.440	23
吉林	0.436	65	0.680	110	0.248	157	0.390	60	0.427	26
泉州	0.436	66	0.668	121	0.405	48	0.340	103	0.332	70
岳阳	0.436	67	0.685	104	0.268	141	0.520	12	0.270	117
遵义	0.435	68	0.643	144	0.263	146	0.527	10	0.307	80
乐山	0.435	69	0.684	106	0.316	100	0.384	64	0.354	57
廊坊	0.434	70	0.659	128	0.376	61	0.404	54	0.295	89
十堰	0.433	71	0.707	83	0.480	17	0.310	139	0.235	162
兰州	0.433	72	0.638	149	0.271	136	0.409	49	0.413	29
常州	0.429	73	0.705	84	0.310	104	0.341	99	0.359	52
日照	0.428	74	0.717	74	0.376	62	0.258	206	0.361	50
池州	0.427	75	0.770	40	0.423	38	0.302	152	0.213	198
景德镇	0.425	76	0.714	78	0.289	119	0.415	44	0.281	105
淄博	0.423	77	0.720	73	0.402	51	0.293	160	0.279	106
渭南	0.423	78	0.715	77	0.475	19	0.266	195	0.237	158
焦作	0.423	79	0.725	70	0.419	40	0.264	198	0.284	101
三亚	0.422	80	0.680	109	0.208	202	0.320	121	0.481	14
延安	0.422	81	0.660	126	0.442	31	0.266	194	0.321	72
株洲	0.422	82	0.693	93	0.208	201	0.521	11	0.267	122
东莞	0.421	83	0.810	20	0.239	170	0.278	174	0.359	51
安顺	0.420	84	0.713	79	0.205	205	0.490	22	0.275	110
舟山	0.416	85	0.730	66	0.211	197	0.355	90	0.368	49
漳州	0.415	86	0.686	102	0.362	67	0.319	123	0.292	93

续表

城市	旅游品牌指数	排名	旅游人气	排名	旅游吸引力	排名	旅游发展效益	排名	旅游营销传播	排名
南通	0.414	87	0.703	85	0.307	107	0.308	145	0.337	66
临汾	0.413	88	0.695	92	0.377	60	0.354	91	0.227	171
安庆	0.412	89	0.689	98	0.361	69	0.334	108	0.263	128
惠州	0.410	90	0.807	24	0.238	172	0.248	215	0.347	63
晋城	0.407	91	0.676	114	0.417	42	0.312	133	0.223	180
南阳	0.407	92	0.611	169	0.480	16	0.238	228	0.297	88
丽水	0.406	93	0.593	186	0.352	79	0.374	67	0.304	83
扬州	0.406	94	0.558	210	0.379	59	0.330	111	0.355	56
徐州	0.405	95	0.628	160	0.360	71	0.322	118	0.310	78
南平	0.403	96	0.708	82	0.306	109	0.355	89	0.244	146
咸阳	0.401	97	0.700	87	0.358	75	0.284	167	0.263	127
芜湖	0.400	98	0.711	80	0.281	125	0.336	107	0.273	114
抚州	0.399	99	0.641	147	0.340	91	0.414	46	0.202	210
柳州	0.399	100	0.675	116	0.358	74	0.305	148	0.258	135
铜仁	0.398	101	0.665	122	0.259	152	0.456	32	0.211	201
衢州	0.397	102	0.701	86	0.256	154	0.342	98	0.291	94
呼伦贝尔	0.397	103	0.688	100	0.285	122	0.323	117	0.293	90
六安	0.397	104	0.653	132	0.384	57	0.320	120	0.231	166
珠海	0.396	105	0.805	25	0.141	255	0.264	197	0.374	46
牡丹江	0.395	106	0.740	57	0.319	99	0.306	146	0.217	189
威海	0.395	107	0.733	60	0.235	177	0.299	155	0.315	74
吕梁	0.393	108	0.643	145	0.350	81	0.348	94	0.232	165
怀化	0.393	109	0.651	134	0.345	83	0.362	81	0.213	199
鞍山	0.393	110	0.749	51	0.282	123	0.249	214	0.290	95
长治	0.392	111	0.685	103	0.311	101	0.278	176	0.293	92
汕头	0.391	112	0.634	155	0.266	143	0.404	53	0.262	130
镇江	0.391	113	0.653	133	0.272	135	0.332	109	0.307	81
安康	0.388	114	0.601	179	0.441	33	0.247	216	0.266	125
毕节	0.388	115	0.677	112	0.182	223	0.459	30	0.235	161
沧州	0.386	116	0.557	211	0.448	27	0.274	184	0.266	124

续表

城市	旅游品牌指数	排名	旅游人气	排名	旅游吸引力	排名	旅游发展效益	排名	旅游营销传播	排名
北海	0.386	117	0.649	137	0.172	236	0.348	93	0.374	47
常德	0.386	118	0.690	96	0.344	84	0.270	189	0.240	155
湛江	0.386	119	0.697	90	0.247	162	0.358	86	0.241	153
龙岩	0.384	120	0.637	150	0.300	114	0.339	104	0.261	131
郴州	0.384	121	0.717	75	0.305	111	0.272	186	0.242	151
忻州	0.384	122	0.698	89	0.307	108	0.270	188	0.259	133
钦州	0.381	123	0.592	189	0.179	228	0.565	3	0.187	229
邢台	0.381	124	0.565	205	0.408	46	0.279	172	0.271	116
江门	0.380	125	0.744	55	0.232	182	0.321	119	0.222	183
中山	0.379	126	0.660	127	0.205	206	0.210	255	0.443	21
汉中	0.379	127	0.610	170	0.414	45	0.227	243	0.266	123
黄冈	0.379	128	0.546	220	0.492	15	0.278	175	0.201	212
开封	0.379	129	0.730	67	0.207	203	0.265	196	0.314	77
三明	0.379	130	0.732	64	0.244	164	0.309	141	0.229	169
衡阳	0.379	131	0.709	81	0.217	194	0.352	92	0.236	159
梅州	0.378	132	0.679	111	0.287	121	0.311	134	0.234	164
安阳	0.378	133	0.665	123	0.419	41	0.134	284	0.293	91
襄阳	0.377	134	0.646	141	0.358	72	0.252	209	0.253	137
德州	0.376	135	0.626	164	0.406	47	0.219	249	0.252	140
西宁	0.373	136	0.580	197	0.259	150	0.298	157	0.355	54
呼和浩特	0.373	137	0.672	117	0.178	230	0.356	87	0.287	98
普洱	0.372	138	0.649	138	0.135	259	0.483	24	0.220	186
潮州	0.371	139	0.668	120	0.292	117	0.311	136	0.211	202
滨州	0.370	140	0.578	198	0.459	23	0.208	258	0.234	163
乌鲁木齐	0.369	141	0.695	91	0.187	216	0.240	223	0.354	59
枣庄	0.369	142	0.646	140	0.398	52	0.190	270	0.242	152
榆林	0.369	143	0.484	248	0.395	53	0.328	112	0.268	119
濮阳	0.368	144	0.514	235	0.235	176	0.547	7	0.177	237
百色	0.367	145	0.631	157	0.302	113	0.345	96	0.192	222
绵阳	0.367	146	0.586	193	0.260	149	0.336	106	0.287	97

续表

城市	旅游品牌指数	排名	旅游人气	排名	旅游吸引力	排名	旅游发展效益	排名	旅游营销传播	排名
莆田	0.367	147	0.693	94	0.208	200	0.319	124	0.249	142
玉林	0.366	148	0.643	146	0.153	247	0.421	42	0.246	145
韶关	0.365	149	0.670	118	0.248	158	0.301	153	0.242	150
萍乡	0.365	150	0.654	130	0.257	153	0.371	71	0.175	238
清远	0.364	151	0.699	88	0.269	140	0.237	229	0.253	139
本溪	0.364	152	0.740	58	0.244	166	0.253	208	0.221	185
朔州	0.363	153	0.605	172	0.373	63	0.257	207	0.218	188
湘潭	0.363	154	0.663	125	0.181	224	0.361	82	0.247	144
宣城	0.363	155	0.637	152	0.340	90	0.280	170	0.195	217
宁德	0.362	156	0.568	203	0.304	112	0.327	114	0.249	141
三门峡	0.360	157	0.637	151	0.357	77	0.250	213	0.195	218
广元	0.357	158	0.509	238	0.309	106	0.332	110	0.277	107
新乡	0.356	159	0.624	165	0.331	94	0.209	257	0.260	132
邵阳	0.355	160	0.630	159	0.276	129	0.309	142	0.206	206
荆州	0.355	161	0.637	153	0.288	120	0.274	183	0.220	187
信阳	0.355	162	0.562	208	0.358	73	0.263	200	0.236	160
海口	0.355	163	0.621	166	0.179	229	0.226	244	0.393	39
宜宾	0.354	164	0.530	226	0.244	165	0.359	83	0.283	102
泸州	0.354	165	0.501	242	0.290	118	0.368	74	0.256	136
临沧	0.353	166	0.581	195	0.154	245	0.549	5	0.127	276
河池	0.352	167	0.620	167	0.311	102	0.327	115	0.150	265
菏泽	0.351	168	0.540	224	0.440	34	0.210	256	0.214	195
酒泉	0.351	169	0.604	174	0.274	134	0.299	156	0.227	174
锦州	0.351	170	0.690	97	0.296	115	0.223	245	0.194	220
衡水	0.347	171	0.524	230	0.222	190	0.391	59	0.253	138
咸宁	0.346	172	0.603	177	0.342	85	0.266	193	0.173	240
鄂尔多斯	0.345	173	0.540	225	0.341	88	0.314	131	0.185	231
六盘水	0.344	174	0.444	260	0.201	209	0.543	8	0.189	224
盐城	0.342	175	0.592	188	0.260	148	0.274	182	0.243	148
泰州	0.339	176	0.585	194	0.235	174	0.262	201	0.276	109

续表

城市	旅游品牌指数	排名	旅游人气	排名	旅游吸引力	排名	旅游发展效益	排名	旅游营销传播	排名
蚌埠	0.339	177	0.627	162	0.247	160	0.275	179	0.208	203
阳泉	0.338	178	0.601	178	0.234	178	0.300	154	0.215	193
河源	0.337	179	0.633	156	0.198	211	0.233	231	0.285	99
贺州	0.337	180	0.665	124	0.219	193	0.326	116	0.139	272
肇庆	0.336	181	0.689	99	0.147	249	0.281	169	0.227	173
丹东	0.335	182	0.676	113	0.191	213	0.243	220	0.230	168
商洛	0.334	183	0.596	184	0.320	98	0.232	234	0.189	225
淮安	0.334	184	0.556	213	0.244	163	0.269	191	0.267	120
白山	0.334	185	0.544	221	0.144	253	0.275	180	0.373	48
连云港	0.334	186	0.599	181	0.175	232	0.286	165	0.275	111
天水	0.333	187	0.478	251	0.235	175	0.316	128	0.302	84
黑河	0.333	188	0.659	129	0.163	240	0.270	187	0.240	156
滁州	0.332	189	0.627	161	0.270	138	0.261	202	0.169	247
张掖	0.332	190	0.508	240	0.215	196	0.305	150	0.299	86
盘锦	0.331	191	0.690	95	0.173	233	0.238	226	0.225	177
达州	0.330	192	0.479	250	0.247	161	0.278	173	0.314	76
东营	0.330	193	0.587	191	0.276	130	0.213	251	0.243	149
眉山	0.329	194	0.436	264	0.160	244	0.343	97	0.377	45
保山	0.328	195	0.636	154	0.022	279	0.465	27	0.189	227
南充	0.327	196	0.528	229	0.233	180	0.290	163	0.258	134
平顶山	0.327	197	0.612	168	0.276	128	0.213	252	0.208	204
聊城	0.325	198	0.599	180	0.259	151	0.218	250	0.224	178
来宾	0.324	199	0.551	218	0.160	243	0.314	129	0.273	115
驻马店	0.323	200	0.598	183	0.267	142	0.240	224	0.188	228
永州	0.323	201	0.626	163	0.185	221	0.275	181	0.204	208
营口	0.322	202	0.669	119	0.198	210	0.233	233	0.189	226
抚顺	0.320	203	0.685	105	0.153	246	0.244	219	0.196	216
孝感	0.319	204	0.543	222	0.324	97	0.189	271	0.222	182
银川	0.319	205	0.507	241	0.204	207	0.232	237	0.334	68
阳江	0.319	206	0.592	187	0.182	222	0.260	203	0.240	154

续表

城市	旅游品牌指数	排名	旅游人气	排名	旅游吸引力	排名	旅游发展效益	排名	旅游营销传播	排名
梧州	0. 318	207	0. 645	142	0. 173	235	0. 298	158	0. 158	256
遂宁	0. 318	208	0. 565	206	0. 204	208	0. 318	125	0. 186	230
益阳	0. 318	209	0. 596	185	0. 195	212	0. 311	137	0. 170	243
大庆	0. 317	210	0. 559	209	0. 229	185	0. 232	239	0. 248	143
防城港	0. 317	211	0. 630	158	0. 160	242	0. 295	159	0. 183	233
茂名	0. 314	212	0. 517	234	0. 179	227	0. 348	95	0. 214	196
揭阳	0. 314	213	0. 654	131	0. 147	250	0. 282	168	0. 173	239
商丘	0. 314	214	0. 512	236	0. 392	54	0. 136	283	0. 215	194
广安	0. 311	215	0. 469	254	0. 223	189	0. 313	132	0. 238	157
鹰潭	0. 309	216	0. 647	139	0. 015	284	0. 373	68	0. 199	213
固原	0. 308	217	0. 362	274	0. 225	188	0. 473	25	0. 171	241
崇左	0. 306	218	0. 681	107	0. 031	275	0. 369	73	0. 143	268
内江	0. 306	219	0. 467	256	0. 239	171	0. 314	130	0. 205	207
宿迁	0. 306	220	0. 494	244	0. 210	198	0. 292	161	0. 227	172
淮南	0. 305	221	0. 588	190	0. 179	226	0. 236	230	0. 216	192
包头	0. 305	222	0. 553	216	0. 050	268	0. 341	101	0. 274	112
阜阳	0. 304	223	0. 557	212	0. 262	147	0. 169	276	0. 228	170
汕尾	0. 303	224	0. 528	228	0. 280	126	0. 197	265	0. 207	205
齐齐哈尔	0. 303	225	0. 604	175	0. 232	181	0. 193	269	0. 183	234
荆门	0. 301	226	0. 580	196	0. 276	131	0. 205	262	0. 143	267
曲靖	0. 299	227	0. 556	215	0. 037	273	0. 406	51	0. 197	215
亳州	0. 299	228	0. 574	200	0. 191	214	0. 245	218	0. 184	232
宿州	0. 296	229	0. 567	204	0. 216	195	0. 247	217	0. 156	259
玉溪	0. 295	230	0. 523	231	0. 147	252	0. 310	140	0. 201	211
铜川	0. 295	231	0. 552	217	0. 264	145	0. 196	266	0. 169	248
鹤壁	0. 294	232	0. 522	232	0. 270	139	0. 230	240	0. 153	261
周口	0. 294	233	0. 587	192	0. 229	184	0. 188	272	0. 171	242
许昌	0. 293	234	0. 398	269	0. 310	103	0. 241	222	0. 223	181
铜陵	0. 293	235	0. 569	202	0. 167	238	0. 238	227	0. 198	214
德阳	0. 290	236	0. 518	233	0. 147	251	0. 277	177	0. 217	190
雅安	0. 290	237	0. 414	266	0. 105	264	0. 372	70	0. 267	121

续表

城市	旅游品牌指数	排名	旅游人气	排名	旅游吸引力	排名	旅游发展效益	排名	旅游营销传播	排名
自贡	0.288	238	0.463	257	0.167	239	0.306	147	0.216	191
通辽	0.287	239	0.486	245	0.247	159	0.263	199	0.153	262
通化	0.284	240	0.599	182	0.056	267	0.287	164	0.195	219
铁岭	0.284	241	0.605	173	0.185	219	0.203	264	0.142	269
资阳	0.283	242	0.576	199	0.135	258	0.260	204	0.161	253
赤峰	0.283	243	0.572	201	0.043	269	0.273	185	0.243	147
巴中	0.281	244	0.384	272	0.296	116	0.232	236	0.213	200
辽阳	0.281	245	0.603	176	0.147	248	0.220	247	0.151	264
松原	0.280	246	0.495	243	0.251	156	0.270	190	0.103	281
娄底	0.279	247	0.644	143	0.025	278	0.285	166	0.164	250
中卫	0.278	248	0.409	267	0.176	231	0.305	149	0.223	179
黄石	0.278	249	0.469	255	0.225	187	0.153	280	0.264	126
新余	0.277	250	0.556	214	0.129	261	0.252	210	0.170	244
昭通	0.270	251	0.484	247	0.129	262	0.310	138	0.158	257
葫芦岛	0.269	252	0.640	148	0.037	272	0.232	235	0.167	249
武威	0.267	253	0.446	259	0.232	183	0.228	241	0.161	254
阜新	0.266	254	0.543	223	0.219	192	0.177	275	0.125	278
平凉	0.264	255	0.437	263	0.207	204	0.243	221	0.169	246
随州	0.262	256	0.546	219	0.160	241	0.187	273	0.157	258
贵港	0.262	257	0.606	171	0.012	285	0.303	151	0.127	277
莱芜	0.262	258	0.481	249	0.173	234	0.163	279	0.230	167
乌兰察布	0.260	259	0.562	207	0.062	266	0.252	211	0.164	251
庆阳	0.259	260	0.326	276	0.253	155	0.311	135	0.146	266
云浮	0.259	261	0.650	136	0.019	282	0.207	260	0.159	255
淮北	0.258	262	0.510	237	0.167	237	0.167	277	0.190	223
陇南	0.254	263	0.321	277	0.210	199	0.259	205	0.226	175
伊春	0.253	264	0.386	271	0.065	265	0.359	85	0.203	209
嘉峪关	0.251	265	0.457	258	0.040	271	0.233	232	0.273	113
马鞍山	0.246	266	0.308	279	0.185	220	0.267	192	0.225	176
漯河	0.245	267	0.444	261	0.234	179	0.152	281	0.152	263
巴彦淖尔	0.243	268	0.476	252	0.141	254	0.212	253	0.141	271

续表

城市	旅游品牌指数	排名	旅游人气	排名	旅游吸引力	排名	旅游发展效益	排名	旅游营销传播	排名
佳木斯	0.236	269	0.509	239	0.179	225	0.114	285	0.142	270
吴忠	0.233	270	0.350	275	0.241	167	0.222	246	0.118	279
朝阳	0.232	271	0.484	246	0.225	186	0.204	263	0.016	287
克拉玛依	0.224	272	0.397	270	0.135	260	0.193	268	0.170	245
攀枝花	0.223	273	0.409	268	0.012	286	0.280	171	0.192	221
白城	0.217	274	0.442	262	0.025	277	0.240	225	0.163	252
鄂州	0.214	275	0.428	265	0.135	257	0.138	282	0.154	260
鸡西	0.210	276	0.529	227	0.043	270	0.207	261	0.060	285
定西	0.208	277	0.266	283	0.189	215	0.195	267	0.183	235
白银	0.208	278	0.298	281	0.012	287	0.219	248	0.301	85
四平	0.206	279	0.371	273	0.019	280	0.251	212	0.182	236
石嘴山	0.195	280	0.299	280	0.138	256	0.207	259	0.136	274
鹤岗	0.195	281	0.472	253	0.031	274	0.164	278	0.113	280
双鸭山	0.194	282	0.245	285	0.240	169	0.232	238	0.060	284
金昌	0.164	283	0.314	278	0.019	283	0.186	274	0.138	273
乌海	0.156	284	0.260	284	0.025	276	0.212	254	0.128	275
辽源	0.154	285	0.273	282	0.019	281	0.228	242	0.098	282
绥化	0.147	286	0.241	286	0.222	191	0.061	286	0.062	283
七台河	0.066	287	0.093	287	0.122	263	0.000	287	0.050	286

四　中国城市投资品牌发展指数2016—2017年总体排名

表1-4　2016—2017年中国287个城市的城市投资品牌发展指数排名

城市	投资品牌指数	排名	要素质量	排名	经济基础	排名	创新创业潜力	排名	投资营销传播	排名
北京	0.787	1	0.879	1	0.659	5	0.916	1	0.695	1
深圳	0.770	2	0.864	2	0.742	1	0.900	2	0.573	3
上海	0.732	3	0.769	3	0.669	4	0.851	3	0.639	2
广州	0.654	4	0.590	4	0.694	2	0.811	5	0.521	5

续表

城市	投资品牌指数	排名	要素质量	排名	经济基础	排名	创新创业潜力	排名	投资营销传播	排名
杭州	0.631	5	0.563	5	0.634	6	0.797	6	0.531	4
南京	0.603	6	0.491	6	0.618	10	0.816	4	0.489	7
苏州	0.595	7	0.491	7	0.683	3	0.781	9	0.424	17
天津	0.583	8	0.490	8	0.583	15	0.772	10	0.485	10
厦门	0.573	9	0.434	15	0.619	9	0.749	14	0.491	6
武汉	0.572	10	0.468	10	0.550	23	0.784	8	0.486	8
成都	0.563	11	0.482	9	0.530	27	0.754	13	0.486	9
西安	0.551	12	0.450	12	0.511	31	0.793	7	0.449	12
宁波	0.549	13	0.444	13	0.630	8	0.683	17	0.438	14
青岛	0.536	14	0.372	29	0.575	18	0.770	11	0.426	16
重庆	0.530	15	0.451	11	0.437	63	0.756	12	0.477	11
无锡	0.529	16	0.399	22	0.632	7	0.704	15	0.381	24
长沙	0.519	17	0.435	14	0.574	19	0.659	22	0.407	19
大连	0.508	18	0.404	20	0.540	25	0.696	16	0.393	22
东莞	0.502	19	0.428	16	0.597	13	0.620	28	0.360	32
沈阳	0.501	20	0.405	19	0.489	41	0.679	19	0.431	15
郑州	0.485	21	0.394	23	0.459	52	0.670	20	0.417	18
合肥	0.484	22	0.389	25	0.466	50	0.681	18	0.400	20
济南	0.482	23	0.406	18	0.528	28	0.626	26	0.367	30
佛山	0.479	24	0.403	21	0.582	16	0.576	41	0.356	33
常州	0.467	25	0.341	40	0.574	20	0.626	25	0.329	42
福州	0.465	26	0.387	26	0.489	42	0.614	30	0.369	28
长春	0.462	27	0.370	30	0.483	44	0.661	21	0.335	40
珠海	0.459	28	0.394	24	0.595	14	0.478	71	0.368	29
南昌	0.450	29	0.350	33	0.445	58	0.624	27	0.379	25
昆明	0.444	30	0.350	34	0.468	49	0.616	29	0.341	35
太原	0.439	31	0.417	17	0.367	117	0.634	23	0.336	39
温州	0.438	32	0.302	47	0.492	38	0.607	31	0.350	34
中山	0.435	33	0.313	44	0.551	22	0.483	67	0.394	21
南通	0.434	34	0.343	39	0.490	40	0.595	32	0.306	48

续表

城市	投资品牌指数	排名	要素质量	排名	经济基础	排名	创新创业潜力	排名	投资营销传播	排名
兰州	0.432	35	0.343	38	0.416	72	0.632	24	0.338	37
哈尔滨	0.428	36	0.381	28	0.421	67	0.569	43	0.340	36
绍兴	0.427	37	0.347	37	0.561	21	0.498	60	0.302	49
吉林	0.425	38	0.230	82	0.497	35	0.595	33	0.378	26
嘉兴	0.425	39	0.309	46	0.535	26	0.538	50	0.318	44
烟台	0.423	40	0.351	32	0.501	34	0.552	46	0.290	54
石家庄	0.421	41	0.350	35	0.353	128	0.594	34	0.387	23
南宁	0.418	42	0.329	42	0.392	89	0.578	39	0.375	27
乌鲁木齐	0.415	43	0.383	27	0.470	48	0.530	53	0.277	59
贵阳	0.413	44	0.347	36	0.372	112	0.572	42	0.361	31
洛阳	0.403	45	0.291	50	0.401	83	0.589	35	0.331	41
镇江	0.402	46	0.273	58	0.523	29	0.581	38	0.232	94
扬州	0.398	47	0.273	57	0.465	51	0.585	37	0.268	71
泉州	0.397	48	0.245	71	0.492	39	0.557	45	0.296	51
大庆	0.396	49	0.242	75	0.542	24	0.528	54	0.272	65
惠州	0.393	50	0.240	78	0.480	45	0.531	52	0.321	43
湖州	0.392	51	0.259	61	0.506	32	0.516	57	0.286	55
金华	0.389	52	0.291	52	0.493	37	0.480	68	0.291	53
海口	0.387	53	0.361	31	0.354	126	0.518	56	0.315	45
芜湖	0.383	54	0.256	63	0.417	70	0.586	36	0.274	63
台州	0.378	55	0.338	41	0.480	46	0.401	109	0.295	52
舟山	0.378	56	0.201	106	0.575	17	0.478	74	0.258	77
唐山	0.377	57	0.279	56	0.443	59	0.490	63	0.297	50
淄博	0.374	58	0.284	55	0.472	47	0.492	62	0.246	83
徐州	0.372	59	0.256	64	0.386	94	0.577	40	0.270	68
保定	0.371	60	0.309	45	0.295	208	0.566	44	0.314	46
银川	0.371	61	0.301	48	0.394	88	0.516	58	0.273	64
潍坊	0.370	62	0.295	49	0.404	79	0.533	51	0.247	82
呼和浩特	0.360	63	0.328	43	0.388	93	0.485	66	0.239	90
鞍山	0.359	64	0.291	51	0.418	68	0.471	77	0.256	79

续表

城市	投资品牌指数	排名	要素质量	排名	经济基础	排名	创新创业潜力	排名	投资营销传播	排名
桂林	0.355	65	0.227	85	0.371	113	0.539	49	0.282	56
秦皇岛	0.352	66	0.210	95	0.383	101	0.541	47	0.275	60
济宁	0.348	67	0.248	69	0.404	80	0.473	76	0.269	70
绵阳	0.348	68	0.287	53	0.350	132	0.524	55	0.230	97
临沂	0.347	69	0.259	62	0.400	84	0.460	83	0.270	67
威海	0.347	70	0.249	67	0.497	36	0.415	99	0.227	101
包头	0.347	71	0.264	59	0.436	64	0.463	80	0.224	104
汕头	0.344	72	0.261	60	0.334	156	0.540	48	0.242	89
宜昌	0.343	73	0.248	68	0.409	74	0.486	65	0.228	99
株洲	0.341	74	0.246	70	0.417	71	0.478	72	0.224	105
江门	0.340	75	0.253	65	0.415	73	0.479	70	0.214	114
东营	0.339	76	0.244	72	0.597	12	0.316	174	0.200	137
马鞍山	0.339	77	0.224	88	0.454	54	0.463	78	0.215	112
盐城	0.339	78	0.236	79	0.385	95	0.474	75	0.259	75
廊坊	0.337	79	0.229	84	0.381	102	0.462	81	0.274	61
西宁	0.336	80	0.285	54	0.336	150	0.480	69	0.243	88
泰安	0.333	81	0.218	89	0.408	76	0.463	79	0.244	86
柳州	0.323	82	0.241	76	0.376	110	0.461	82	0.213	115
德州	0.320	83	0.234	80	0.380	103	0.397	114	0.269	69
漳州	0.315	84	0.197	111	0.385	97	0.427	91	0.251	81
焦作	0.315	85	0.215	92	0.353	129	0.455	85	0.236	91
湘潭	0.310	86	0.197	112	0.327	163	0.509	59	0.206	127
新乡	0.309	87	0.192	125	0.335	151	0.495	61	0.214	113
连云港	0.308	88	0.243	74	0.368	115	0.406	106	0.215	111
铜陵	0.304	89	0.175	154	0.449	56	0.400	111	0.194	143
襄阳	0.303	90	0.252	66	0.332	159	0.418	96	0.210	121
衢州	0.302	91	0.192	128	0.409	75	0.394	115	0.212	117
蚌埠	0.302	92	0.204	103	0.323	169	0.478	73	0.201	134
肇庆	0.301	93	0.193	123	0.358	122	0.423	94	0.232	95
泰州	0.301	94	0.226	86	0.439	61	0.324	165	0.213	116

续表

城市	投资品牌指数	排名	要素质量	排名	经济基础	排名	创新创业潜力	排名	投资营销传播	排名
锦州	0. 300	95	0. 208	98	0. 383	100	0. 408	103	0. 199	138
安阳	0. 299	96	0. 186	132	0. 348	134	0. 389	120	0. 274	62
赣州	0. 298	97	0. 194	121	0. 292	215	0. 460	84	0. 246	84
咸阳	0. 297	98	0. 203	104	0. 385	98	0. 409	101	0. 191	148
泸州	0. 295	99	0. 168	166	0. 345	139	0. 408	102	0. 258	76
滨州	0. 294	100	0. 200	108	0. 403	82	0. 385	123	0. 186	154
丽水	0. 293	101	0. 183	140	0. 404	77	0. 366	134	0. 219	108
南阳	0. 293	102	0. 240	77	0. 310	189	0. 398	113	0. 224	106
沧州	0. 291	103	0. 225	87	0. 317	175	0. 312	176	0. 312	47
开封	0. 291	104	0. 138	205	0. 310	188	0. 489	64	0. 226	102
延安	0. 290	105	0. 092	254	0. 433	66	0. 392	116	0. 244	87
聊城	0. 290	106	0. 205	102	0. 363	119	0. 390	118	0. 203	131
大同	0. 290	107	0. 216	91	0. 238	266	0. 368	133	0. 338	38
湛江	0. 288	108	0. 193	122	0. 332	160	0. 425	92	0. 201	135
抚顺	0. 287	109	0. 177	150	0. 376	109	0. 418	95	0. 177	168
九江	0. 285	110	0. 178	149	0. 336	148	0. 390	117	0. 236	92
三亚	0. 285	111	0. 172	158	0. 399	85	0. 288	195	0. 281	57
宝鸡	0. 284	112	0. 206	100	0. 389	92	0. 353	146	0. 188	152
北海	0. 284	113	0. 170	161	0. 385	96	0. 301	185	0. 279	58
克拉玛依	0. 284	114	0. 199	110	0. 611	11	0. 217	248	0. 109	262
长治	0. 283	115	0. 200	109	0. 266	251	0. 415	98	0. 252	80
通化	0. 283	116	0. 192	127	0. 445	57	0. 329	159	0. 166	184
邯郸	0. 283	117	0. 233	81	0. 183	281	0. 453	86	0. 262	73
淮安	0. 282	118	0. 184	135	0. 369	114	0. 343	152	0. 234	93
德阳	0. 282	119	0. 194	120	0. 346	137	0. 432	90	0. 157	197
三明	0. 282	120	0. 195	114	0. 384	99	0. 365	136	0. 183	157
莆田	0. 280	121	0. 146	192	0. 389	91	0. 369	131	0. 218	109
安庆	0. 280	122	0. 182	142	0. 325	167	0. 407	104	0. 207	126
张家口	0. 280	123	0. 191	129	0. 268	247	0. 387	122	0. 271	66
营口	0. 279	124	0. 181	143	0. 396	86	0. 320	169	0. 218	110

续表

城市	投资品牌指数	排名	要素质量	排名	经济基础	排名	创新创业潜力	排名	投资营销传播	排名
宜宾	0.279	125	0.195	118	0.339	143	0.351	147	0.230	98
乐山	0.278	126	0.195	119	0.337	146	0.389	119	0.192	145
汉中	0.275	127	0.184	136	0.335	152	0.369	129	0.211	120
四平	0.274	128	0.111	237	0.458	53	0.368	132	0.160	192
黄山	0.274	129	0.154	182	0.356	125	0.327	161	0.259	74
黄石	0.272	130	0.174	156	0.334	155	0.388	121	0.194	142
龙岩	0.272	131	0.195	116	0.378	108	0.331	158	0.185	156
衡阳	0.272	132	0.208	99	0.293	213	0.400	110	0.187	153
淮南	0.271	133	0.168	167	0.325	166	0.399	112	0.193	144
南平	0.270	134	0.215	93	0.339	144	0.345	151	0.180	163
牡丹江	0.270	135	0.183	139	0.362	120	0.366	135	0.168	182
白银	0.269	136	0.141	199	0.206	276	0.287	196	0.444	13
遵义	0.269	137	0.191	130	0.240	263	0.434	89	0.210	122
赤峰	0.268	138	0.180	145	0.359	121	0.355	143	0.181	161
常德	0.267	139	0.208	97	0.264	254	0.402	108	0.196	140
日照	0.267	140	0.140	203	0.379	104	0.292	191	0.258	78
阜阳	0.266	141	0.159	173	0.278	234	0.425	93	0.200	136
鄂尔多斯	0.265	142	0.229	83	0.520	30	0.160	273	0.154	200
攀枝花	0.265	143	0.176	152	0.378	106	0.378	127	0.129	239
玉溪	0.265	144	0.182	141	0.390	90	0.325	163	0.161	189
白山	0.263	145	0.084	262	0.486	43	0.272	208	0.211	118
承德	0.263	146	0.206	101	0.230	267	0.383	124	0.231	96
淮北	0.262	147	0.145	196	0.320	173	0.416	97	0.168	181
信阳	0.262	148	0.184	137	0.291	217	0.405	107	0.168	183
滁州	0.262	149	0.169	163	0.316	178	0.359	140	0.205	130
宁德	0.262	150	0.151	186	0.357	124	0.339	156	0.202	133
十堰	0.262	151	0.176	153	0.291	218	0.406	105	0.174	171
盘锦	0.261	152	0.195	117	0.438	62	0.268	210	0.143	222
许昌	0.261	153	0.176	151	0.344	140	0.341	154	0.181	162
韶关	0.260	154	0.186	133	0.345	138	0.361	138	0.149	211

续表

城市	投资品牌指数	排名	要素质量	排名	经济基础	排名	创新创业潜力	排名	投资营销传播	排名
景德镇	0.259	155	0.155	180	0.352	131	0.369	130	0.162	187
商丘	0.258	156	0.171	160	0.310	187	0.382	125	0.168	180
南充	0.256	157	0.192	126	0.291	220	0.365	137	0.177	167
晋中	0.256	158	0.141	198	0.252	259	0.447	87	0.183	158
阜新	0.256	159	0.153	183	0.284	225	0.437	88	0.149	210
曲靖	0.255	160	0.196	113	0.352	130	0.292	190	0.181	160
岳阳	0.253	161	0.244	73	0.210	274	0.353	145	0.207	125
新余	0.252	162	0.133	210	0.403	81	0.325	162	0.146	217
渭南	0.251	163	0.195	115	0.316	177	0.323	166	0.169	178
荆州	0.251	164	0.209	96	0.270	244	0.334	157	0.189	151
安康	0.249	165	0.093	251	0.326	165	0.353	144	0.225	103
自贡	0.248	166	0.179	147	0.315	180	0.339	155	0.159	195
榆林	0.247	167	0.129	216	0.440	60	0.217	247	0.202	132
宿迁	0.246	168	0.156	177	0.333	157	0.285	199	0.210	123
驻马店	0.246	169	0.169	164	0.299	204	0.342	153	0.173	173
阳泉	0.246	170	0.175	155	0.315	181	0.287	197	0.205	129
平顶山	0.245	171	0.217	90	0.305	196	0.317	173	0.140	224
达州	0.245	172	0.113	236	0.309	192	0.291	192	0.266	72
齐齐哈尔	0.245	173	0.211	94	0.282	229	0.347	149	0.139	226
本溪	0.245	174	0.183	138	0.378	107	0.264	214	0.153	201
吉安	0.244	175	0.110	241	0.311	186	0.381	126	0.176	169
通辽	0.243	176	0.154	181	0.375	111	0.310	177	0.133	231
梅州	0.242	177	0.189	131	0.299	203	0.310	178	0.170	176
郴州	0.239	178	0.193	124	0.296	207	0.317	172	0.150	208
临汾	0.238	179	0.172	157	0.230	268	0.361	139	0.191	146
丹东	0.237	180	0.201	107	0.315	179	0.304	181	0.130	237
枣庄	0.237	181	0.111	239	0.367	118	0.321	168	0.151	206
菏泽	0.237	182	0.130	215	0.311	184	0.302	183	0.206	128
潮州	0.237	183	0.140	201	0.300	201	0.351	148	0.158	196
雅安	0.234	184	0.092	253	0.306	193	0.414	100	0.126	244

续表

城市	投资品牌指数	排名	要素质量	排名	经济基础	排名	创新创业潜力	排名	投资营销传播	排名
玉林	0.234	185	0.107	242	0.319	174	0.357	141	0.152	202
酒泉	0.234	186	0.160	172	0.368	116	0.234	236	0.172	174
运城	0.233	187	0.179	146	0.239	265	0.306	180	0.209	124
荆门	0.232	188	0.169	162	0.322	171	0.290	193	0.147	215
清远	0.231	189	0.145	193	0.305	195	0.298	188	0.176	170
黄冈	0.229	190	0.172	159	0.266	250	0.325	164	0.151	204
眉山	0.228	191	0.114	235	0.335	153	0.267	212	0.197	139
孝感	0.228	192	0.180	144	0.265	252	0.310	179	0.157	198
抚州	0.226	193	0.134	208	0.283	226	0.356	142	0.133	232
晋城	0.226	194	0.166	168	0.273	239	0.277	206	0.189	150
濮阳	0.225	195	0.131	214	0.311	185	0.265	213	0.194	141
邢台	0.225	196	0.203	105	0.151	282	0.322	167	0.223	107
来宾	0.224	197	0.071	271	0.324	168	0.256	220	0.245	85
天水	0.224	198	0.147	190	0.269	246	0.301	184	0.180	166
茂名	0.224	199	0.158	174	0.321	172	0.248	228	0.169	177
萍乡	0.223	200	0.135	206	0.343	141	0.284	201	0.129	241
宣城	0.221	201	0.148	189	0.322	170	0.256	219	0.159	194
辽源	0.221	202	0.123	224	0.435	65	0.226	243	0.101	268
佳木斯	0.220	203	0.147	191	0.305	198	0.319	171	0.112	259
内江	0.220	204	0.120	230	0.298	206	0.319	170	0.144	220
邵阳	0.220	205	0.117	233	0.284	224	0.328	160	0.150	207
白城	0.220	206	0.128	218	0.404	78	0.258	218	0.088	274
丽江	0.219	207	0.076	269	0.340	142	0.232	237	0.227	100
嘉峪关	0.218	208	0.114	234	0.418	69	0.218	245	0.120	248
阳江	0.217	209	0.121	226	0.353	127	0.231	238	0.162	188
乌海	0.217	210	0.144	197	0.501	33	0.128	284	0.094	271
张掖	0.216	211	0.090	255	0.258	257	0.370	128	0.148	214
忻州	0.215	212	0.153	184	0.196	278	0.347	150	0.164	186
上饶	0.215	213	0.145	195	0.283	228	0.263	217	0.169	179
乌兰察布	0.215	214	0.138	204	0.327	164	0.289	194	0.105	265

续表

城市	投资品牌指数	排名	要素质量	排名	经济基础	排名	创新创业潜力	排名	投资营销传播	排名
宜春	0. 214	215	0. 156	178	0. 298	205	0. 252	222	0. 152	203
广安	0. 214	216	0. 122	225	0. 333	158	0. 228	240	0. 174	172
辽阳	0. 214	217	0. 166	169	0. 350	133	0. 198	255	0. 141	223
梧州	0. 212	218	0. 150	187	0. 292	214	0. 278	205	0. 129	240
揭阳	0. 212	219	0. 152	185	0. 302	199	0. 238	232	0. 156	199
六安	0. 212	220	0. 158	175	0. 278	235	0. 251	223	0. 159	193
池州	0. 210	221	0. 133	211	0. 309	190	0. 271	209	0. 126	245
莱芜	0. 210	222	0. 064	277	0. 379	105	0. 250	224	0. 146	218
呼伦贝尔	0. 209	223	0. 127	220	0. 395	87	0. 207	254	0. 109	261
钦州	0. 209	224	0. 067	276	0. 305	197	0. 293	189	0. 171	175
安顺	0. 209	225	0. 149	188	0. 217	270	0. 281	202	0. 190	149
松原	0. 208	226	0. 095	249	0. 449	55	0. 210	251	0. 080	277
衡水	0. 208	227	0. 164	171	0. 144	283	0. 313	175	0. 211	119
铁岭	0. 208	228	0. 156	179	0. 329	162	0. 239	231	0. 108	263
宿州	0. 208	229	0. 165	170	0. 279	233	0. 250	225	0. 137	229
怀化	0. 206	230	0. 168	165	0. 275	236	0. 268	211	0. 114	258
三门峡	0. 205	231	0. 102	244	0. 347	135	0. 212	249	0. 160	191
漯河	0. 205	232	0. 124	223	0. 336	149	0. 226	241	0. 133	230
遂宁	0. 204	233	0. 140	200	0. 299	202	0. 237	233	0. 137	228
云浮	0. 203	234	0. 096	247	0. 281	231	0. 286	198	0. 149	212
河源	0. 202	235	0. 073	270	0. 291	219	0. 264	216	0. 180	164
铜仁	0. 201	236	0. 096	248	0. 306	194	0. 253	221	0. 151	205
咸宁	0. 201	237	0. 084	261	0. 274	237	0. 285	200	0. 160	190
周口	0. 200	238	0. 120	231	0. 283	227	0. 274	207	0. 124	246
庆阳	0. 199	239	0. 070	273	0. 292	216	0. 303	182	0. 131	236
武威	0. 198	240	0. 134	207	0. 289	223	0. 242	229	0. 126	243
亳州	0. 198	241	0. 145	194	0. 294	210	0. 171	267	0. 180	165
葫芦岛	0. 197	242	0. 179	148	0. 316	176	0. 190	256	0. 103	266
普洱	0. 194	243	0. 132	212	0. 272	242	0. 187	260	0. 185	155
黑河	0. 193	244	0. 085	260	0. 268	248	0. 279	204	0. 139	225

续表

城市	投资品牌指数	排名	要素质量	排名	经济基础	排名	创新创业潜力	排名	投资营销传播	排名
吕梁	0. 190	245	0. 082	265	0. 196	277	0. 300	186	0. 182	159
广元	0. 190	246	0. 084	264	0. 265	253	0. 264	215	0. 147	216
朔州	0. 188	247	0. 086	258	0. 272	240	0. 249	227	0. 143	221
鄂州	0. 187	248	0. 121	229	0. 314	182	0. 165	271	0. 148	213
商洛	0. 185	249	0. 094	250	0. 301	200	0. 231	239	0. 115	256
石嘴山	0. 185	250	0. 132	213	0. 337	147	0. 168	269	0. 103	267
防城港	0. 185	251	0. 044	281	0. 358	123	0. 209	252	0. 128	242
河池	0. 181	252	0. 140	202	0. 261	255	0. 208	253	0. 116	255
鹰潭	0. 181	253	0. 110	240	0. 346	136	0. 147	279	0. 120	249
益阳	0. 179	254	0. 185	134	0. 132	285	0. 279	203	0. 118	252
贵港	0. 178	255	0. 133	209	0. 260	256	0. 217	246	0. 101	269
铜川	0. 177	256	0. 121	228	0. 335	154	0. 168	268	0. 086	275
百色	0. 176	257	0. 084	263	0. 273	238	0. 226	242	0. 119	251
绥化	0. 175	258	0. 102	243	0. 294	211	0. 234	235	0. 071	280
资阳	0. 173	259	0. 086	257	0. 295	209	0. 190	259	0. 120	250
保山	0. 173	260	0. 069	274	0. 330	161	0. 183	261	0. 109	260
汕尾	0. 172	261	0. 024	287	0. 309	191	0. 223	244	0. 132	235
鹤壁	0. 172	262	0. 052	280	0. 313	183	0. 190	258	0. 132	234
永州	0. 171	263	0. 156	176	0. 100	287	0. 299	187	0. 130	238
巴彦淖尔	0. 171	264	0. 090	256	0. 339	145	0. 180	265	0. 076	278
巴中	0. 170	265	0. 071	272	0. 270	245	0. 176	266	0. 165	185
张家界	0. 170	266	0. 085	259	0. 224	269	0. 181	264	0. 191	147
固原	0. 163	267	0. 042	283	0. 291	221	0. 234	234	0. 086	276
六盘水	0. 163	268	0. 125	222	0. 241	262	0. 154	275	0. 133	233
金昌	0. 160	269	0. 030	286	0. 272	241	0. 241	230	0. 098	270
贺州	0. 159	270	0. 121	227	0. 253	258	0. 190	257	0. 071	279
定西	0. 157	271	0. 058	278	0. 239	264	0. 182	263	0. 150	209
吴忠	0. 156	272	0. 099	246	0. 268	249	0. 145	280	0. 114	257
陇南	0. 156	273	0. 101	245	0. 217	271	0. 183	262	0. 123	247
中卫	0. 156	274	0. 032	285	0. 293	212	0. 161	272	0. 138	227

续表

城市	投资品牌指数	排名	要素质量	排名	经济基础	排名	创新创业潜力	排名	投资营销传播	排名
毕节	0.154	275	0.128	217	0.206	275	0.137	281	0.145	219
崇左	0.153	276	0.080	266	0.291	222	0.153	276	0.090	273
昭通	0.151	277	0.127	221	0.281	232	0.090	287	0.105	264
平凉	0.150	278	0.076	268	0.271	243	0.159	274	0.092	272
娄底	0.148	279	0.093	252	0.132	286	0.250	226	0.117	254
随州	0.147	280	0.054	279	0.251	260	0.166	270	0.117	253
伊春	0.139	281	0.118	232	0.242	261	0.130	283	0.066	283
七台河	0.135	282	0.111	238	0.212	273	0.149	277	0.068	282
临沧	0.128	283	0.038	284	0.282	230	0.122	285	0.070	281
鸡西	0.126	284	0.077	267	0.185	280	0.212	250	0.032	286
朝阳	0.119	285	0.128	219	0.216	272	0.103	286	0.027	287
双鸭山	0.111	286	0.068	275	0.186	279	0.134	282	0.054	284
鹤岗	0.092	287	0.043	282	0.142	284	0.149	278	0.035	285

五 中国城市宜居品牌发展指数2016—2017年总体排名

表1-5 2016—2017年中国287个城市的城市宜居品牌发展指数排名

城市	宜居品牌指数	排名	宜居口碑	排名	社会治理	排名	民生质量	排名	生态环境	排名
上海	0.578	1	0.698	2	0.649	2	0.496	6	0.471	27
深圳	0.576	2	0.579	6	0.643	3	0.530	2	0.552	4
北京	0.549	3	0.700	1	0.651	1	0.426	36	0.420	93
厦门	0.515	4	0.569	9	0.513	4	0.437	28	0.539	6
大连	0.502	5	0.459	29	0.494	10	0.445	26	0.611	2
广州	0.502	6	0.588	5	0.512	5	0.445	24	0.461	35
杭州	0.497	7	0.638	3	0.510	7	0.432	32	0.409	108
成都	0.493	8	0.591	4	0.463	13	0.494	7	0.424	88
南京	0.479	9	0.574	8	0.505	8	0.444	27	0.394	127
苏州	0.471	10	0.531	13	0.511	6	0.462	17	0.383	149

续表

城市	宜居品牌指数	排名	宜居口碑	排名	社会治理	排名	民生质量	排名	生态环境	排名
西安	0.471	11	0.541	12	0.451	19	0.457	19	0.435	72
天津	0.467	12	0.551	10	0.493	11	0.470	16	0.354	202
武汉	0.465	13	0.525	14	0.498	9	0.491	9	0.346	212
海口	0.457	14	0.468	27	0.389	49	0.424	37	0.546	5
无锡	0.457	15	0.442	36	0.458	16	0.544	1	0.383	150
重庆	0.455	16	0.577	7	0.445	21	0.392	66	0.405	114
宁波	0.451	17	0.493	21	0.468	12	0.419	40	0.425	84
中山	0.449	18	0.546	11	0.459	15	0.334	139	0.457	40
长沙	0.449	19	0.494	20	0.416	31	0.505	5	0.380	157
青岛	0.446	20	0.517	15	0.427	24	0.413	47	0.427	80
昆明	0.445	21	0.508	17	0.414	32	0.405	55	0.453	45
吉林	0.443	22	0.503	18	0.449	20	0.419	42	0.401	119
东莞	0.440	23	0.385	67	0.416	29	0.510	3	0.447	53
南昌	0.438	24	0.470	26	0.410	35	0.405	54	0.467	30
黄山	0.432	25	0.474	24	0.405	38	0.354	108	0.498	11
沈阳	0.429	26	0.446	33	0.456	17	0.478	11	0.337	226
桂林	0.426	27	0.494	19	0.378	56	0.413	48	0.420	95
三亚	0.422	28	0.477	22	0.364	70	0.179	283	0.669	1
银川	0.422	29	0.374	72	0.363	73	0.476	13	0.477	22
兰州	0.421	30	0.465	28	0.399	40	0.418	45	0.401	120
丽江	0.415	31	0.516	16	0.419	26	0.249	233	0.476	23
福州	0.414	32	0.440	37	0.388	50	0.365	93	0.463	34
贵阳	0.412	33	0.420	47	0.361	78	0.455	20	0.413	100
烟台	0.412	34	0.386	66	0.419	25	0.399	60	0.444	57
合肥	0.411	35	0.412	50	0.416	30	0.433	30	0.384	146
长春	0.411	36	0.422	45	0.419	27	0.437	29	0.368	174
呼和浩特	0.410	37	0.356	81	0.398	42	0.447	23	0.439	66
常州	0.409	38	0.370	73	0.399	41	0.470	15	0.395	126
西宁	0.408	39	0.396	57	0.394	46	0.481	10	0.359	190
珠海	0.407	40	0.422	44	0.301	206	0.316	156	0.590	3

续表

城市	宜居品牌指数	排名	宜居口碑	排名	社会治理	排名	民生质量	排名	生态环境	排名
南宁	0.406	41	0.421	46	0.368	64	0.392	68	0.444	56
秦皇岛	0.404	42	0.400	56	0.404	39	0.360	103	0.451	47
包头	0.403	43	0.345	91	0.383	53	0.509	4	0.374	163
呼伦贝尔	0.402	44	0.409	52	0.412	34	0.346	125	0.441	62
郑州	0.402	45	0.476	23	0.444	22	0.452	22	0.236	282
大同	0.401	46	0.472	25	0.417	28	0.331	143	0.385	143
乌鲁木齐	0.401	47	0.444	34	0.393	47	0.445	25	0.322	242
扬州	0.401	48	0.410	51	0.398	43	0.397	63	0.399	124
泉州	0.401	49	0.391	62	0.332	133	0.400	58	0.480	19
济南	0.399	50	0.454	30	0.444	23	0.418	44	0.282	267
南通	0.399	51	0.363	76	0.387	51	0.455	21	0.390	134
大庆	0.397	52	0.298	124	0.347	97	0.492	8	0.453	46
长治	0.393	53	0.394	60	0.462	14	0.379	83	0.336	227
鄂尔多斯	0.390	54	0.227	216	0.454	18	0.384	78	0.496	12
湖州	0.390	55	0.405	53	0.358	81	0.388	73	0.410	105
景德镇	0.389	56	0.355	83	0.331	136	0.428	33	0.440	64
佛山	0.387	57	0.419	48	0.355	82	0.347	121	0.428	79
镇江	0.387	58	0.334	98	0.363	71	0.478	12	0.373	164
北海	0.387	59	0.434	39	0.340	116	0.263	220	0.510	10
惠州	0.386	60	0.362	77	0.368	65	0.345	127	0.468	29
太原	0.385	61	0.426	42	0.294	220	0.475	14	0.346	211
延安	0.381	62	0.402	54	0.414	33	0.267	215	0.441	61
石家庄	0.380	63	0.444	35	0.385	52	0.388	72	0.302	260
威海	0.380	64	0.337	95	0.377	58	0.328	146	0.477	21
哈尔滨	0.378	65	0.435	38	0.405	37	0.349	119	0.324	237
九江	0.377	66	0.353	85	0.349	93	0.365	96	0.442	60
绍兴	0.376	67	0.395	58	0.365	68	0.362	102	0.382	154
嘉兴	0.370	68	0.381	69	0.395	45	0.313	157	0.389	135
白山	0.369	69	0.427	41	0.406	36	0.282	199	0.361	184
洛阳	0.369	70	0.430	40	0.377	57	0.364	98	0.306	257

续表

城市	宜居品牌指数	排名	宜居口碑	排名	社会治理	排名	民生质量	排名	生态环境	排名
张家口	0.368	71	0.389	64	0.337	122	0.304	169	0.441	63
温州	0.368	72	0.449	31	0.349	90	0.224	250	0.447	51
盐城	0.367	73	0.290	134	0.343	106	0.362	101	0.474	25
盘锦	0.367	74	0.315	111	0.361	79	0.364	97	0.427	81
雅安	0.367	75	0.354	84	0.374	60	0.279	204	0.460	36
金华	0.366	76	0.395	59	0.333	131	0.351	115	0.385	144
丽水	0.365	77	0.400	55	0.354	84	0.247	234	0.458	39
湛江	0.363	78	0.290	135	0.365	67	0.277	208	0.522	9
酒泉	0.363	79	0.326	103	0.341	112	0.302	173	0.482	18
安康	0.363	80	0.415	49	0.351	87	0.251	229	0.434	75
绵阳	0.361	81	0.280	145	0.320	161	0.419	41	0.425	85
赤峰	0.360	82	0.306	116	0.329	140	0.343	131	0.465	32
徐州	0.359	83	0.352	86	0.369	63	0.378	85	0.339	223
宜昌	0.359	84	0.328	100	0.344	103	0.421	39	0.343	217
鞍山	0.358	85	0.336	97	0.392	48	0.394	65	0.311	250
岳阳	0.358	86	0.326	101	0.334	128	0.346	123	0.425	86
莆田	0.357	87	0.315	110	0.279	245	0.348	120	0.488	15
滨州	0.357	88	0.267	166	0.327	144	0.427	35	0.407	112
佳木斯	0.357	89	0.173	260	0.334	130	0.392	67	0.529	7
日照	0.357	90	0.447	32	0.382	54	0.243	237	0.355	198
承德	0.356	91	0.391	61	0.349	92	0.237	242	0.446	55
漳州	0.356	92	0.330	99	0.293	223	0.341	134	0.459	38
舟山	0.356	93	0.390	63	0.373	61	0.212	262	0.448	49
丹东	0.355	94	0.291	133	0.319	166	0.382	81	0.430	77
芜湖	0.354	95	0.266	170	0.349	91	0.433	31	0.368	176
常德	0.353	96	0.263	174	0.336	125	0.368	89	0.446	54
吉安	0.353	97	0.277	153	0.313	185	0.388	74	0.435	73
十堰	0.353	98	0.231	208	0.346	99	0.388	71	0.447	52
泰安	0.353	99	0.349	88	0.361	75	0.355	107	0.346	213
遵义	0.351	100	0.341	94	0.339	119	0.337	138	0.389	136

续表

城市	宜居品牌指数	排名	宜居口碑	排名	社会治理	排名	民生质量	排名	生态环境	排名
株洲	0.350	101	0.269	163	0.328	142	0.404	56	0.400	121
赣州	0.349	102	0.320	105	0.361	76	0.306	165	0.411	104
普洱	0.349	103	0.302	121	0.350	88	0.270	213	0.472	26
台州	0.348	104	0.380	70	0.341	114	0.235	243	0.437	70
临沂	0.347	105	0.337	96	0.359	80	0.385	75	0.308	254
潍坊	0.347	106	0.318	108	0.341	115	0.408	51	0.322	241
淮安	0.347	107	0.300	123	0.329	141	0.390	70	0.369	172
唐山	0.347	108	0.358	79	0.372	62	0.379	84	0.279	272
玉溪	0.347	109	0.227	219	0.325	146	0.410	50	0.424	89
汉中	0.346	110	0.301	122	0.324	150	0.342	132	0.418	96
来宾	0.346	111	0.383	68	0.346	98	0.298	178	0.355	196
柳州	0.346	112	0.294	129	0.315	176	0.379	82	0.393	130
三明	0.345	113	0.280	146	0.295	219	0.313	158	0.493	14
湘潭	0.344	114	0.278	148	0.329	139	0.407	53	0.361	185
安庆	0.344	115	0.267	169	0.338	121	0.350	116	0.420	94
开封	0.343	116	0.348	89	0.342	108	0.407	52	0.276	273
宝鸡	0.343	117	0.274	158	0.317	171	0.353	109	0.427	82
新乡	0.343	118	0.341	93	0.343	107	0.399	59	0.287	264
衢州	0.342	119	0.326	102	0.330	138	0.306	166	0.408	110
马鞍山	0.342	120	0.249	190	0.309	194	0.458	18	0.351	204
邯郸	0.341	121	0.376	71	0.340	117	0.370	88	0.280	271
上饶	0.341	122	0.318	107	0.322	155	0.280	202	0.442	59
抚州	0.340	123	0.229	212	0.281	241	0.395	64	0.454	42
南平	0.340	124	0.284	137	0.293	222	0.288	187	0.493	13
汕头	0.340	125	0.304	118	0.331	134	0.276	210	0.447	50
龙岩	0.339	126	0.287	136	0.328	143	0.259	225	0.482	17
东营	0.339	127	0.281	143	0.348	94	0.343	129	0.382	153
张家界	0.339	128	0.425	43	0.325	148	0.214	261	0.390	133
济宁	0.338	129	0.308	114	0.354	83	0.418	43	0.270	277
齐齐哈尔	0.338	130	0.220	226	0.309	193	0.356	105	0.466	31

续表

城市	宜居品牌指数	排名	宜居口碑	排名	社会治理	排名	民生质量	排名	生态环境	排名
淄博	0.337	131	0.309	113	0.376	59	0.384	79	0.280	270
南阳	0.337	132	0.350	87	0.332	132	0.343	130	0.322	243
张掖	0.336	133	0.363	74	0.348	95	0.325	150	0.310	251
韶关	0.336	134	0.252	184	0.310	191	0.304	167	0.479	20
天水	0.335	135	0.356	82	0.353	86	0.220	257	0.413	99
晋中	0.335	136	0.281	141	0.325	149	0.416	46	0.321	245
广元	0.335	137	0.265	171	0.314	181	0.284	195	0.475	24
衡阳	0.334	138	0.303	120	0.325	147	0.367	90	0.340	221
本溪	0.334	139	0.268	164	0.311	188	0.352	114	0.404	116
锦州	0.332	140	0.240	202	0.331	135	0.385	76	0.372	168
连云港	0.331	141	0.306	115	0.322	156	0.329	144	0.368	173
南充	0.331	142	0.261	175	0.315	177	0.350	117	0.399	122
榆林	0.331	143	0.295	128	0.362	74	0.299	177	0.368	178
克拉玛依	0.331	144	0.238	204	0.317	172	0.339	135	0.430	76
玉林	0.330	145	0.260	179	0.283	238	0.356	106	0.423	91
抚顺	0.330	146	0.201	239	0.379	55	0.367	91	0.375	160
吕梁	0.330	147	0.293	131	0.315	178	0.352	110	0.361	187
安顺	0.330	148	0.312	112	0.324	151	0.312	160	0.372	167
河源	0.330	149	0.320	104	0.346	100	0.196	272	0.456	41
泰州	0.329	150	0.277	154	0.350	89	0.326	149	0.364	181
临汾	0.329	151	0.268	165	0.366	66	0.344	128	0.338	224
泸州	0.329	152	0.270	161	0.335	126	0.349	118	0.362	183
攀枝花	0.329	153	0.197	243	0.291	225	0.411	49	0.417	97
永州	0.329	154	0.317	109	0.253	270	0.363	100	0.383	147
保定	0.329	155	0.389	65	0.363	72	0.339	136	0.225	284
通辽	0.327	156	0.247	194	0.341	111	0.398	62	0.324	239
嘉峪关	0.327	157	0.343	92	0.342	110	0.241	238	0.383	148
牡丹江	0.326	158	0.215	230	0.317	175	0.365	95	0.405	113
四平	0.325	159	0.278	149	0.321	157	0.384	77	0.318	247
郴州	0.324	160	0.276	155	0.309	195	0.300	176	0.412	103

续表

城市	宜居品牌指数	排名	宜居口碑	排名	社会治理	排名	民生质量	排名	生态环境	排名
铜陵	0.323	161	0.215	231	0.259	264	0.427	34	0.392	132
萍乡	0.323	162	0.281	142	0.344	105	0.323	152	0.344	216
宜春	0.322	163	0.251	188	0.299	211	0.318	155	0.422	92
新余	0.322	164	0.234	206	0.251	271	0.365	92	0.438	68
襄阳	0.322	165	0.282	140	0.345	101	0.378	86	0.283	266
乐山	0.322	166	0.348	90	0.339	118	0.252	227	0.347	209
宁德	0.321	167	0.267	167	0.288	230	0.267	217	0.464	33
运城	0.321	168	0.274	159	0.345	102	0.384	80	0.281	268
梅州	0.321	169	0.231	209	0.321	159	0.306	164	0.425	87
白银	0.320	170	0.363	75	0.398	44	0.192	275	0.328	232
沧州	0.318	171	0.298	126	0.344	104	0.303	172	0.326	235
焦作	0.317	172	0.277	151	0.310	190	0.392	69	0.288	263
江门	0.317	173	0.264	173	0.321	158	0.244	236	0.437	69
宜宾	0.316	174	0.282	139	0.319	164	0.303	171	0.359	189
聊城	0.314	175	0.267	168	0.318	168	0.404	57	0.269	278
信阳	0.314	176	0.281	144	0.306	196	0.287	189	0.381	156
通化	0.314	177	0.255	181	0.319	163	0.294	180	0.386	141
蚌埠	0.313	178	0.202	238	0.305	200	0.398	61	0.349	206
巴彦淖尔	0.313	179	0.260	178	0.306	197	0.301	175	0.387	139
黑河	0.313	180	0.279	147	0.318	167	0.230	248	0.423	90
忻州	0.312	181	0.252	187	0.319	165	0.376	87	0.303	259
怀化	0.312	182	0.260	177	0.296	218	0.322	153	0.368	175
眉山	0.312	183	0.357	80	0.336	123	0.207	265	0.346	210
阳泉	0.311	184	0.252	185	0.317	173	0.347	122	0.330	231
黄石	0.311	185	0.304	117	0.315	179	0.352	112	0.274	275
邵阳	0.311	186	0.221	224	0.278	247	0.352	111	0.394	128
清远	0.311	187	0.293	130	0.353	85	0.193	273	0.403	117
德阳	0.310	188	0.247	193	0.301	207	0.308	161	0.384	145
池州	0.309	189	0.176	258	0.261	261	0.331	140	0.469	28
廊坊	0.308	190	0.358	78	0.347	96	0.222	256	0.306	256

续表

城市	宜居品牌指数	排名	宜居口碑	排名	社会治理	排名	民生质量	排名	生态环境	排名
乌兰察布	0.308	191	0.252	186	0.364	69	0.241	239	0.375	159
晋城	0.307	192	0.254	182	0.334	127	0.286	193	0.355	199
荆州	0.307	193	0.272	160	0.299	214	0.329	145	0.328	234
咸阳	0.305	194	0.277	150	0.339	120	0.294	181	0.312	249
肇庆	0.304	195	0.260	176	0.336	124	0.216	260	0.403	118
宿迁	0.302	196	0.241	201	0.311	187	0.250	231	0.407	111
朔州	0.302	197	0.228	215	0.290	226	0.304	168	0.386	140
曲靖	0.301	198	0.206	236	0.269	251	0.341	133	0.387	138
六安	0.301	199	0.226	220	0.302	205	0.286	191	0.388	137
营口	0.300	200	0.208	233	0.361	77	0.260	224	0.371	169
巴中	0.300	201	0.228	214	0.334	129	0.187	279	0.450	48
宣城	0.299	202	0.217	229	0.314	182	0.259	226	0.409	109
安阳	0.299	203	0.298	125	0.284	236	0.422	38	0.192	287
衡水	0.298	204	0.303	119	0.299	213	0.318	154	0.272	276
阳江	0.298	205	0.282	138	0.267	255	0.233	245	0.410	106
阜新	0.297	206	0.152	274	0.320	162	0.358	104	0.360	188
益阳	0.297	207	0.196	244	0.313	186	0.307	163	0.374	162
商丘	0.296	208	0.232	207	0.303	203	0.327	147	0.323	240
黄冈	0.296	209	0.223	221	0.297	216	0.338	137	0.326	236
鸡西	0.296	210	0.105	282	0.220	279	0.331	141	0.528	8
驻马店	0.295	211	0.246	196	0.298	215	0.313	159	0.324	238
淮北	0.295	212	0.190	250	0.302	204	0.331	142	0.357	194
潮州	0.294	213	0.274	157	0.304	202	0.160	285	0.439	67
枣庄	0.294	214	0.240	203	0.305	199	0.346	126	0.283	265
白城	0.293	215	0.247	192	0.300	210	0.272	212	0.354	201
百色	0.293	216	0.219	227	0.266	256	0.303	170	0.382	155
娄底	0.292	217	0.175	259	0.233	276	0.346	124	0.415	98
阜阳	0.291	218	0.206	234	0.315	180	0.283	197	0.359	193
荆门	0.290	219	0.206	235	0.269	253	0.364	99	0.321	244
滁州	0.288	220	0.185	254	0.289	228	0.323	151	0.357	195

续表

城市	宜居品牌指数	排名	宜居口碑	排名	社会治理	排名	民生质量	排名	生态环境	排名
平顶山	0.288	221	0.250	189	0.284	237	0.365	94	0.254	280
三门峡	0.288	222	0.293	132	0.292	224	0.223	254	0.345	214
遂宁	0.288	223	0.195	247	0.305	201	0.284	196	0.369	171
伊春	0.288	224	0.191	249	0.323	153	0.183	280	0.454	43
汕尾	0.287	225	0.203	237	0.262	260	0.222	255	0.460	37
邢台	0.286	226	0.318	106	0.341	113	0.280	203	0.206	286
鹰潭	0.286	227	0.227	217	0.264	257	0.251	228	0.404	115
庆阳	0.286	228	0.170	264	0.287	231	0.278	206	0.410	107
钦州	0.286	229	0.182	256	0.273	250	0.277	209	0.412	101
德州	0.286	230	0.296	127	0.342	109	0.287	190	0.219	285
茂名	0.285	231	0.247	195	0.309	192	0.171	284	0.412	102
防城港	0.285	232	0.169	265	0.258	265	0.267	216	0.444	58
广安	0.284	233	0.247	191	0.320	160	0.198	269	0.370	170
梧州	0.283	234	0.165	267	0.280	243	0.249	232	0.440	65
铜仁	0.283	235	0.244	199	0.281	240	0.233	244	0.374	161
漯河	0.283	236	0.230	210	0.313	184	0.283	198	0.306	258
达州	0.283	237	0.277	152	0.322	154	0.154	286	0.377	158
渭南	0.282	238	0.245	198	0.310	189	0.327	148	0.248	281
辽阳	0.282	239	0.169	266	0.323	152	0.289	186	0.347	208
濮阳	0.281	240	0.234	205	0.301	208	0.294	182	0.296	261
周口	0.281	241	0.227	218	0.283	239	0.286	192	0.328	233
金昌	0.281	242	0.187	253	0.306	198	0.289	185	0.341	219
许昌	0.281	243	0.269	162	0.297	217	0.263	219	0.293	262
临沧	0.280	244	0.173	262	0.211	281	0.282	201	0.453	44
咸宁	0.279	245	0.189	251	0.255	267	0.291	183	0.382	152
固原	0.279	246	0.197	242	0.269	252	0.290	184	0.359	191
菏泽	0.278	247	0.265	172	0.331	137	0.262	222	0.256	279
淮南	0.277	248	0.253	183	0.313	183	0.192	274	0.352	203
中卫	0.277	249	0.275	156	0.278	246	0.197	270	0.359	192
平凉	0.276	250	0.194	248	0.274	249	0.287	188	0.349	205

续表

城市	宜居品牌指数	排名	宜居口碑	排名	社会治理	排名	民生质量	排名	生态环境	排名
贺州	0.276	251	0.201	240	0.245	274	0.232	246	0.426	83
毕节	0.275	252	0.258	180	0.280	242	0.219	258	0.343	218
武威	0.275	253	0.246	197	0.318	170	0.187	278	0.349	207
保山	0.274	254	0.242	200	0.300	209	0.182	282	0.373	165
松原	0.274	255	0.134	278	0.257	266	0.274	211	0.429	78
定西	0.273	256	0.223	222	0.327	145	0.196	271	0.345	215
铁岭	0.270	257	0.143	277	0.280	244	0.286	194	0.373	166
河池	0.269	258	0.171	263	0.261	262	0.279	205	0.365	180
孝感	0.267	259	0.196	245	0.286	232	0.352	113	0.235	283
莱芜	0.264	260	0.230	211	0.288	229	0.263	221	0.275	274
资阳	0.263	261	0.147	275	0.246	273	0.223	253	0.436	71
陇南	0.261	262	0.228	213	0.317	174	0.191	277	0.309	253
宿州	0.261	263	0.156	270	0.247	272	0.302	174	0.338	225
内江	0.260	264	0.198	241	0.277	248	0.230	247	0.336	228
云浮	0.260	265	0.173	261	0.294	221	0.192	276	0.383	151
亳州	0.259	266	0.161	269	0.254	268	0.260	223	0.361	186
葫芦岛	0.258	267	0.188	252	0.206	283	0.277	207	0.363	182
乌海	0.258	268	0.147	276	0.318	169	0.238	240	0.331	230
揭阳	0.258	269	0.211	232	0.290	227	0.146	287	0.386	142
昭通	0.258	270	0.184	255	0.253	269	0.198	268	0.398	125
鹤壁	0.258	271	0.196	246	0.262	258	0.264	218	0.309	252
双鸭山	0.257	272	0.042	285	0.223	278	0.282	200	0.483	16
绥化	0.257	273	0.102	283	0.260	263	0.268	214	0.399	123
自贡	0.255	274	0.218	228	0.286	233	0.200	267	0.317	248
吴忠	0.254	275	0.154	271	0.286	234	0.183	281	0.393	129
辽源	0.253	276	0.129	280	0.285	235	0.245	235	0.355	197
六盘水	0.252	277	0.220	225	0.268	254	0.211	263	0.307	255
崇左	0.250	278	0.154	273	0.187	284	0.224	251	0.435	74
石嘴山	0.249	279	0.130	279	0.299	212	0.227	249	0.341	220
贵港	0.247	280	0.178	257	0.243	275	0.237	241	0.332	229

续表

城市	宜居品牌指数	排名	宜居口碑	排名	社会治理	排名	民生质量	排名	生态环境	排名
随州	0.240	281	0.154	272	0.230	277	0.209	264	0.368	177
铜川	0.235	282	0.163	268	0.163	287	0.250	230	0.365	179
商洛	0.235	283	0.222	223	0.181	285	0.216	259	0.320	246
朝阳	0.232	284	0.031	286	0.262	259	0.297	179	0.339	222
鄂州	0.230	285	0.125	281	0.208	282	0.307	162	0.281	269
鹤岗	0.226	286	0.091	284	0.216	280	0.205	266	0.393	131
七台河	0.188	287	0.000	287	0.173	286	0.224	252	0.355	200

六 中国城市品牌传播发展指数 2016—2017 年总体排名

表 1-6 2016—2017 年中国 287 个城市的城市品牌传播发展指数排名

城市	品牌传播指数	排名	城市知名度	排名	城市关注度	排名	媒体营销传播	排名	政务新媒体传播	排名
北京	0.965	1	0.866	1	0.996	1	1.000	1	1.000	1
上海	0.843	2	0.774	3	0.890	2	0.850	2	0.856	2
深圳	0.658	3	0.788	2	0.443	12	0.698	4	0.704	3
广州	0.641	4	0.686	4	0.603	4	0.609	7	0.664	5
杭州	0.605	5	0.565	13	0.468	10	0.717	3	0.668	4
重庆	0.592	6	0.646	5	0.625	3	0.544	9	0.553	9
南京	0.590	7	0.579	9	0.504	8	0.635	5	0.642	6
成都	0.584	8	0.605	7	0.501	9	0.601	8	0.629	7
天津	0.584	9	0.578	10	0.518	5	0.613	6	0.626	8
西安	0.540	10	0.637	6	0.518	6	0.503	10	0.502	13
武汉	0.513	11	0.525	16	0.511	7	0.492	12	0.525	12
中山	0.469	12	0.488	23	0.389	24	0.469	14	0.530	11
厦门	0.462	13	0.524	18	0.394	21	0.468	15	0.463	15
青岛	0.460	14	0.520	19	0.397	20	0.438	17	0.485	14
郑州	0.459	15	0.544	14	0.440	13	0.404	19	0.446	17
福州	0.457	16	0.577	11	0.433	14	0.401	20	0.416	21

续表

城市	品牌传播指数	排名	城市知名度	排名	城市关注度	排名	媒体营销传播	排名	政务新媒体传播	排名
宁波	0.446	17	0.481	25	0.391	23	0.465	16	0.447	16
大连	0.444	18	0.580	8	0.448	11	0.360	35	0.386	30
济南	0.441	19	0.537	15	0.404	18	0.392	21	0.429	19
昆明	0.439	20	0.573	12	0.429	15	0.358	37	0.397	27
佛山	0.428	21	0.461	29	0.428	16	0.379	28	0.443	18
苏州	0.427	22	0.384	96	0.296	41	0.496	11	0.533	10
长沙	0.422	23	0.449	33	0.337	28	0.473	13	0.429	20
东莞	0.411	24	0.481	26	0.426	17	0.374	30	0.362	35
珠海	0.403	25	0.516	20	0.382	25	0.339	42	0.375	31
沈阳	0.400	26	0.513	21	0.398	19	0.341	41	0.350	37
南昌	0.389	27	0.481	27	0.332	29	0.374	29	0.370	32
哈尔滨	0.389	28	0.525	17	0.392	22	0.304	61	0.335	44
扬州	0.388	29	0.449	32	0.324	32	0.382	26	0.398	25
合肥	0.379	30	0.426	49	0.292	44	0.391	22	0.408	22
洛阳	0.377	31	0.434	39	0.292	45	0.384	24	0.397	26
无锡	0.374	32	0.388	85	0.283	54	0.416	18	0.407	23
泉州	0.369	33	0.482	24	0.368	26	0.308	58	0.321	59
绍兴	0.364	34	0.437	37	0.321	33	0.379	27	0.317	62
海口	0.363	35	0.424	50	0.264	69	0.361	34	0.402	24
烟台	0.362	36	0.474	28	0.330	30	0.325	48	0.317	61
大同	0.360	37	0.437	36	0.290	47	0.369	31	0.344	40
石家庄	0.358	38	0.413	61	0.268	64	0.385	23	0.364	34
三亚	0.356	39	0.497	22	0.351	27	0.284	70	0.293	72
保定	0.355	40	0.411	62	0.282	55	0.367	32	0.359	36
兰州	0.352	41	0.398	72	0.261	71	0.359	36	0.390	29
南阳	0.350	42	0.439	34	0.298	40	0.329	46	0.332	46
长春	0.347	43	0.424	51	0.306	36	0.324	49	0.335	43
吉林	0.347	44	0.386	93	0.243	92	0.367	33	0.392	28
湖州	0.346	45	0.457	31	0.314	35	0.316	56	0.298	70
嘉兴	0.343	46	0.419	55	0.287	50	0.336	44	0.331	49
徐州	0.342	47	0.430	44	0.294	43	0.320	53	0.325	54

续表

城市	品牌传播指数	排名	城市知名度	排名	城市关注度	排名	媒体营销传播	排名	政务新媒体传播	排名
太原	0.341	48	0.414	60	0.268	65	0.356	38	0.326	53
贵阳	0.339	49	0.431	43	0.283	53	0.322	52	0.322	57
唐山	0.338	50	0.409	63	0.272	61	0.341	40	0.331	48
南宁	0.338	51	0.408	66	0.278	57	0.323	51	0.343	41
金华	0.337	52	0.391	80	0.302	39	0.320	54	0.334	45
桂林	0.335	53	0.432	42	0.286	51	0.298	67	0.324	55
温州	0.335	54	0.393	79	0.278	58	0.336	45	0.332	47
日照	0.333	55	0.376	104	0.237	100	0.351	39	0.369	33
邯郸	0.332	56	0.420	53	0.288	49	0.304	62	0.316	64
廊坊	0.331	57	0.407	67	0.271	63	0.300	66	0.344	39
常州	0.322	58	0.383	97	0.280	56	0.306	60	0.318	60
惠州	0.315	59	0.333	156	0.208	136	0.382	25	0.338	42
延安	0.314	60	0.433	41	0.295	42	0.262	84	0.268	84
连云港	0.314	61	0.460	30	0.314	34	0.230	118	0.252	96
台州	0.314	62	0.364	120	0.257	75	0.303	63	0.330	52
淮安	0.313	63	0.439	35	0.302	38	0.251	95	0.260	88
南通	0.310	64	0.342	144	0.215	126	0.337	43	0.347	38
乌鲁木齐	0.310	65	0.430	45	0.291	46	0.247	100	0.271	82
北海	0.308	66	0.387	90	0.241	94	0.300	65	0.306	68
镇江	0.308	67	0.394	78	0.249	83	0.276	75	0.314	66
银川	0.305	68	0.396	73	0.247	88	0.259	88	0.317	63
九江	0.304	69	0.407	68	0.264	68	0.265	81	0.281	78
开封	0.302	70	0.385	94	0.245	91	0.289	69	0.292	73
潍坊	0.300	71	0.437	38	0.304	37	0.240	109	0.219	132
淄博	0.299	72	0.420	54	0.325	31	0.239	110	0.213	143
泰安	0.297	73	0.428	46	0.289	48	0.257	90	0.216	139
张家口	0.297	74	0.343	139	0.212	129	0.303	64	0.330	51
安阳	0.297	75	0.419	56	0.277	59	0.267	78	0.226	123
芜湖	0.297	76	0.417	57	0.258	73	0.252	93	0.259	89
秦皇岛	0.294	77	0.389	84	0.254	77	0.261	86	0.271	83
宜昌	0.293	78	0.414	59	0.249	84	0.257	89	0.251	97

续表

城市	品牌传播指数	排名	城市知名度	排名	城市关注度	排名	媒体营销传播	排名	政务新媒体传播	排名
柳州	0.293	79	0.394	76	0.251	81	0.242	106	0.283	75
威海	0.292	80	0.415	58	0.263	70	0.265	80	0.224	124
盐城	0.290	81	0.394	77	0.274	60	0.245	103	0.248	103
汉中	0.290	82	0.409	64	0.268	66	0.251	94	0.231	119
鞍山	0.289	83	0.361	121	0.223	119	0.260	87	0.312	67
承德	0.288	84	0.356	124	0.213	128	0.282	71	0.303	69
绵阳	0.288	85	0.433	40	0.284	52	0.221	132	0.214	142
岳阳	0.288	86	0.364	119	0.213	127	0.317	55	0.258	91
西宁	0.284	87	0.350	131	0.218	125	0.276	74	0.293	71
丽江	0.282	88	0.366	118	0.237	101	0.262	83	0.264	85
舟山	0.282	89	0.367	115	0.227	113	0.256	91	0.278	79
安庆	0.280	90	0.405	70	0.207	138	0.261	85	0.247	104
衡水	0.279	91	0.405	69	0.245	90	0.241	108	0.226	122
十堰	0.279	92	0.427	47	0.271	62	0.185	184	0.234	115
漳州	0.278	93	0.387	92	0.256	76	0.228	122	0.242	108
肇庆	0.277	94	0.400	71	0.254	78	0.209	148	0.245	105
莆田	0.277	95	0.373	107	0.250	82	0.226	124	0.258	92
晋城	0.274	96	0.427	48	0.265	67	0.207	151	0.197	173
襄阳	0.273	97	0.371	113	0.235	103	0.235	114	0.253	95
济宁	0.273	98	0.391	82	0.246	89	0.220	133	0.235	114
荆州	0.272	99	0.348	135	0.206	139	0.281	72	0.254	94
乐山	0.272	100	0.379	101	0.230	108	0.238	111	0.241	109
呼和浩特	0.269	101	0.372	110	0.220	124	0.248	98	0.235	113
清远	0.268	102	0.375	106	0.230	109	0.227	123	0.239	110
黄山	0.267	103	0.287	183	0.125	194	0.327	47	0.330	50
德州	0.267	104	0.396	74	0.247	87	0.229	120	0.194	177
汕头	0.266	105	0.317	168	0.226	114	0.241	107	0.282	77
长治	0.266	106	0.292	182	0.144	184	0.312	57	0.315	65
衡阳	0.265	107	0.343	142	0.202	146	0.272	76	0.242	106
潮州	0.265	108	0.376	105	0.257	74	0.196	169	0.229	121
宝鸡	0.265	109	0.381	99	0.247	85	0.210	147	0.221	128

续表

城市	品牌传播指数	排名	城市知名度	排名	城市关注度	排名	媒体营销传播	排名	政务新媒体传播	排名
临沂	0.263	110	0.347	136	0.223	118	0.247	99	0.236	112
包头	0.263	111	0.366	116	0.235	102	0.230	119	0.221	129
菏泽	0.263	112	0.391	81	0.238	99	0.211	142	0.211	146
株洲	0.262	113	0.384	95	0.230	110	0.222	130	0.212	144
聊城	0.261	114	0.423	52	0.241	95	0.200	162	0.179	205
梧州	0.261	115	0.408	65	0.258	72	0.174	206	0.201	165
马鞍山	0.259	116	0.336	154	0.197	153	0.231	117	0.274	81
运城	0.259	117	0.387	88	0.247	86	0.202	161	0.200	166
吉安	0.258	118	0.387	91	0.238	98	0.217	136	0.192	180
赣州	0.258	119	0.378	102	0.227	112	0.224	125	0.202	161
玉林	0.258	120	0.381	98	0.252	79	0.192	172	0.205	156
张家界	0.256	121	0.388	86	0.240	97	0.197	166	0.199	169
衢州	0.255	122	0.343	141	0.209	134	0.238	112	0.232	118
沧州	0.255	123	0.255	207	0.121	196	0.324	50	0.321	58
抚顺	0.255	124	0.361	123	0.231	107	0.245	104	0.184	194
湛江	0.255	125	0.394	75	0.243	93	0.177	198	0.205	155
泸州	0.254	126	0.340	148	0.193	156	0.243	105	0.242	107
天水	0.254	127	0.315	171	0.180	167	0.266	79	0.255	93
景德镇	0.252	128	0.387	89	0.251	80	0.183	190	0.189	184
阜阳	0.252	129	0.378	103	0.228	111	0.208	150	0.195	176
黄冈	0.250	130	0.356	125	0.212	131	0.222	129	0.212	145
咸阳	0.250	131	0.355	126	0.200	149	0.236	113	0.209	149
新乡	0.249	132	0.286	184	0.157	181	0.271	77	0.283	76
六安	0.249	133	0.391	83	0.223	117	0.211	144	0.172	217
东营	0.248	134	0.372	111	0.235	104	0.189	181	0.197	174
泰州	0.248	135	0.296	181	0.185	165	0.249	96	0.261	86
玉溪	0.245	136	0.373	108	0.240	96	0.170	217	0.196	175
大庆	0.244	137	0.336	153	0.200	150	0.222	131	0.217	136
宜宾	0.242	138	0.319	167	0.174	172	0.245	102	0.231	120
滁州	0.242	139	0.324	164	0.171	174	0.222	128	0.250	99
宁德	0.241	140	0.326	162	0.193	157	0.215	141	0.232	116

续表

城市	品牌传播指数	排名	城市知名度	排名	城市关注度	排名	媒体营销传播	排名	政务新媒体传播	排名
普洱	0.240	141	0.350	132	0.233	106	0.171	213	0.208	151
抚州	0.240	142	0.388	87	0.225	115	0.181	191	0.165	233
滨州	0.239	143	0.346	137	0.203	144	0.196	168	0.211	147
南充	0.239	144	0.337	150	0.188	160	0.215	140	0.217	138
江门	0.239	145	0.301	177	0.175	171	0.204	157	0.276	80
宜春	0.238	146	0.361	122	0.212	130	0.195	171	0.186	189
黄石	0.238	147	0.343	143	0.195	155	0.192	174	0.223	125
广安	0.238	148	0.350	133	0.204	142	0.204	155	0.193	179
商丘	0.237	149	0.335	155	0.202	145	0.189	180	0.221	127
安康	0.235	150	0.237	221	0.106	211	0.307	59	0.291	74
广元	0.234	151	0.367	114	0.221	120	0.178	197	0.169	221
新余	0.234	152	0.381	100	0.234	105	0.153	245	0.168	226
德阳	0.232	153	0.373	109	0.207	137	0.177	199	0.170	219
邢台	0.232	154	0.328	159	0.160	179	0.220	134	0.220	131
郴州	0.232	155	0.353	127	0.202	147	0.188	182	0.183	199
蚌埠	0.231	156	0.330	158	0.187	161	0.211	143	0.198	171
信阳	0.231	157	0.340	147	0.201	148	0.180	193	0.205	157
鹤壁	0.230	158	0.366	117	0.223	116	0.150	248	0.183	198
武威	0.230	159	0.352	128	0.220	122	0.172	209	0.176	214
宿州	0.230	160	0.371	112	0.221	121	0.162	226	0.166	231
丹东	0.229	161	0.351	129	0.220	123	0.171	212	0.174	215
河源	0.228	162	0.266	195	0.122	195	0.265	82	0.259	90
遵义	0.228	163	0.281	185	0.129	191	0.253	92	0.248	102
南平	0.225	164	0.313	172	0.171	173	0.216	139	0.199	167
淮南	0.224	165	0.260	196	0.119	198	0.278	73	0.238	111
白银	0.224	166	0.212	251	0.071	253	0.290	68	0.323	56
通化	0.224	167	0.351	130	0.205	140	0.184	186	0.155	246
常德	0.223	168	0.324	165	0.177	169	0.192	173	0.202	162
漯河	0.223	169	0.327	160	0.185	163	0.180	194	0.201	164
濮阳	0.222	170	0.326	161	0.191	158	0.223	126	0.150	252
湘潭	0.222	171	0.310	174	0.169	175	0.203	159	0.206	153

续表

城市	品牌传播指数	排名	城市知名度	排名	城市关注度	排名	媒体营销传播	排名	政务新媒体传播	排名
梅州	0.221	172	0.345	138	0.209	135	0.154	244	0.179	206
上饶	0.217	173	0.308	175	0.159	180	0.198	164	0.203	160
龙岩	0.217	174	0.301	178	0.161	177	0.190	176	0.216	140
怀化	0.216	175	0.350	134	0.197	154	0.159	234	0.157	245
鄂尔多斯	0.213	176	0.340	146	0.205	141	0.155	242	0.153	249
自贡	0.212	177	0.332	157	0.185	164	0.175	203	0.155	247
辽阳	0.212	178	0.310	173	0.176	170	0.181	192	0.180	203
丽水	0.211	179	0.237	220	0.109	208	0.249	97	0.248	101
营口	0.211	180	0.316	170	0.186	162	0.174	207	0.167	228
锦州	0.209	181	0.337	152	0.211	133	0.158	236	0.132	268
萍乡	0.209	182	0.298	179	0.168	176	0.191	175	0.178	210
雅安	0.208	183	0.338	149	0.198	152	0.156	240	0.140	260
吕梁	0.207	184	0.272	192	0.131	187	0.218	135	0.206	152
张掖	0.207	185	0.319	166	0.182	166	0.160	228	0.165	232
安顺	0.207	186	0.274	188	0.130	188	0.205	153	0.218	135
益阳	0.206	187	0.305	176	0.153	182	0.208	149	0.159	242
赤峰	0.206	188	0.274	189	0.134	186	0.207	152	0.208	150
宿迁	0.204	189	0.248	213	0.116	199	0.204	158	0.251	98
枣庄	0.204	190	0.276	187	0.110	207	0.210	145	0.218	133
阜新	0.203	191	0.342	145	0.204	143	0.147	251	0.117	275
四平	0.200	192	0.280	186	0.148	183	0.190	178	0.182	200
白山	0.198	193	0.207	257	0.079	247	0.247	101	0.261	87
宣城	0.197	194	0.252	210	0.104	215	0.217	137	0.217	137
许昌	0.197	195	0.233	225	0.090	234	0.232	115	0.232	117
眉山	0.195	196	0.259	198	0.104	213	0.216	138	0.201	163
伊春	0.194	197	0.337	151	0.211	132	0.109	280	0.118	274
揭阳	0.190	198	0.266	194	0.119	197	0.160	227	0.216	141
驻马店	0.190	199	0.274	190	0.140	185	0.141	261	0.206	154
庆阳	0.190	200	0.343	140	0.191	159	0.112	278	0.112	278
乌海	0.189	201	0.316	169	0.178	168	0.142	258	0.121	272
淮北	0.189	202	0.256	204	0.103	217	0.198	163	0.198	170

续表

城市	品牌传播指数	排名	城市知名度	排名	城市关注度	排名	媒体营销传播	排名	政务新媒体传播	排名
铜陵	0.188	203	0.255	205	0.112	202	0.197	165	0.188	185
茂名	0.188	204	0.256	203	0.110	206	0.175	204	0.209	148
忻州	0.188	205	0.258	199	0.111	204	0.204	156	0.178	211
三明	0.187	206	0.252	211	0.112	203	0.189	179	0.194	178
铜仁	0.183	207	0.272	191	0.115	201	0.169	219	0.176	213
来宾	0.182	208	0.208	256	0.043	277	0.229	121	0.249	100
永州	0.182	209	0.256	202	0.104	214	0.197	167	0.169	222
齐齐哈尔	0.180	210	0.297	180	0.161	178	0.120	273	0.141	259
达州	0.179	211	0.208	255	0.063	265	0.223	127	0.222	126
临汾	0.178	212	0.249	212	0.100	221	0.196	170	0.167	229
盘锦	0.178	213	0.240	216	0.115	200	0.176	202	0.181	202
晋中	0.177	214	0.252	209	0.105	212	0.172	211	0.181	201
榆林	0.177	215	0.215	248	0.066	260	0.210	146	0.218	134
云浮	0.176	216	0.239	217	0.099	222	0.176	201	0.191	182
三门峡	0.176	217	0.214	249	0.067	259	0.204	154	0.220	130
金昌	0.175	218	0.257	201	0.128	192	0.156	239	0.161	240
曲靖	0.175	219	0.253	208	0.094	229	0.168	221	0.185	193
韶关	0.175	220	0.270	193	0.130	189	0.145	252	0.155	248
黑河	0.175	221	0.225	238	0.103	216	0.184	185	0.186	190
钦州	0.174	222	0.233	224	0.096	227	0.190	177	0.179	209
嘉峪关	0.174	223	0.224	240	0.097	226	0.188	183	0.187	188
中卫	0.174	224	0.229	233	0.092	232	0.175	205	0.199	168
阳江	0.173	225	0.229	236	0.093	231	0.183	188	0.190	183
通辽	0.172	226	0.232	229	0.091	233	0.177	200	0.188	186
资阳	0.171	227	0.255	206	0.107	210	0.171	214	0.150	251
牡丹江	0.170	228	0.259	197	0.129	190	0.160	230	0.133	267
汕尾	0.168	229	0.224	243	0.080	246	0.183	189	0.185	192
阳泉	0.168	230	0.209	254	0.072	252	0.202	160	0.188	187
周口	0.167	231	0.224	241	0.084	242	0.162	225	0.198	172
本溪	0.166	232	0.238	218	0.111	205	0.160	231	0.157	244
咸宁	0.165	233	0.230	232	0.085	239	0.162	224	0.183	197

续表

城市	品牌传播指数	排名	城市知名度	排名	城市关注度	排名	媒体营销传播	排名	政务新媒体传播	排名
孝感	0.164	234	0.226	237	0.083	243	0.169	218	0.179	207
平顶山	0.164	235	0.238	219	0.098	224	0.153	246	0.168	225
池州	0.163	236	0.233	227	0.087	238	0.168	220	0.165	234
呼伦贝尔	0.162	237	0.220	247	0.084	241	0.172	210	0.173	216
渭南	0.162	238	0.236	222	0.095	228	0.159	235	0.157	243
亳州	0.162	239	0.224	246	0.079	248	0.173	208	0.171	218
鸡西	0.161	240	0.325	163	0.199	151	0.071	285	0.049	286
攀枝花	0.160	241	0.232	228	0.102	218	0.143	255	0.162	239
焦作	0.159	242	0.200	264	0.064	261	0.170	216	0.204	158
莱芜	0.159	243	0.231	230	0.063	263	0.179	195	0.164	236
酒泉	0.159	244	0.231	231	0.101	220	0.166	223	0.139	262
荆门	0.157	245	0.233	226	0.077	250	0.156	238	0.163	237
鄂州	0.155	246	0.213	250	0.068	256	0.170	215	0.170	220
佳木斯	0.154	247	0.224	245	0.102	219	0.141	259	0.151	250
保山	0.154	248	0.198	268	0.063	262	0.150	247	0.203	159
内江	0.153	249	0.240	215	0.097	225	0.140	262	0.134	266
陇南	0.153	250	0.195	270	0.060	268	0.178	196	0.179	208
贵港	0.152	251	0.224	242	0.078	249	0.143	257	0.164	235
吴忠	0.152	252	0.210	253	0.085	240	0.131	267	0.179	204
毕节	0.151	253	0.257	200	0.108	209	0.103	281	0.137	264
定西	0.151	254	0.191	271	0.062	266	0.166	222	0.184	196
遂宁	0.150	255	0.234	223	0.077	251	0.159	233	0.130	270
娄底	0.150	256	0.229	234	0.083	244	0.148	250	0.140	261
巴中	0.149	257	0.182	275	0.042	279	0.183	187	0.191	181
邵阳	0.148	258	0.241	214	0.094	230	0.134	265	0.123	271
葫芦岛	0.148	259	0.197	269	0.067	258	0.141	260	0.185	191
朔州	0.147	260	0.156	284	0.018	286	0.231	116	0.184	195
平凉	0.147	261	0.224	244	0.089	235	0.137	263	0.137	265
河池	0.145	262	0.191	272	0.051	273	0.159	232	0.177	212
铁岭	0.142	263	0.200	265	0.071	255	0.155	241	0.142	257
防城港	0.141	264	0.202	260	0.058	270	0.160	229	0.146	255

续表

城市	品牌传播指数	排名	城市知名度	排名	城市关注度	排名	媒体营销传播	排名	政务新媒体传播	排名
铜川	0. 141	265	0. 201	261	0. 058	269	0. 144	254	0. 159	241
六盘水	0. 140	266	0. 199	267	0. 060	267	0. 132	266	0. 168	223
百色	0. 136	267	0. 187	273	0. 046	276	0. 143	256	0. 168	224
松原	0. 135	268	0. 211	252	0. 081	245	0. 129	268	0. 120	273
昭通	0. 134	269	0. 225	239	0. 088	237	0. 080	284	0. 142	256
克拉玛依	0. 133	270	0. 229	235	0. 099	223	0. 099	282	0. 107	279
白城	0. 133	271	0. 201	262	0. 071	254	0. 121	271	0. 139	263
随州	0. 133	272	0. 181	277	0. 029	283	0. 155	243	0. 167	227
乌兰察布	0. 129	273	0. 116	287	0. 125	193	0. 145	253	0. 132	269
临沧	0. 129	274	0. 182	276	0. 051	274	0. 135	264	0. 149	254
固原	0. 126	275	0. 172	279	0. 042	278	0. 149	249	0. 141	258
巴彦淖尔	0. 125	276	0. 158	282	0. 024	284	0. 156	237	0. 162	238
贺州	0. 123	277	0. 204	259	0. 063	264	0. 121	270	0. 104	280
辽源	0. 118	278	0. 199	266	0. 068	257	0. 109	279	0. 097	282
石嘴山	0. 117	279	0. 162	281	0. 036	280	0. 121	272	0. 149	253
绥化	0. 114	280	0. 175	278	0. 051	275	0. 116	276	0. 113	277
商洛	0. 113	281	0. 151	286	0. 008	287	0. 125	269	0. 166	230
鹰潭	0. 109	282	0. 200	263	0. 057	271	0. 083	283	0. 097	281
崇左	0. 105	283	0. 168	280	0. 018	285	0. 118	275	0. 116	276
鹤岗	0. 105	284	0. 183	274	0. 055	272	0. 116	277	0. 065	284
七台河	0. 099	285	0. 158	283	0. 031	281	0. 119	274	0. 087	283
朝阳	0. 089	286	0. 205	258	0. 089	236	0. 023	287	0. 040	287
双鸭山	0. 070	287	0. 154	285	0. 031	282	0. 044	286	0. 051	285

第二章　中国城市品牌发展指数：2016—2017年报告

刘彦平　胡　纯

城市营销与品牌化建设是城市发展的策略性战场，也是城市治理体系和治理能力现代化的重要领域。中国城市营销和品牌化进程与城市化加速发展的进程同步，在提升城市竞争力、优化城市宜居环境、促进区域协调发展乃至支撑国家形象方面都发挥了积极的作用。近年来，随着国家形象战略和国家软实力建设任务的提出，进一步推动了各地建设城市品牌的热潮。而“京津冀协同发展”“长江经济带”“一带一路”倡议等国家顶层战略决策的提出和深化，更为我国城市品牌的打造提供了前所未有的城市定位指导和协同发展保障。在新型城镇化的进程中，中央提出“既要金山银山，也要绿水青山”的号召，强调了城市的宜居功能，明确了内地城市建设的方向和重点。

本报告提出的城市品牌发展指数（CBDI）包括城市文化品牌、城市旅游品牌、城市投资品牌、城市宜居品牌和城市品牌传播5个一级指标，20个二级指标和77个三级指标，并据此对中国内地287个城市进行城市品牌发展状况的测评。通过比较分析，能够勾勒我国当前城市品牌建设的总体状况，并反映出区域以及单个城市品牌的相对发展优势和缺陷，为我国城市未来进一步提升城市品牌建设提供决策参考。

一　总体发展态势

过去一年多来，中国内地城市总体发展迅速，品牌价值显著提升。相当数量的城市不仅顶住经济下行压力，实现城市旅游、投资和传播等方面的稳中有升，发挥了节点的集聚和扩散效应，而且加大了城市品牌发展力度，着力提升城市的宜居性和绿色价值，在缓解和治理“城市病”上施展组合拳，开启了绿色城市品牌建设的新阶段。随着“十三五”的开局，全面脱贫、全面奔小康的系列举措的深化落实，加速推进了中国内地的新型城镇化，对城市品牌建设形成了较为稳固的支撑作用。

（一）中国城市品牌发展的总体表现

1. 城市品牌建设与新型城镇化同步推进

城市品牌发展与新型城镇化同步纵深推进、发展势头良好。2016 年我国城镇化率达到 57.35%，同比提高 1.2 个百分点。同时，城市品牌建设也正在成为几乎每一个中国城市的发展重点。2015 年入选 CBDI 测评的 200 个样本城市，其 2016—2017 年得分均值为 0.329（选取小数点后三位），同比升幅超过 5%。

2. 城市品牌发展的战略均衡度明显提升

2016—2017 年，我国城市品牌发展的均衡度明显提升。从城市品牌发展指数（CBDI）及 5 个一级指标的得分均值来看，得分全部位于 0.2 和 0.3 层级，不再有位于 0.1 层级的指标；指标相互之间的最大分差也从 2015 年的 0.250 下降至 0.120，分化趋势减弱；一级指标与品牌发展指数（CBDI）的 5 个方差中有 3 个出现下降（表 2 - 1）。总体来看，城市品牌发展的整体均衡性明显提升。

3. 城市文化、投资和宜居品牌建设落后于时代发展要求

相对而言，CBDI 一级指标中的城市文化品牌、城市投资品牌和城市宜居品牌建设成效不彰，与城市品牌在新时代的发展要求还有一定的距离。首先，城市文化品牌指标出现下滑，城市文化品牌塑造亟待加强。虽然“深化改革、扩大开放”在全国范围内有效提升了城市品牌的文化开放性，但是文化吸引力和文化活力却发展乏力。其次，虽然各地都在深化商事制度改革、加大营商环境建设，但在城市投资品牌绩效方面，尚未显现出足够的成效。最后，城市宜居品牌指标的发展也与现代化城市的要求存在偏差。一方面，城市环境问题成为政府、媒体和公众都瞩目的课题，绿水青山就是金山银山，环境改善成为部分地方的硬性任务，内地城市的宜居性建设如火如荼，特别表现在生态文明体系在城市及全国范围内加快形成、城市主体功能区制度逐步健全以及森林覆盖率持续提高等方面。然

而，环境治理非短期内能够迅速见效，优化交通、节能减排、治理大气污染以及产业结构升级等还任重道远。另一方面，新时代对社会治理能力和民生质量建设都提出了更高要求，调整不及时的城市管理模式无法把握城市宜居建设的痛点来对症下药。

表2-1 2016—2017年中国内地城市品牌发展指数（CBDI）情况

	CBDI	文化	旅游	投资	宜居	传播
平均	0.329	0.277	0.397	0.327	0.357	0.288
增长	5.13%	-21.08%	74.94%	-16.55%	-15.65%	66.51%

注：此处仅统计2015年和2016—2017年均入选的200个城市样本。

4. 强势城市品牌优势稳固

强势城市品牌继续保持领先地位。2016—2017年全国10强城市品牌依次为北京、上海、深圳、广州、杭州、重庆、成都、南京、天津和西安。10个城市的城市品牌发展指数平均得分为0.597，是内地其他277个品牌的1.89倍。此外，与2015年度榜单相比，前10强城市品牌中仅有两个城市新入榜，分别是南京和西安。南京在2015年排名第11，2016—2017年跻身第8；西安的排名则从第14位升至第10位。其他8个城市仅在名次上略有变动（表2-2和图2-1）。

表2-2 2015—2017年十强城市

排名	CBDI（2016—2017）		CBDI（2015）	
	城市	得分	城市	得分
1	北京	0.763	北京	0.787
2	上海	0.700	上海	0.727
3	深圳	0.597	天津	0.604
4	广州	0.582	广州	0.593
5	杭州	0.576	杭州	0.568
6	重庆	0.569	深圳	0.559
7	成都	0.560	成都	0.548
8	南京	0.548	苏州	0.533
9	天津	0.548	武汉	0.530
10	西安	0.531	重庆	0.529

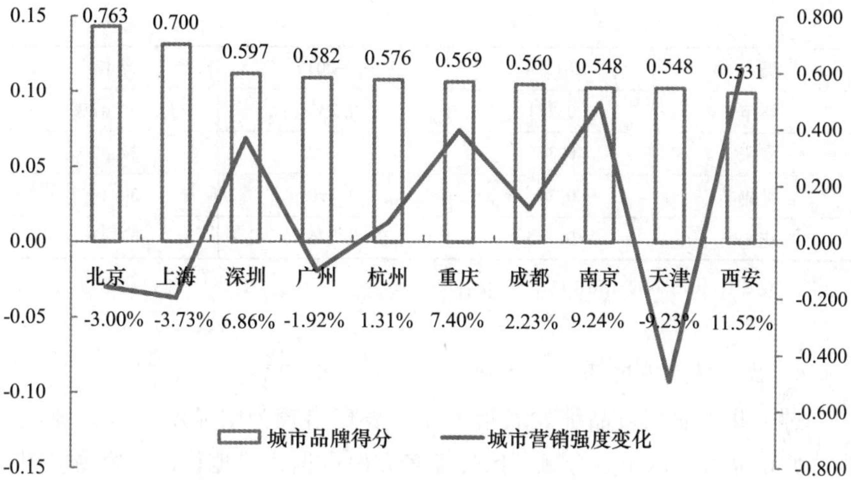

图 2-1 2016—2017 年十强城市品牌指数得分及城市营销强度变化

资料来源：本研究。

5. 弱势城市品牌步入发展正轨

在过去很长一段时间中，中国内地的许多城市受限于自身资源、眼界和城市营销能力，对城市品牌重视程度不足，城市品牌和城市形象长期处于非常弱势的地位。以 2015 年城市品牌发展指数（CBDI）200 城的后 10 个城市为例，这 10 个城的品牌强度大多在 0.2 以下，超过 0.2 的只有自贡一个城市（表 2-3）；2016—2017 年，则有 8 个城市的 CBDI 得分达到 0.2，7 个城市的品牌发展增速超过 20%。可见在新型城镇化的推进过程中，弱势城市正在逐渐开启城市品牌战略之路，进入城市品牌建设初期的快速增长阶段。

表 2-3 **弱势城市的品牌发展指数（CBDI）增长情况**

城市	2015 年	2016—2017 年	增长率
自贡	0.202	0.246	21.78%
齐齐哈尔	0.197	0.256	29.95%
六盘水	0.197	0.209	6.09%
曲靖	0.193	0.244	23.85%
辽源	0.192	0.177	-7.81%
乌兰察布	0.190	0.211	11.05%

续表

城市	2015 年	2016—2017 年	增长率
毕节	0.171	0.235	37.43%
资阳	0.165	0.202	22.42%
吴忠	0.146	0.190	30.14%
庆阳	0.135	0.226	67.41%

注：仅统计 2015 年度 CBDI 榜单后 10 名城市。

6. 城市品牌发展的“马太效应”呈现减弱趋势

过去几年的城市品牌发展指数往往表现出较为明显的“马太效应”。强势城市品牌在政治、金融、区位等多方面占据优势地位，更容易吸引要素聚集来推动城市文化、旅游、投资、宜居和传播积极向好发展，实现品牌价值更进一步。部分欠发达地区的城市往往吸引高端要素较为困难，甚至本地的优质要素也往往选择逃离本地，造成弱势品牌城市越发明显的发展颓势。然而，在 2016—2017 年的城市品牌发展指数（CBDI）中，“马太效应”开始呈现收缩趋势——虽然强势城市仍保持着较大的品牌优势，但是品牌增速明显的阶梯形下滑暗示了品牌发展“边际递减”的现象。内地城市品牌的两座高峰即北京和上海往年的城市品牌发展平均涨幅都接近 50%，2016—2017 年首次出现负增长，并且都面临着明显的文化品牌和宜居品牌发展的瓶颈；第 3—10、第 11—50、第 51—100 位三个城市品牌梯队的平均增速依次上升，与北京、上海的差距正在缩小（表 2 -4）。当前北京、上海以及其他一些特大城市，享受经济规模和人口红利影响的同时，也承受着房价高涨、交通拥堵、环境污染等“城市病”困扰，而这些问题也不是短期建设就可以根本改变的。结合国家鼓励区域协调发展的宏观政策，城市品牌的“马太效应”可望在未来继续处于持续减弱的轨道。

表 2 -4　**城市品牌发展指数（CBDI）各梯队的均值及增速情况**

排名	CBDI 均值	平均增速
1—2	0.731	-3.36%
3—10	0.564	3.43%
11—50	0.453	4.94%
51—100	0.353	9.71%

7. 互联网模式下城市品牌传播实现了跳跃式发展

过去的一年多来，城市品牌传播的发展，成为城市品牌发展指数的重要推动力之一。城市品牌传播指数凭借自身66.5%的增长为城市品牌发展指数贡献了3.87%的扩张。究其原因，是城市在把握媒体融合趋势特别是新媒体传播方面，传播策略和传播力度都有了较大的提升，因而显著改进了城市品牌传播效能。

（二）七大区域的城市品牌发展态势

从城市品牌发展指数（CBMI）的对比来看，2016—2017年全国七大区域的城市品牌指数均值都高于2015年，其中6个区域涨幅超过4%，显示在新型城镇化热潮下，城市品牌建设得到普遍的重视和发展。首先，从城市品牌发展指数（CBMI）得分情况来看，七大区域从高到低依次为华东、华北、华南、西南、华中、西北和东北，其中，华东、华北、华南三个区域的城市品牌指数得分高于均值0.329。其次，从城市品牌发展指数（CBMI）增长率情况来看，七大区域从高到低依次为西南、西北、华南、华北、东北、华中和华东，其中，西南、西北和华南三个区域的城市品牌指数增长率高于均值5.13%（表2－5、图2－2）。再次，从城市品牌发展指数（CBMI）入选城市数量来看，七大区域从高到低依次为华东、华中、华南、东北、华北、西南和西北，其中华东、华中两个区域的城市品牌指数入选城市量高于均值41个（表2－6）。

表2－5　**七大区域城市品牌发展指数（CBDI）增长情况**

2016—2017		CBDI	文化	旅游	投资	宜居	传播
全国	指数	0.329	0.277	0.397	0.327	0.357	0.288
	增长率	5.13%	－21.08%	74.94%	－16.55%	－15.65%	66.51%
华北	指数	0.342	0.297	0.419	0.324	0.371	0.298
	增长率	4.87%	－21.47%	63.47%	－19.89%	－7.42%	56.80%
东北	指数	0.294	0.229	0.339	0.311	0.350	0.241
	增长率	4.50%	－23.94%	85.20%	－17.21%	－15.17%	79.94%
华东	指数	0.360	0.303	0.432	0.373	0.374	0.321
	增长率	2.12%	－25.05%	68.20%	－17.09%	－17.55%	59.41%

续表

2016—2017		CBDI	文化	旅游	投资	宜居	传播
华中	指数	0.309	0.269	0.389	0.292	0.329	0.264
	增长率	4.25%	-17.21%	77.73%	-19.01%	-21.73%	69.77%
华南	指数	0.331	0.261	0.392	0.333	0.361	0.306
	增长率	5.89%	-17.93%	74.53%	-18.01%	-17.95%	77.79%
西南	指数	0.312	0.261	0.389	0.296	0.341	0.270
	增长率	13.31%	-12.53%	94.51%	-9.85%	-11.21%	65.19%
西北	指数	0.302	0.274	0.357	0.284	0.344	0.253
	增长率	9.89%	-21.19%	84.87%	-8.04%	-9.88%	75.14%

注：表2-5仅统计2015年和2016—2017年均入选的200个城市。

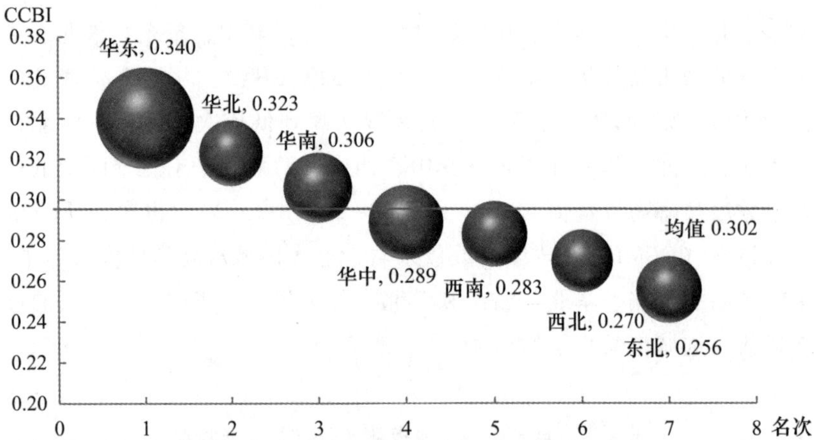

图2-2　七大区域城市品牌强度对比

注：图中圆形面积代表区域入选城市数量。

表2-6　2016—2017年城市品牌287城区域分布

排名	华北	华东	华南	西南	华中	西北	东北
1—10	2	3	2	2	0	1	0
11—30	0	9	3	1	4	0	3
31—100	12	28	9	4	7	6	4
101—150	7	21	5	3	8	5	1
151—190	6	11	5	8	8	3	9

续表

排名	华北	华东	华南	西南	华中	西北	东北
200 以后	6	6	13	15	15	15	17
总数	33	78	37	33	42	30	34

华东地区继续蝉联区域城市品牌榜首，平均品牌强度得分为 0.340，超过 287 城均值 12.49%。旅游和传播两个一级指标是华南地区品牌增长的最主要推动力，文化、投资和宜居 3 个一级指标则相对下降，事实上其他几个区域也存在大致类似的趋势。华东地区仍然是中国内地城市品牌的区域王者。首先，华东地区形成综合品牌的城市数量最多，纳入测评的城市就有 78 个；其次，华东地区城市品牌整体排名靠前，50% 以上的城市品牌跻身百强；再次，弱势城市（排名第 200 名及之后者）品牌数量较少，共计 6 个，占比仅 7.69%（表 2－7）；最后，华东地区城市品牌发展指数的五个一级指标得分均在七大区域中排名第 1，全方位领先其他区域。目前，城市文化品牌的深化建设是华东地区城市品牌发展面临的最大问题，在过去的一年中，华东地区可对比城市的文化品牌指数均值下降了 25.05%，是七大区域中降幅最大的地区。除了上文所述的文化活力制约因素外，华东地区城市文化品牌相对于其他地区还存在文化独特性和开放性减弱的趋势，约 25% 的华东城市品牌独特性下降，文化开放性弱势城市占比较大，进一步加剧了华东地区文化品牌的下行。

表 2－7　　**2016—2017 年度城市品牌各类别区域占比**

排名＼占比＼区域	华北	华东	华南	西南	华中	西北	东北
十强	6.06%	3.85%	5.41%	6.06%	0	3.33%	0
三十强	6.06%	15.38%	13.51%	9.09%	9.52%	3.33%	8.82%
一百强	42.42%	51.28%	37.84%	21.21%	26.19%	23.33%	20.59%
二百以后	18.18%	7.69%	35.14%	45.45%	35.71%	50.00%	50.00%

华北和华南地区是中国城市品牌发展的中坚力量。华北地区凭借微弱优势，成为区域城市品牌的榜眼，城市品牌指数均值为 0.323，可对比城市品牌发展指数均值增速为 4.87%；华南地区排名第 3，品牌指数 0.306，

可对比增速为5.89%。两个地区同华东地区相似，在旅游和传播指标表现优异，宜居、投资和文化指标下降明显；同时，各项一级指标与华东地区都存在一定的差距，但幅度不大。从入选城市品牌数量方面看，华北和华南两个区域入选的城市数量远低于华东地区，仅有33个和37个。此外，华北地区还存在区域内城市品牌结构不合理问题，继2015年后再一次缺席第11—30名的排名位段；华南地区则排名在200名之后的弱势城市品牌数量较多，共计13个，占比35.14%，而其百强占比也仅为37.84%。

西南、华中、西北和东北地区则属于中国内地城市品牌的后进者。从城市品牌发展指数（CBMI）的平均得分来看，华中、西南、西北和东北4个地区品牌发展指数均值都处于0.2层级，低于全国平均水平。从可对比城市品牌增速看，西南、华中、西北和东北4个地区分别增长为13.31%、4.25%、9.89%和4.50%，华中和东北地区低于全国均值，西南和西北地区增速则分列全国第一、第二，表现出强大的增长潜力。从一个侧面显示出"丝绸之路经济带"行动促进了西向开放进而带动西部地区城市品牌发展的趋势。从区域内部城市品牌排名分布看，西南、华中、西北和东北4个地区较为靠后，百强之外的城市品牌数量占比较高，分别为78.79%、73.81%、76.67%和79.41%；150名开外城市品牌数量也超过地区总量的一半；华中和东北两个地区缺席全国城市品牌10强，缺乏强势城市品牌。2015年东北地区城市品牌发展被其他六大区域抛在身后，这种现象在2016—2017年更加明显。作为城市品牌强度最低的区域，东北地区城市品牌发展速度同样低迷，连续三年缺席10强，东北城市转型发展以及城市品牌的发展面临较大挑战。

二　国家战略视野下的聚焦分析

（一）京津冀地区的城市品牌发展

"京津冀"都市经济圈是中国北方最重要的城市群，对华北地区及其周边其他区域有着很强的辐射力。自2014年推行"京津冀协同发展"战略以来，京津冀三地逐步形成以北京、天津、保定、廊坊为中部核心功能区，以雄安为发展重点区域，通过资源有序转移、共享聚集，推动了部分优质公共服务资源的合作与联动发展（表2-8）。此外，城市功能及其空间布局也有了更加清晰的定位和安排，有力地促进了京津冀地区的协同发展格局。

表 2-8　　京津冀地区部分城市的定位和功能

城市	功能定位	功能区
北京	政治中心、文化中心、国际交往中心、科技创新中心	一核
天津	全国先进制造研发基地、北方国际航运核心区、金融创新运营示范区、改革开放先行区	京津发展轴
保定	中部核心功能区、世界级城市群新枢纽	京保石发展轴
廊坊	中部核心功能区、临空经济区	京衡城镇发展带
石家庄	京津冀世界级城市群“第三极”、京津冀交通枢纽	京保石发展轴
承德	京津冀联系东北的综合交通枢纽、京津绿色农副产品保障基地	两翼
秦皇岛	京津冀辐射东北的节点城市	京唐秦发展轴
唐山	首都经济圈重要支点和京津唐区域中心城市、与北京联动的临港产业协作示范区	京唐秦发展轴
邯郸	京津冀重要工业基地和物流枢纽节点城市、京津联动中原的区域中心城市	京石邯城镇发展带
廊坊	京津冀全面创新改革试验区、北京新机场国际门户重点功能区	京衡城镇发展带
张家口	京津冀联系西北的综合交通枢纽、京津绿色农副产品保障基地	两翼
沧州	京津冀城市群重要的产业支撑和科技成果转化基地	沿海城镇发展带
邢台	京津冀南部生态环境支撑区	沿海城镇发展带
衡水	冀中南综合物流枢纽	沿海城镇发展带

在京津冀一体化的过程中，城市品牌的支撑作用日益显现。北京发挥了龙头作用，城市品牌指数达到 0.763，是内地城市品牌发展的最强者；天津同样跻身强势品牌，品牌指数得分 0.548，排名第 9；河北省积极联动，积极打造城市品牌、融入城市群，逐步缩小与北京和天津的差距，为京津冀建设世界级城市群进一步夯实了基础（表 2-9）。京津冀区域的城市品牌指没有排在 200 名之后的弱势品牌。

表 2-9　　京津冀地区城市营销强度之对比

城市	2016—2017（CBDI）	排名	2015（CBDI）	排名	2016—2017 强度变化
北京	0.763	1	0.787	1	-3.05%
天津	0.548	9	0.604	3	-9.27%

续表

城市	2016—2017（CBDI）	排名	2015（CBDI）	排名	2016—2017 强度变化
石家庄	0.401	34	0.370	42	8.38%
保定	0.383	46	0.365	45	4.93%
唐山	0.357	60	0.317	74	12.62%
秦皇岛	0.354	61	0.348	54	1.72%
邯郸	0.348	68	0.327	63	6.42%
承德	0.348	70	0.306	82	13.73%
张家口	0.334	80	—	—	新入榜
廊坊	0.332	83	—	—	新入榜
沧州	0.306	109	—	—	新入榜
邢台	0.277	153	—	—	新入榜
衡水	0.273	165	0.257	143	6.23%

当然，京津冀地区的城市品牌发展也面临一些亟待解决的问题。首先，城市品牌发展不均衡，区域城市品牌的梯队组合有待升级。北京和天津跻身前 10 名的同时，其他所有城市都位列前 30 名之外。其次，北京和天津的城市品牌进一步发展的动力下降，影响到城市品牌的区域带动和辐射能力。数据显示，河北境内城市品牌基本实现了同比正增长，大都创造了超过 4% 的上涨，但北京和天津的城市品牌强度却相对同比下降。最后，部分城市的排名不升反降。尽管有京津冀协同发展的国家战略和系列政策支持，但天津、保定、秦皇岛、邯郸和衡水 5 个城市的品牌排名与上一年度相比却出现下降，在一定程度上表明区域内城市在战略和政策联动上可能仍有所欠缺。

从分项指标看，京津冀城市群的城市品牌传播和城市旅游品牌指标显著提升，同比增长超过五成；城市投资品牌明显下降，幅度超过两成，显示出区域在经济结构调整特别是“三去一降”的供给侧改革中经历着阵痛；城市宜居品牌在内部分化中下行。环境问题一直是困扰华北地区的难题，中央和地方政府在京津冀环境治理和改善方面采取了多种措施，在一定程度上提升了京津冀地区的环境宜居水平。与此同时，2016 年以来京津冀地区的房价大幅攀升，对区域内的民生质量形成了抑制作用。京津冀地区的城市文化品牌表现最差，不仅河北省 11 个城市的文化指标得分在

0.5 以下，并且去掉新入榜的 4 个城市，京津冀地区 9 个城市品牌的文化指标及文化吸引力全部负增长（表 2－10）。

表 2－10　**京津冀地区城市品牌表现**

城市	城市品牌	文化	旅游	投资	宜居	传播
北京	0.763	0.733	0.781	0.787	0.549	0.965
排名	1	1	1	1	3	1
天津	0.548	0.516	0.591	0.583	0.467	0.584
排名	9	6	8	8	12	9
石家庄	0.401	0.336	0.510	0.421	0.380	0.358
排名	34	48	16	41	63	38
保定	0.383	0.382	0.476	0.371	0.329	0.355
排名	46	25	39	60	155	40
唐山	0.357	0.270	0.451	0.377	0.347	0.338
排名	60	91	59	57	108	50
秦皇岛	0.354	0.277	0.446	0.352	0.404	0.294
排名	61	85	61	66	42	77
邯郸	0.348	0.320	0.466	0.283	0.341	0.332
排名	68	53	43	117	121	56
承德	0.348	0.349	0.484	0.263	0.356	0.288
排名	70	35	35	146	91	84
张家口	0.334	0.258	0.466	0.280	0.368	0.297
排名	80	103	44	123	71	74
廊坊	0.332	0.253	0.434	0.337	0.308	0.331
排名	83	112	70	79	190	57
沧州	0.306	0.279	0.386	0.291	0.318	0.255
排名	109	83	116	103	171	123
邢台	0.277	0.262	0.381	0.225	0.286	0.232
排名	153	97	124	196	226	154
衡水	0.273	0.231	0.347	0.208	0.298	0.279
排名	165	139	171	227	204	91

总体来看，京津冀地区既有中心城市的强大引领，也初步形成了城市

品牌层级体系支撑，打造世界级城市群的道路前景光明。随着京津冀一体化战略的推进，特别是河北雄安新区建设的全面展开，京津冀的区域协同发展出现新的契机。雄安新区作为北京非首都功能的集中承载地，旨在建设融高端高新产业和优质公共服务为一体的绿色智慧开放新城，全面涵盖了文化、旅游、投资、宜居和传播5个方面的发展，在未来的城市品牌建设中，将不断突破现行体制机制的约束，成为京津冀城市品牌发展的新高地，为京津冀地区打造世界级城市群注入强大活力。未来京津冀地区应加强京津冀一体化治理，重点深化产业结构转型与生态环境治理，扭转城市宜居建设方面的劣势，切实打造世界级城市群应有的宜居优势和宜居吸引力。

（二）"一带一路"节点城市品牌表现

"一带一路"包括丝绸之路经济带（"陆丝"）和21世纪海上丝绸之路（"海丝"），分别以西安、兰州、西宁、重庆、成都、郑州、武汉、长沙、南昌、合肥10个城市和上海、天津、宁波、舟山、广州、深圳、湛江、汕头、青岛、烟台、大连、福州、厦门、泉州、海口、三亚16个城市为节点，覆盖省会城市15个。

随着"一带一路"倡议的推进，中国内地城市与世界的联系更加紧密、互动更加频繁，尤其是"一带一路"节点城市正在迈出"走出去"的步伐，在"共商、共建、共享"的原则上，将中国优势产能与世界的资源、资本和人力优势相结合，开创了国内外城市联动发展的新格局。"一带一路"26个城市的城市品牌发展指数平均得分为0.461，增长3.89%；"陆丝"10个城市品牌指数均值为0.471，增长5.13%；"海丝"16个城市品牌指数均值为0.454，增长5.01%（表2-11、表2-12）。"一带一路"城市品牌发展指数均值不仅远高于全国287个城市的平均水平，也高于最强区域——华东地区和最强城市群——长三角城市群的平均水平。

表2-11　**丝绸之路经济带城市品牌发展指数表现**

城市	CBDI	增幅	文化	旅游	投资	宜居	传播
重庆	0.569	7.47%	0.538	0.727	0.530	0.455	0.592
成都	0.560	2.24%	0.533	0.628	0.563	0.493	0.584

续表

城市	CBDI	增幅	文化	旅游	投资	宜居	传播
西安	0.531	11.50%	0.510	0.581	0.551	0.471	0.540
武汉	0.529	-0.24%	0.488	0.605	0.572	0.465	0.513
长沙	0.472	3.21%	0.464	0.505	0.519	0.449	0.422
郑州	0.461	-4.01%	0.451	0.507	0.485	0.402	0.459
南昌	0.446	5.99%	0.434	0.520	0.450	0.438	0.389
合肥	0.412	0.00%	0.334	0.452	0.484	0.411	0.379
兰州	0.400	14.69%	0.364	0.433	0.432	0.421	0.352
西宁	0.333	10.49%	0.262	0.373	0.336	0.408	0.284
平均	0.471	5.13%	0.438	0.533	0.492	0.441	0.452

表 2-12　　21 世纪海上丝绸之路城市品牌发展指数表现

城市	CBDI	增幅	文化	旅游	投资	宜居	传播
上海	0.700	-3.75%	0.601	0.745	0.732	0.578	0.843
深圳	0.597	6.79%	0.487	0.494	0.770	0.576	0.658
广州	0.582	-1.85%	0.533	0.581	0.654	0.502	0.641
天津	0.548	-9.30%	0.516	0.591	0.583	0.467	0.584
厦门	0.490	3.06%	0.388	0.509	0.573	0.515	0.462
宁波	0.485	-0.48%	0.436	0.541	0.549	0.451	0.446
青岛	0.483	21.10%	0.433	0.542	0.536	0.446	0.460
大连	0.457	8.14%	0.342	0.491	0.508	0.502	0.444
福州	0.445	0.40%	0.414	0.475	0.465	0.414	0.457
烟台	0.404	9.81%	0.333	0.491	0.423	0.412	0.362
泉州	0.396	-7.67%	0.377	0.436	0.397	0.401	0.369
海口	0.376	11.49%	0.317	0.355	0.387	0.457	0.363
三亚	0.348	16.87%	0.255	0.422	0.285	0.422	0.356
舟山	0.334	2.10%	0.238	0.416	0.378	0.356	0.282
汕头	0.317	17.80%	0.243	0.391	0.344	0.340	0.266
湛江	0.302	5.61%	0.219	0.386	0.288	0.363	0.255
平均	0.454	5.01%	0.383	0.492	0.492	0.450	0.453

对比“陆丝”和“海丝”，“陆丝”城市品牌的平均水平更高，城市

品牌发展指数均值超过“海丝”城市，5个一级指标得分全部在0.4以上。10个“路丝”城市中有3个城市品牌指数位列全国前10名，占比30%，9个城市品牌指数跻身前50名，占比90%，全部进入全国百强。此外，“路丝”城市品牌发展差距较小，第一名重庆与最后一名西宁的品牌强度差距为0.236。相比而言，“海丝”城市品牌增速较快，领先“陆丝”2.34%；城市品牌发展的均衡性更强，城市品牌发展指数（CBDI）方差更小；强势品牌较多，4个品牌跻身十强，占比25%。在各一级指数中，“海丝”城市的宜居和传播指标表现更好。

虽然目前“一带一路”节点城市的品牌发展态势良好，但是整体丝路城市品牌的打造特别是未来的带状联动发展却受到一定的制约。一方面，部分节点城市定位同质化的问题尚未根本消除，抑制了城市品牌价值的进一步增长和放大；另一方面，地方治理能力特别是领导者的远见和能力有别，丝路城市品牌成长可能出现进一步分化。因而，未来丝路城市品牌建设应立足于打造自身更加明晰和独特的定位来突出城市价值，同时还需加强国内外城市间合作，推进丝路城市品牌的合作，形成品牌间多维联动和多向传导，共建“一带一路”城市的整体影响力背书。

（三）长江经济带城市品牌表现

长江经济带城市品牌整体处于全国领先水平。长江经济带上66个城市的城市品牌发展指数平均得分为0.334，高于287城均值0.302。作为长江经济带战略规划的重点建设区域，成渝城市群、长江中游城市群和长江三角洲城市群3个国家级城市群串联起整个长江流域，通过城市群的集聚和扩散作用带动长江流域的经济社会发展。长江经济带包含了5个全国十强品牌，基本都是上述3个城市群的核心城市。强势核心城市之间的经济、文化往来，不仅在长江沿线树立了一个个改革和开放的高地，更在区域发展中发挥着积极的中枢协调和发展带动的作用。

1. 成渝城市群

成渝城市群位于长江经济带的上游，包含重庆、成都、自贡、泸州、德阳、绵阳、遂宁、内江、乐山、南充、眉山、宜宾、广安、达州、雅安和资阳16个城市，核心城市为成都和重庆。成渝城市群的城市品牌指数平均得分为0.290，低于长江中游城市群、长江三角洲城市圈和全国287城的平均水平，但增速达到11.57%，超过长江中游城市群、长江三角洲城市圈和 200 城平均水平。各城市品牌发展指数见表 2－13。

表 2－13　**成渝城市群城市品牌发展指数表现**

城市	CBDI	增幅	文化	旅游	投资	宜居	传播
重庆	0.569	7.40%	0.538	0.727	0.530	0.455	0.592
成都	0.560	2.23%	0.533	0.628	0.563	0.493	0.584
绵阳	0.320	19.57%	0.234	0.367	0.348	0.361	0.288
乐山	0.312	21.58%	0.252	0.435	0.278	0.322	0.272
泸州	0.298	19.64%	0.260	0.354	0.295	0.329	0.254
宜宾	0.292	10.06%	0.267	0.354	0.279	0.316	0.242
南充	0.270	10.83%	0.196	0.327	0.256	0.331	0.239
德阳	0.259	12.13%	0.183	0.290	0.282	0.310	0.232
雅安	0.252	—	0.163	0.290	0.234	0.367	0.208
眉山	0.252	—	0.194	0.329	0.228	0.312	0.195
达州	0.250	—	0.215	0.330	0.245	0.283	0.179
自贡	0.246	21.77%	0.228	0.288	0.248	0.255	0.212
广安	0.240	—	0.154	0.311	0.214	0.284	0.238
遂宁	0.224	—	0.161	0.318	0.204	0.288	0.150
内江	0.219	－1.05%	0.155	0.306	0.220	0.260	0.153
资阳	0.202	22.46 %	0.121	0.283	0.173	0.263	0.171

成渝城市群业已形成较为完备的交通物流体系，城市群的内在联系大为增强，同时重庆和成都两个核心城市也在不断实现产业升级和功能壮大，为区域内其他城市的发展创造了机遇。重庆和成都两个城市的城市品牌发展指数（CBDI）得分分别为 0.569 和 0.560，位列第 6 和第 7，在成渝城市群中树立了强大的双核心效应。重庆具有长江口岸、金融高地的优势，成都具备科技中心和西部枢纽的功能，两个城市早已开展双城融合工作，通过两个省级政府联合签署《关于加强两省市合作共筑成渝城市群工作备忘录》，一体化建设进一步延伸至整个城市群的交通、信息和市场三大产业，多元化主体参与、多种治理模式并存的城市群治理机制基本建立。此外，成渝城市群的城镇化推进过程中，人口集聚初见成效，较东部地区具有更多的人口红利。然而值得引起重视的是，成渝城市群的产业生

态体系还有较大发展空间，区域内还有一些城市经济发展水平较低、品牌发展较弱，区域一体化发展和区域形象的打造还任重道远。

总体来看，成渝城市群作为对接东西部经济板块、连通海陆丝绸之路的战略性枢纽，其区域价值的重要性不言而喻。根据2016年5月公布的《成渝城市群发展规划》，未来这一区域将崛起一批百万级以上人口的区域中心城市，有望出现更多的新兴城市品牌，进而壮大成渝城市群的整体品牌优势。

2. 长江中游城市群

长江中游城市群覆盖武汉、黄石、鄂州、黄冈、孝感、咸宁、仙桃、潜江、天门、襄阳、宜昌、荆州、荆门、长沙、株洲、湘潭、岳阳、益阳、常德、衡阳、娄底、南昌、九江、景德镇、鹰潭、新余、宜春、萍乡、上饶、抚州、吉安31个城市，其中有24个形成品牌规模。武汉、长沙、南昌为核心城市。长江中游城市群的城市品牌平均得分为0.303，高于成渝城市群和全国287城平均水平；增速相对有限，仅有1.17%，低于成渝城市群和全国平均水平。具体指数见表2-14。

表2-14 **长江中游城市群城市品牌发展指数表现**

城市	CBDI	增幅	文化	旅游	投资	宜居	传播
武汉	0.529	-0.25%	0.488	0.605	0.572	0.465	0.513
长沙	0.472	3.23%	0.464	0.505	0.519	0.449	0.422
南昌	0.446	5.87%	0.434	0.520	0.450	0.438	0.389
宜昌	0.365	0.32%	0.330	0.503	0.343	0.359	0.293
九江	0.336	4.02%	0.250	0.464	0.285	0.377	0.304
岳阳	0.320	8.26%	0.263	0.436	0.253	0.358	0.288
株洲	0.319	14.44%	0.219	0.422	0.341	0.350	0.262
景德镇	0.318	2.91%	0.267	0.425	0.259	0.389	0.252
吉安	0.303	—	0.218	0.443	0.244	0.353	0.258
上饶	0.301	13.23%	0.237	0.496	0.215	0.341	0.217
衡阳	0.294	3.76%	0.223	0.379	0.272	0.334	0.265
常德	0.293	4.69%	0.237	0.386	0.267	0.353	0.223
湘潭	0.289	1.78%	0.209	0.363	0.310	0.344	0.222
抚州	0.284	—	0.216	0.399	0.226	0.340	0.240

续表

城市	CBDI	增幅	文化	旅游	投资	宜居	传播
黄冈	0.279	6.12%	0.240	0.379	0.229	0.296	0.250
荆州	0.276	-3.12%	0.196	0.355	0.251	0.307	0.272
黄石	0.263	-4.19%	0.215	0.278	0.272	0.311	0.238
新余	0.249	3.50%	0.159	0.277	0.252	0.322	0.234
孝感	0.240	-5.95%	0.220	0.319	0.228	0.267	0.164
益阳	0.237	—	0.187	0.318	0.179	0.297	0.206
咸宁	0.237	—	0.195	0.346	0.201	0.279	0.165
荆门	0.237	-14.19%	0.206	0.301	0.232	0.290	0.157
鹰潭	0.200	-25.83%	0.116	0.309	0.181	0.286	0.109
鄂州	0.188	—	0.155	0.214	0.187	0.230	0.155

武汉、宜昌、九江、岳阳、荆州、黄石和黄冈 7 个城市是长江中游城市群的重要节点，7 个城市的城市品牌发展水平呈阶梯状、过渡式分布，这有利于减少圈内城市间的恶性竞争，同时有利于推动企业、技术、人才和投资等在城市群内的合理流动。但不足之处也很明显。首先是该区域的城市品牌实力不强，发展动力不足，城市群建设缺少强势品牌依托。长江中游城市群不仅没有跻身全国十强的城市品牌，而且各项指标也并不突出，甚至存在低于全国平均水平的情况。其次是城市文化品牌、投资品牌和宜居品牌等指标大幅下降，在很大程度上抵冲了城市旅游品牌和城市品牌传播指数迅速提高的城市品牌效应。此外，城市品牌的整体相对弱势，制约了长江中游城市群的影响力，未来城市品牌建设和区域协同发展的力度亟待增强。

3. 长江三角洲城市群

长江三角洲城市群位于长江下游，包括上海、南京、无锡、常州、苏州、南通、盐城、扬州、镇江、泰州、杭州、宁波、嘉兴、湖州、绍兴、金华、舟山、台州、合肥、芜湖、马鞍山、铜陵、安庆、滁州、池州、宣城 26 市，核心城市为上海。长江三角洲城市群的城市品牌发展指数平均得分为 0.331，高于长江经济带、成渝经济群、长江中游城市群以及内地 287 城的平均水平；可对比的城市品牌发展指数平均得分为 0.353，同样高于长江经济带、成渝经济群、长江中游城市群以及可对比 200 城的平均水平。具体指数见表 2 - 15。

表 2 - 15 **长江三角洲城市群城市品牌发展指数表现**

城市	CBDI	增幅	文化	旅游	投资	宜居	传播
上海	0.700	-3.73%	0.601	0.745	0.732	0.578	0.843
杭州	0.576	1.31%	0.514	0.631	0.631	0.497	0.605
南京	0.548	9.24%	0.515	0.552	0.603	0.479	0.590
苏州	0.512	-3.95%	0.471	0.594	0.595	0.471	0.427
宁波	0.485	2.02%	0.436	0.541	0.549	0.451	0.446
无锡	0.441	0.83%	0.346	0.502	0.529	0.457	0.374
合肥	0.412	0.08%	0.334	0.452	0.484	0.411	0.379
绍兴	0.399	5.33%	0.355	0.471	0.427	0.376	0.364
扬州	0.394	-3.18%	0.376	0.406	0.398	0.401	0.388
常州	0.388	5.57%	0.314	0.429	0.467	0.409	0.322
嘉兴	0.380	-1.59%	0.301	0.460	0.425	0.370	0.343
南通	0.375	-1.40%	0.317	0.414	0.434	0.399	0.310
湖州	0.373	7.73%	0.282	0.456	0.392	0.390	0.346
金华	0.372	0.12%	0.276	0.493	0.389	0.366	0.337
镇江	0.360	-2.92%	0.310	0.391	0.402	0.387	0.308
台州	0.349	9.63%	0.253	0.452	0.378	0.348	0.314
芜湖	0.338	6.66%	0.256	0.400	0.383	0.354	0.297
舟山	0.334	2.17%	0.238	0.416	0.378	0.356	0.282
盐城	0.318	—	0.250	0.342	0.339	0.367	0.290
安庆	0.309	8.30%	0.229	0.412	0.280	0.344	0.280
泰州	0.296	-7.13%	0.264	0.339	0.301	0.329	0.248
马鞍山	0.276	1.33%	0.193	0.246	0.339	0.342	0.259
滁州	0.265	-0.63%	0.201	0.332	0.262	0.288	0.242
宣城	0.265	—	0.243	0.363	0.221	0.299	0.197
铜陵	0.264	2.36%	0.209	0.293	0.304	0.323	0.188
池州	0.262	—	0.202	0.427	0.210	0.309	0.163

长江三角洲城市群巩固了其第一城市品牌阵营的城市群优势地位，为区域可持续发展及高端要素吸引奠定了良好的基础。不足之处是城市文化

品牌指数大幅下跌，成为影响城市群影响力继续提升的阻碍。长江三角洲地区是我国传统文化的重要发源地之一，在往年的城市营销发展报告中，城市文化品牌指数往往表现出较大的优势。然而在 2016—2017 年，长三角城市群的城市文化品牌指标降至 0.3 的层级。城市文化品牌指标成为短板，不利于未来城市品牌建设中吸引力的发挥，进而影响区域城市品牌的健康发展。其次，核心城市上海的城市品牌发展有待进一步突破。2016—2017 年上海的城市品牌强度同比下降 3.73%。作为长江三角洲城市群乃至整个长江经济带的城市品牌标杆，未来上海城市品牌建设的突破和超越，对于整个区域的发展而言都将具有重要的整合和示范的意义。

三　CBDI 指数 10 强城市点评

2016—2017 年城市品牌发展指数（CBDI）10 强品牌分别是北京、上海、深圳、广州、杭州、重庆、成都、南京、天津和西安。其中，南京和西安为新晋 10 强的城市。在国家级区域战略视野中，特别是在国家品牌战略的新格局中，上述城市无不表现出建设品牌生态体系、打造具有国际竞争力的城市品牌乃至助力国家品牌的使命和担当，是中国城市品牌发展中当之无愧的领先阵营。

（一）北京

“北京”在国际上几乎是中国国家的代名词，国家的背书赋予北京更加强大的文化影响力和品牌传播力。国际、国内优势资源的集聚，为北京城市品牌的发展提供了源源不绝的动力。2016 年国务院通过了《北京城市总体规划（2016—2035 年）》，这是北京在 2012 年总规调整后的又一次城市定位和发展要义的调整。规划进一步明确了北京作为全国政治中心、文化中心、国际交往中心和科技创新中心的城市战略定位，提出了建设国际一流的和谐宜居之都的发展目标，为北京的中长期发展战略指明了方向。近年来，通过不断的疏解和优化工作，北京的首都功能不断优化，服务保障能力与战略定位更趋适应。

从城市品牌发展指数上看，2016—2017 年北京 CBDI 得分 0.763，再次蝉联中国城市品牌发展指数的榜首，显示出其强大的城市品牌实力。与此同时，北京在城市文化品牌、旅游品牌、投资品牌、品牌传播 4 个分项

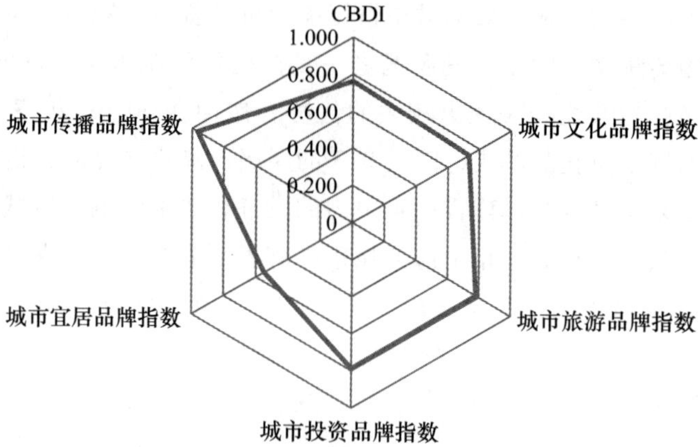

图 2－3　北京 CBDI 指数及分项得分情况

指标上同样占据第 1 位置，仅宜居品牌指标排名第 3，得分 0.549（图 2－3）。其中，城市文化品牌重回榜首。北京大力开展“老北京”传统文化和生活方式的宣展、成功申办 2020 年冬奥会、开展抗日战争暨世界反法西斯战争胜利 70 年纪念等活动，有效提升了北京城市品牌在世界范围内的文化影响力。从图 2－3 可以看出，城市宜居品牌指标已经成为北京城市品牌的最大短板，不仅影响了北京城市品牌的战略均衡性，也是造成北京城市品牌发展指数负增长的首要原因。北京在政府、媒体和居民的多方关注下对城市的宜居性建设不断加强，并取得一定的成效。但空气污染、交通拥堵、房价过高、智慧生活发展相对落后等问题并没有得到根本缓解，城市宜居品牌的二级指标民生质量和生态环境分别排名全国第 36 位和第 93 位，很大程度上制约着本地居民的人居幸福感和满意度。随着绿色发展对于城市品牌可持续发展的推动力越发增强，城市宜居品牌指标对城市品牌的影响也将持续深化。改善城市生态环境和人居环境，是非首都功能疏解中的一个重要出发点，也将是北京城市品牌未来发展应重点着力的领域。

（二）上海

作为全国经济中心、金融中心和商业中心以及中国对外交往的标志性口岸，上海长期是中国内地城市品牌国际化建设的一个标杆，与北京同处于中国城市品牌的 0.7 层级。上海城市品牌优势在其打造“卓越全球城市”的过程中形成了有力的支撑效应。

从城市品牌发展指数上看，上海城市品牌得分为 0.700，排名第 2，但是与北京的差距在 2016—2017 年有所扩大，主要原因是其城市文化品牌指标的失利。2015 年上海超越北京，成为内地第一城市文化品牌；2016—2017 年，上海城市文化品牌以 -22.65% 的速度急剧收缩，北京则凭借 10.16% 的增长重回榜首。通过剖析文化指标数据我们可以发现，上海的文化独特性、开放性和吸引力在 2016—2017 年均呈下降状态，而文化活力也与北京存在 0.2 分以上的差距。其次，城市投资品牌表现也与上海作为中国经济中心的地位略有出入，屈居第 3。数据表明上海的城市投资营销传播得分较低，仅为 0.582，排名第 44 位，与北京、深圳、杭州、广州的差距明显（图 2-4）。

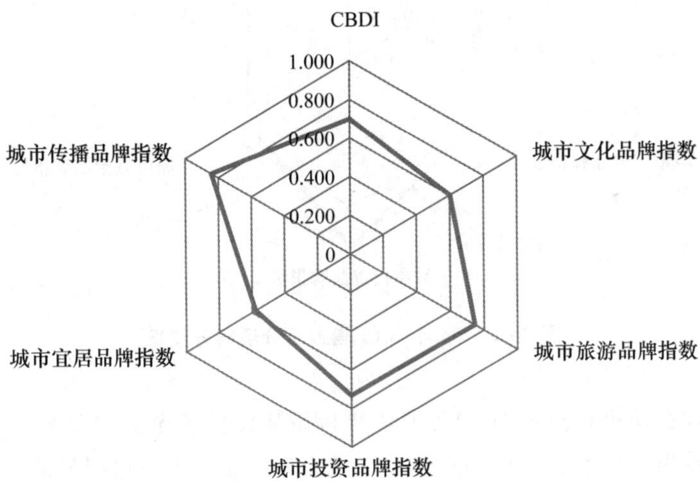

图 2-4　上海 CBDI 指数及分项得分情况

值得称赞的是，上海城市品牌的均衡性在 2016—2017 年更臻佳境。上海不仅在总指数和 5 个一级指标中均保持在全国前三甲的水平，而且大部分二级指标也位列全国三强，是中国城市中最具均衡性的城市品牌。特别是上海的宜居品牌位列全国第 1，值得称道。

总的来说，上海城市品牌发展强劲，实现了高水平均衡，在长三角城市群和华东地区发挥了强大的品牌带动作用。未来若能对标纽约、巴黎、伦敦等全球城市，在城市品牌建设的专业性和国际化方面进一步突破，必将极大助益上海打造其作为新兴全球城市的卓越品牌。

（三）深圳

深圳的城市品牌发展指数得分为 0.597，排名第 3，是中国城市品牌发展的领先成员，同时得分超过广州，蝉联华南地区最强城市品牌。然而，深圳的 CBDI 总分与北京和上海的城市品牌总分差距在 0.1 分以上，体现出其与传统强势城市品牌之间的差距（图 2－5）。

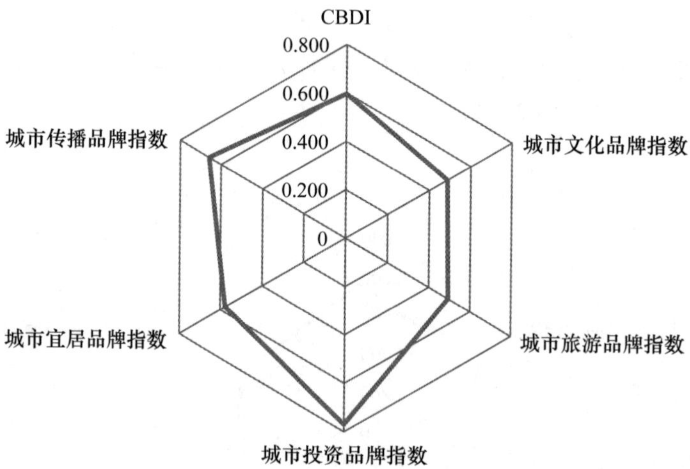

图 2－5　深圳 CBDI 指数及分项得分情况

深圳在城市投资品牌、宜居品牌和品牌传播 3 个分项指标上表现优异，但城市文化品牌指标相对薄弱，城市旅游品牌发展也明显滞后。城市品牌传播提升较大，是深圳品牌发展的主要动力。城市文化品牌指标受文化独特性的限制相对较弱，排名第 11；但开放环境引致的强大文化吸引力成为深圳城市文化品牌的重要推动力，使得深圳成为中国城市品牌 10 强城市中唯一的城市文化品牌呈正增长的城市（增速为 5.84%）。城市旅游品牌指标的落后，归因于其旅游的吸引力和旅游发展效益的不够理想。旅游品牌发展的滞后一定程度上造成深圳城市品牌发展的不均衡状况。未来深圳城市品牌建设应扬长避短，有针对性地提升城市品牌的均衡度和整体实力。

（四）广州

广州城市品牌得分为 0.582，略低于深圳（图 2-6）；品牌增速为 -1.85%，与深圳的城市品牌得分差距有所拉大。从品牌的均衡性来看，广州城市品牌的均衡性优于深圳，但在强势城市品牌中仍相对较弱。在城市文化品牌、城市旅游品牌、城市投资品牌、城市宜居品牌和城市品牌传播 5 个一级指标方面，广州都跻身前 10。其中，城市旅游品牌发展比深圳超前，但是得分也并不理想，仅有 0.581，背后的原因是旅游人气、旅游吸引力特别是旅游营销传播尚有较大提升空间。此外，在城市品牌的二级指标方面中，广州的文化开放性、投资要素质量、社会治理能力和生态环境水平表现非常亮眼，但是文化独特性和民生质量有待提升。若未来能够补足短板，广州的城市品牌优势必更加凸显。

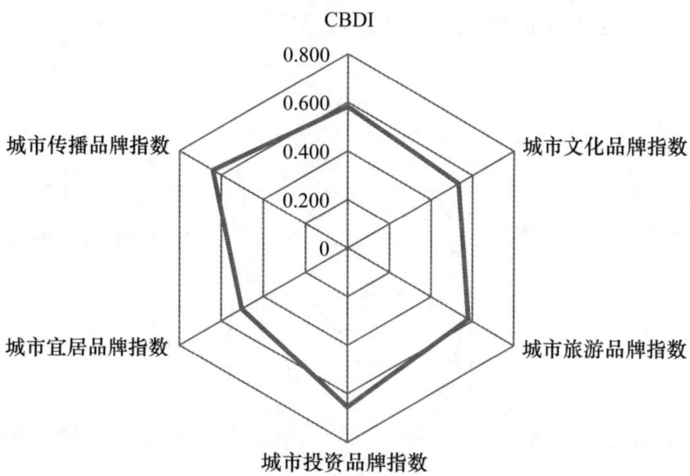

图 2-6　广州 CBDI 指数及分项得分情况

（五）杭州

杭州，是中国文化版图上的一个重要地标，代表着“上有天堂，下有苏杭”历史底蕴、优美风光和宜居优势。杭州是江南文化品质的杰出典范，“若到江南遇上春，千万和春住”。杭州也堪称江南优雅景致的代表，“欲把西湖比西子，淡妆浓抹总相宜”。更重要的是，杭州十数年如一日，坚持打造“生活品质之城”的城市品牌，取得了万众瞩目的成就。

杭州城市品牌发展指数得分为 0.576，排名第 5，品牌强度同比增幅 1.31%，整体水平稳中有升（图 2－7）。在分项指标方面，杭州的城市旅游品牌和品牌传播实现了快速扩张，增幅均超过 20%；城市投资品牌稳中有升；城市宜居品牌和文化品牌则出现下滑，同比分别下降 14.45% 和 26.32%。其中，旅游和传播的快速发展得益于 2016 年举办的 G20 峰会。重大国际会议短期中迅速提高了杭州的国内外关注度，并产生持续发酵效应。城市文化和宜居品牌得分在 0.5 附近，与其他一级指标表现存在一定的差距。特别是文化开放性、文化活力、民生质量和生态环境水平相对而言不理想，得分在 0.5 以下，显示杭州也正经受着“城市病”的困扰。总之，从城市品牌建设的角度看，杭州资源禀赋优异，长期着力于打造“生活品质之城”，获得了相当的品牌认知度，是我国城市品牌治理创新的成功典范。未来杭州应进一步加强交通和生态治理，提升产业结构，优化产业布局，同时加大文化资源的开发力度，可望为我国特大型城市提升生活品质、打造城市品牌提供更多的宝贵经验。

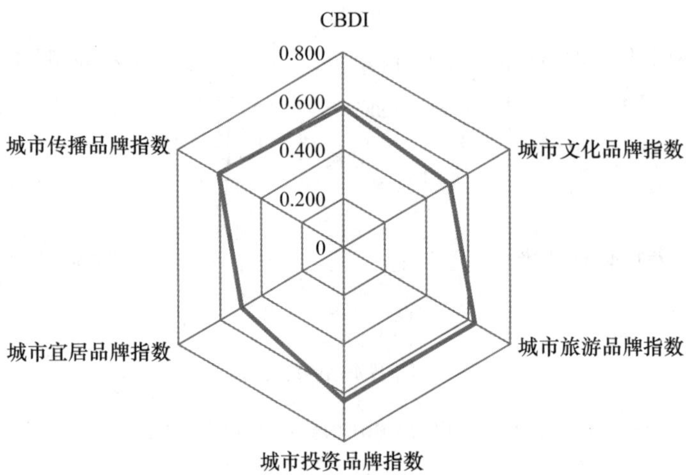

图 2－7　杭州 CBDI 指数及分项得分情况

（六）重庆

通过拓展开放大通道、构建开放大平台，重庆有效塑造了“一带一路”和长江经济带上的内地口岸高地形象，在产业链增值收益的分享中收获了可观的品牌回报。2016—2017 年，重庆城市品牌增速为 7.40%，从 2015 年的第 10 名上升至第 6 名，品牌成长绩效显著（图 2 - 8）。

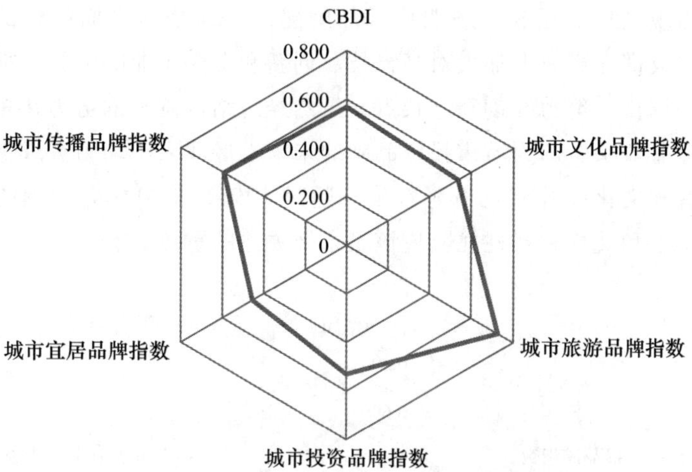

图 2 - 8　重庆 CBDI 指数及分项得分情况

在 CBDI 的各项一级指标中，城市品牌传播贡献最大，扩张 47.66%，增长近 0.2，达到 0.592。重庆把握住互联网时代的脉搏，利用多样化的新媒体营销渠道，将城市品牌传播推进到较为成熟的阶段。城市旅游品牌和宜居品牌指标同样实现了快速的发展，为重庆城市品牌的发展提供了动力。然而，城市宜居品牌仍是重庆城市品牌的短板。城市投资品牌指数同比略微下滑，也需要进一步加强。总之，随着重庆在“一带一路”和长江经济带交会枢纽的价值持续夯实和放大，以及重庆城市营销能力的进一步提升，未来重庆城市品牌价值有望实现新的超越。

（七）成都

成都是中国西部著名的休闲之都，其“田园城市”品牌多年来也已深入人心，为成都城市形象增色良多。2016—2017 年，成都城市品牌发展指数排名全国第 7，成为西南地区第二个入围 10 强的城市品牌。通过建设内陆自贸区，推进码头、通道、贸易、产业和“两港三网”的多维度构建，成都城市品牌同比实现 2.23% 的增长，城市品牌优势得以保持和巩固。

成都的城市品牌均衡性表现出色（图 2 - 9）。在 CBDI 的 5 个一级指标中，成都的城市文化品牌、旅游品牌、宜居品牌和品牌传播 4 个分项指数均进入 10 强，城市投资品牌则位列第 11。与此同时，5 个一级指标中有 3 个出现同比负增长，表明成都品牌建设正面临多方面的挑战。2016 年以来，成都在产业上加大对高科技、创新和金融企业的吸引，推进城市产业结构调整，努力开创新增长点。虽然经济结构调整的努力在短期内很难产生显著效果，却为城市投资品牌的未来发展注入了动力。成都的城市宜居品牌和文化品牌同比下降幅度均超过 10%，其中社会治理能力、生态环境水平和文化独特性尤其应该是未来关注的重点。

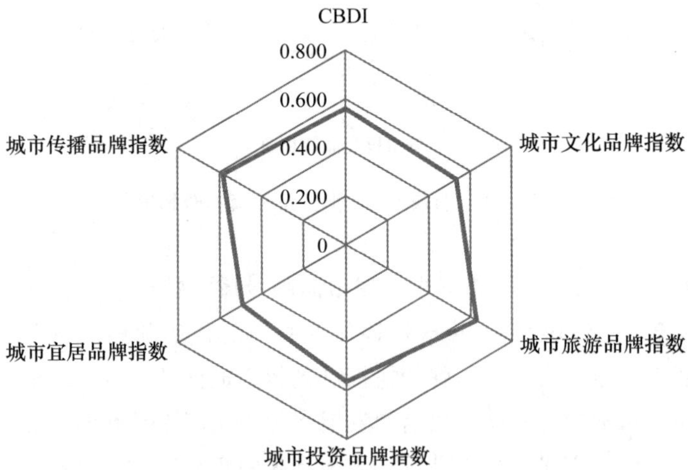

图 2－9　成都 CBDI 指数及分项得分情况

（八）南京

南京城市品牌指数曾于 2015 年跌出 10 强，屈居第 11 位；2016—2017 年，南京凭借 CBDI 总分 9.24% 的同比增长重回 10 强，也取代苏州，成为江苏省内城市品牌的标杆。“千里莺啼绿映红，水村山郭酒旗风”，南京城市旅游品牌指数大幅上升，成为城市品牌发展的重要推动力。其他各项一级指数总体表现均衡，显示南京城市品牌的良好基础和稳步发展（图 2－10）。作为十朝古都，南京拥有丰富的文化资源，应加大保护和开发力度。同时，伴随产业转型和城市治理的优化，南京城市品牌有望获得进一步的成长。

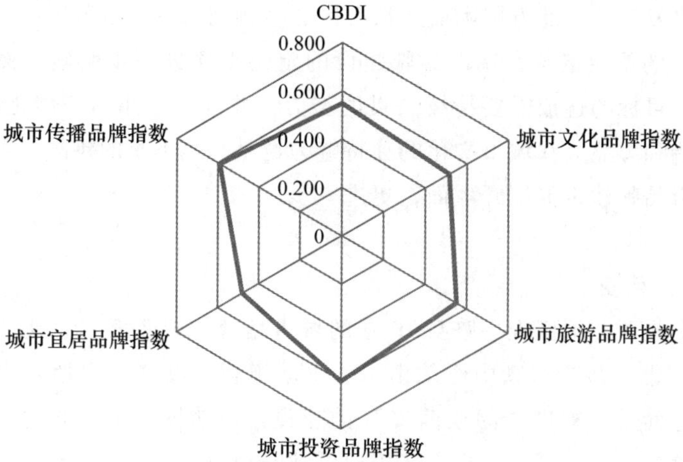

图 2 - 10　南京 CBDI 指数及分项得分情况

（九）天津

天津城市品牌得分为 0.548，排名第 9（图 2 - 11）。近年来，“天天乐道、津津有味”的城市形象宣传为天津的旅游和传播加分不少，但是城市文化、投资和宜居等 CBDI 一级指标表现却相对不足。“一带一路”倡议和“京津冀协同发展”是天津推进转型发展的宝贵机遇，为此天津提出了“‘一带一路’上的黄金支点、创新高地、魅力之港”和“全国先

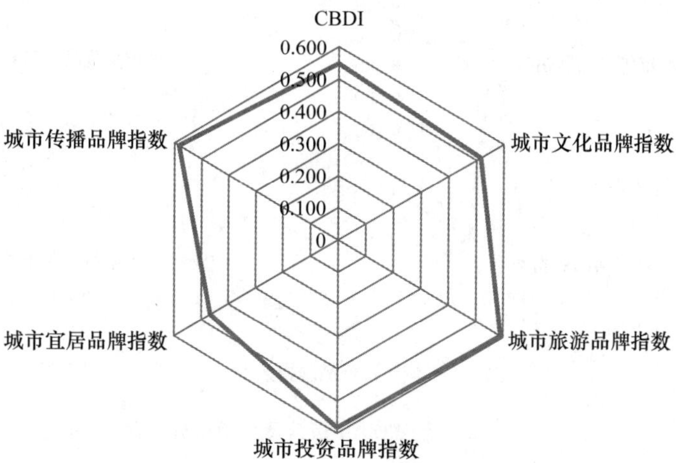

图 2 - 11　天津 CBDI 指数及分项得分情况

进制造研发基地、北方国际航运核心区、金融创新运营示范区、改革开放先行区”的功能定位，城市品牌建设的定位支撑进一步明确。然而定位的落实、目标的达成需要持续一贯的努力。此外，京津冀一体化进程中，如何打造和彰显天津城市文化的独特魅力也是一个不小的挑战。期待未来天津城市品牌建设能别开生面，更进一步。

（十）西安

西安是西北地区唯一跻身10强的城市品牌，排名第10。近年来，西安在“一带一路”行动中主动出击、主动担当，以“一高地六中心”为目标，全面系统推进“品质西安”的建设，成功树立了西北地区内陆型改革开放新高地的形象，赢得了重要的战略地位。

西安在西北地区是城市品牌发展的佼佼者，但是对比排名更靠前的强势城市品牌仍存在一定差距（图2－12）。一方面，西安所处的陕西省和西北地区，在城市体系发展方面相对落后，能够与西安形成承接和互动作用的城市品牌尚未形成，导致西安的城市品牌发展虽一枝独秀，却缺乏城市品牌生态的烘托和支撑效应。另一方面，西安城市品牌发展虽基本均衡，但也缺乏明显强劲的推动力。

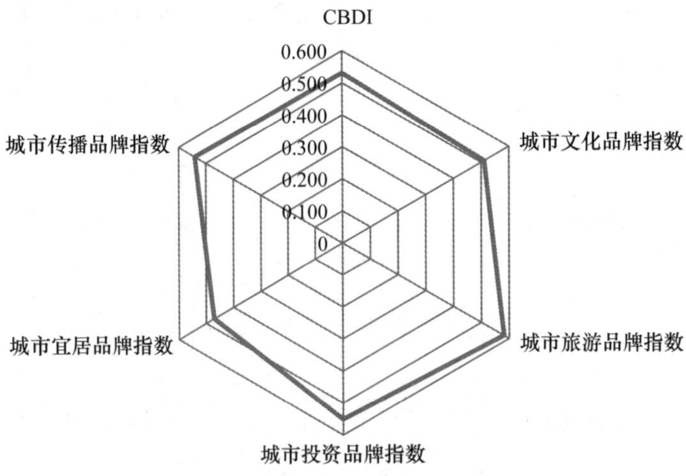

图2－12　西安CBDI指数及分项得分情况

近年来，西安在秦岭天然大屏障的基础上，开展了“八水润西安”

工程和雾霾治理工程，同时加快城市基础设施建设，提高公共服务水平，使宜居口碑、民生质量和社会治理能力有力增强。从 CBDI 二级指标来看，尽管西安的城市文化开放性大幅提升，但是城市文化吸引力的文化活力依然表现不佳，城市文化品牌指数的表现仍不尽如人意。未来西安城市品牌建设面临着三重挑战：一是发力区域协同，带动和促进周边区域中心城市的发展；二是加大文化创新力度，提升城市文化活力，以进一步增强城市的凝聚力和向心力；三是继续加强宜居城市建设，提升城市品质，使受众体验、感知与城市品牌声望相匹配。革新发展理念、提升治理绩效，作为世界十大古都之一的西安，有望在“一带一路”行动中再谱品牌传奇，重振汉唐雄风。

四　中国城市品牌发展的问题与挑战

总体来看，中国城市品牌在新型城镇化进程中取得了长足的发展，品牌价值进一步提升，对中国国际形象的塑造也产生了巨大推动力。然而，从城市品牌发展指数（CBDI）数据来看，我国城市品牌发展也面临诸多问题和挑战，影响着中国城市品牌的可持续发展。

（一）城市文化品牌成为城市品牌短板，文化古国亟须重振文化影响力

总体看来，城市文化品牌指数在 2016—2017 年表现不佳，平均得分为 0.250，低于总指数的均值 0.329，也低于其他 4 个一级指标的均值。从城市文化品牌指数的二级指标来看，文化独特性和文化开放性同比明显提升，涨幅分别达到 33.8% 和 64.10%，但文化吸引力和文化活力指标却显著下降。文化是城市品牌之魂，它基于城市千百年的积累，体现在城市经济社会生活的方方面面。近年来，“城市文化”的概念备受推崇，文化创意产业也遍地开花。然而，城市文化热更多的是表现在商业和经济的层面，还未形成对城市品牌的软实力支撑。我们看到的是，城市文化体制机制层面的改革尚未取得突破性进展，文化价值创造和价值传递更需深入拓展。其结果就是，中国城市文化特色普遍未得到有效的彰显，城市文明素质还有较大提升空间。显然，城市文化品牌建设应成为未来中国城市品牌发展中需着力突破的重点领域。

（二）强势城市品牌扩张乏力，城市品牌建设有待转型升级

2016—2017年，城市品牌发展指数得分在0.5分以上的城市共12个，其中6个城市的CBDI总分同比负增长。当前中国经济发展进入新常态，创新驱动转型的努力仍在进行中，城市品牌建设也还处于摸索转型发展新途径的阶段。这种转型困惑在城市投资品牌的发展中表现得最为显著。12个强势城市品牌中有10个城市的投资品牌同比负增长，最高降幅达到16.93%。总体来看，强势城市的品牌建设，需要率先从根本上转变发展方式，尽快实现价值引领、创新驱动和区域协同的发展模式，以为城市品牌的转型升级开辟新视野和新路径。

（三）城市宜居品牌差距相对较小，强势宜居品牌尚未出现

全国287个城市的城市宜居品牌指数平均得分为0.339，方差为0.063，呈现出最小的内部差距（图2－13）。然而城市宜居品牌的最高水平却比其他一级指数得分低0.155—0.416分，缺少强势品牌的支撑和引领。可以说，中国城市宜居品牌的发展尚不充分，与人民日益增长的对美好生活的向往尚有差距。上海、深圳和北京的城市宜居品牌虽名列前三甲，但宜居品牌内部仍不乏短板，特别是民生质量和生态环境不尽如人意。宜居城市乃至宜居中国的建设任重道远。尽管“绿色转型”“环境友好”等理念已经得以普及，但是在城市宜居品牌建设和改善的过程中，仍需下大力气来转变传统的生产方式和规划理念，真正把建设生态文明建

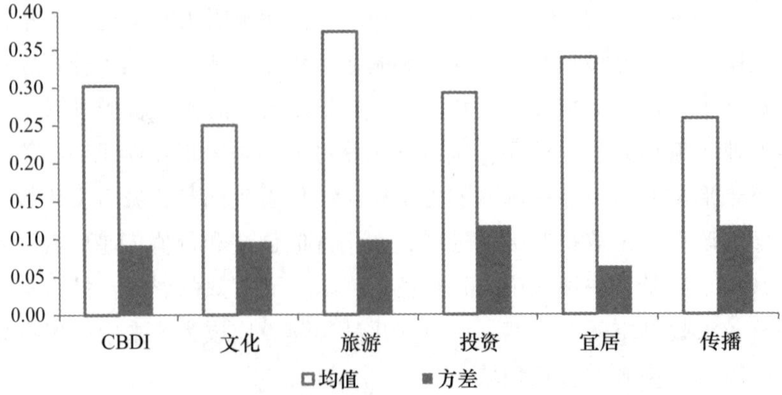

图2－13　城市品牌发展指数及5个一级指标的均值和方差

设当作中华民族永续发展的千年大计，把优化社会治理作为提升城市民生品质的关键。

五　推进城市品牌发展的建议

（一）强化城市品牌意识，开启文化驱动的品牌化发展模式

随着新型城镇化战略在全国范围内的推进，城市化的质量和城市建设的品质得到空前的重视，城市品牌化是新型城镇化发展的重要战略性工具。然而仍有许多城市管理者对城市品牌化的重要性认识不够清晰、发展意识较为淡薄，因此在城市发展特别是城市形象建设中也走了不少弯路。城市品牌建设能够强化城市定位，凸显城市功能，提升城市整合内部和外部资源的能力，让有限的资源形成最大的价值支撑，进而效促进城市的有序发展。从 2016—2017 年的 CBDI 得分情况来看，城市文化品牌的发展正在成为城市品牌建设的普遍短板，制约着中国城市品牌的进一步发展。由于历史、区位、资源和经济发展水平等条件的差异，每个城市都形成了独具特色的文化，这是城市品牌独特性和差异化优势的根本依凭。未来我国城市应更加重视城市文化建设，不断强化城市文化传承、发展与创新的氛围，努力开创以文化为内驱力的品牌发展模式。特别是在城市品牌规划与建设过程中，应当充分挖潜城市文化的价值，在社会治理、媒体传播、旅游开发和创新创业等领域突出文化建设的基础性作用，让城市文化真正成为品牌供给侧改革的抓手，并让每一个市民都能成为城市文化建设的参与者、创造者和受益者。

（二）聚焦城市转型发展战略，促进城市投资品牌建设

随着我国经济发展进入新常态，转变发展方式、不断培育发展新动能、促进创新驱动转型成为我国未来中长期发展的重要任务。加大商事制度改革力度、提升公共服务水平成为当前优化城市营商环境的工作重点。事实上，一个鲜明和有吸引力的城市投资品牌，对于引领营商环境打造和提升招商引资竞争力具有重要的作用。吸引旅游者和投资者，本来就是城市营销和城市品牌化最突出的领域。旅游推广和投资促进也是地方政府工作的重点。然而从 2016—2017 年的 CBDI 数据来看，城市投资品牌的表现却明显不及城市旅游品牌。287 个城市品牌的投资品牌平均得分为

0. 385，同比下降 1. 67%；远低于城市旅游品牌和城市品牌传播指数超过一倍的增长速度。未来应注重专业化的城市投资品牌的打造，以转型发展的战略目标和战略布局为定位参照，注重优质要素与文化内核的契合来提升投资促进效益，真正让城市投资品牌成为融要素、动能与效益为一体的投资价值新平台。比如在要素质量方面，应在需求和竞争分析的基础上，设计更具针对性的税收优惠等激励政策，增强对优质资源的吸引力；在促进发展动能方面，应将简化行政程序、提升服务品质作为品牌项目来抓，以更好地增强投资者的信心、激发创新创业潜能；在营销传播方面，围绕城市价值定位和价值诉求，把握发展热点和社会心理，充分运用多媒体渠道来展开传播，不断提升城市的投资品牌的吸引力。

（三）践行“以人民为中心”的原则，促进“以人为本”的城市发展新格局

过去多年来粗放、片面的城镇化模式，过度侧重城市规模扩展和经济总量增长，在环境、生态和民生质量等方面却着力不够，造成诸多消极的后果。近年来，随着“五位一体”总体布局和战略要求的加快落实，特别是“以人民为中心”的发展理念的提出，城市生态文明建设以及宜居环境建设开始呈现出新的气象。然而，从 2016—2017 年的 CBDI 指数分析来看，中国城市宜居品牌还普遍较弱，特别是生态环境与民生质量还普遍是城市建设中的短板，亟待加强。城市品牌本质上是全体市民共建共享的城市无形资产，“以人为本”应该是城市品牌塑造的题中应有之义。未来城市品牌建设应进一步突出“以人民为中心”的原则，在体制机制上积极创新，不断提升城市宜居水平，进而提高市民的认同感和凝聚力。比如在民生质量方面，应继续拓展保障房、廉租房和共有产权房的实施范围，大力发展基础教育和公共医疗，提高城市生活便利度，降低城市居民的生存压力，让市民有更多获得感；在社会治理方面，创新社会管理方式，完善社会保障体系，拓展市民参与渠道，让市民普遍关注的问题能够及时得到响应和解决；在生态环境建设方面，更要继续扩大区域合作治理的力度，减排增绿，鼓励和倡导绿色生产和绿色生活方式，力争在转型发展进程中打赢生态环保攻坚战。可以预见，随着城市宜居品牌日益成为城市品牌建设的主流趋势，未来城市宜居品牌作为城市品牌皇冠上的明珠，将进一步成为我国城市品牌化竞争与合作的主导因素之一。

第三章　中国城市品牌发展指数（2016—2017）：省域观察

刘彦平

在地区营销（place marketing）和地区品牌化（place branding）理论中，地区（place）概念重点强调其空间、经济、文化和社会属性，可以是国家，也可以是区域、城市乃至镇、村。同时，一国之内的城市营销与品牌化发展，与国家、区域、邻近城市乃至镇村也呈现出彼此关联和相互作用的关系。特别是在大力推进区域协同发展的今天，城市营销和城市品牌化发展也应更加注重区域的协同。本章聚焦于地区营销最活跃的主体——城市，但观察城市与其所属的更大的空间单元的关系也是必要的。因此，本章拟从城市品牌发展指数（CBDI）的角度出发，对我国省域品牌建设的进展进行一个简要的观察。

需要说明的是，城市品牌发展指数的指标设计和数据毕竟是针对城市的，而且各省纳入考察的城市样本也未穷尽。因此，本章的目的，仅在于为省域品牌建设提供一个可资参考的维度，而非对省域品牌的全面评价。

一　总体 CBDI 得分与排名的省域比较

从各地区的 CBDI 总分来看，北京、上海、重庆、天津 CBDI 总分均值都高于 0.5 分，遥遥领先于其他地区，是无可争议的 CBDI 省域第一梯队。浙江、江苏、海南、福建、河北、山东、青海、广东、陕西、江西总分高于 0.3 分，城市品牌发展各具优势，为第二梯队。山西、河南、新疆、湖南、湖北、安徽、贵州、辽宁、云南、四川、吉林、广西、内蒙古、甘肃、宁夏、黑龙江则可列为第三梯队，城市品牌发展尚需进一步均

衡发展、整体推进（表3－1）

表3－1　　各省、市、自治区的CBDI均值及排名

省份	CBDI均值	排名	城市文化品牌均值	排名	城市旅游品牌均值	排名	城市投资品牌均值	排名	城市宜居品牌均值	排名	城市品牌传播均值	排名
北京	0.763	1	0.733	1	0.781	1	0.787	1	0.549	2	0.965	1
上海	0.700	2	0.601	2	0.745	2	0.732	2	0.578	1	0.843	2
重庆	0.569	3	0.538	3	0.727	3	0.530	4	0.455	4	0.592	3
天津	0.548	4	0.516	4	0.591	4	0.583	3	0.467	3	0.584	4
浙江	0.388	5	0.315	6	0.474	5	0.418	5	0.384	8	0.349	6
江苏	0.375	6	0.328	5	0.411	11	0.406	6	0.388	7	0.341	7
海南	0.362	7	0.286	10	0.388	14	0.336	11	0.440	5	0.360	5
福建	0.345	8	0.286	11	0.415	8	0.346	8	0.376	9	0.301	10
河北	0.338	9	0.292	8	0.441	6	0.310	13	0.339	15	0.305	9
山东	0.337	10	0.297	7	0.413	10	0.338	10	0.344	14	0.292	11
青海	0.333	11	0.262	13	0.373	17	0.336	12	0.408	6	0.284	12
广东	0.328	12	0.260	14	0.379	16	0.341	9	0.355	11	0.305	8
陕西	0.310	13	0.290	9	0.404	13	0.281	16	0.329	21	0.249	14
江西	0.304	14	0.242	17	0.422	7	0.259	21	0.349	13	0.246	15
山西	0.299	15	0.255	15	0.414	9	0.255	23	0.339	16	0.233	19
河南	0.291	16	0.262	12	0.360	21	0.275	18	0.310	27	0.249	13
新疆	0.288	17	0.207	25	0.296	26	0.349	7	0.366	10	0.222	23
湖南	0.288	18	0.228	19	0.385	15	0.254	24	0.338	17	0.236	18
湖北	0.286	19	0.247	16	0.364	18	0.269	19	0.310	28	0.241	16
安徽	0.282	20	0.223	20	0.351	22	0.280	17	0.319	22	0.238	17
贵州	0.281	21	0.232	18	0.411	12	0.235	26	0.317	24	0.208	26
辽宁	0.277	22	0.207	26	0.335	24	0.284	15	0.332	20	0.227	21
云南	0.273	23	0.219	21	0.360	20	0.229	27	0.334	19	0.225	22
四川	0.273	24	0.215	23	0.337	23	0.261	20	0.319	23	0.231	20
吉林	0.270	25	0.210	24	0.298	25	0.295	14	0.335	18	0.213	24
广西	0.265	26	0.197	29	0.364	19	0.235	25	0.316	25	0.211	25

续表

省份	CBDI均值	排名	城市文化品牌均值	排名	城市旅游品牌均值	排名	城市投资品牌均值	排名	城市宜居品牌均值	排名	城市品牌传播均值	排名
内蒙古	0.260	27	0.206	27	0.294	27	0.255	22	0.353	12	0.192	28
甘肃	0.245	28	0.217	22	0.277	28	0.218	28	0.313	26	0.201	27
宁夏	0.228	29	0.197	28	0.267	29	0.206	30	0.296	30	0.175	29
黑龙江	0.222	30	0.165	30	0.261	30	0.211	29	0.302	29	0.171	30

资料来源：根据本研究的数据计算、整理。

此外，从CBDI均值来看，各地区的城市品牌发展水平落差较大。京津冀、长三角、长江中游、长江上游等地区表现相对强势。东北三省，华南的广西，西南的云南、四川，华北的内蒙古以及西北的甘肃和宁夏，城市品牌发展虽各有亮点，甚至有着表现突出的中心城市，但总体发展相对落后（图3-1）。

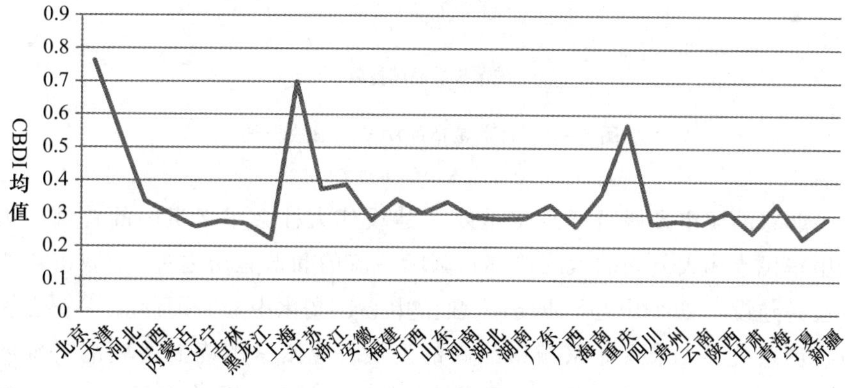

图3-1　CBDI均值的省域对比

二　各省、直辖市、自治区的观察

（一）北京

北京的城市品牌发展指数，除宜居品牌指数名列第3外，其余均高举全国之冠，显示其作为国家首都强大优势（表3-2）。

表 3－2　　　　　　　　北京 CBDI 及一级指标排名

城市	CBDI 总分	排名	文化品牌排名	旅游品牌排名	投资品牌排名	宜居品牌排名	品牌传播排名
北京	0.763	1	1	1	1	3	1

然而北京城市发展的不均衡也显而易见，特别是城市旅游品牌、投资品牌和品牌传播非常强劲，文化品牌发展稍逊，宜居品牌则明显为区域品牌结构中的短板（图 3－2）。

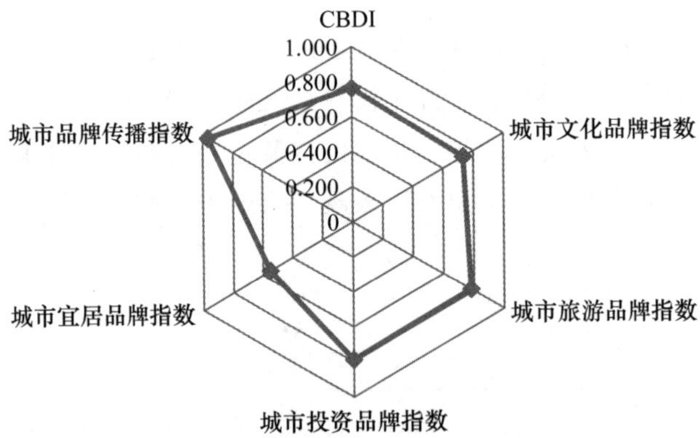

图 3－2　北京城市品牌发展指数表现

北京的城市发展目标定位是要“建设伟大社会主义祖国的首都、迈向中华民族伟大复兴的大国首都、国际一流的和谐宜居之都”，城市功能定位是建设“四个中心”即国家政治中心、文化中心、国际交往中心和科技创新中心。未来北京城市品牌的发展，应紧紧围绕上述城市定位展开，特别是在打造城市副中心通州及其他明星城区子品牌方面，以及支撑冬奥筹备、协同京津冀区域发展和雄安新区建设方面，应加大城市品牌的引领和创新力度。尤其是在备受关注的宜居环境建设方面，更是面临持久的攻坚战考验。

（二）天津

天津的城市品牌发展指数较往年有所下降，CBDI 总分按城市排名排在全国第 9 位，按省域均值则排名第 4 位，排在 4 个直辖市之末

（表 3 – 3）。

表 3 – 3　　**天津 CBDI 及一级指标排名**

城市	CBDI 总分	排名	文化品牌排名	旅游品牌排名	投资品牌排名	宜居品牌排名	品牌传播排名
天津	0.548	9	6	8	8	12	9

从地区品牌结构角度看，天津城市品牌在城市旅游品牌、投资品牌、文化品牌和品牌传播方面甚为突出，但与北京一样，宜居品牌不彰，在全国仅排第 12 位（图 3 – 3）。京津冀环境协同治理及共同打造优质生活圈的任务，可谓任重道远。

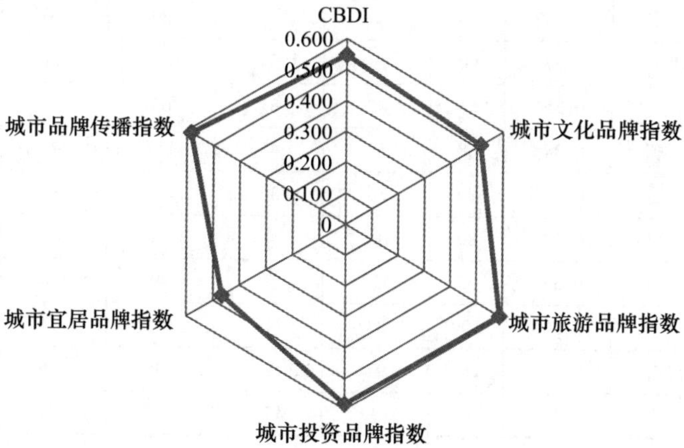

图 3 – 3　天津城市品牌发展指数表现

近年来，“天天乐道、津津有味”的城市形象宣传为天津增色不少。随着《京津冀协同发展规划纲要》明确了天津“一基地三区”的定位，即建设全国先进制造研发基地、北方国际航运核心区、金融创新运营示范区、改革开放先行区，天津城市品牌建设拥有了新的坐标。未来天津城市品牌塑造应进一步突出天津滨海新区的开放带动作用，打造天津作为“一带一路”重要节点城市的价值。同时鼓励各区县打造城市形象，共同开创津门新的传奇。

（三）河北

河北省的城市品牌发展指数总分均值全国排名第 9 位。纳入 CBDI 指数测量的样本城市有 11 个，石家庄、保定和唐山成为省内的前三甲。张家口作为 2022 年冬奥会的举办城市之一，品牌效应尚未凸显，全国排名第 80 位。沧州、邢台和衡水的城市品牌发展指数表现较弱，排在百名之后（表 3－4）。

表 3－4　　河北 CBDI 及一级指标排名

省内排名	城市	CBDI 总分	全国排名	文化品牌排名	旅游品牌排名	投资品牌排名	宜居品牌排名	品牌传播排名
1	石家庄	0. 401	34	48	16	41	63	38
2	保定	0. 383	46	25	39	60	155	40
3	唐山	0. 357	60	91	59	57	108	50
4	秦皇岛	0. 354	61	85	61	66	42	77
5	邯郸	0. 348	68	53	43	117	121	56
6	承德	0. 348	70	35	35	146	91	84
7	张家口	0. 334	80	103	44	123	71	74
8	廊坊	0. 332	83	112	70	79	190	57
9	沧州	0. 306	109	83	116	103	171	123
10	邢台	0. 277	153	97	124	196	226	154
11	衡水	0. 273	165	139	171	227	204	91

从区域品牌结构角度来看，河北省的城市旅游品牌、文化品牌和品牌传播的均值表现较好。但投资品牌次之，均值排名全国第 13 位，城市宜居品牌均值相对最差，排名在 30 个省市区的第 15 位（图 3－4）。在京津冀环境质量改善和宜居环境建设方面，河北面临生态环保建设与经济民生之间的矛盾冲突，地区转型发展压力更大。

根据相关规划，河北省正在致力于建设成为全国现代商贸物流重要基地、产业转型升级试验区、京津冀生态支撑区。省会石家庄将打造成为特大城市、京津冀城市群中南部中心城市、全国重要的战略性新兴产业和先进制造业基地、国家级综合交通枢纽和国家级商贸物流中心。未来河北应

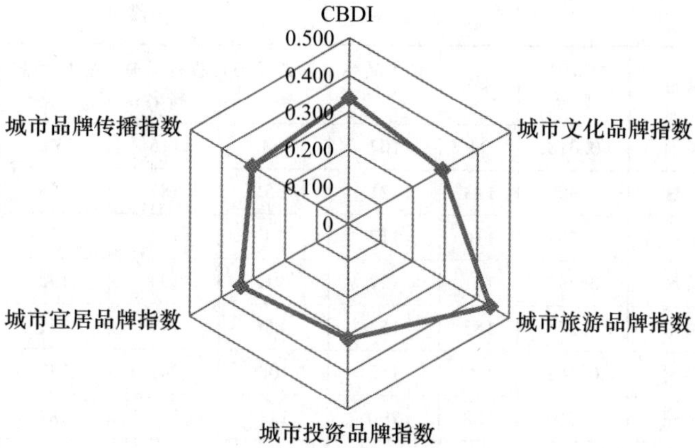

图 3－4　河北城市品牌发展指数表现

依托京津冀协同发展的国家战略，特别是抓住雄安新区建设及张家口冬奥会筹备的契机，加大五个统筹和创新驱动发展的力度，同时高度重视区域品牌和城市品牌建设，力争在打造京津冀世界级城市群的努力中，承担更多的使命，让“诚义之燕赵、胜境之河北”拥有全新的品牌内涵和品牌光辉。

（四）山西

山西省有 11 个城市纳入 CBDI 指数考察。其中，太原市总分排名全国第 32 位，大同排名第 50 位，是山西省两个 CBDI 总分进入全国前 50 位的城市。其中，太原和大同的文化品牌表现不俗，分别排名第 22 位和第 29 位，显示山西城市深厚的文化底蕴所带来的文化优势。此外，长治排名也进入百强，名列第 94 位。其余城市则排在百名之外，阳泉和朔州排名在 200 位之后。表明山西省的城市品牌发展地区间极不均衡（表 3－5）。

表 3－5　**山西 CBDI 及一级指标排名**

省内排名	城市	CBDI 总分	排名	文化品牌排名	旅游品牌排名	投资品牌排名	宜居品牌排名	品牌传播排名
1	太原	0.405	32	22	45	31	61	48
2	大同	0.374	50	29	56	107	46	37

续表

省内排名	城市	CBDI总分	排名	文化品牌排名	旅游品牌排名	投资品牌排名	宜居品牌排名	品牌传播排名
3	长治	0.318	94	102	111	115	53	106
4	运城	0.303	113	121	55	187	168	117
5	晋中	0.301	116	117	33	158	136	214
6	晋城	0.292	131	122	91	194	192	96
7	临汾	0.276	155	151	88	179	151	212
8	吕梁	0.268	172	152	108	245	147	184
9	忻州	0.260	188	190	122	212	181	205
10	阳泉	0.251	203	210	178	170	184	230
11	朔州	0.243	216	170	153	247	197	260

从省域对比的角度看，山西省的城市品牌发展指数均值排名全国第15位，但在第三梯队中属于较为领先的位置。城市旅游品牌均值较高，省域排名第9。品牌传播较弱，特别是投资品牌最弱，省域仅排第23位（图3－5）。

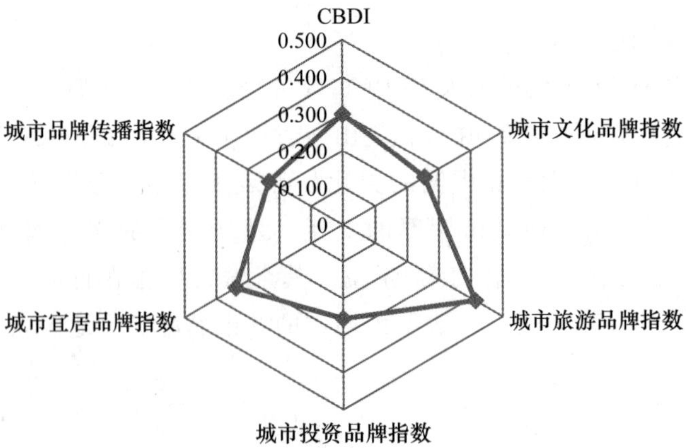

图3－5 山西城市品牌发展指数表现

近年来，山西加大了资源型地区转型发展的力度，在加强区域联动、推动产业升级特别是文旅融合发展等方面取得了明显的成效。历史上晋商曾经纵横欧亚，重商、创业和开放意识成为山西宝贵的地域文化和精神价值。在改革开放特别是"一带一路"行动日渐深化的今天，山西区域品牌和城市品牌应该被赋予更多的创业、创新和开放内涵。"晋善晋美"，值得进一步期待。

（五）内蒙古

从城市品牌发展的角度看，内蒙古9个城市的表现还不够理想，只有呼和浩特市进入百强，排名第62位。包头、鄂尔多斯是内蒙古排名靠前的另外两个城市，分别排在第106位和第136位。然而内蒙古的城市宜居品牌发展却可圈可点，有3个城市排名进入全国前50位，表明内蒙古在自然环境和城市公共服务方面的发展优势（表3－6）。

表3－6　**内蒙古 CBDI 及一级指标排名**

区内排名	城市	CBDI总分	排名	文化品牌排名	旅游品牌排名	投资品牌排名	宜居品牌排名	品牌传播排名
1	呼和浩特	0.352	62	37	137	63	37	101
2	包头	0.309	106	142	222	71	43	111
3	鄂尔多斯	0.288	136	146	173	142	54	176
4	呼伦贝尔	0.281	144	134	103	223	44	237
5	赤峰	0.261	187	214	243	138	82	188
6	通辽	0.243	215	217	239	176	156	226
7	乌兰察布	0.211	254	266	259	214	191	273
8	巴彦淖尔	0.202	264	255	268	264	179	276
9	乌海	0.192	273	272	284	210	268	201

从CBDI的均值来看，内蒙古的CBDI总分均值省域排名第27位，地区间发展不够均衡。呼、包、鄂三市品牌发展领先于区内其他城市。城市投资品牌均值排在第22位；城市宜居品牌表现良好，排在第12位。相对最弱的是城市品牌传播，省域排名仅第28位（图3－6）。

总体来看，内蒙古地域辽阔，文化资源丰富独特，近年来经济也日趋活跃。然而从城市品牌发展指数的得分来看，内蒙古的文化资源尚未很好地转化为城市品牌优势，未来应加强区域品牌和城市品牌的建设和传播，

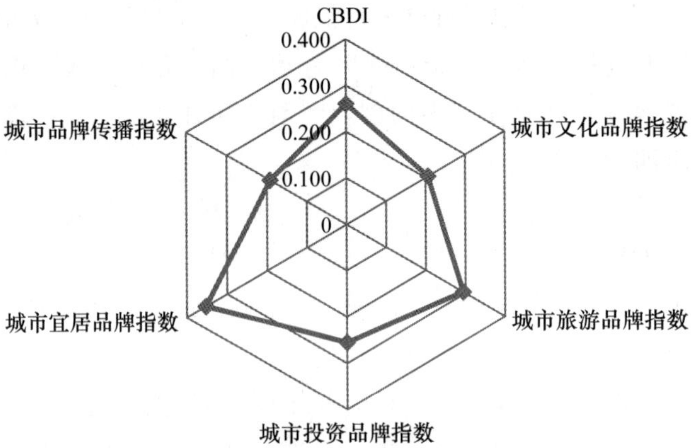

图 3－6　内蒙古城市品牌发展指数表现

以更好地打造地区文化软实力，助力内蒙古的经济社会发展。

（六）辽宁

辽宁省纳入评估的 14 个城市差异巨大。大连、沈阳分别位列全国第 18 位和第 23 位，是 CBDI 较为强势的城市。而且大连和沈阳的品牌发展均衡性也较好，特别是大连，宜居品牌排名高居全国第 5 位。鞍山总分排名第 87 位。其余城市的得分和排名则不够理想，排在 200 名之外的城市就有 5 个（表 3－7）。

表 3－7　辽宁 CBDI 及一级指标排名

省内排名	城市	CBDI 总分	排名	文化品牌排名	旅游品牌排名	投资品牌排名	宜居品牌排名	品牌传播排名
1	大连	0. 457	18	39	31	18	5	18
2	沈阳	0. 443	23	20	52	20	26	26
3	鞍山	0. 326	87	140	110	64	85	83
4	锦州	0. 282	143	163	170	95	140	181
5	抚顺	0. 274	161	230	203	109	146	124
6	丹东	0. 269	168	211	182	180	94	161
7	盘锦	0. 267	174	196	191	152	74	213
8	营口	0. 258	191	228	202	124	200	180

续表

省内排名	城市	CBDI 总分	排名	文化品牌排名	旅游品牌排名	投资品牌排名	宜居品牌排名	品牌传播排名
9	本溪	0.257	193	233	152	174	139	232
10	阜新	0.238	221	246	254	159	206	191
11	辽阳	0.228	236	263	245	217	239	178
12	铁岭	0.210	255	268	241	228	257	263
13	葫芦岛	0.198	268	280	252	242	267	259
14	朝阳	0.171	283	219	271	285	284	286

辽宁省的 CBDI 总分均值省域排名第 22 位，不是很理想。其中，城市文化品牌和城市品牌传播两个指数尤其需要加以重视和改进（图 3-7）。

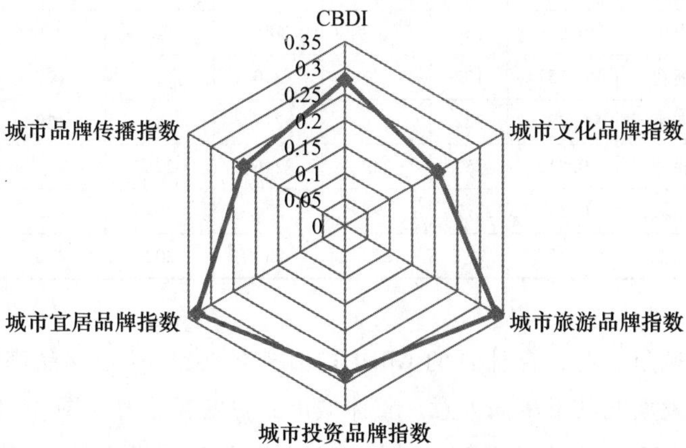

图 3-7　辽宁城市品牌发展指数表现

辽宁省是我国老工业基地和重化工业大省，同时也是东北经济区的龙头重镇。近年来辽宁经济下行压力骤增，产业结构的转型升级面临较大困难和挑战，2016 年甚至成为全国唯一出现负增长的省区。当前辽宁正在进一步加大供给侧结构性改革力度，深化改革开放理念，激发创新创业能量，以期开创转型发展的新局面。未来辽宁应重点发挥大连、沈阳的城市品牌带动作用，有效优化辽中南城市群的空间整合和功能协同。特别是在地区发展面临较大挑战的时候，更应从区域品牌和城市品牌突围入手，设计新的区域品牌愿景，赋予新的区域品牌内涵，积极开创新时代辽宁发展的新视野和新格局。

（七）吉林

在 CBDI 的 8 个吉林城市中，长春、吉林排名较高，分别为第 31 位和第 37 位。其余 6 个城市则都排在第 150 名之后。表明吉林省的城市品牌发展尚需整体发力（表 3－8）。

表 3－8　　**吉林 CBDI 及一级指标排名**

省内排名	城市	CBDI 总分	排名	文化品牌排名	旅游品牌排名	投资品牌排名	宜居品牌排名	品牌传播排名
1	长春	0.406	31	44	42	27	36	43
2	吉林	0.397	37	47	65	38	22	44
3	白山	0.276	158	167	185	145	69	193
4	通化	0.257	192	227	240	116	177	167
5	四平	0.238	222	220	279	128	159	192
6	松原	0.212	253	249	246	226	255	268
7	白城	0.197	272	278	274	206	215	271
8	辽源	0.177	281	273	285	202	276	278

从省域角度看，吉林省的 CBDI 均值排名在第 25 位。品牌传播、文化品牌的发展尤其不尽如人意。整体城市品牌发展乏力（图 3－8）。

2017 年 8 月以来，围绕吉林经济转型，北京大学新结构经济学研究中心运用新结构经济学理论开出的“吉林药方”引发学界广泛争议，先后数十位知名经济学家加入论战，是近年来颇为少见的围绕区域经济议题的大讨论。争议话题热点不断，从轻工业、人才、创新创业、政府与市场、体制机制乃至思想观念，无不是讨论的焦点，从中也折射出吉林乃至东北三省转型发展的一些普遍问题，或者说经济社会发展所面临系统性的考验。鉴于此，建议吉林省依托优势产业和教育的基础，特别是本地的绿色生态和文旅资源优势，通过区域品牌、城市品牌的创新，来重新构筑吉林省未来发展的想象空间和价值预期，进而在深化改革的同时，不断发掘

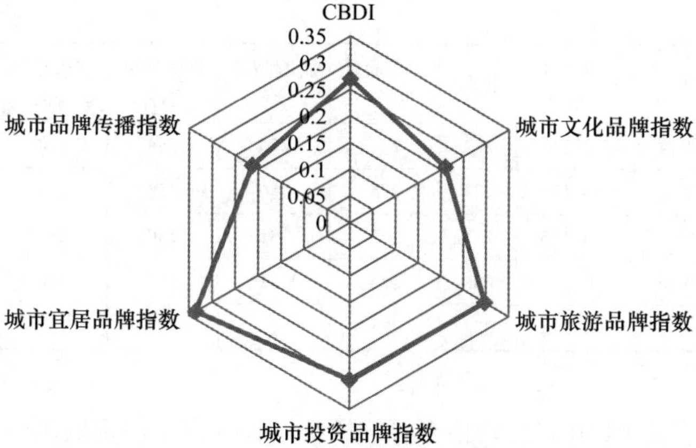

图 3－8 吉林城市品牌发展指数表现

地区经济突围的突破点，不断培育地区经济转型的生长点。持续努力和累进，开创白山松水的新气象、新发展。

（八）黑龙江

黑龙江省的 12 个城市，哈尔滨可谓一枝独秀，CBDI 总分全国排名第 30 位。大庆的城市品牌发展位居其后，名列全国第 100 位。其中，大庆的宜居品牌全国排名第 52 位，为本省最佳者。其余城市的表现则乏善可陈，更有 8 个城市排在 200 位之后，城市品牌的建设与发展任重道远（表 3－9）。

表 3－9 黑龙江 CBDI 及一级指标排名

省内排名	城市	CBDI 总分	排名	文化品牌排名	旅游品牌排名	投资品牌排名	宜居品牌排名	品牌传播排名
1	哈尔滨	0.409	30	28	38	36	65	28
2	大庆	0.316	100	143	210	49	52	137
3	牡丹江	0.269	169	218	106	135	158	228
4	齐齐哈尔	0.256	196	169	225	173	130	210
5	黑河	0.239	220	225	188	244	180	221
6	佳木斯	0.224	240	260	269	203	89	247
7	伊春	0.197	270	283	264	281	224	197

续表

省内排名	城市	CBDI总分	排名	文化品牌排名	旅游品牌排名	投资品牌排名	宜居品牌排名	品牌传播排名
8	鸡西	0.174	282	287	276	284	210	240
9	绥化	0.165	284	275	286	258	273	280
10	双鸭山	0.156	285	265	282	286	272	287
11	鹤岗	0.141	286	286	281	287	286	284
12	七台河	0.115	287	285	287	282	287	285

从全省的CBDI得分均值来看，黑龙江省排在全国倒数第一位。城市文化品牌、城市旅游品牌、城市投资品牌、城市宜居品牌和城市品牌传播等指标的均值都处于全国倒数第一或倒数第二的位置，区域品牌和城市品牌建设，亟待加以有效的改善（图3－9）。

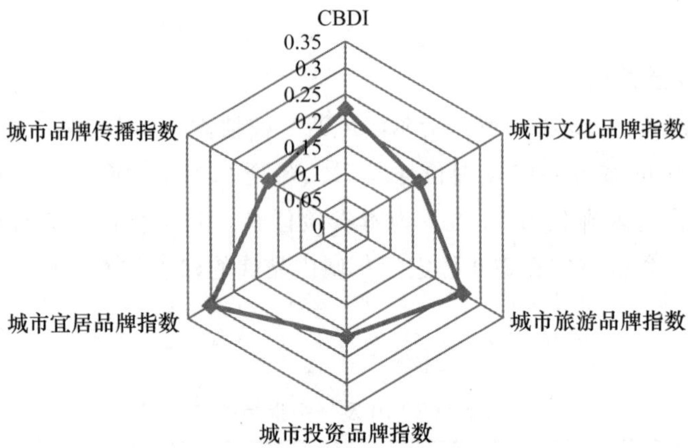

图3－9　黑龙江城市品牌发展指数表现

黑龙江省的区域和城市品牌发展的落后局面，与黑龙江近年来遭遇的经济发展困局相映照。事实上，品牌建设先行，往往是地区成功实现转型发展的关键所在，比如英国的格拉斯哥、德国的鲁尔区、哥伦比亚的麦德林等，就是国际上通过城市营销和城市品牌而获得重生的成功案例，值得参考和借鉴。

（九）上海

上海的 CBDI 总分仅次于北京，位列全国第 2，其余 5 个一级指标也都排名前三甲，是中国最强劲的城市领导品牌之一（表 3－10）。

表 3－10　　上海 CBDI 及一级指标排名

城市	CBDI 总分	排名	文化品牌排名	旅游品牌排名	投资品牌排名	宜居品牌排名	品牌传播排名
上海	0.700	2	2	2	3	1	2

上海的宜居品牌得分相较其他指标不算高，但排名仍居全国之冠。一方面表明上海城市品牌发展相对更为均衡，另一方面也说明全国的城市宜居品牌发展还普遍存在较大的提升空间（图 3－10）。上海作为年度宜居品牌发展的典范，应该为中国城市的宜居建设与发展，乃至为宜居中国的建设与发展，开创一条可资借鉴的品质化、品牌化道路。

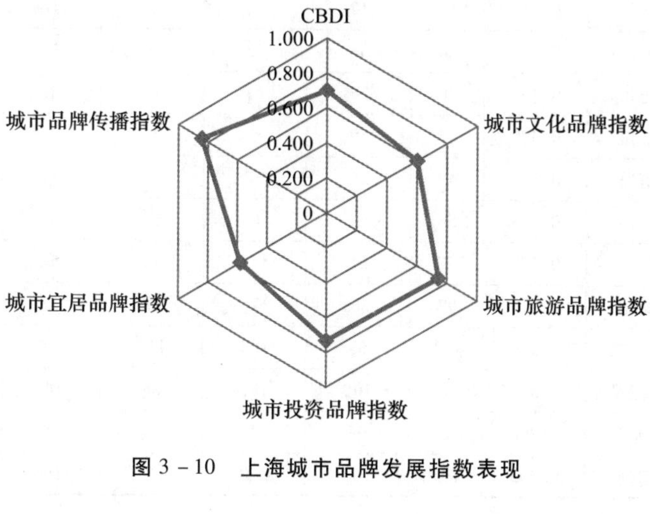

图 3－10　上海城市品牌发展指数表现

当前，上海正在致力于打造“卓越全球城市”的城市品牌，对标城市选定为纽约、伦敦、东京等其他几个老牌的全球城市，可谓雄心勃勃。作为角逐全球城市的“超级挑战者”，上海的改革与发展的国际化、全球化维度不言而喻。然而从城市营销和城市品牌化的角度看，上海的自觉性和专业性目前还有所不及。大胆创新，积极作为，将上海的城市营销和品牌化推进至全球领先水平，相对而言应为可行和易行的领域，必将对上海建设卓越全球城市带来积极的影响和莫大的助益。

（十）江苏

纳入CBDI测评的13个江苏省的城市，表现非常出色。其中，南京总分排名全国第8位，苏州列第12位，这两个城市构成江苏城市品牌的双核。此外，无锡、扬州、常州、南通表现也非常强劲，分别位列第24、第40、第45、第49。也就是说，入选城市近半数挺进全国城市品牌指数的50强。淮安、连云港、泰州和宿迁的城市品牌发展相对较弱，排名在100名之后，有待加强（表3-11）。

表3-11　**江苏CBDI及一级指标排名**

省内排名	城市	CBDI总分	排名	文化品牌排名	旅游品牌排名	投资品牌排名	宜居品牌排名	品牌传播排名
1	南京	0.548	8	7	11	6	9	7
2	苏州	0.512	12	12	7	7	10	22
3	无锡	0.441	24	38	23	16	15	32
4	扬州	0.394	40	27	94	47	48	29
5	常州	0.388	45	59	73	25	38	58
6	南通	0.375	49	56	87	34	51	64
7	徐州	0.368	53	32	95	59	83	47
8	镇江	0.360	57	61	113	46	58	67
9	盐城	0.318	97	116	175	78	73	81
10	淮安	0.316	101	63	184	118	107	63
11	连云港	0.301	118	160	186	88	141	61
12	泰州	0.296	125	95	176	94	150	135
13	宿迁	0.255	197	168	220	168	196	189

从省域角度看，江苏的城市品牌发展指数均值排名第6。除城市旅游品牌均值排名第11位、表现稍逊外，其余指数的均值都与总分排名较为相符和平衡（图3-11）。

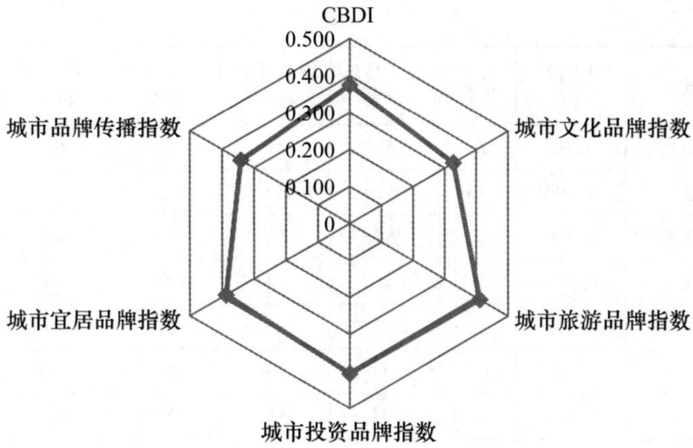

图 3－11 江苏城市品牌发展指数表现

近年来，江苏省致力于打造“强富美高”的新江苏，城市五位一体发展的战略举措进一步增强，和长三角整合协同的步伐也在明显加快，转型发展成效显著。虽然也面临经济发展“新常态”的下行压力，但吴韵汉风的美丽江苏，凭借雄厚的产业基础和深厚的文化底蕴，仍表现出强劲的品牌活力。未来应进一步加强区域和城市品牌的塑造，以为区域的协同和整体发展提供杠杆助力。

（十一）浙江

浙江省有 11 个城市纳入 CBDI 指数测评，其中有 5 个城市进入全国 50 强。杭州总分排名全国第 5，宁波、绍兴、温州和嘉兴分别位列第 14、第 36、第 43 和第 47。从城市品牌角度看，浙江的“铁三角”（杭州、宁波和温州）城市架构基本可以说得到了城市品牌的相应支持，当然温州的城市品牌还应该进一步加强。衢州和丽水是浙江省仅有的两个排在 100 名之外的城市（表 3－12），城市品牌发展明显落后于本省其他城市。

表 3－12 浙江 CBDI 及一级指标排名

省内排名	城市	CBDI 总分	排名	文化品牌排名	旅游品牌排名	投资品牌排名	宜居品牌排名	品牌传播排名
1	杭州	0.576	5	8	4	5	7	5
2	宁波	0.485	14	16	13	13	17	17

续表

省内排名	城市	CBDI 总分	排名	文化品牌排名	旅游品牌排名	投资品牌排名	宜居品牌排名	品牌传播排名
3	绍兴	0.399	36	33	41	37	67	34
4	温州	0.390	43	52	32	32	72	54
5	嘉兴	0.380	47	65	51	39	68	46
6	湖州	0.373	51	81	54	51	55	45
7	金华	0.372	52	87	29	52	76	52
8	台州	0.349	67	111	57	55	104	62
9	舟山	0.334	79	131	85	56	93	89
10	衢州	0.313	103	94	102	91	119	122
11	丽水	0.300	120	148	93	101	77	179

从省域角度看，浙江省的 CBDI 得分均值排名仅次于 4 个直辖市，排名全国第 5，而且品牌结构相对来说也较为均衡，可以说是我国城市品牌和区域品牌建设的模范省份（图 3－12）。

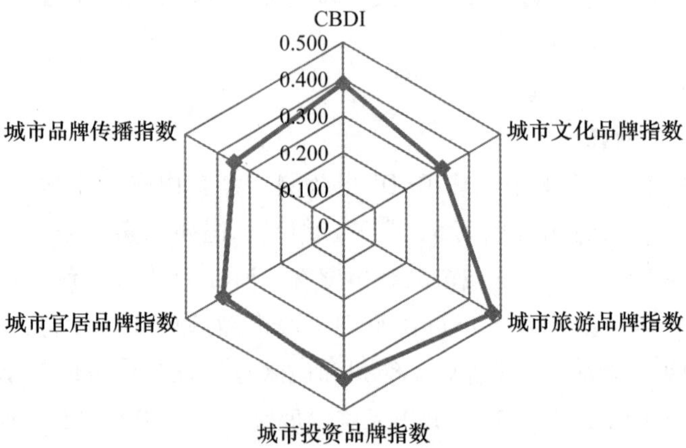

图 3－12　浙江城市品牌发展指数表现

未来，浙江的城市品牌建设应率先发挥城市品牌治理创新的领先优势，来促进地区之间治理创新和区域品牌创新。此外，要进一步发挥中心城市的品牌辐射和带动作用，以更好地支撑区域品牌建设。比如，深入开展后 G20 的杭州城市营销，进一步提升杭州城市品牌的国际竞争力，增强宁波城市品牌的整体优势，加快温州的转型发展步伐，以及促进嘉兴全面对接上海的探索等，发扬工匠精神来激活本地文化资源、建设区域和城市品牌，让诗画江南、山水浙江，传递出更多的中华之美和中华的力量。

（十二）安徽

纳入 CBDI 测评的安徽城市数量较多，达到 16 个。其中，合肥、黄山和芜湖位居本省 CBDI 总分前三甲，在全国排名分别为第 28、第 65 和第 75。其中，合肥的投资品牌名列第 22，黄山的旅游品牌和宜居品牌均排名第 25，表现出色。淮北、宿州和亳州的城市品牌发展不理想，位居 200 名之后（表 3 - 13）。

表 3 - 13　**安徽 CBDI 及一级指标排名**

省内排名	城市	CBDI 总分	排名	文化品牌排名	旅游品牌排名	投资品牌排名	宜居品牌排名	品牌传播排名
1	合肥	0.412	28	49	58	22	35	30
2	黄山	0.351	65	79	25	129	25	103
3	芜湖	0.338	75	108	98	54	95	76
4	安庆	0.309	107	141	89	122	115	90
5	蚌埠	0.281	146	156	177	92	178	156
6	马鞍山	0.276	157	207	266	77	120	116
7	六安	0.273	163	177	104	220	199	133
8	滁州	0.265	179	188	189	149	220	139
9	宣城	0.265	180	125	155	201	202	194
10	阜阳	0.264	181	174	223	141	218	129
11	铜陵	0.264	182	173	235	89	161	203
12	池州	0.262	186	184	75	221	189	236
13	淮南	0.256	194	186	221	133	248	165
14	淮北	0.236	227	235	262	147	212	202
15	宿州	0.234	230	232	229	229	263	160
16	亳州	0.229	235	145	228	241	266	239

从省域角度看，安徽的 CBDI 均值排名第 20 位。其中城市旅游品牌、投资品牌和品牌传播指数表现较好（图 3 – 13）。

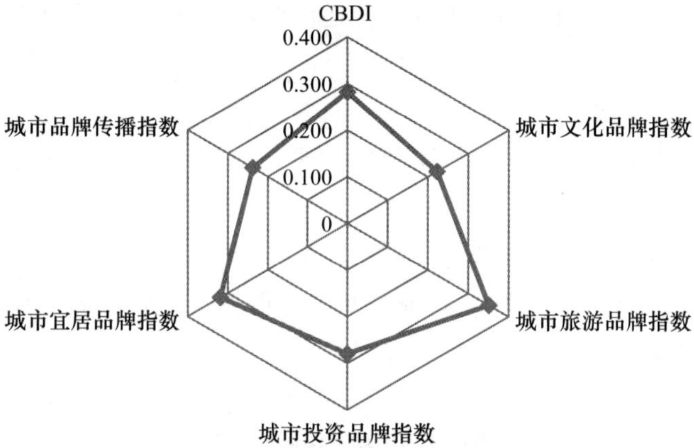

图 3 – 13　安徽城市品牌发展指数表现

安徽是全国改革的发源地，同时也是国家多项改革和创新的示范基地。近年来，安徽致力于打造合肥经济圈，优先发展皖江城市带，积极融入长三角城市群，推进形成“一轴双核两翼”的战略布局，区域协同发展迈出了新的步伐。同时，安徽省还积极推行以人才为核心的发展战略，成功开启了科技创新之路。引进和发展了一批高新技术企业，创新引领转型发展的实践引起舆论的高度关注。安徽文化底蕴深厚，改革开放的进取势头良好。展望未来，安徽应充分激活自身的文化魅力，并在东西向充分协力或借力长三角及长江经济带区域品牌，美好安徽的区域品牌和各具魅力的城市品牌值得期待。

（十三）福建

福建省的城市品牌发展指数整体表现优越。在纳入测评的 9 个城市中，厦门、福州和泉州 3 个城市进入全国 50 强，排名分别为第 13、第 22 和第 38。其中，厦门的投资品牌和宜居品牌均进入全国前 10 位。城市投资品牌位居第 9，宜居品牌更高居第 4，是福建的城市品牌明星城市。南平、龙岩、宁德、三明等城市的品牌表现有待改进（表 3 – 14）。

表 3－14　**福建 CBDI 及一级指标排名**

省内排名	城市	CBDI 总分	排名	文化品牌排名	旅游品牌排名	投资品牌排名	宜居品牌排名	品牌传播排名
1	厦门	0.490	13	24	17	9	4	13
2	福州	0.445	22	21	40	26	32	16
3	泉州	0.396	38	26	66	48	49	33
4	漳州	0.333	81	64	86	84	92	93
5	莆田	0.298	124	179	147	121	87	95
6	南平	0.292	130	149	96	134	124	164
7	龙岩	0.286	137	162	120	131	126	174
8	宁德	0.284	140	135	156	150	167	140
9	三明	0.281	147	171	130	120	113	206

从省域的角度看，福建省的城市品牌发展指数均值排名较高，列第 8 位。城市旅游品牌、文化品牌和宜居品牌指数表现强势。文化品牌和城市品牌传播则应进一步增强（图 3－14）。

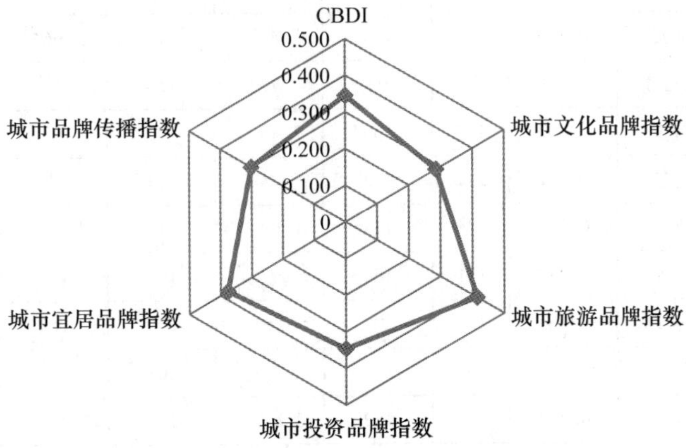

图 3－14　**福建城市品牌发展指数表现**

福建省是我国经济强省，著名侨乡。近年来，福建不断强化海上丝绸之路核心区的定位，对外开放呈现新的格局。自贸区建设稳步推进，闽台合作也取得良好进展。未来福建省应进一步发挥优越自然环境和开放发展的优势，加大区域整合和协同发展的力度，着力打造区域品牌和城市品牌体系，让“清新福建”的承诺焕发出更大的魅力，让“福往福来、自由自在”的意涵更加深入人心，真正打造福建为我国东南沿海的投资兴业福地、旅游栖居乐土。

（十四）江西

江西省纳入测评的 11 个城市表现参差不齐。省会南昌的 CBDI 总分全国排名第 21 位，城市旅游品牌和文化品牌更优于总分排名，分别位列第 15 和第 17。赣州、九江和景德镇的城市品牌也在全国中上游水平，分别排在第 66、第 76 和第 95 位。新余和鹰潭的 CBDI 总分排在 200 名之后，城市品牌建设有待加强（表 3 – 15）。

表 3 – 15　**江西 CBDI 及一级指标排名**

省内排名	城市	CBDI 总分	排名	文化品牌排名	旅游品牌排名	投资品牌排名	宜居品牌排名	品牌传播排名
1	南昌	0.446	21	17	15	29	24	27
2	赣州	0.349	66	43	22	97	102	119
3	九江	0.336	76	115	48	110	66	69
4	景德镇	0.318	95	93	76	155	56	128
5	吉安	0.303	110	159	63	175	97	118
6	上饶	0.301	117	133	24	213	122	173
7	宜春	0.289	135	147	62	215	163	146
8	抚州	0.284	141	164	99	193	123	142
9	萍乡	0.263	184	203	150	200	162	182
10	新余	0.249	206	253	250	162	164	152
11	鹰潭	0.200	266	282	216	253	227	282

从省域角度看，江西省的城市品牌发展指数均值排名第 14 位。其中，城市旅游品牌发展指数强劲，均值位列第 7；宜居品牌也好于总分排名，名列第 13 位。城市投资品牌均值最弱，排名第 21 位（图 3 – 15）。未来江西省应重点加强城市投资品牌、文化品牌和品牌传播的发展，打造区域

品牌的综合优势。

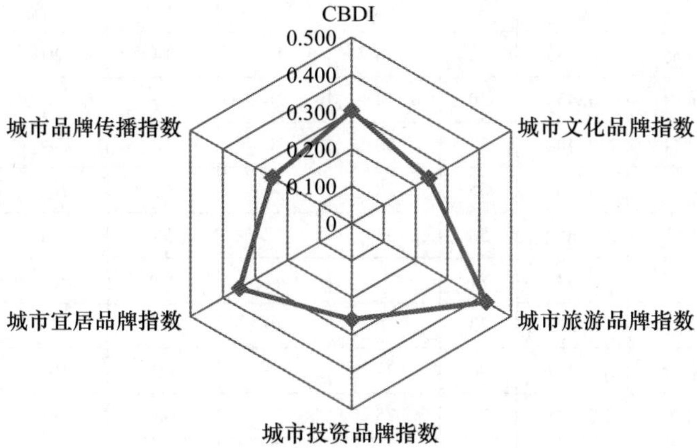

图 3－15　江西城市品牌发展指数表现

近年来，江西省在鄱阳湖生态经济区建设方面着力甚多，生态建设富有成效。然而区域转型发展面临较大挑战，表现在城市品牌的发展方面，也表现出地区间不均衡、分异显著的特点，不利于打造区域品牌的整体优势。未来江西省应该鼓励各地市县展开专业化的地区品牌营销，以更好地凝聚全省人民的信心，同时更有效地为江西实现创新驱动转型吸引高端要素，在高起点上推动区域的协同发展。

（十五）山东

纳入城市品牌发展指数评估的山东城市数量较多，且整体表现不同凡响。青岛、济南和烟台位居全省三甲，在全国排名分别为第 15、第 20 和第 33。其中，青岛城市旅游品牌全国排名第 12 位，投资品牌第 14 位，品牌传播第 14 位，表现优异。济南城市文化品牌全国排名第 14 位，明显高于总分排名，品牌传播指数也较为出色。其余另有 7 个城市的 CBDI 总分排名在 50—100 名，仅有莱芜 1 个城市排名在 200 名之后。总体来看，山东省的城市品牌发展处于全国上游水平。相较于其他省区，省内地区间的差异也相对较小（表 3－16）。

表 3 - 16　　山东 CBDI 及一级指标排名

省内排名	城市	CBDI 总分	排名	文化品牌排名	旅游品牌排名	投资品牌排名	宜居品牌排名	品牌传播排名
1	青岛	0.483	15	18	12	14	20	14
2	济南	0.454	20	14	26	23	50	19
3	烟台	0.404	33	50	30	40	34	36
4	潍坊	0.363	55	58	36	62	106	71
5	淄博	0.359	58	31	77	58	131	72
6	泰安	0.347	71	73	47	81	99	73
7	济宁	0.343	73	70	49	67	129	98
8	临沂	0.341	74	74	53	69	105	110
9	日照	0.335	77	75	74	140	90	55
10	威海	0.334	78	107	107	70	64	80
11	东营	0.303	112	104	193	76	127	134
12	德州	0.302	115	100	135	83	230	104
13	滨州	0.298	123	138	140	100	88	143
14	聊城	0.293	129	89	198	106	175	114
15	菏泽	0.280	148	90	168	182	247	112
16	枣庄	0.268	171	130	142	181	214	190
17	莱芜	0.220	244	182	258	222	260	243

从省域角度看，山东省的城市品牌发展指数均值排名第 10 位。其中文化品牌排名第 7，显示出山东作为文化大省的独特优势。其余各一级指数均值表现基本均衡，但城市宜居品牌指数略有欠缺，均值排名全国第 14 位（图 3 - 16）。

山东省的品牌经济享誉全国。不仅拥有大批强势企业品牌，城市品牌也相当亮丽。特别是青岛更是我国城市营销和城市品牌化实践的先行城市之一，其经验为各界所称道。近年来，烟台、济南、威海等城市也纷纷加大城市营销的力度，品牌声望进一步提升。同时，山东也是省域品牌建设的先锋之一，“好客山东”品牌有力地促进了山东旅游业的发展，同时引领了我国区域品牌和城市品牌互动发展新趋势。面临转型发展的压力和挑战，山东省正在培育新的发展动能，未来应以“一带一路”行动和海洋经济建设为契机，发挥山东文化优势，进一步强化产品品牌、城市品牌和

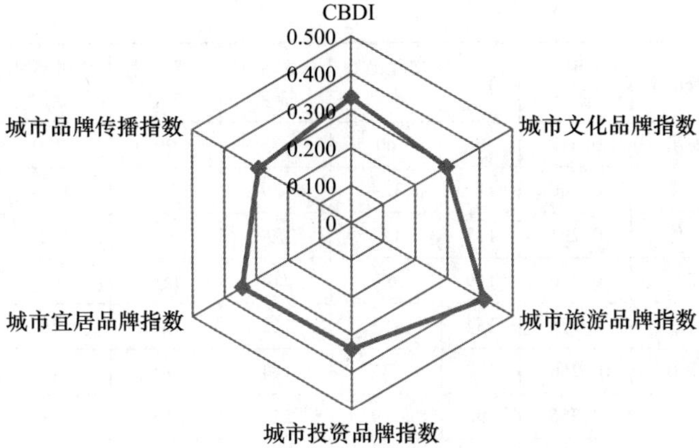

图 3－16　山东城市品牌发展指数表现

区域品牌的有机联系，打造区域品牌经济生态系统，切实推进地区经济社会的转型发展。

（十六）河南

河南省纳入中国城市品牌发展指数评价的城市也有 17 个，但总体表现不甚如意。其中，郑州和洛阳的表现突出，分别居全国第 17 位和第 29 位。郑州的城市文化品牌和品牌传播指数排名高于总分排名，说明郑州更注重文化价值的开发。洛阳的城市旅游品牌和文化品牌也高于总分排名。南阳排名全国第 72 位，名列省内第 3。开封城市品牌表现与其文化渊源不相匹配，CBDI 总分仅居全国第 86 位。此外，河南省 CBDI 总分排名在 100—200 名的城市有 6 个，200 名之后的城市也有 6 个。表明多数城市的品牌建设，尚处于全国中游及偏下的水平（表 3－17）。

表 3－17　河南 CBDI 及一级指标排名

省内排名	城市	CBDI 总分	排名	文化品牌排名	旅游品牌排名	投资品牌排名	宜居品牌排名	品牌传播排名
1	郑州	0.461	17	15	18	21	45	15
2	洛阳	0.410	29	23	20	45	70	31
3	南阳	0.345	72	45	92	102	132	42
4	开封	0.327	86	55	129	104	116	70

续表

省内排名	城市	CBDI总分	排名	文化品牌排名	旅游品牌排名	投资品牌排名	宜居品牌排名	品牌传播排名
5	安阳	0.317	99	60	133	96	203	75
6	新乡	0.300	119	124	159	87	118	132
7	焦作	0.291	133	127	79	85	172	242
8	商丘	0.280	149	69	214	156	208	149
9	信阳	0.276	154	153	162	148	176	157
10	濮阳	0.266	177	137	144	195	240	170
11	许昌	0.256	195	119	234	153	243	195
12	驻马店	0.251	202	191	200	169	211	199
13	平顶山	0.247	207	172	197	171	221	235
14	三门峡	0.245	212	198	157	231	222	217
15	漯河	0.231	231	194	267	232	236	169
16	周口	0.226	238	213	233	238	241	231
17	鹤壁	0.224	242	247	232	262	271	158

河南省的城市品牌发展指数均值排名第16位，且发展的均衡性有待提升。其中，城市文化品牌均值排名第12位，城市品牌传播均值排名第13位，表明河南的文化优势明显，城市品牌意识也较为积极。然而旅游品牌和宜居品牌相对较弱，排名仅第21位和第27位（图3－17）。

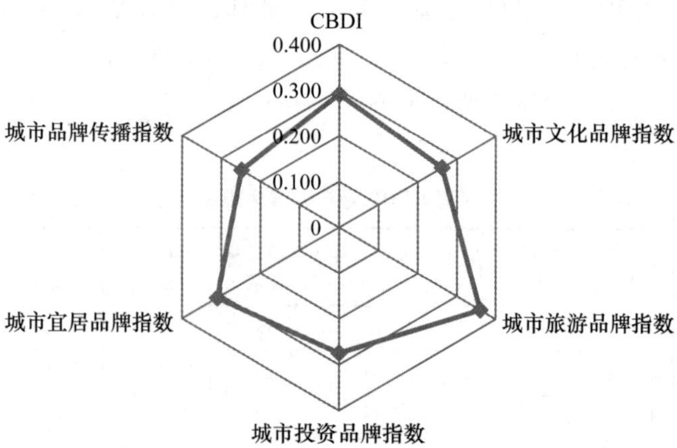

图3－17　河南城市品牌发展指数表现

河南是中国的人口大省和传统农业大省，其城市化进程有着特殊的样本意义。近年来，迎来一系列利好政策的叠加机遇，如自贸区、自创区、国家中心城市、米字形高铁等，特别是郑州航空港经济综合实验区作为国内首个国家级航空港经济综合实验区的建设，为郑州打造国际物流枢纽和国家中心城市提供了新的强有力支撑。然而，郑州的发展也面临生态环境恶化的严峻挑战。特别是空气质量连年恶化，严重影响了河南的宜居吸引力。如何协调环境与经济的协调发展是摆在河南面前的重要课题。此外，推动郑汴一体化进程、引领和优化中原城市群空间功能格局，也对河南的区域品牌至关重要。未来河南应加大人才引进和科技创新力度，推动文旅产业升级，逐步形成创新驱动的发展新格局，焕新区域和城市品牌，早日再现中原华彩和“河南老家”的独特魅力。

（十七）湖北

湖北有 12 个城市被纳入 CBDI 指标评估，得分较为参差不齐。武汉、宜昌和十堰是湖北城市品牌的前三甲，但相互发展水平落差也较大。其中武汉总分排名全国第 11 位，旅游品牌更高居全国第 6，投资品牌也名列第 10。表现优异。宜昌和十堰在文化品牌和旅游品牌方面也高于总分排名，表现尚可。其余城市多数排在全国的中游水平乃至偏下（表 3 - 18）。

表 3 - 18　**湖北 CBDI 及一级指标排名**

省内排名	城市	CBDI 总分	排名	文化品牌排名	旅游品牌排名	投资品牌排名	宜居品牌排名	品牌传播排名
1	武汉	0.529	11	10	6	10	13	11
2	宜昌	0.365	54	51	21	73	84	78
3	十堰	0.320	90	88	71	151	98	92
4	襄阳	0.312	104	80	134	90	165	97
5	黄冈	0.279	152	129	128	190	209	130
6	荆州	0.276	156	200	161	164	193	99
7	黄石	0.263	183	166	249	130	185	147
8	孝感	0.240	218	155	204	192	259	234
9	咸宁	0.237	225	202	172	237	245	233
10	荆门	0.237	226	181	226	188	219	245

续表

省内排名	城市	CBDI总分	排名	文化品牌排名	旅游品牌排名	投资品牌排名	宜居品牌排名	品牌传播排名
11	随州	0.189	276	248	256	280	281	272
12	鄂州	0.188	277	258	275	248	285	246

湖北省的城市品牌发展指数均值全国排名第19位，城市品牌发展整体水平不高。同时，区域品牌的均衡性也有待提升。城市文化品牌、旅游品牌和品牌传播发展相对较好，但城市宜居品牌均值较差，排名仅第28位（图3-18）。

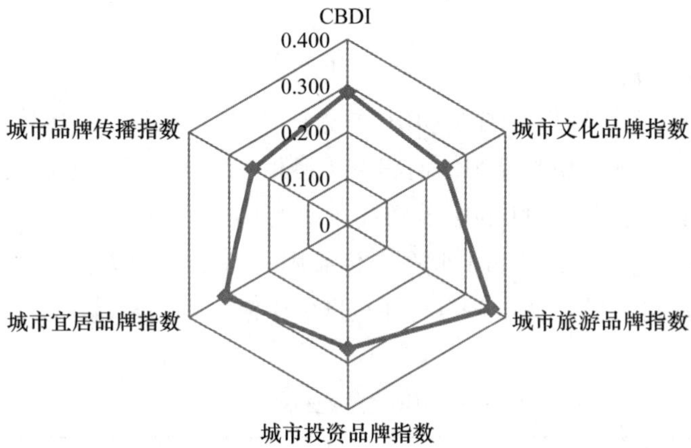

图3-18　湖北城市品牌发展指数表现

当前，湖北正处于“竞进提质、升级增效”的关键期，努力寻求结构优化和总量扩张的新突破。未来应发挥湖北特有的生态优势，以长江中游城市群建设和湖北自贸区建设为契机，打造武汉长江新区为区域品牌的新引擎，进一步塑造武汉作为国际化大都市的品牌新形象，同时提升武汉、宜昌、襄阳、十堰等城市品牌建设，形成武汉城市群的网络支撑，更好地引领区域协同发展。“灵秀湖北”的未来值得期待。

（十八）湖南

纳入中国城市品牌发展指数考察的13个湖南城市，除长沙一枝独秀、排名全国第 16 名以外，其余城市表现均不够理想，总体处于全国的中下游水平（表 3 - 19）。

表 3 - 19　　**湖南 CBDI 及一级指标排名**

省内排名	城市	CBDI 总分	排名	文化品牌排名	旅游品牌排名	投资品牌排名	宜居品牌排名	品牌传播排名
1	长沙	0.472	16	13	19	17	19	23
2	岳阳	0.320	91	96	67	161	86	86
3	株洲	0.319	93	157	82	74	101	113
4	衡阳	0.294	127	150	131	132	138	107
5	常德	0.293	128	132	118	139	96	168
6	湘潭	0.289	134	175	154	86	114	171
7	张家界	0.286	138	183	50	266	128	121
8	郴州	0.280	151	154	121	178	160	155
9	怀化	0.267	175	176	109	230	182	175
10	邵阳	0.247	208	192	160	205	186	258
11	永州	0.239	219	209	201	263	154	209
12	益阳	0.237	224	216	209	254	207	187
13	娄底	0.202	263	271	247	279	217	256

从省域角度看，湖南的城市品牌发展指数均值排名第 18 位。其中，城市旅游品牌均值排名第 15 位，宜居品牌排名第 17 位，表现略好于总分。而城市文化品牌和投资品牌则弱于总分均值（图 3 - 19），显示湖南的区域品牌和城市品牌打造，尚需注重文化发力，同时进一步优化营商环境并促进营商品牌的塑造和沟通。

近年来，湖南省在长株潭“两型社会”试验区、国家自主创新示范区和湘江新区建设方面取得了长足进展，省会长沙更提出创建国家中心城市的目标并展开积极行动。同时，湖南省大力推进“一带一路”发展战略，区域价值认知进一步巩固。未来湖南应进一步优化区域发展的战略安排，系统梳理和建构区域品牌体系，不断夯实和丰富“锦绣潇湘、快乐湖南”的内涵支撑。

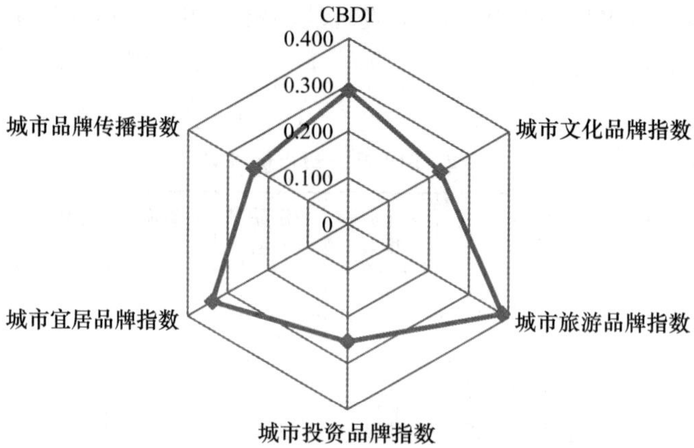

图 3 - 19 湖南城市品牌发展指数表现

（十九）广东

广东省纳入中国城市品牌发展指数评估的城市有 21 个，基本可以分为三个梯队。领先梯队依次是深圳、广州、佛山、中山、东莞、珠海、惠州和汕头 8 个城市，排名均在全国的百强之列，特别是前 6 个城市，排名均全国 50 强，显示珠三角城市群的强大阵容。其中，排名最高的甚至和广州分别高居全国的第 3 位和第 4 位，是全国城市品牌发展的佼佼者。第二梯队包括江门、湛江等 8 个城市，排名在 100—200。第三梯队是茂名等 5 个城市，城市品牌指数表现较弱，排在 200 名以外（表 3 - 20）。由此可见，广东的城市品牌发展已形成梯度落差格局，珠三角城市群发挥着强大的引领作用。

表 3 - 20 广东 CBDI 及一级指标排名

省内排名	城市	CBDI 总分	排名	文化品牌排名	旅游品牌排名	投资品牌排名	宜居品牌排名	品牌传播排名
1	深圳	0.597	3	11	27	2	2	3
2	广州	0.582	4	5	9	4	6	4
3	佛山	0.421	25	36	46	24	57	21
4	中山	0.415	26	42	126	33	18	12
5	东莞	0.413	27	71	83	19	23	24
6	珠海	0.393	42	66	105	28	40	25

续表

省内排名	城市	CBDI 总分	排名	文化品牌排名	旅游品牌排名	投资品牌排名	宜居品牌排名	品牌传播排名
7	惠州	0.361	56	67	90	50	60	59
8	汕头	0.317	98	126	112	72	125	105
9	江门	0.303	111	128	125	75	173	145
10	湛江	0.302	114	158	119	108	78	125
11	肇庆	0.295	126	109	181	93	195	94
12	潮州	0.285	139	105	139	183	213	108
13	梅州	0.281	145	123	132	177	169	172
14	清远	0.275	159	187	151	189	187	102
15	韶关	0.267	173	189	149	154	134	220
16	河源	0.258	190	208	179	235	149	162
17	茂名	0.237	223	229	212	199	231	204
18	阳江	0.235	228	241	206	209	205	225
19	揭阳	0.229	234	239	213	219	269	198
20	汕尾	0.219	247	250	224	261	225	229
21	云浮	0.204	261	277	261	234	265	216

从省域角度来看，广东的城市品牌发展指数均值排名第12位，处于全国上游水平。城市投资品牌和品牌传播指数高于总分均值，排名在前10之内。未来广东城市品牌的发展，应更加重视城市文化品牌、旅游品牌和宜居品牌的建设，以促进区域和城市品牌的均衡发展（图3－20）。

广东是我国改革开放前沿阵地和经济强省，珠三角城市群更是国家经济的三大增长极之一。近年来，广东持续加大转型升级和区域均衡发展的力度，聚焦创新驱动和开放带动战略，取得了明显成效。2017年粤港澳大湾区战略构想的提出，更为粤港澳协同发展、联手打造世界级城市群开辟了新的格局和视野，广东区域品牌和城市品牌建设也迎来了新的发展机遇。未来广东应进一步发挥粤港澳合作优势，对标其他世界级城市群的经验来不断加强地区品牌治理创新，在“一带一路”行动、自贸区建设特别是粤港澳大湾区建设进程中，更好地塑造和发挥地区品牌的战略性作用。

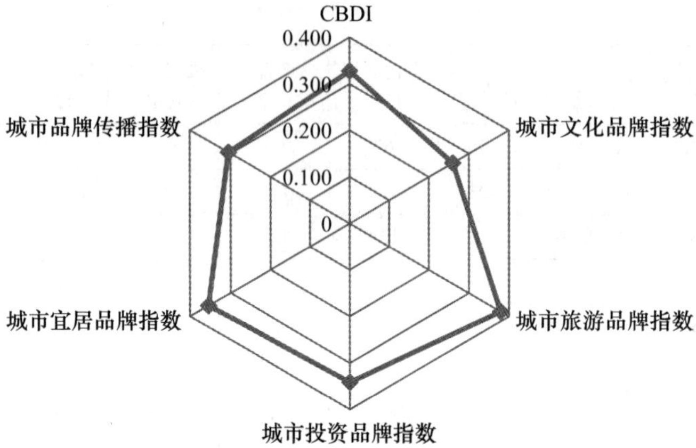

图 3－20　广东城市品牌发展指数表现

（二十）广西

广西壮族自治区有 14 个城市纳入 CBDI 指标测评。其中，南宁、桂林、柳州和北海为广西城市品牌四强，在全国的排名分别是第 41 位、第 44 位、第 85 位和第 89 位。其中，南宁和桂林的旅游品牌均优于总分排名，桂林宜居品牌排名全国第 27 位，高于总分及其他一级指数的排名。玉林等其余 10 个城市，大多排名在 200 位之后（表 3－21）。总体来看，广西的城市品牌发展指数排名比较靠后，城市品牌建设有待加强和提升。

表 3－21　广西 CBDI 及一级指标排名

区内排名	城市	CBDI 总分	排名	文化品牌排名	旅游品牌排名	投资品牌排名	宜居品牌排名	品牌传播排名
1	南宁	0. 394	41	54	34	42	41	51
2	桂林	0. 390	44	40	28	65	27	53
3	柳州	0. 328	85	84	100	82	112	79
4	北海	0. 323	89	118	117	113	59	66
5	玉林	0. 272	166	238	148	185	145	120
6	来宾	0. 252	200	223	199	197	111	208
7	梧州	0. 249	205	237	207	218	234	115
8	钦州	0. 244	213	242	123	224	229	222
9	百色	0. 229	233	234	145	257	216	267

续表

区内排名	城市	CBDI总分	排名	文化品牌排名	旅游品牌排名	投资品牌排名	宜居品牌排名	品牌传播排名
10	河池	0.223	243	244	167	252	258	262
11	防城港	0.217	248	254	211	251	232	264
12	贺州	0.208	259	267	180	270	251	277
13	贵港	0.191	274	281	257	255	280	251
14	崇左	0.185	278	284	218	276	278	283

从省域的角度看，广西壮族自治区的城市品牌发展指数均值，排名全国第26位。其中旅游品牌和宜居品牌相对较好，城市文化品牌、品牌传播和投资品牌则需要进一步加强（图3－21）。

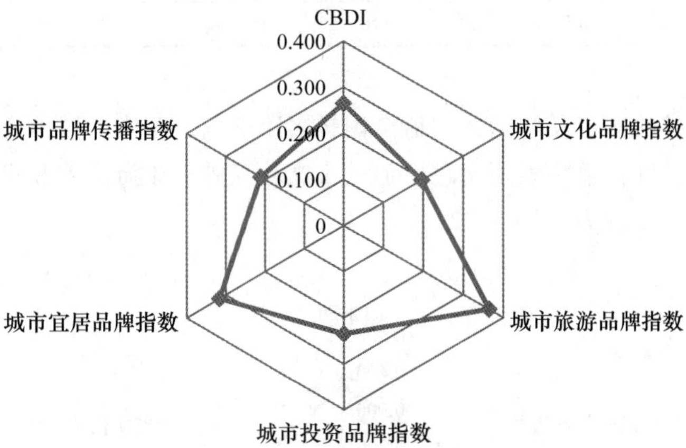

图3－21 广西城市品牌发展指数表现

广西文化丰富多样，旅游禀赋优异，区位独特，近年来充分发挥与东盟国家陆海相连的独特优势，对外经贸与文化交流日益活跃，并且打造了一系列的空间载体和会展机制，成为我国“一带一路”布局中的重要衔接枢纽。未来广西应该进一步夯实绿色发展的优势，营造品牌先行的氛围，通过战略性的地区营销更好地促进北部湾经济区和珠江—西江经济带的发展，打造广西为面向东盟的国际大通道以及21世纪海上丝绸之路和丝绸之路经济带有机衔接的重要门户，让八桂大地在新时期改革开放大潮中焕发出新的光彩。

（二十一）海南

纳入中国城市品牌发展指数评价的海南城市有海口和三亚两个城市，CBDI 总分排名分别为第 48 位和第 69 位。其中，海口的宜居品牌指数表现突出，全国排名第 14 位，三亚也排在第 28 位。近年来，海南致力于打造国际旅游岛，也较为重视城市形象的传播，但其主要城市的旅游品牌和文化品牌还有较大提升空间（表 3 – 22）。

表 3 – 22　　**海南 CBDI 及一级指标排名**

省内排名	城市	CBDI 总分	排名	文化品牌排名	旅游品牌排名	投资品牌排名	宜居品牌排名	品牌传播排名
1	海口	0. 376	48	57	163	53	14	35
2	三亚	0. 348	69	110	80	111	28	39

海南省的城市品牌指数均值全国排名第 7 位。其中，城市宜居品牌优势突出，品牌传播也表现出色。但城市文化品牌、旅游品牌和投资品牌指数尚需进一步发力（图 3 – 22）。

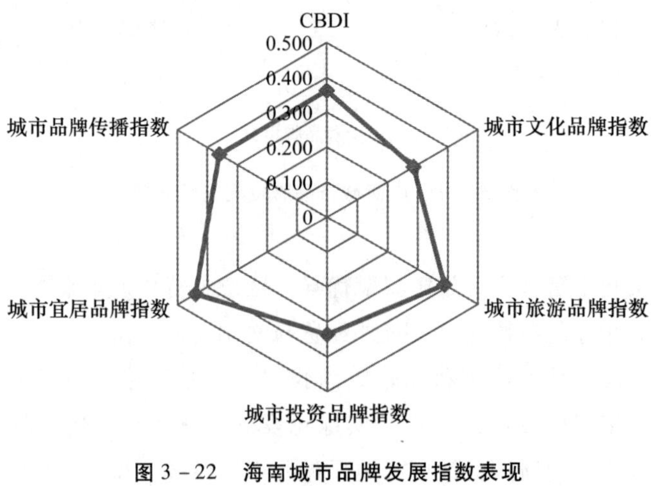

图 3 – 22　海南城市品牌发展指数表现

海南岛是中国唯一的热带海岛省份，被称为世界上“少有的几块未被污染的净土”，生态和绿色优势突出。近年来，海南大力推动国际旅游岛建设，开展国际一流水准的地区品牌的塑造和地区营销是必经之路。未来海南应通过品牌化的创意和策略工具，力争获得更多的国际旅游领域的话语权，不断提升海南作为国际旅游目的地的形象。此外，促进区域协调发展，打造和推出更多的城市品牌，不仅有助于发展全域旅游、促进区域整合和协同，同时也是发掘海南文化特色和文化魅力的有效抓手。

（二十二）重庆

重庆多年来一直是我国城市营销和城市品牌化的先行者和标杆城市之一。2016—2017 年重庆的 CBDI 排名全国第 6，城市文化品牌和城市旅游品牌更高居全国第 3 位（表 3－23）

表 3－23　**重庆 CBDI 及一级指标排名**

城市	CBDI 总分	排名	文化品牌排名	旅游品牌排名	投资品牌排名	宜居品牌排名	品牌传播排名
重庆	0.569	6	3	3	15	16	6

从省域角度来看，重庆的 CBDI 指数排名在全国各省区的第 3 位。城市旅游品牌和文化品牌优势突出，宜居品牌和投资品牌则有待进一步提升（图 3－23）。

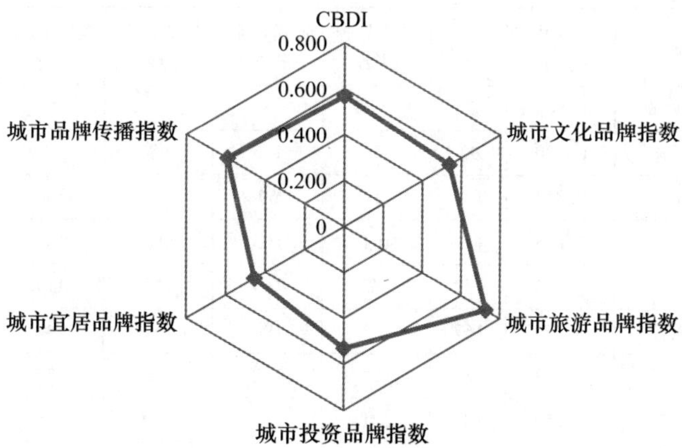

图 3－23　重庆城市品牌发展指数表现

重庆几乎是我国最早提出城市品牌共建共享理念的城市，也是率先探索城市营销国际推广、国内推广与城市内部沟通相互整合策略的城市。近年来，重庆凭借在“一带一路”中的诸多创举，以及连续多年领先各省区的经济成长速度，成为舆论高度关注的明星城市。作为最年轻的直辖市，重庆的城市营销和城市品牌化对重庆经济社会发展起到了积极的促进作用。未来重庆城市品牌应进一步彰显西部开放高地和发展引擎的城市使命，同时还应与所辖区县的地区品牌积极互动，共同打造“美丽山城”的城市品牌体系，构筑具有更强国际竞争力的城市品牌新形象。

（二十三）四川

四川省有18个城市被纳入城市品牌发展指数评估。总体来看，中心城市成都一马当先，CBDI总分高居全国第7位。其中，成都的城市文化品牌和旅游品牌更优于总分排名，分别名列第4位和第5位。作为特大型城市，宜居品牌名列第8也属不易。除成都的城市品牌表现优异外，四川其余的区域中心城市，品牌建设却不够理想。省内CBDI排名第2的绵阳市，城市品牌发展指数总分在全国排名也仅为第92位。乐山、泸州、宜宾、南充、广元、德阳和雅安排在100—200名的中游水平，眉山等其余9个城市则排名在200名以后，城市品牌发展处于全国的下游水平。四川城市品牌发展呈现出“一强多弱”的格局（表3－24）。

表3－24　　四川CBDI及一级指标排名

省内排名	城市	CBDI总分	排名	文化品牌排名	旅游品牌排名	投资品牌排名	宜居品牌排名	品牌传播排名
1	成都	0.560	7	4	5	11	8	8
2	绵阳	0.320	92	136	146	68	81	85
3	乐山	0.312	105	114	69	126	166	100
4	泸州	0.298	121	101	165	99	152	126
5	宜宾	0.292	132	92	164	125	174	138
6	南充	0.270	167	201	196	157	142	144
7	广元	0.262	185	193	158	246	137	151
8	德阳	0.259	189	221	236	119	188	153
9	雅安	0.252	198	251	237	184	75	183

续表

省内排名	城市	CBDI总分	排名	文化品牌排名	旅游品牌排名	投资品牌排名	宜居品牌排名	品牌传播排名
10	眉山	0.252	201	205	194	191	183	196
11	达州	0.250	204	165	192	172	237	211
12	自贡	0.246	209	144	238	166	274	177
13	广安	0.240	217	259	215	216	233	148
14	攀枝花	0.230	232	236	273	143	153	241
15	遂宁	0.224	241	252	208	233	223	255
16	内江	0.219	246	256	219	204	264	249
17	巴中	0.217	249	222	244	265	201	257
18	资阳	0.202	262	279	242	259	261	227

四川省的城市品牌均值在全国各省区中排名第24位，且各项一级指数均值都不高。相对而言，城市投资品牌与城市品牌传播指数均值略好于总分均值，文化、旅游和宜居等一级指数则应着力加强（图3-24）。

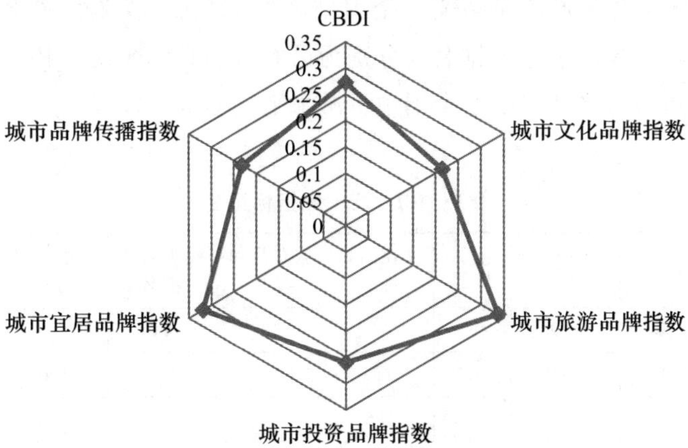

图3-24 四川城市品牌发展指数表现

四川文化底蕴深厚、旅游资源丰富，是著名的“天府之国”和大熊猫的故乡。多年来，省会城市成都一直是国内城市营销和品牌化的领先城市，开创了诸多辉煌战绩，诸如斩获联合国教科文组织授予的“美食之都”称号、成功举办第十二届财富全球论坛、开展伦敦奥运国际营销、打造现代田园城市品牌，等等，为壮大成都经济实力、提升成都城市形象发挥了显著的推动作用。近年来，成都围绕打造国家中心城市的目标又展开新一轮的城市营销行动。此外，绵阳、泸州、雅安等城市也积极展开城市营销探索。总体来看，城市营销和品牌化在四川拥有较好的认识基础和舆论氛围，成都的成功实践和宝贵经验也在区域产生了良好的示范效应。未来四川应围绕成渝经济区、“一带一路”、长江经济带、自贸区等国家战略主题，进一步加大区域协同和地区品牌营销的力度，推动形成成都城市品牌引领、多个区域中心城市雄起、其余城市协同跟进的“天府四川”区域品牌建设新局面。

（二十四）贵州

贵州省的城市品牌发展指数相较2015年有明显提升。其中，省会城市贵阳的CBDI总分从2015年的第57名跃升至这次评测的第39名，且城市品牌发展大体均衡。贵阳的宜居品牌排名全国第33位，表现优于其他一级指数，城市文化品牌、投资品牌和品牌传播指数则稍逊。省内城市品牌发展排名第2的城市是遵义，全国排名第92位。遵义的文化品牌和旅游品牌排名大幅优于总分排名，分别为第62位和第68位。其余安顺、铜仁、毕节和六盘水排名处于全国中下游水平（表3-25）。

表3-25 **贵州CBDI及一级指标排名**

省内排名	城市	CBDI总分	排名	文化品牌排名	旅游品牌排名	投资品牌排名	宜居品牌排名	品牌传播排名
1	贵阳	0.396	39	46	37	44	33	49
2	遵义	0.318	96	62	68	137	100	163
3	安顺	0.274	162	185	84	225	148	186
4	铜仁	0.252	199	204	101	236	235	207
5	毕节	0.235	229	180	115	275	252	253
6	六盘水	0.209	256	264	174	268	277	266

贵州省的城市品牌发展指数均值排名第21位。总体来看，城市旅游品牌相对较强，城市投资品牌、宜居品牌和品牌传播指数则明显较弱

(图 3 - 25)。

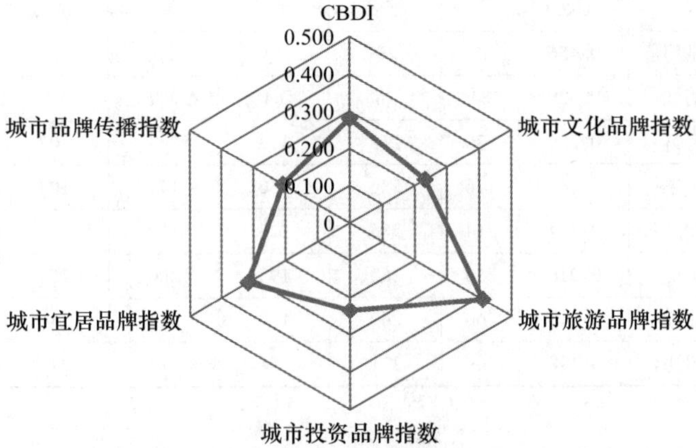

图 3 - 25　贵州城市品牌发展指数表现

省统计部门数据显示，2017 年上半年，贵州省地区生产总值增长 10.4%，居全国第 3 位。

近年来，贵州经济保持高速增长态势，从一个经济落后省份，逐渐发展成为立于改革开放潮头的明星省份。在加快国家大数据综合试验区、国家生态文明试验区、好贵州内陆开放型经济试验区的规划建设的进程中，大数据、大旅游、大生态已成为贵州发展的主旋律。“多彩贵州”正在谱写属于自己的传奇。未来贵州应更加注重区域品牌和城市品牌的自觉规划与建设，以进一步凝聚发展共识、提升发展品质、彰显文化特色，为实现区域赶超发展动员更为广泛的资源、汇聚更为强大的动力。

(二十五) 云南

在纳入评测的 8 个城市中，云南有两个城市即昆明和丽江进入前 100 名。省会昆明的 CBDI 总分排名全国第 19 位，表现强势。并且，昆明的旅游品牌更高居全国的第 14 位。丽江城市品牌总分排名第 84 位，但宜居品牌也排在第 31 名的高位，旅游品牌和文化品牌也优于总分排名。其余普洱、玉溪等城市则排在全国中下游水平，昭通排名位全国倒数第 9（表 3 - 26）。

表 3－26　　云南 CBDI 及一级指标排名

省内排名	城市	CBDI 总分	排名	文化品牌排名	旅游品牌排名	投资品牌排名	宜居品牌排名	品牌传播排名
1	昆明	0.456	19	19	14	30	21	20
2	丽江	0.329	84	76	64	207	31	88
3	普洱	0.269	170	212	138	243	103	141
4	玉溪	0.267	176	224	230	144	109	136
5	曲靖	0.244	214	215	227	160	198	219
6	保山	0.216	250	262	195	260	254	248
7	临沧	0.207	260	269	166	283	244	274
8	昭通	0.198	269	231	251	277	270	269

云南省的城市品牌发展指数均值在各省区中排名第 23 位。从一级指数结构来看，城市宜居品牌、旅游品牌和文化品牌相对较好，投资品牌则是短板（图 3－26）。

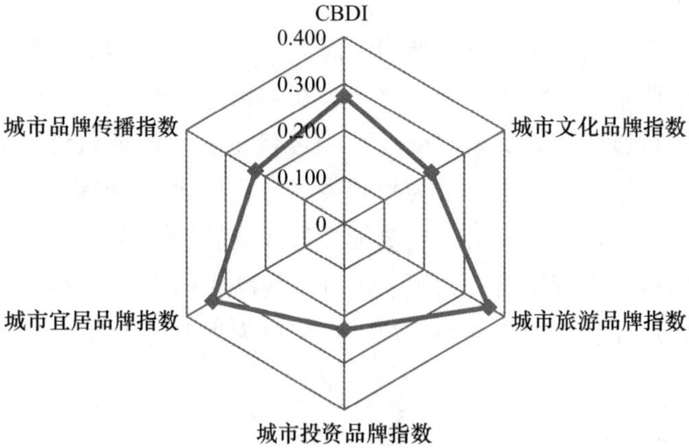

图 3－26　云南城市品牌发展指数表现

云南省历史文化悠久，自然风光绚丽，拥有一批享誉海内外的旅游景区以及 26 个民族共同铸就的文化多样性的魅力。然而区域经济发展还比较落后，生态和旅游资源的优势没有得到很好的发挥。特别是近年来频发的负面旅游舆情事件，对区域形象造成一定的损伤。未来云南应进一步深耕“一带一路”国际国内合作，通过扩大开放来应对经济下行压力、增加经济活力，促进经济结构尽快实现转型。同时，应通过对内和对外的区域营销和城市营销，提升文化旅游品质，推动地区“五位一体”的发展格局，打造“七彩云南”更具吸引力的口碑。

（二十六）陕西

陕西省有10个城市纳入城市品牌发展指数评估。数据显示，陕西的城市品牌有了较好的提升，初步形成了三个梯度的阵营。其中西安、延安和宝鸡三个城市的CBDI总分进入全国百强，是陕西省的城市品牌领导阵营。特别是西安名列全国第10，可以说是我国城市品牌发展的排头兵之一。西安文化品牌名列第9，投资品牌排名第12，其他各项指标的表现也较为均衡，对区域营销和品牌化能够形成有力支撑。汉中、咸阳等5个城市排名中游，较具潜力。商洛和铜川的城市品牌排名较为靠后，有待加强（表3－27）。

表3－27　**陕西CBDI及一级指标排名**

省内排名	城市	CBDI总分	排名	文化品牌排名	旅游品牌排名	投资品牌排名	宜居品牌排名	品牌传播排名
1	西安	0.531	10	9	10	12	11	10
2	延安	0.352	63	34	81	105	62	60
3	宝鸡	0.323	88	86	60	112	117	109
4	汉中	0.315	102	78	127	127	110	82
5	咸阳	0.308	108	77	97	98	194	131
6	安康	0.298	122	106	114	165	80	150
7	榆林	0.284	142	68	143	167	143	215
8	渭南	0.273	164	120	78	163	238	238
9	商洛	0.213	252	197	183	249	283	281
10	铜川	0.208	258	206	231	256	282	265

从各城市品牌发展指数的均值来看，陕西省的城市品牌发展处于中上游水平，排在全国各省区的第13名。其中城市文化品牌发展指数均值较为出色，排名第9。城市宜居品牌指数均值表现最弱，排名第21。未来陕西应更多注重城市宜居环境建设和宜居形象塑造（图3－27）。

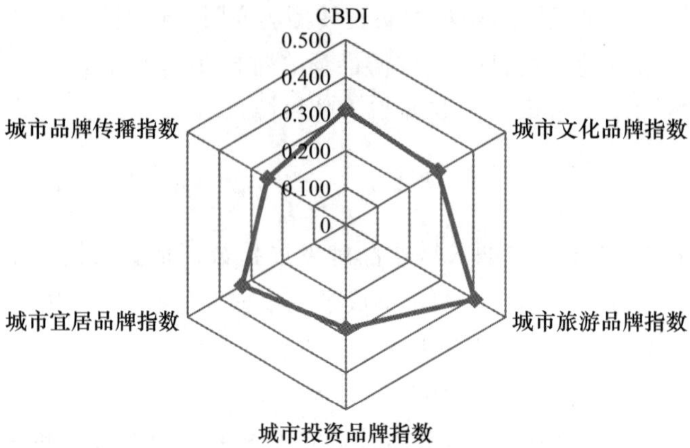

图 3－27　陕西城市品牌发展指数表现

近年来，陕西加快"一带一路"核心区建设，文化、旅游和产业转型发展势头引人注目。作为古丝绸之路的起点，陕西曾是东西方文明交流的枢纽与桥梁，有着盛唐辉煌的民族记忆和区域历史荣光。随着中国（陕西）自贸区的正式挂牌，意味着陕西的"一带一路"行动又开启了新的征程。承载着复兴古丝绸之路经济带的区域使命，陕西的城市营销和城市品牌化更应具有国际视野。城市品牌的国际化运作，将成为陕西更好地参与国际合作与国际治理，以及更好地实现"追赶超越"战略的有效途径。

（二十七）甘肃

甘肃省纳入测评的 12 个城市，在城市品牌发展指数得分来看并不理想。省会城市兰州一枝独秀，CBDI 指数全国排名第 35 位，城市文化品牌和城市宜居品牌指数高于总分排名，均名列第 30 位，具有一定的品牌竞争优势。其余 11 个城市，则都排在 150 名之后（表 3－28）。

表 3－28　**甘肃 CBDI 及一级指标排名**

省内排名	城市	CBDI 总分	排名	文化品牌排名	旅游品牌排名	投资品牌排名	宜居品牌排名	品牌传播排名
1	兰州	0.400	35	30	72	35	30	41
2	天水	0.280	150	113	187	198	135	127

续表

省内排名	城市	CBDI总分	排名	文化品牌排名	旅游品牌排名	投资品牌排名	宜居品牌排名	品牌传播排名
3	张掖	0. 275	160	82	190	211	133	185
4	酒泉	0. 265	178	161	169	186	79	244
5	武威	0. 246	210	99	253	240	253	159
6	白银	0. 246	211	178	278	136	170	166
7	庆阳	0. 226	237	195	260	239	228	200
8	嘉峪关	0. 225	239	257	265	208	157	223
9	平凉	0. 201	265	245	255	278	250	261
10	陇南	0. 199	267	240	263	273	262	250
11	定西	0. 197	271	199	277	271	256	254
12	金昌	0. 182	279	274	283	269	242	218

从省域角度看，甘肃的城市品牌发展指数均值排名较低，排名第28位。城市文化品牌均值相对靠前几个位次，排名第22位。总体来看，甘肃的城市品牌发展普遍落后，尚未在区域经济发展中形成助力效应，应该予以重视和提高（图3－28）。

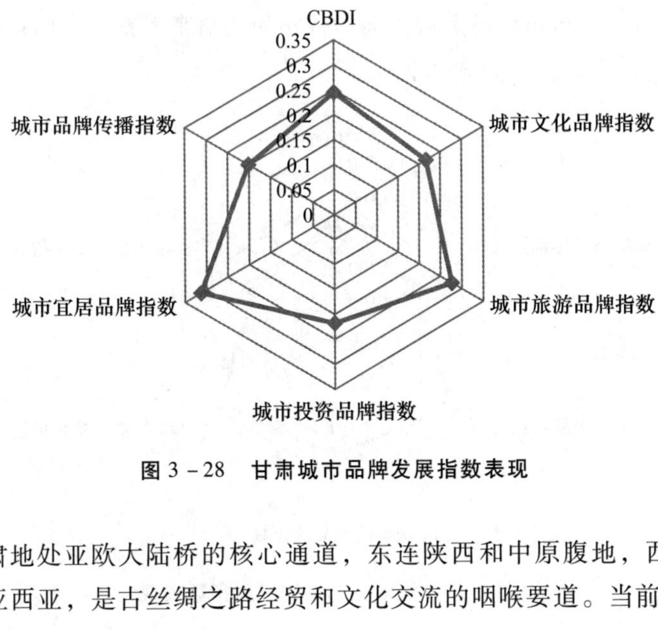

图3－28　甘肃城市品牌发展指数表现

甘肃地处亚欧大陆桥的核心通道，东连陕西和中原腹地，西接新疆、直达中亚西亚，是古丝绸之路经贸和文化交流的咽喉要道。当前，甘肃加紧建设“丝绸之路经济带”甘肃黄金段，布局打造兰州新区、敦煌国际文化旅游名城和“中国丝绸之路博览会”三大战略平台，为区域发展开创了新的气象。甘肃经济落后，自然生态条件较差，未来应大力开展区域营销和城市营销，提振旅游，并且吸引更多的投资、项目和人才入驻，以在脱贫攻坚和实现经济增长中发挥区域品牌更新的力量。

（二十八）青海

青海省仅西宁 1 个城市被纳入城市品牌发展指数测评。西宁的 CBDI 总分排名全国第 82 位，其中城市宜居品牌较为突出，排名第 39 位。城市旅游品牌在各一级指数中表现最差，全国排名仅第 136 位，有待加强（表 3－29）。

表 3－29　　青海 CBDI 及一级指标排名

城市	CBDI 总分	排名	文化品牌排名	旅游品牌排名	投资品牌排名	宜居品牌排名	品牌传播排名
西宁	0.333	82	98	136	80	39	87

与其他省区的城市品牌发展指数均值相比，青海的省域排名是第 11 位。其中将省会城市旅游品牌发展指数作为均值来考察，全国排名也仅是第 17 位，有待加强（表 3－29）。

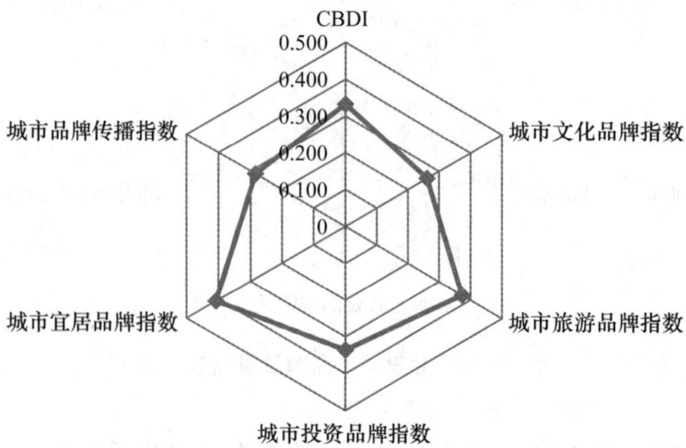

图 3－29　青海城市品牌发展指数表现

独特的地理区位、文化渊源、资源优势和生态功能，更使得青海在我国打造丝绸之路经济带的开放战略中具有重要的价值。近年来，青海的区域营销亮点颇多。青海湖、三江源、昆仑文化和塔尔寺等景区，在游客心中有着神秘、古朴的魅力。未来青海应着力打造更具内涵的区域品牌，特别是要加强西宁、海东和格尔木的城市定位和城市形象，开创区域发展的城市网络新格局，推动青海形成西向开放的新局面。

（二十九）宁夏

纳入测评的5个宁夏城市中，首府银川的城市品牌发展指数总分排名全国第64位。其中，城市宜居品牌非常出色，排名第29位，城市文化品牌也大幅优于总分排名，列第41位。但银川的城市旅游品牌非常弱，仅排在第205位，未来应该着力加强。其余中卫、固原等4个城市的品牌发展表现乏力，CBDI总分均排在全国250位之后（表3－30）。

表3－30　**宁夏CBDI及一级指标排名**

区内排名	城市	CBDI总分	排名	文化品牌排名	旅游品牌排名	投资品牌排名	宜居品牌排名	品牌传播排名
1	银川	0.351	64	41	205	61	29	68
2	中卫	0.213	251	226	248	274	249	224
3	固原	0.209	257	243	217	267	246	275
4	吴忠	0.190	275	261	270	272	275	252
5	石嘴山	0.178	280	270	280	250	279	279

宁夏的城市品牌发展指数均值在30个省区中排名倒数第2。城市投资品牌和宜居品牌均值排名垫底。总体来看，城市品牌的各一级指数发展都很不充分，需要系统性地改进和提升（图3－30）。

宁夏回族自治区是经济欠发达地区，资源环境约束较为突出。近年来，宁夏致力于打造“丝绸之路经济带战略支点”，区域价值显著提升。特别是中阿博览会等一系列平台和机制，使宁夏成为“一带一路”沿线阿拉伯国家“向东看”和中国“向西走”的新窗口与新平台。未来宁夏应进一步加强生态文明建设和创新驱动发展，大力培育和引进高端产业，促进区域协调发展，不断提升“塞上江南”的形象品质和形象吸引力。

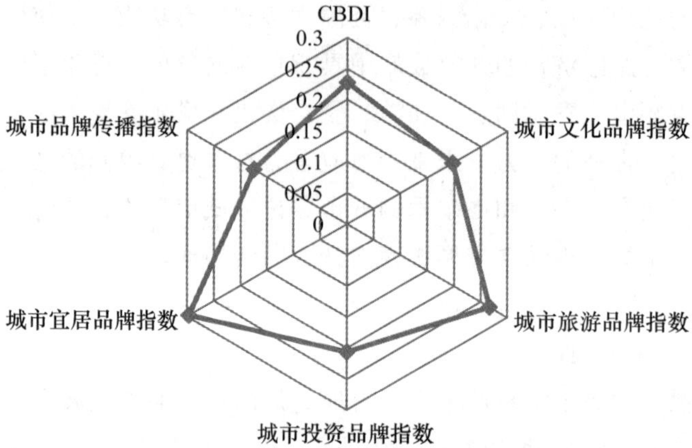

图 3－30　宁夏城市品牌发展指数表现

（三十）新疆

新疆有两个城市被纳入城市品牌发展指数测评，且两城市差异巨大。首府乌鲁木齐 CBDI 总分表现良好，全国排名第 59 位。其中，投资品牌排名第 43 位，进入全国城市投资品牌 50 强。克拉玛依 CBDI 总分排名全国下游水平，列第 245 位。相对而言，其旅游品牌和宜居品牌则明显好于总分排名（表 3－31）。

表 3－31　**新疆 CBDI 及一级指标排名**

区内排名	城市	CBDI 总分	排名	文化品牌排名	旅游品牌排名	投资品牌排名	宜居品牌排名	品牌传播排名
1	乌鲁木齐	0.357	59	72	141	43	47	65
2	克拉玛依	0.219	245	276	272	114	144	270

新疆的城市品牌发展指数均值全国排名第 17 位。从一级指数看，城市投资品牌均值排名第 7，宜居品牌均值排名第 10，表现良好。城市旅游品牌和文化品牌均值相对较弱（图 3－31）。

新疆地处欧亚腹心，地缘优势显著，与 8 个国家接壤，连通着国内、国际“两个 13 亿”人口的大市场，是“丝绸之路经济带”的战略核心区，在我国新一轮对外开放大潮中扮演着举足轻重的角色，也为新疆发展区域经济、打造区域品牌提供了宝贵契机。未来新疆应开展更为积极的区

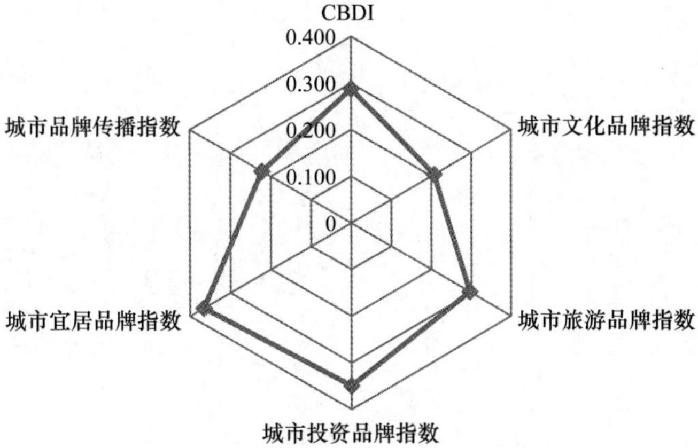

图 3－31　新疆城市品牌发展指数表现

域品牌营销和城市品牌营销，以进一步提升居民的认同感和凝聚力，并促进全疆各地区的协调发展，共建“传奇丝路、大美新疆”的新形象。

三　结论与展望

国家区域战略的不断强化以及“一带一路”开放格局的发展，使得区域营销和区域品牌的重要性日益凸显。当前，地区品牌在提升文化软实力和区域经济优势方面的作用已引起地方管理者的高度重视。其中，省域品牌发挥着统筹市县经济社会发展和协调跨行政区划城市群发展的重要治理功能，应成为我国地区治理的一个重要策略性抓手。

未来我国省域品牌建设应更好地服务于本地的城镇化发展和区域协同发展大局，在对内、对外的文化经贸交流，人才、技术和资本引进，以及旅游的推广和促进等方面，发挥更加积极的作用，以凝聚区域文化复兴、经济复兴和社会进步的动力，奏响地区品牌乐章的强音。

第Ⅱ编

中国城市品牌发展：分项报告

第四章　中国城市文化品牌发展指数报告(2016—2017)

石　俊*

城市文化品牌是城市最大的无形资产，不仅可以提高城市的社会、经济、文化价值，还可以赢得人们对城市的认同，激发人们对于城市品位和成长的正面想象。2016 年 9 月 G20 杭州峰会的成功举办，全世界都记住了杭州这个既有传统美又有现代美的东方大都市；2017 年 9 月金砖会议的顺利召开，又让世界重新认识了被誉为“中国最温馨城市”的厦门；2017 年国庆黄金周，歌舞节目《炭河千古情》再刷新纪录，使湖南宁乡惊艳旅游业界；2017 年 10 月，青岛成功加入联合国教科文组织的创意城市网络，并被正式授予“电影之都”称号，这座美丽的海滨城市又赢得了一张世界级城市新名片。从峰会论坛到文旅演艺，从政府主导到多元主体主动参与，城市文化成为城市品牌建设的精髓所在。以文识城，通过全维度的城市文化品牌要素考察，我们能够发现一个个更加绚丽多彩的城市。

本章中的中国城市文化品牌指数主要从文化独特性、文化开放性、文化活力和文化吸引力 4 个方面的指标来进行评价。首先，每个城市的文化渊源、文化特色、独特的历史遗存和文化轨迹都是区别于其他城市的特质，文化独特性是城市在建设和发展中保持特色、开拓文脉的根基，也是城市品位的标杆；其次，文化产业的发展也正在成为城市崛起的亮点，成为衡量现代城市软实力的重要指标；最后，文化活力和文化吸引力是城市品牌的外在表达，成为衡量城市文化品牌发展的重要绩效指标，也是推动城市文化发展的重要动力。

* 石俊，中国人民大学创意产业技术研究院助理研究员。研究方向：文化产业、城市营销。

一　总体发展态势

（一）总体发展态势

1. 指数平均水平偏低，两头分散、中间集中

2016—2017 年中国城市文化品牌发展指数均值为 0.250，比城市旅游品牌、投资品牌、宜居品牌和品牌传播发展指数的平均值都要低。排名前 20 位的城市，文化品牌发展指数平均值为 0.50，从分值分布来看，除了前两名城市得分遥遥领先之外，其他城市之间分值相差并不大，且远高于全国平均水平。在 287 个样本城市中，有 116 个城市位于全国城市文化品牌发展指数平均值以上，比例为 40.42%。从图 4－1 可以看出中间趋势相对平稳且缓和，在 0.2—0.4 区间集中了 167 个城市，占比 58.2%，而最后 20 名的城市文化品牌指数平均值为 0.12，与平均水平差距较大。由此可见，我国城市文化品牌发展水平整体偏低，而且呈现出“两端分散、中间集中”的梭形分布规律。

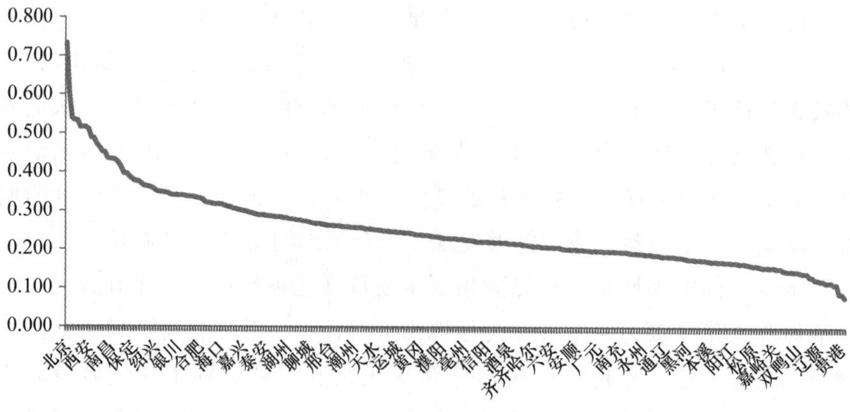

图 4－1　城市文化品牌发展指数

2. 城市文化品牌发展区域不平衡，华东领先，西南、东北较差

从区域表现来看，2016—2017 年城市文化品牌发展指数区域排名华东摘得桂冠，指数得分均值为 0.284（表 4－1），其余 6 个区域依次是华北、华中、西北、华南、西南、东北。在各区域的城市文化品牌发展指数

中，只有华东和华北两个区域的平均值高于全国的平均值，其余5个区域的平均值都低于全国平均值，这说明我国城市品牌发展基础区域不平衡显著，主要依靠华东、华北两个区域带动。

表4－1　　2016—2017年城市文化品牌发展指数区域分析

地区	均值	前20位城市入选数	最大值		
			城市	指数	全国排名
华北	0.277	2	北京	0.733	1
华东	0.284	8	上海	0.601	2
华南	0.237	2	广州	0.533	5
华中	0.247	3	武汉	0.488	10
西南	0.229	3	重庆	0.538	3
东北	0.192	1	沈阳	0.425	20
西北	0.239	1	西安	0.510	9

从具体情况来看，华东地区在城市文化品牌指标中拔得头筹主要是因为该区域集中了较多优秀的城市，其中进入前20名的城市华东区占了8个席位，分别是上海、南京、杭州、苏州、济南、宁波、南昌、青岛。华北区域均值在七大区域中处于第2位，但是只有北京和天津进入前20名，这说明华北区域城市文化品牌发展基础中突出的城市较少，但是整体水平较好，均值也较高。此外，华中地区和华南地区得分均值区域排名分别列第3和第5，华中3个城市和华南2个城市跻身前20名。西北地区只有西安进入前20名，总的均值分排第4。西南地区有3个城市进入前20名，总的均值分排第6。东北地区是唯一一个总分在0.2以下的地区，也是七大区中唯一一个没有城市进入全国城市文化品牌指数前10的区域，只有沈阳在全国排名第20。

3. 北京、上海得分遥遥领先，其他城市得分差距变小

在城市文化品牌指数三甲中，北京得分0.733遥遥领先；上海位居第2，得分为0.601；重庆排名第3，得分为0.538（表4－2）与第4名成都得分十分接近。北京和上海分值相差0.132，但是各指标排名均在前5，北京与上海是兼具传统文化和时尚潮流的魅力之都，不仅是国内的城市文化领军城市，在国际上也享有盛名。重庆作为黑马进入全国前3，城市文

化品牌指数得分与北京相差0.195，与上海相差0.063，比第4名的成都仅高0.005，比第10名的武汉仅高0.05 。可见城市文化品牌领先阵营的前10名城市差距仍然比较大，以北京和上海为代表的国际化大都市表现优异，其他城市则在文化活力、文化吸引力、文化开放性或文化独特性方面存在不同程度的短板，需要进一步促进城市文化的全面发展，打造更为强势的城市文化品牌。

表4－2　**城市文化品牌发展指数前10名城市的二级指标表现**

城市名称	文化品牌指数	排名	文化独特性	排名	文化开放性	排名	文化活力	排名	文化吸引力	排名
北京	0.733	1	0.897	1	0.856	1	0.310	3	0.870	2
上海	0.601	2	0.804	2	0.543	2	0.306	5	0.752	3
重庆	0.538	3	0.721	6	0.452	12	0.305	7	0.676	4
成都	0.533	4	0.713	9	0.491	7	0.333	1	0.594	7
广州	0.533	5	0.676	12	0.519	4	0.306	6	0.630	6
天津	0.516	6	0.638	18	0.459	10	0.314	2	0.651	5
南京	0.515	7	0.708	10	0.508	6	0.301	9	0.544	9
杭州	0.514	8	0.734	5	0.468	8	0.305	8	0.551	8
西安	0.510	9	0.767	3	0.444	13	0.298	11	0.533	10
武汉	0.488	10	0.699	11	0.434	15	0.308	4	0.511	12

（二）区域发展特征

从总体布局上看，城市文化品牌发展指数较高的城市在空间上集聚分布明显，这些城市密集地分布在我国长三角、珠三角及环渤海地区。此外，由于文化特性的影响，在西北、西南等具有民族特色或是集聚旅游资源的地区也分布很多城市（表4－3）。

1. 华东：文化品牌综合实力遥遥领先

华东地区是七大区域中样本城市最多的地区，占样本总数的27.2%，也是文化品牌综合实力最强的区域，样本城市中高于全国平均水平的占样本总数的58.97%（表4－3）。深厚的文化积淀为华东地区文化品牌的挖掘提供了丰富的精神源泉，雄厚的经济基础为华东地区文化品牌的推广提供了强大的经济、人才、技术支持，这充分显示了华东地区城市文化品牌卓越的基础和实力。

表4－3　　城市文化品牌指数区域均值比较分析（2016—2017）

区域	样本数（个）	与全国指数平均值比较				与本区域指数平均值比较			
		高于平均值城市数		低于平均值城市数		高于平均值城市数		低于平均值城市数	
		个数（个）	占比（%）	个数（个）	占比（%）	个数（个）	占比（%）	个数（个）	占比（%）
华东	78	46	58.97	32	41.03	32	41.03	46	58.97
华北	33	16	48.48	17	51.52	11	33.33	22	66.67
西北	30	14	46.67	16	53.33	15	50.00	15	50.00
华中	42	12	28.57	30	71.43	13	30.95	29	69.05
华南	38	15	39.47	23	60.53	17	44.74	21	55.26
东北	34	5	14.71	29	85.29	11	32.35	23	67.65
西南	32	8	25.00	24	75.00	10	31.25	22	68.75

2. 华北：整体水平较好，众多文化名城有待开发

华北地区共有33个城市进入统计样本（表4－3），其中有16个城市高于全国指数平均值，占样本总数的48.48%；有11个城市高于本区域指数平均值，占到样本总数的33.33%。华北地区稳居全国前十的一直都是北京和天津，太原、呼和浩特、秦皇岛等城市虽然均超过了全国平均水平，但和全国十强相比还有一定的差距。总体来看，华北地区城市文化品牌综合实力较强，但需重点挖掘更多有潜力的文化名城。

3. 西北：文化品牌发展相对均衡

西北地区共有30个城市进入统计样本，其中有14个城市高于全国指数平均值，占比为46.67%；15个城市高于区域指数平均值，占比为50%（表4－3）。相比于在全国范围内显示的两极分化现象，西北地区高于全国/本区域指数平均值的城市与低于平均值的城市数量相近，西北地区城市文化品牌发展相对均衡，一方面源于西北地区有丰富的历史文化资源，另一方面源于近些年国内外对西北地区的关注度有明显提升。

4. 华中：整体发展水平欠佳

华中地区共有42个城市进入统计样本，其中只有12个城市高于全国指数平均值，占比28.57%；有13个城市高于本区域指数平均值，占比

30.95%（表4-3）。只有武汉进入全国前10名，全国前50名也只有武汉、长沙、郑州、洛阳和南阳5个城市，华中地区城市文化品牌指数平均水平较低主要是由于创新氛围还有待进一步发展。

5. 华南：省区联动，城市文化品牌发展环境优越

华南地区共有38个城市进入统计样本，其中有15个城市高于全国指数平均值，占比39.47%；有17个城市高于本区域指数平均值，占比近45%（表4-3）。华南地区高于全国/本区域指数平均值比例都比较大，这主要是因为华南地区作为改革开放的前沿，经济发展水平较高，文化开放程度较高，城市品牌传播指数也表现出色。

6. 东北：总体水平较低，落后全国

东北地区共有34个城市进入统计样本，其中只有5个城市高于全国指数平均值，占比为14.71%；11个城市高于本区域指数平均值，占比为32.35%（表4-3）。东北地区城市文化品牌指数较低主要是由于文化独特性和文化开放性欠佳。

7. 西南：本区域和全国水平相当

西南地区共有32个城市进入统计样本，其中有8个城市高于全国指数平均值，占比为25%；有10个城市高于区域指数平均值，占比约为31%（表4-3）。

二　数据聚焦分析

（一）文化独特性和文化吸引力相对较高，文化活力普遍偏低

城市文化品牌指标中文化独特性和文化吸引力指标相对较高，文化活力指数普遍较低（图4-2）。

文化独特性指数平均值为0.295，得分较高，且287个样本城市有较为明显的差异，呈阶梯递减。文化独特性主要包括文化渊源、文化特色、独特性感知三个方面，这项指标平均分高反映出我国大部分城市具有较为丰富的文化资源和文化内涵。城市文化品牌开发需要城市文化资源的烘托。随着城市建设进程的加快，盲目蔓延、大拆大建的城市建设模式有所收敛，而打造文化内涵、彰显城市风貌的意识在不断加强，文化地标也正在成为城市特征的核心识别。

文化吸引力指数平均值为0.344，是文化品牌四个指标中平均得分最

高的一项。文化吸引力主要表现为舆论和研究关注度。“城市文化品牌”在我国是一个方兴未艾的研究领域。随着近年来我国城市化速度的加快，以及城市管理者对城市品牌塑造、品牌城市经营热情的不断提高，城市品牌研究在学术界受到了高度关注。除专业研究学者外，城市中的其他参与人对城市的关注也日渐提高，《奔跑吧兄弟》《爸爸去哪儿》等各类户外真人秀节目火爆荧屏，赵雷的《成都》瞬间红遍大江南北，引发全民舆论和翻唱热潮，舆论关注提升了城市文化吸引力。

文化活力指数平均值为 0.150，是文化品牌四个指标中最低的一项。文化活力则包括文化影响力、文化创新和创新氛围三个方面。近年来，全国各地城市都在寻求转型，城市品牌建设规划层出不穷，但总体上看精品供给不足，“双创”助推城市文化的创新格局还在发展过程中。未来如何打造和提供更多高品质、有文化内涵的城市文化产出，将是城市彰显活力的关键所在。

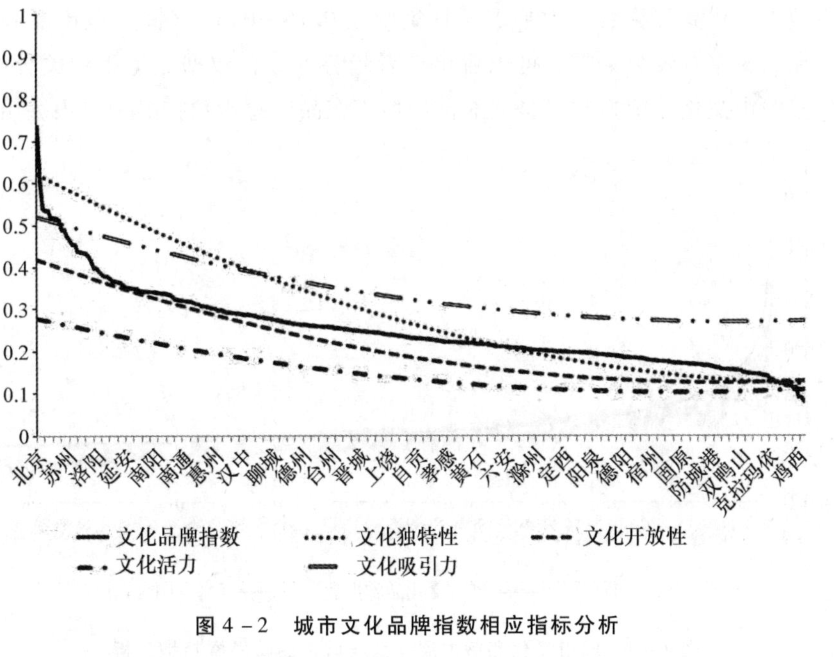

图 4-2 城市文化品牌指数相应指标分析

（二）文化开放性水平表现较优，文化产业已成为城市快速崛起的亮点

文化开放性指数得分均值为 0.22，表现良好。文化开放性水平主要

是由文化包容、文化产业和文化氛围几方面指标构成。从图 4－2 中可以看出，文化开放性虽然总体水平不是很突出，但是在城市文化品牌指数排名并不显眼的城市中，仍有部分城市文化开放性水平超越其他指标。当前文化产业在国民经济和社会发展中的地位与作用越来越重要，城市文化产业的发展程度已被普遍认为是衡量现代城市软实力的重要标志，与之相应的是城乡居民文化消费需求的大幅增长，因而城市文化产业发展的空间不断得以拓展。在经济发达地区如北京、江浙、广东等地，文化产业已成为区域产业发展中快速崛起的亮点。在经济基础相对落后的地方，反而由于“文化逆袭”，使得文化产业成为城市新的经济增长点。文化产业作为新兴产业，须以当地文化资源、文化资本、科技实力等为出发点，才可以最大限度地与城市定位和城市品牌要素相配合。

（三）城市文化品牌发展与城市品牌呈正相关

图 4－3 显示了城市文化品牌指数与城市品牌总指数的趋势走向，其中城市文化品牌指数较为平缓而且集中在 0.15—0.35 区间，城市品牌指数在 0.3 左右较为集中。可以看出二者趋势一致，数据点呈正相关分布。观察城市文化品牌指数，排名靠前的城市在品牌总指数排名中也很突出。

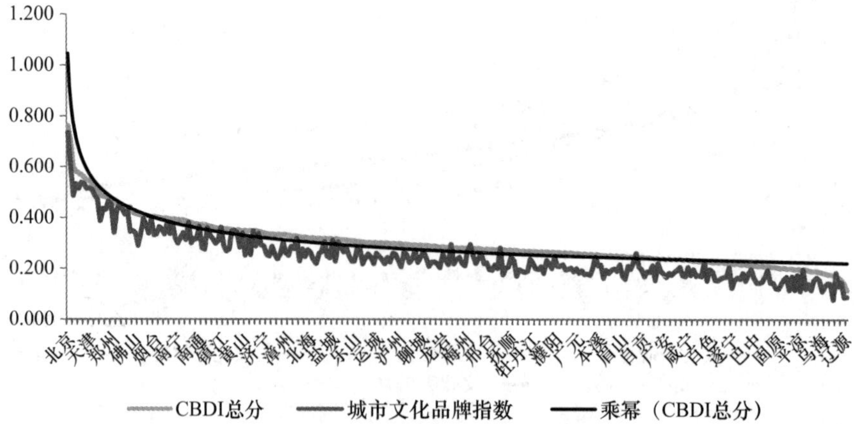

图 4－3　城市文化品牌发展指数与城市品牌发展趋势分析

一个城市的品牌是城市文化属性、经济属性以及社会属性的综合反映，文化是一个城市的灵魂，是一个城市区别于其他城市的根本特征所在，因此城市文化品牌是城市品牌建设的重中之重。

三　中国城市文化品牌发展指数10强点评

中国城市文化品牌发展指数排名前10的城市分为三个层次，北京文化品牌指数为0.733，是唯一指数在0.7以上的城市，遥遥领先国内其他城市；上海以0.601的得分位列第2；从第3名到第9名得分均在0.5—0.6，差距十分小，分别是重庆、成都、广州、天津、南京、杭州、西安；武汉排名第10，得分为0.488。

（一）北京

北京是我国的文化中心、国际交往中心和科技创新中心，传统文化和现代文明在此交相辉映，历史文脉与时尚创意相得益彰。古都北京，由此形成了独特、开放、充满活力与吸引力的城市文化品牌，在城市文化品牌发展指数榜单中拔得头筹。从二级指标来看，北京的文化独特性、文化开放性表现均为全国第1，文化吸引力得分排名全国第2，文化活力指数全国排名第3，各指标杰出的表现综合反映了北京强大的城市文化品牌魅力。独具魅力的传统文化与丰富多彩的当代文化相结合，彰显了北京文化独特性和开放性的光彩，重大节事和创新创业活动则增进了北京文化活力和吸引力。北京获得了2022年冬奥会主办权，成为历史上第一个既举办夏奥会又举办冬奥会的城市。与此同时，北京承古启今，将丝绸之路延续千年的商贸、文化、科技交流渊源进一步发扬光大，成为“一带一路”沿线国家之间交流和合作的重要平台。未来北京作为国际性文化大都会，应继续发挥首都的综合优势，致力于打造繁荣、文明、和谐的首善之区。

（二）上海

上海一度有“中国文化半壁江山”的美誉，多种文艺形式、流派在这里兴起，中西文化在这里融汇。

上海的城市文化品牌发展指数位列全国第2，指数得分为0.601。从具体指标得分情况来看，上海文化独特性和文化开放性得分位居全国第2，文化活力和文化吸引力指数得分也名列前茅。随着文化市场的不断活跃和文化氛围的显著提升，近年来，上海不断拓展城市文化内涵，上海国际电影节、中国上海国际艺术节、上海国际芭蕾舞比赛等知名文化品牌，在传承传统文化、提高市民文化素养的同时，已发展成为具有国际影响力的文化展示交流平台。此外，上海文化产业总体规模持续扩大，产业结构不断升级，文化贸易总量增长迅速，文化产业的跃进成为上海文化品牌升级的重要助推力量。上海坚持古为今用，中西贯通，追求卓越的文化品格。时至今日，上海依旧保持着江南文化的古典与雅致，国际大都市的现代与时尚，传达着“海纳百川，兼容并蓄”的海派文化魅力。

（三）重庆

重庆是西部开发开放的战略支撑点，是长江经济带西部中心的枢纽载体，也是长江上游地区经济中心、金融中心、商贸物流中心、科技创新中心、航运中心。

重庆的城市文化品牌发展指数位列全国第3，指数得分为0.538。其中文化独特性和文化吸引力指标排名靠前，这主要得益于重庆三千多年的悠久历史。以重庆为中心的古巴渝地区是巴渝文化的发祥地，拥有中国城市中最多的国家级古镇，包括有名的龚滩、涞滩、中山和磁器口四大古镇。重庆文化活力指数得分为0.305，位列全国第7。重庆的城市文化，既秉承了码头文化豪放的风格，也延续了巴渝文化中柔美的特征，在刚柔并济的创意张力中，演绎着城市独特的文化风情。此外，红岩文化、抗战文化以及以重庆火锅为代表的美食文化也是重庆的文化符号。相比其他三项指标，重庆文化开放性指标得分略微靠后（指数得分为0.452，排名为第12名）。重庆积极发展文化产业，成功创建7个国家级文化产业示范基地，建成37个特色文化集聚区，连续举办5届重庆文博会、9届中国西部动漫节，为推进重庆文化品牌“走出去”不断努力，成效不俗、引人注目。

（四）成都

成都是拥有两千多年建城史的历史文化名城，孕育了灿烂的古蜀国文化，以及历代众多的文人墨客。天府风光、道家文化、音乐诗歌文化、南丝路文化、大熊猫文化、川菜美食文化、茶馆文化等，是成都颇富魅力的城市文化名片。

成都的城市文化品牌发展指数位列全国第4，得分为0.533，与排名第 3 的重庆得分十分相近。值得注意的是，成都文化活力指标排名全国第 1，文化独特性、文化开放性和文化吸引力等指标也表现出色，排名都在全国前 10。2016 年 4 月《诗词大会》节目的播出，让成都这个古色书香的城市成为文化界的关注点。2017 年 4 月，“丝路之魂 · 敦煌艺术大展暨天府之国与丝绸之路文物特展” 在成都博物馆开展，持续 3 个多月的展览吸引了百万人次观众前来观展，引发热议。成都充分整合自身丰富的文化资源，打造了大熊猫生态文化、古蜀文化、三国文化、水文化、诗歌文化等系列文化形态，重点打造“音乐诗歌之都”“非遗之都”和“博物馆之都”三大城市文化品牌。同时以重大项目为带动，以骨干企业为支撑，通过文博旅游、创意设计、演艺娱乐、艺术品原创、动漫游戏等构建其文化产业发展的新格局。除此之外，还通过举行“创意设计周”“全球彩绘大熊猫”等系列活动引发网络口碑效应，让成都的城市文化品牌突显其不凡魅力。

成都积极推动成都城市文化走向世界、世界文化走进成都，城市国际声望和吸引力得到显著的提升。享有“天府之国”美称的成都，将继续发挥丰富多彩的城市魅力，进一步提升成都文化精神的根、魂、品、韵，打造更加成功的城市文化品牌。

（五）广州

世界文化名城、千年商都、会展之都、山水之都、南国明珠等是广州的城市名片，也是古老的广州与现代广州交相辉映的精华所在。

广州的城市文化品牌指数位列全国第 5，指数得分为 0.533。广州的文化开放性、文化活力、文化吸引力 3 个方面排名均在全国前 10。相对而言，广州的文化独特性指标稍显逊色，位列全国第 12 名。作为千年商都和海上丝绸之路发祥地，广州曾创造出灿烂辉煌的岭南文化。岭南画派、骑楼建筑、西关大屋、粤语、粤菜、粤剧、三雕一彩一绣无不彰显出独特的城市文化气质和深厚的城市文化底蕴。在传承岭南文化的基础上，广州吸纳融合了吴越文化、荆楚文化和中原文化特质，并吸收海外文化的精华从而培育、塑造出“包容并蓄”、充满创新活力和品质追求的城市文化氛围，得到海内外受众的欣赏。近年来，广州围绕建设国际文化创新中心、国际文化贸易中心和国际文化交往中心，不断增强文化自信，促进文化品牌做强做优，有力促进了广州文化开放性、文化活力和文化吸引力的发展。

（六）天津

天津是我国4个直辖市之一，是中国北方最大的沿海开放城市。作为国家历史文化名城和著名旅游城市，天津有着独特的城市文化记忆和文化资产。

天津的城市文化品牌指数位列全国第6，指数得分为0.516。其中文化活力高居全国第2名。2017年8月全运会在天津召开，“全运惠民，健康中国”的理念以及“取消金牌榜”的改革引起社会强烈反响，媒体好评如潮，让全国人民分享了一届久违了的既精彩激烈又风清气正的全运会，也为天津这座作为中国近现代体育与奥林匹克运动发源地之一的城市，增添了一个闪亮的名片。天津的文化开放性和文化吸引力在全国排名分别为第10、第5，表现出色。这主要得益于京津冀三地的文化互动，区域合力逐渐形成。天津文化创意产业以其独特的科技文化创新性、强大的产业带动能力和巨大的市场需求空间，为天津这座具有深厚历史积淀的城市注入了新活力、新动力，推动城市文化产业结构转型，并成为城市经济新的增长点。相比之下，天津的文化独特性指数得分略显逊色，在全国排第18位，尚要不断深入挖掘优秀的文化资源，创造出更多具有IP价值的城市文化产品、服务和品牌。

（七）南京

南京拥有得天独厚的“六朝文化”资源，因其完整的历史延续性及其丰富的史、情、景意蕴，成为中国四大古都之一，是享誉海内外的历史文化名城。如今更已发展成为一座经济繁荣的国际化大都市。

南京的城市文化品牌发展指数位列全国第7，指数得分为0.515。具体来看，南京城市文化品牌各指标发展相对均衡，文化独特性、文化开放性、文化活力和文化吸引力指标均在全国前10位，且相对集中在第6到第10。古城南京历史悠久，文化底蕴深厚。在数千年历史文化的积淀和滋润下，南京的物质和非物质文化遗产都十分丰厚，文化资源之丰富令国内许多城市难以望其项背。南京云锦、中国雕版印刷技艺、秦淮灯会、打罗汉、金陵金箔，绒花工艺、南京吆喝等无数珍贵的非物质文化遗产，成为这座古城的特色符号，也是留在人们心中的珍贵回忆。这张无价的文化清单是南京的荣光，也是南京宝贵的文化资产。此外，依托雄厚的科教资源和人才资源，南京也具备建设全国重要文化创意中心的条件。近年来，南京大力发展演出、新闻出版、动漫、影视等文创产业，并在各类文化产业增长中推动形成品牌效应，打响了南京城市文化的品牌。

（八）杭州

杭州风景优美，素有“人间天堂”的美誉，同时也是国家推行科技创新和“互联网＋”转型升级的重要试点城市之一。杭州向世界展示了中国的古典之美与现代华彩，向世界经济注入了中国智慧和中国力量。

杭州的城市文化品牌指数位列全国第8，指数得分为0.514。从具体指标来看，杭州的文化独特性指标排名第5，杭州是创新活力之城，电子商务蓬勃发展，为杭州增添了无限活力，科技、创新正在成为这座城市最闪耀的新特质。杭州文化品牌独特性指标表现优异，作为中国历史上著名的六大古都之一，西湖边的佳话、良渚城的曙光、吴越国的风韵镌刻着这座城市的辉煌文脉，也留存在世界文化遗产里。杭州文化开放性、文化活力与文化吸引力指标也处于较高水平，均排全国第8名。自从2007年杭州提出打造“全国创意产业中心”以来，杭州文化创意产业在近十年取得了高速发展。2016年，全市文化创意产业增加值实现2541.68亿元，按可比价计算，增长21.2%，高于全市GDP增幅11.7个百分点，占全市GDP的比重为23.0%。2017年9月21日，联合国世界旅游组织（UNWTO）正式发函祝贺杭州入选全球15个旅游最佳实践样本城市，这为杭州城市国际化又增添了一张“国际金名片”。

忆江南，最忆是杭州。杭州未来的城市文化品牌发展值得进一步期待。

（九）西安

西安，古称长安，是历史上著名的古丝绸之路的起点。“东有罗马，西有长安”是西安在世界城市发展历史上的地位写照。西安这座城市，犹如一部活的史书，一幕幕、一页页记录着中华民族的沧桑巨变。

西安的城市文化品牌指数位列全国第9，得分为0.510。其中文化独特性指标更高居全国第3名。十三朝古都西安是世界著名的历史文化古城，有3100多年的建城史和1100多年的建都史，有“天然历史博物馆”

的美称。这既给西安留下了丰富的历史文化资源，也造就了西安独特的文化气质。西安文化开放性指标与文化活力指标排名均未进入前10，但是近年来“一带一路”建设为西安文化品牌的建设与传播带来诸多新机遇。当前，西安致力于打造丝绸之路经济带上的国家级文化示范区，以形成对沿线地区的辐射和带动功能。此外，西安城市文化开放性和文化吸引力指标表现也不错。在深厚历史文化底蕴的基础上，西安的文化产业已颇具规模，国家级文化新区曲江新区板块、高新区板块、临潼文化旅游区等，所主推的盛唐文化品牌、文化创意产业品牌、生态旅游品牌，越来越被市场所认可，极大提振了古都西安的文化魅力。

（十）武汉

武汉处两江四岸、三镇鼎立，有“江城”的别称。武汉城市文化大气、厚重，蕴含着盘龙文化、荆楚文化、黄鹤文化、东湖文化、道教文化、佛教文化等气韵，为世人瞩目。

武汉的城市文化品牌发展指位列全国第10，得分为0.488。值得注意的是，武汉文化活力指数高居全国第4位。2017年11月1日即世界城市日之际，联合国教科文组织评选结果宣布武汉正式入选为2017年全球创意城市网络之“设计之都”。武汉以“老城新生”为口号，寄望加入创意城市网络来推进创意设计产业发展并让老城焕发新活力，而“武汉设计”的实力也为武汉申报提供了底气，终于水到渠成。目前，文化创意产业已成为武汉发展的新动力和支柱产业之一。此外，武汉的文化独特性、文化开放性、文化吸引力指标排名分别为第11、第15和第12，也颇具实力。

新晋“设计之都”的大武汉，在城市文化的现代化、国际化和品牌化之路上，正在迈出新的步伐。

四　中国城市文化品牌发展的问题与挑战

（一）全国城市文化品牌建设水平整体偏低，尤其缺乏文化发展活力

通过数据对比分析可以发现，城市文化品牌指数及对应的文化独特性、文化开放性、文化活力等各项三级指标都呈现出整体偏低的特点。城市文化品牌指数得分在0.5以上的城市仅有北京、上海、重庆、成都等9

个城市。另外，城市文化活力指标表现尤其偏弱，表明我国城市的文化影响力和文化创新能力还普遍不足。

在经济全球化、文化全球化的大背景下，城市文化建设水平直接影响到城市乃至国家在国际上的文化话语权。当前优秀的人才、资源、技术、资金等仍在不断地向先进的国际文化城市转移，我国城市文化品牌建设的任务十分艰巨。

（二）城市文化品牌建设流于浮泛，地方特色文化挖掘不足

综合全国城市文化品牌建设的路径和经验来看，不外乎在城市文化资源整合的基础上，进行城市文化定位、文化品牌的塑造及城市文化营销等。但在具体城市文化品牌定位和宣传手法上，却存在定位肤浅、目标雷同、个性缺失、营销手段趋同等现象，城市对自身文化特色和价值普遍缺乏深刻的挖掘。如城市定位上的国际化大都市、美食城市、文化旅游城市、宜居城市、生态城市等，比比皆是；音乐之都、动漫之都、艺术之都、博物馆之都、影视之都等，五花八门。在内容传播上，并未对受众群体、媒介选择、传播内容进行分析研究，过度看重电视、报纸、网络等媒体的曝光度，且大多停留在“点”上，而忽视了内容与手段的整合，造成城市文化品牌传播过程中仅仅是“三分钟热度”。短期眼球效应难以累积成坚固的城市文化品牌资产。

（三）城市文化品牌建设能力较弱，文化品牌成长生态系统缺失

城市文化品牌各要素构成了一个有机的生态体系，任何一个要素都可能直接或间接地影响到系统整体功能的发挥。一般来说，政府更加侧重城市文化影响力和吸引力，以吸引人才、带动投资，促进经济发展。而市民则更加看重城市文化的价值认同感和自豪感。本地企业的文化诉求，则多在于消费环境的培育。

目前，不少城市明确提出城市文化品牌定位，并通过城市文化基础设施建设、文化节庆活动以及各类营销推广进行城市文化名片的打造。但在实际运作过程中，大部分城市的文化品牌建设过度依赖政府推动，民间力量参与不足。此外，文化品牌建设规划缺乏专业高度，往往只见热闹不见效益，尚未形成政府、社会、企业及市民协同联动的机制，因而也令城市文化建设的自觉性、持续性以及经济和社会效益大打折扣。

五　城市文化品牌发展的对策建议

（一）借势借力，推动城市文化品牌建设

城市文化品牌建设应紧扣国家战略背景及大政方针来借势推进。如依托国际性论坛而成功塑造了有世界知名度的博鳌小镇，抓住“一带一路”倡议全力打造“21 世纪海上丝绸之路先行区”的泉州，依托体育盛会而声名鹊起的冬奥会举办城市张家口（崇礼），等等。借助国家战略和政策东风，城市知名度和文化影响力扩展往往事半功倍。

未来随着国家区域协同发展战略、“一带一路”行动及“双创”的深入推进，为城市文化品牌的更新和再造提供了难得机遇。各地城市应学习借鉴我国城市文化品牌领先城市的经验，结合本地实际扎实推进城市文化的建设，让城市文化特色、品位和城市文明水平不断迈上新的台阶。

（二）创新定位，量身订制发展策略

城市文化资源在很大程度上决定了城市文化品牌的定位方向。每个城市都有其独特的文化传统或创新性的现代文化，建设城市文化品牌首先要深入研究本地文化个性与特色，在文化定位的基础上制定城市文化的发展方略。比如同为十大古都的杭州与成都，在保护、传承和创新传统文化资源的基础上走出了不同的城市文化品牌道路。成都针对国际受众，成功确立了“熊猫文化”的城市标签，通过在美国有线电视新闻网（CNN）、英国广播公司（BBC）等西方主流媒体播放以“典型中国，熊猫故乡”为主题的城市宣传片，开展“成都全球招募熊猫守护者”活动，成功引起路透社、法新社等 160 家全球主流媒体报道。此外，更通过《功夫熊猫2》巧妙植入成都文化元素，及时开展相应的营销活动与传播，充分展现了成都的特色。杭州则确定了“生活品质之城”为杭州城市品牌，并围绕“生活品质之城”建立体验基地，开展生活品质系列论坛、会展、对话交流等，城市文化品牌得以确立和弘扬。

（三）整合资源，推动城市品牌与文化产业融合发展

文化产业是城市文化品牌建设的基础。文化产业其广泛的增值空间和强大的连带效应，能够推动城市诸多行业的发展，同时赋予城市文化品牌

以特色魅力。比如旅游、影视、会展、传媒、节庆等领域的发展，不仅能够给城市、企业、市民带来经济和社会的效益，同时也是城市文化品牌的传播手段，更有可能发展成为城市文化的副品牌或子品牌。一个城市拥有的特色文化品牌、子品牌越多，这个城市的文化品牌生态就越丰满、越有生命力，进而也越能在注意力稀缺的时代吸引受众的关注和认同，赢得更好的发展机会。

第五章　中国城市旅游品牌发展指数报告（2016—2017）

王明康*

随着国民旅游休闲时代的到来，城市作为重要旅游目的地的地位更加稳固。在旅游供给侧改革不断深化的背景下，要求城市旅游业提质增效的呼声越发高涨，城市旅游业发展路径由依赖资源与要素的大规模投入转向旅游技术提升与品牌创新的态势日趋明朗。与此同时，在“全域旅游”理念及京津冀协同发展、“一带一路”及长江经济带等区域发展战略的支撑下，不少新兴旅游城市崛起，城市旅游业竞争日趋白热化，无论对于较为成熟的传统型旅游城市，还是新兴的旅游城市而言，旅游品牌的塑造与传播既是城市旅游业提质增效的有效抓手，更是城市旅游竞争力的重要支撑。

本章中，中国城市旅游品牌发展指数主要通过旅游人气、旅游吸引力、旅游发展效益、旅游营销传播4个指标来评价。首先，旅游人气意味着游客对于城市旅游目的地的直接认可，是衡量城市旅游知名度的重要标志，是城市旅游品牌的重要表征。其次，旅游吸引力主要指城市较为知名的自然与人文旅游资源，是旅游业发展的核心依赖，也是旅游品牌塑造的有效物质载体。再次，旅游发展效益反映的是城市旅游目的地的成熟程度，意味着城市旅游品牌营销网络的完善与健全。最后，旅游营销传播为城市旅游品牌知名度的扩大和提升提供了有效的媒介。

* 王明康，中国社会科学院研究生院财经系2016级博士生。

一　总体发展态势

（一）总体发展态势

1. 城市旅游品牌发展水平总体较低

通过对2016—2017年287个城市的旅游品牌发展指数数值分析可以看出，中国城市的旅游品牌发展水平总体较低，其指数得分平均值为0.373，中位数值为0.368，均不足0.5。此外，在这287个城市中，有135个城市的得分值高于平均值，其余的152个城市的旅游品牌发展指数得分值低于平均值，这说明超过一半的城市旅游品牌发展水平处于较低层次。

2. 城市间旅游品牌发展水平差异明显

如图5－1所示，通过数据分析可以看出，中国旅游品牌发展水平较高的城市较少，得分值在0.5以上的城市只有23个，仅占总体的8%，其中得分值在0.6以上的城市仅有6个，得分值不足0.5的城市却有264个。具体来看，北京的旅游品牌发展水平最高，其指数得分值为0.781；其次是上海，其数值为0.745；重庆与杭州的得分值紧随其后，分别为0.727与0.631，这4个城市的旅游品牌得分值也明显高过其他城市。而排名后五位的城市分别为金昌、乌海、辽源、绥化与七台河，其得分值均不足0.180，显示了中国287个城市的旅游品牌发展水平差异较为明显。

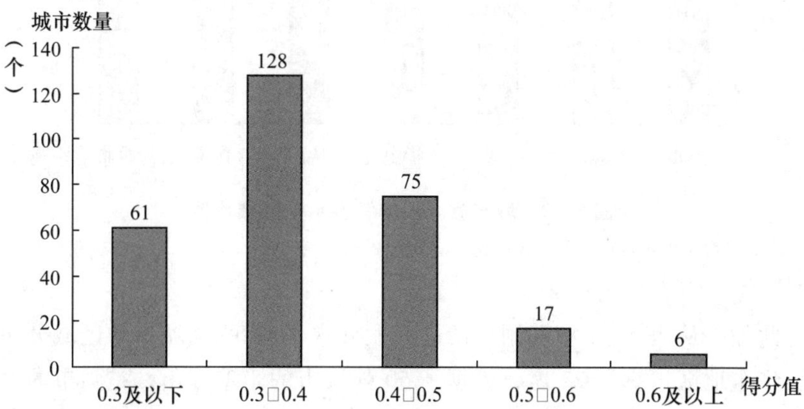

图5－1　城市旅游品牌得分值频数分布

资料来源：中国城市品牌发展指数（CBDI）。

（二）区域发展特征

1. 中国城市旅游品牌发展水平总体上呈现出东强西弱、中南均衡、西北落后及东北塌陷的分布格局

从图5-2可以看出，我国城市旅游品牌发展水平呈现出由东向西逐渐递减的阶梯式格局。我国华东地区的城市旅游品牌指数最高，其次是华北地区，两者的指数均值分别高达0.414与0.407，这说明东部地区是我国城市旅游品牌发展水平的第一梯度。我国华南地区、华中地区及西南地区的城市旅游品牌发展水平比较均衡，其指数均值分别为0.374、0.369及0.368，与总体均值（0.373）较为相近，是我国城市旅游品牌发展水平的第二梯度。我国西北地区的城市旅游品牌发展水平较为落后，其指数均值仅为0.322，是我国城市旅游品牌发展水平的第三梯度。而东北地区的城市旅游品牌发展水平在全国七大区域中处于最低层次，其指数均值仅为0.300，很显然，东北地区已经成为我国城市旅游品牌发展水平的第四梯度。

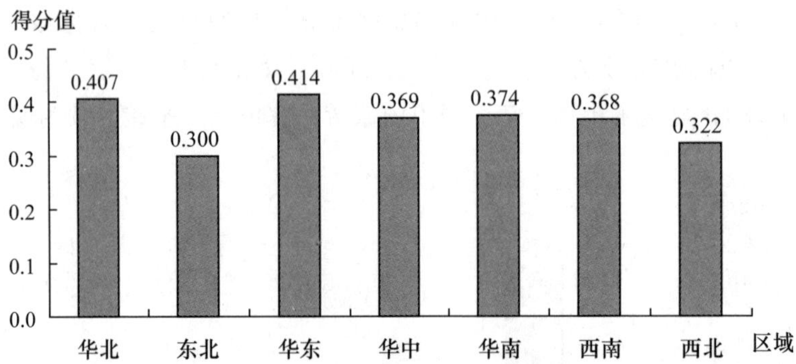

图5-2　城市旅游品牌发展水平区域均值

资料来源：中国城市品牌发展指数（CBDI）。

此外，从表5-1中我国旅游品牌发展水平前50强城市的区域分布来看，华东地区占据了22席，占据了50强城市的半壁江山，是强市的高度集聚区，而且入围的多数城市为经济发达的重点城市与著名旅游城市，赣州、上饶、金华及潍坊等新兴的经济城市与旅游城市开始崭露头角。华北地区也有9个城市入围，其数量仅次于华东地区，华中与华南地区分别占

有6席与5席，而西南、西北及东北地区入围的城市数量较为稀少，且均为省会城市。总体上来看，这也与城市旅游品牌发展水平的区域分布格局大致吻合。

表5－1　　我国旅游品牌发展水平前50强城市的区域分布

区域	城市数量	城市名称
华北	9	北京、天津、石家庄、晋中、承德、保定、邯郸、张家口、太原
东北	3	大连、哈尔滨、长春
华东	22	上海、杭州、苏州、南京、青岛、宁波、南昌、厦门、赣州、无锡、上饶、黄山、济南、金华、烟台、温州、潍坊、福州、绍兴、泰安、九江、济宁
华中	6	武汉、郑州、长沙、洛阳、宜昌、张家界
华南	5	广州、深圳、桂林、南宁、佛山
西南	4	重庆、成都、昆明、贵阳
西北	1	西安

资料来源：中国城市品牌发展指数（CBDI）。

2. 中国城市旅游品牌发展水平的区域差异呈现出东北、华北与西南较为突出，华东、华中及华南地区并不明显的格局

2016—2017年，我国城市旅游品牌发展水平的区域性差异较为明显，具体见表5－2。我国华北、东北及西南地区的城市旅游品牌指数标准差和变异系数均较高，说明无论是发展基础还是发展速度，这三个区域城市间旅游品牌发展水平均存在较为显著的空间差异。其中，从极差值来看，华北与西南地区的极差值均在0.5以上，其较高的数值也较好地佐证了这一点。此外，西北地区标准差较小，但变异系数较高，说明该地区城市旅游品牌总体水平偏低，但其发展速度差异明显。华东地区由于考评的城市数量最多，旅游品牌指数得分极差值较大，仅次于华北与西南地区，高达0.498。从总体来看，华东、华中与华南地区城市旅游品牌指数标准差和变异系数均较低，其值分别低于0.090与0.220，这也说明了这些地区城市间的旅游品牌发展基础与发展速度差异并不明显，显得较为均衡，尤其是华南地区的均衡程度最高，发展差异最小。

表5－2　　我国城市旅游品牌指数特征的区域描述

区域	城市数量	平均值	标准差	变异系数	最大值	最小值	极差
华北	33	0.407	0.110	0.271	0.781	0.156	0.624
东北	34	0.300	0.100	0.333	0.491	0.066	0.425
华东	78	0.414	0.088	0.213	0.745	0.246	0.498
华中	42	0.369	0.079	0.215	0.605	0.214	0.391
华南	37	0.374	0.067	0.178	0.581	0.259	0.322
西南	33	0.368	0.103	0.281	0.727	0.223	0.504
西北	30	0.322	0.092	0.286	0.581	0.164	0.417
总体	287	0.373	0.098	0.263	0.781	0.066	0.714

资料来源：中国城市品牌发展指数（CBDI）。

二　数据聚焦分析

（一）旅游品牌发展指数及各指标较高者多为区域中心城市与旅游名城，新兴旅游城市开始涌现

通过表5－3可知，无论是城市旅游品牌发展指数还是旅游人气、旅游吸引力、旅游发展效益及旅游营销传播4个指标，其得分值较高者多为直辖市、省会城市、经济发达城市及旅游名城，同时也有部分新兴城市开始崭露头角。

具体而言，就城市旅游品牌发展指数而言，居前10位的是四大直辖市、重要省会城市、区域中心城市及旅游名城。就5个指标而言，北京在各方面都入围前5，显示出了其旅游品牌发展的高水平与均衡性。而上海在旅游人气、旅游吸引力、旅游营销传播3个指标方面位居前3，显示了旅游品牌较为深厚的基础条件。重庆、成都、西安及杭州等旅游名城在多项指标方面也处于遥遥领先地位。

在旅游人气、旅游吸引力及旅游营销传播的前10强方面，传统的经济强市与成熟的旅游名城占据多数。与此同时，潍坊、宜昌等新兴旅游城市开始崭露头角。

而在旅游发展效益方面，10强城市除北京、昆明与南昌为省会级别城市外，其余均为旅游新兴城市，这与全域旅游的有效开展密切相关。其旅游业发展基础相对薄弱，后发优势明显，较高的旅游业增长速度带来了

较高的发展效益。

表 5 - 3　　城市旅游品牌发展指数十强排名

排名	城市旅游品牌发展指数	旅游人气指数	旅游吸引力	旅游发展效益	旅游营销传播
1	北京	上海	重庆	昆明	北京
2	上海	北京	北京	南昌	上海
3	重庆	重庆	上海	钦州	杭州
4	杭州	天津	苏州	北京	成都
5	成都	武汉	西安	临沧	重庆
6	武汉	成都	潍坊	上饶	广州
7	苏州	杭州	武汉	濮阳	深圳
8	天津	深圳	杭州	六盘水	厦门
9	广州	广州	成都	赣州	南京
10	西安	西安	宜昌	遵义	西安

资料来源：中国城市品牌发展指数（CBDI）。

（二）城市旅游品牌发展指数与旅游人气呈现出高度的正相关性，而与旅游发展效益相关性程度较低

利用 SPSS 统计软件进行相关性分析，具体结果见图 5 - 3，城市旅游品牌发展指数与 4 个指标的相关系数值基本在 0.7 以上，说明其总体相关程度较高，正向关系比较明显。具体而言，城市旅游品牌发展指数与旅游人气相关程度最高，其相关系数值为 0.880，说明我国城市旅游品牌的营销与塑造主要借助于大规模游客群体的口碑传播。其次相关程度较高的是旅游营销传播与旅游吸引力，其相关系数值分别为 0.855 与 0.795。究其原因，一方面，旅游营销传播为城市旅游品牌知名度的扩大和深化提供了有效的载体和工具。另一方面，旅游吸引力构成我国城市旅游品牌的内核，在其塑造及提升的过程中至关重要。而城市旅游品牌发展指数与旅游发展效益的相关系数最低，仅为 0.699，这主要是由于我国大部分城市旅游发展及效益提升对于要素投入依赖较大，而缺乏有效的品牌支撑及创新驱动。

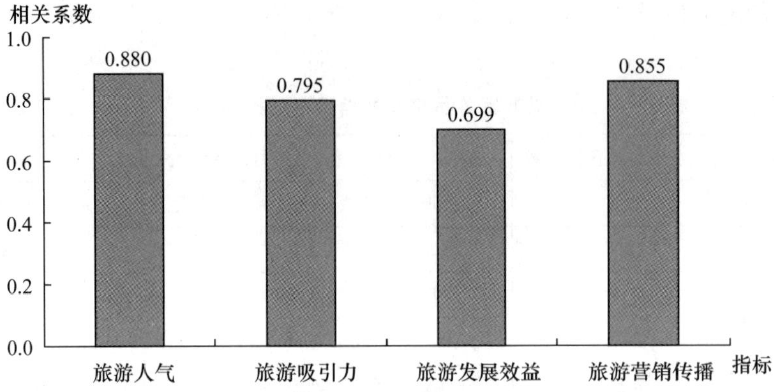

图 5－3　城市旅游品牌发展指数指标的相关分析

资料来源：中国城市品牌发展指数（CBDI）。

（三）旅游人气水平较高，其余三个指标发展水平较低

通过表 5－4 可知，在城市旅游品牌发展体系中，旅游人气得分均值最高，达 0.629。在国民旅游休闲时代，大众出游成为常态，作为重要旅游目的地的城市系统，接纳的国内外游客规模不断扩张，为旅游品牌的营造与传播提供较好的客流载体。而旅游吸引力、旅游发展效益及旅游营销传播得分值均较低，不足 0.4。这既说明我国城市在提升旅游吸引力与促进旅游经济高效增长方面存在较大的空间，同时也表明“互联网＋旅游”的实施力度、智慧旅游城市的建设深度及旅游信息平台的创建强度有待完善。

就区域分布而言，我国华东地区在旅游人气、旅游吸引力及旅游营销传播方面的得分均值最高，这与该地区经济发展水平高、旅游资源丰富及旅游信息化程度较高有关。西南地区的旅游发展效益得分值最高，主要因为该地区旅游基础薄弱，但旅游资源丰富，后发优势强劲，旅游业发展速度较快。华北地区在旅游吸引力、旅游发展效益及旅游营销传播等指标方面占据一定优势，说明该地区城市具有良好的旅游资源条件，旅游信息化程度较高，京津冀协同发展战略的深入实施不断提升着旅游品牌的关注度。华南地区在旅游人气方面占据一定优势，其得分值仅次于华东地区。而东北地区的多个指标得分值在七大区域中均最低，是城市旅游品牌重点提升的区域。

表 5 – 4　　**我国城市旅游品牌发展指标的区域描述**

指标	总体	华北	东北	华东	华中	华南	西南	西北
旅游人气	0. 629	0. 651	0. 568	0. 686	0. 633	0. 680	0. 583	0. 507
旅游吸引力	0. 278	0. 328	0. 185	0. 337	0. 310	0. 218	0. 226	0. 261
旅游发展效益	0. 317	0. 356	0. 244	0. 333	0. 287	0. 318	0. 390	0. 271
旅游营销传播	0. 269	0. 291	0. 203	0. 301	0. 246	0. 279	0. 273	0. 249

资料来源：中国城市品牌发展指数（CBDI）。

（四）城市旅游品牌发展指数的各项指标均呈现出偏态分布

利用 SPSS 软件绘制城市旅游品牌发展指数各项指标的频数分布直方图，如图 5 – 4 所示，各项指标均呈现出偏态分布。具体而言，旅游人气的频数分布数值主要集中在右侧，大部分城市的旅游人气得分值在 0. 5—0. 8，

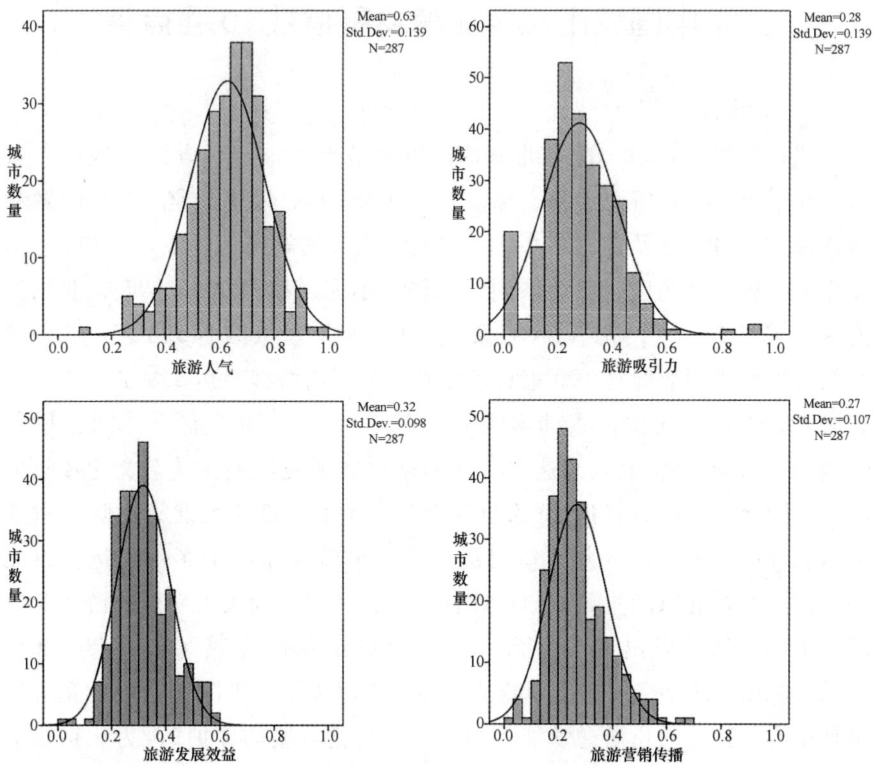

图 5 – 4　我国城市旅游品牌发展指标频数分布

资料来源：中国城市品牌发展指数（CBDI）。

在该区间的城市有 215 个，占比为 74.9%；得分值在 0.8 以上的城市有 27 个，占 9.4%，这也验证了我国城市旅游人气指数得分值较高，高指数值的城市也占据一定比例，也揭示了我国城市旅游业发展规模日渐扩大。旅游吸引力、旅游发展效益及旅游营销传播的频数分布数值主要集中在左侧。其中，旅游吸引力得分值为 0.1—0.5 的城市有 251 个，占比 87.5%；得分值在 0.8 以上的城市仅有重庆、北京与上海。旅游发展效益得分值为 0.1—0.5 的城市有 269 个，占比 93.7%；得分值在 0.5 以上的城市仅有 16 个；而没有一个城市旅游效益均值达到 0.6 以上。旅游营销传播得分值为 0.1—0.5 的城市有 270 个，占比 94.1%；得分值在 0.6 以上的城市仅有北京与上海。从以上数据可以看出我国大部分城市在旅游吸引力、旅游发展效益及旅游营销传播方面发展水平较低，发展并不均衡，尤其是旅游发展效益亟须提升。

三　中国城市旅游品牌发展指数 10 强点评

（一）北京

北京是我国首都，也是北方地区重要节点城市与环渤海地区中心城市。北京历史文化资源丰富、都市人文景观多样，除了故宫、长城、颐和园等传统知名景点及老北京小吃、胡同、四合院等民俗资源外，798 艺术创作区、后海文艺区、奥运系列景观层出不穷。截至 2016 年底，北京拥有 A 级景区 227 家，其中 5A 级景区 8 家；拥有星级酒店 528 家，其中四星级与五星级酒店合计 190 家；全年共接待国内游客高达 2.8 亿人次，外国游客 354.8 万人次；累计实现旅游总收入高达 5021 亿元，同比增长 9%，其中旅游外汇收入高达 50.7 亿美元。北京还是我国著名文化传媒中心及国际交往中心，将近 50 家世界 500 强企业总部集聚北京，除了举办两届 APEC 会议、2008 年夏季奥运会外，2022 年举办的冬季奥运会将成为向世界推荐北京的重要窗口。除此之外，北京市为大力发展旅游业及塑造旅游知名品牌做出许多努力。《北京城市总体规划（2016 年—2035 年）》提出“将北京市定位为政治中心、文化中心、国际交往中心及科技创新中心，强化城市游憩功能，加强历史文化名城的保护”，为北京旅游品牌塑造提供规划指导。总之，北京市深厚的旅游发展基础，现代化的服务配套，科学的规划与引导，强大的品牌宣传与节事营销能力，为北京市旅游品牌塑造和推广奠定良好基础。

（二）上海

上海是我国著名的经济中心、金融中心及对外开放中心，也是长三角地区的领导型城市。截至2016年底，上海GDP高达2.7万亿元，其中第三产业产值高达1.9万亿元，雄厚的经济条件与产业结构的持续优化为旅游业发展提供重要的物质基础。截至2016年底，上海拥有A级景点97个，其中3家5A级景区；星级酒店238家，其中五星级酒店共有70家；全年共接待国内游客高达3亿人次，入境游客854.4万人次；累计实现入境旅游外汇收入与国内旅游收入分别达65.30亿美元与3443.93亿元，同比分别增长9.6%与14.6%，可见其旅游产业发展效益较高。作为世界知名的金融中心与对外交往中心，其旅游知名度与日俱增。2010年世博会为上海建设世界著名旅游城市奠定良好的基础，上海还被全球最权威的世界城市研究机构之一的GaWC评为世界一线城市。上海城市国际知名度的整体提升有效带动了其国际化旅游品牌的塑造，而吴淞口国际邮轮港、迪士尼乐园的建成运营均为上海旅游品牌塑造与传播起到锦上添花的作用。《上海市旅游业改革发展“十三五”规划》提出将上海定位为“一带一路”旅游重要节点城市、长江国际黄金旅游带和长三角地区旅游核心城市，将上海打造成具有全球影响力的世界著名旅游城市，这均为上海旅游品牌的塑造与传播提供有效的政策支持与保障。

（三）重庆

重庆是我国四大直辖市之一，西南地区综合交通枢纽和最大的工商业城市，同时也是国家历史文化名城，有“中国火锅之都”“中国会展名城”“世界温泉之都”之称。截至2016年底，全市拥有A级景区214个，其中4A级以上景区83家；全年共接待入境旅游者316.6万人次，实现旅游外汇收入16.9亿美元，同比分别增长12.1%和14.9%，显示出了较好的旅游发展基础。重庆市拥有丰富的旅游资源，著名景点有大足石刻、丰都名山、酉阳桃花源、长江三峡及朝天门等。《重庆市建设国际知名旅游目的地“十三五”规划》提出“将重庆建设为国际大都市旅游目的地、大三峡国际黄金旅游目的地、大武陵生态民俗旅游目的地”的战略目标，为重庆旅游品牌塑造提供重要的规划导向。除此之外，重庆创新旅游营销方式，加大微博、微信、手机互动等新媒体营销力度；大力举办西部旅游产业博览会、中国长江三峡国际旅游节、渝东南生态民族旅游文化节等品牌节庆活动；积极推进旅游与中新项目、渝新欧国际化合作体系以及渝台合作机制等重庆对外合作体系的融合，建立“经济 + 旅游”“文化 + 旅游”“开放 + 旅游”等多种类型的国际推广渠道；积极参加国家旅游局统一组织的海外推广活动，积极参加国内外重要展会，拍摄美国 ABC 电视台专题片、《新三峡》等旅游宣传影视作品，以此提升重庆旅游品牌的美誉度与知名度。

（四）杭州

杭州是长江三角洲城市群的中心城市之一、中国重要的电子商务中心之一与新一线城市，也是 2016 年 G20 峰会的重要举办地，是中国著名的休闲之都。截至 2016 年底，杭州市拥有 A 级景区 70 家，其中 5A 级及 4A 级景区合计 37 家。星级酒店达到 173 家，其中五星级及四星级酒店共计 70 家，全年共接待入境游客 362.2 万人次，国内游客 1.37 亿人次，共实现旅游总收入高达 2571.8 亿元，旅游外汇收入高达 31.5 亿美元。杭州市主打以西湖、大运河“双遗产”、千岛湖、西溪湿地景区为龙头的自然观光产品及以“经典古都”“东南佛国”“水韵杭州”为主打的文化体验产品，均为城市旅游品牌塑造提供较好的产品基础。与此同时，杭州积极开展国内外旅游营销活动，牵头成立“京杭大运河城市旅游营销联盟”，并开展了“马可·波罗与杭州”系列旅游宣传营销活动，政府部门也围绕把杭州建设成“国际重要的旅游休闲中心”的发展目标，积极实施“旅游全域化”与“旅游国际化”的发展战略，为杭州旅游品牌知名度提升奠定良好的基础。

（五）成都

成都素有“天府之国”“蜀中江南”“蜀中苏杭”的美称，是西南地区中心城市，也是西部地区的金融中心与交通枢纽，成渝城市群的核心城市。截至 2016 年底，成都拥有三星级及以上的酒店 97 家，旅行社 466 家。全年共接待国内游客 2 亿人次，入境游客 273.3 万人次，实现国内旅游收入高达 2425.6 亿元，旅游外汇收入 12.4 亿美元。成都市既拥有都江堰、武侯祠、青城山、杜甫草堂、金沙遗址等众多名胜古迹，也拥有川剧、变脸、茶馆、川菜等大众通俗休闲文化，“休闲之都”“东方伊甸园”“世界田园城市”“2016 中国年度十大活力休闲城市”等荣誉称号更是让成都休闲旅游品牌得到有效塑造与传播。《成都市旅游业发展“十三五”规划》提出了打造“世界旅游目的地城市”的目标，通过依托熊猫故乡、美食之都、音乐之都、蜀绣蜀锦等城市名片，积极构建遗产观光、蓉城休闲、时尚购物、美食体验、商务会展、文化创意、养生度假七大世界级的旅游产品体系，这为成都旅游品牌的营造传播创造良好的条件。

（六）武汉

武汉是华中地区的中心城市、长江中游城市群的核心城市，也是国家历史文化名城、楚文化的重要发祥地，2016 年发布的《长江经济带发展规划纲要》将武汉列为超大城市。截至 2016 年底，武汉市拥有知名景区 37 家，星级以上酒店 78 家，全年共接待入境游客 225 万人次，国内游客 2.3 亿人次，共实现国内旅游收入 2398 亿元，旅游外汇收入 156.1 亿美元。武汉近年来先后获得了“中国优秀旅游城市”“全国旅游标准化示范城市”“全国十佳智慧旅游城市”及“国家级旅游业改革创新先行区”等称号，为武汉旅游品牌传播提供良好的形象载体。此外，武汉市政府高度重视旅游业品牌塑造与营销，积极塑造“大江大湖大武汉”城市旅游形象，赴国内外 100 余个城市或地区举办了多批次旅游专题推介会。“十二五”期间，武汉相继开通了巴黎、旧金山、莫斯科、黄金海岸、罗马 5 条洲际直达航线，以此开辟国际旅游新渠道；先后在法国巴黎、澳大利亚黄金海岸、新加坡三地设立了武汉旅游海外推广中心，并发布《武汉市旅游业发展“十三五”规划》，提出“打造世界知名滨水旅游休闲名城、建成国家旅游中心城市与长江黄金旅游带的脊梁”的定位目标，为武汉城市旅游品牌提供有效的政策支撑。

（七）苏州

苏州是我国历史文化名城，也是长三角城市群的中心城市之一。2016 年 1 月，苏州被住房和城乡建设部评为首批“国家生态园林城市”。2016 年 2 月，苏州被国家旅游局评为首批国家全域旅游示范区。截至 2016 年底，苏州共有 6 家 5A 级景区，36 家 4A 级景区，29 家五星级酒店。全年共接待国内游客 1.1 亿人次，其中入境游客 161.3 万人次。实现旅游总收入高达2078亿元，其中旅游外汇收入21.6亿美元。显示了苏州旅游业的重要地位与作用。苏州旅游业主打江南古典园林与水乡古镇风情两张品牌，辅以魅力太湖风景、时尚浪漫新城等旅游精品，不断推出遗产文化游、苏式生活文化游、苏式MICE、水乡古镇休闲度假游等多元化旅游产品，这均为苏州旅游品牌的塑造提供坚实的内核。近年来，苏州的旅游品牌知名度不断提升，其内涵也不断扩展，先后荣获首批“中国旅游休闲示范城市”“最具文化创意旅游城市”与“最佳文化风景MICE目的地”等称号。《苏州市旅游业发展“十三五”规划》提出将苏州打造成“国际知名文化旅游目的地”，并通过打造国际化旅游公共服务体系与国际化营销合作，推动苏州旅游品牌国际知名度有效提升。

（八）天津

天津是我国四大直辖市之一，环渤海地区经济中心、京津冀城市群的核心城市，也是夏季达沃斯论坛常驻举办城市。截至2016年底，天津市共有A级及以上景区107个，星级酒店87家，旅行社447家。全年共接待入境旅游者达335万人次，实现入境旅游外汇收入达35.6亿美元，同比分别增长2.8%与7.9%。在“一带一路”、天津自贸试验区建设及京津冀协同发展战略层面指引下，《天津市旅游业发展“十三五”规划》提出将天津建设成“国际旅游目的地、集散地和旅游装备产业基地”，并着力打造“近代中国看天津”的核心旅游品牌，并提出了“国门港、世界城”的总体旅游形象，借助中国旅游产业博览会、近代中国看天津文化游、都市博览游、海河风光游、滨海休闲游及山野名胜游六大旅游品牌系列产品和“天天乐道、津津有味”宣传品牌的影响力，天津市旅游品牌的营造传播得到了良好的助推。

（九）广州

广州是国家中心城市、国家历史文化名城，被全球最权威的世界城市研究机构GaWC评为世界一线城市，同时也是中国最佳商业城市，世界500强企业总部集聚地。截至2016年底，全市共接待过夜旅游者5940.6万人次，实现旅游业总收入达3217.1亿元，分别比上年增长5.0%与12%。其中，入境旅游者861.9万人次，实现旅游外汇收入62.7亿美元，分别比上年增长7.3%与10.1%，展现了良好的旅游业发展基础。广州市旅游资源丰富，文化古迹众多，自然风光独特，著名景点有白云山、长隆旅游度假区、沙湾古镇、圣心大教堂、南越王博物馆、中山纪念堂、黄埔军校及从化温泉等。《广州市旅游业发展第十三个五年规划》提出打造“海上新丝路”与“千年商都”两大世界级旅游名片，形成“珠江画廊”“食在广州”“会奖之都”“南国花城”“创意广州”“革命之都”等一批具有国际吸引力的优质旅游品牌。与此同时，广州通过细化营销举措，明确市场定位，塑造“花城广州”的旅游主题形象，以此提升城市旅游品牌的市场影响力。

（十）西安

西安是西部地区中心城市，联合国教科文组织1981年确定的“世界历史名城”，也是中国四大古都与中华文明重要发祥地之一，丝绸之路的东方起点。西安作为十三朝古都，历史文化资源尤为丰富，境内有秦始皇陵及兵马俑、大雁塔、小雁塔、唐长安城大明宫遗址、汉长安城未央宫遗址、兴教寺塔等重要遗产旅游资源。此外，西安还拥有帝王陵墓有72座，钟鼓楼、古城墙等古建筑700多处。截至2016年底，西安市共有A级及以上景区74个，旅行社353家。全年共接待国内外游客1.5亿人次，实现旅游总收入达1213.8亿元，同比分别增长10.4%与13.1%。西安主打世界遗产西安游、东方文化修学游及秦岭生态休闲游等国际知名品牌，积极推广“华夏故都、山水之城”的城市旅游形象。而《西安市旅游发展总体规划》也提出将西安打造成“国际一流旅游目的地、世界东方文化旅游之都、华夏文化旅游圣城”的战略目标。此外，西安相继获得“中国优秀旅游城市”“国家园林城市”“国家森林城市”与“国家卫生城市”等称号，这无疑为西安城市旅游品牌的塑造与传播创造良好的条件。

四　中国城市旅游品牌发展的问题与挑战

（一）旅游产品吸引力不足，旅游品牌塑造缺乏有效支撑

通过前文的数据分析可知，我国城市旅游品牌发展指数与旅游吸引力指数相关程度较高，但旅游吸引力指数得分却较低，这无疑使得城市旅游品牌塑造缺乏有效的支撑。众所周知，旅游吸引力表征着旅游资源的丰富度与文化内涵的深厚度。随着国民休闲时代的到来，散客游、自助游兴

起，旅游活动呈现出深度化、个性化、多元化的发展趋势。以自然观光为主要内容的传统景点旅游对游客的吸引力显著下降，游客对城市整体景观及文化内涵的关注度明显提升，借助传统的城市自然景观所塑造的品牌必然是片面的、低层次的，无法提升城市旅游业的整体吸引力。而我国大部分城市在城市文化内涵的挖掘与利用方面存在不足，导致城市品牌特色化不足，无法形成有效的竞争优势，对于带动城市旅游业整体水平的提升作用有限。

（二）旅游发展效益不高，品牌驱动作用有待发挥

通过前面的数据分析可知，我国城市旅游品牌发展指数与旅游发展效益指数相关程度最低，而且其总体得分值也较低，说明城市旅游发展效益的提升与城市旅游品牌的关联度不高，缺乏旅游品牌驱动，城市旅游效益显得较为低下。从旅游发展效益得分排名前十强可以看出，入围前十强的城市多为新兴旅游城市，其凭借后发优势获得旅游业高速发展。而入围的传统知名旅游城市数量却较少，这些城市旅游业发展似乎进入瓶颈期，增速放缓，效益提升空间有限。大多数知名旅游城市的旅游业进入新常态时期，一贯依靠资源要素大规模投入拉动旅游业增长及效益提升的后劲不足，发展的可持续性较差，旅游品牌驱动作用有限。新兴旅游城市依靠要素粗放型投入获得旅游业高速发展，必然也会走与传统旅游城市相类似的道路，旅游品牌塑造与提升势在必行。

（三）城市旅游品牌区域失衡严重，品牌联动机制有待健全

从我国城市旅游品牌指数分布格局来看，其区域失衡状况较为严重，我国华东、华北及中南等地区城市旅游品牌指数较高，借助于京津冀协同发展战略、长三角及长江经济带发展战略的带动与辐射，新兴旅游城市不断涌现，受到的关注度不断提升。但西北、东北地区的城市旅游品牌指数较低，较为明显的是，在我国城市旅游品牌指数后十位的城市中，东北地区就占据六席，西北地区也占据了三席。西北地区由于社会经济条件落后，其信息化与智能化基础薄弱，旅游信息媒介与平台建设相对不足。而东北地区大多数资源型城市面临产业转型，旅游品牌的设计与塑造显得较为急迫。此外，我国城市品牌指数分布不均衡，不利于城市整体旅游品牌的塑造与对外传播。

五　塑造中国旅游品牌的对策建议

（一）运用旅游新理念，全方位提升城市旅游吸引力

面对个性化、多元化及散客化的旅游需求，积极加强旅游供给侧结构性调整，完善与扩大旅游有效供给。首先，突破城市景点旅游思维，在“全域旅游”理念指导下，整合城市一切特色要素与有效资源，深入挖掘城市文化内涵，对城市整体旅游氛围与社会环境进行有效的维护与塑造，使得城市旅游资源不仅包括景点，同时也囊括城市的生态、社会氛围、居民生活等各方面，从而不断延伸旅游吸引力的外延与内涵。其次，积极促进旅游与其他产业融合，发挥“旅游＋”的有效作用，借助于工业、商业、娱乐、体育、医疗等其他产业扩大旅游产业资源的内容。最后，继续强化“文化立市”战略，在深入挖掘传统特色文化的基础上，吸取借鉴外来文化相关营养，使得城市旅游品牌既有城市整体旅游氛围的面子，也有城市特色文化精髓的里子，从而有助于城市旅游吸引力的提升，形成旅游吸引力与城市品牌的良性循环互动。

（二）通过品牌驱动城市旅游业提质增效

众所周知，品牌的塑造不仅仅在于设计与传播，更是在旅游实践中不断调整与充实，根据城市建设现状与市场需求不断完善。在城市旅游业依靠传统要素投入模式实现增长的空间有限背景下，如何通过完善与扩充城市旅游品牌，进而驱动城市旅游业提质增效显得尤为重要。我国许多知名的旅游城市在这方面做出了很好的表率。例如，北京通过提出疏散非首都功能，通过打造“四个中心”——政治中心、文化中心、科技中心及国际交往中心，为首都旅游品牌提供新的发展内涵。随着国民休闲时代到来，杭州通过打造“休闲之都”品牌，强化休闲功能，为旅游品牌增添新的内容。成都通过强化宜居城市与世界田园城市建设，将宜居城市品牌与旅游休闲产业相融合，为旅游品牌塑造提供新的形象载体。对于新兴城市而言，其旅游业发展在依靠要素资源投入的基础上，根据城市建设特色，依靠品牌吸引驱动旅游业效益提升显得较为必要。

（三）借助区域发展战略，实施城市旅游品牌联动与提升

一方面，借助于区域发展战略，实施落后城市的旅游品牌建设，比如通过“一带一路”倡议的信息化建设、区域化互联互通及国际交往与合作机制助推西北城市旅游品牌有效塑造。通过振兴东北老工业基地战略，在积极推动东北地区资源型城市转型过程中，积极发挥旅游产业融合与联动功能，创新“旅游＋工业”“旅游＋装备制造”“旅游＋遗产”等新模式，塑造新型的城市旅游模式与品牌。另一方面，促进城市的区域性旅游品牌的创建，积极构建城市旅游品牌联盟，京沪高铁旅游城市联盟就是较为典型的区域性城市旅游品牌营销案例。通过整体联盟型旅游品牌的培育与打造来弥补单个城市品牌知名度不足的缺陷。因此，推动“一带一路”城市旅游联盟、东北旅游推广联盟的有效作为，可以有效促进落后区域的城市旅游品牌整体塑造与提升。

第六章　中国城市投资品牌发展指数报告（2016—2017）

李泽锋*

投资品牌作为城市整体品牌的重要一部分，对一个地区的经济发展起着至关重要的作用。拥有良好投资品牌的城市能够吸引投资者进行经营性投入和运行，推动资本、技术和人力资源等要素的流入，使得城市通过产业的发展提高经济实力，从而不断加强基础设施建设，增强产业配套能力，改善民生条件，集聚满足产业发展的各类人才，进而创造出更有吸引力的投资创业和生活环境，使城市步入可持续发展的良性循环。投资品牌的建设与城市的发展方向具有高度的一致性。

本章所构建的中国城市投资品牌主要指标包括：要素质量、经济基础、创新创业潜力、投资营销传播等二级指标。要素质量主要反映城市投资品牌之下的现有投资要素情况；经济基础主要反映城市的经济状况及经济预期；创新创业潜力主要反映现阶段的城市的创新实力，体现城市投资的未来潜力；投资营销传播主要反映来城市的投资营销及城市投资口碑。

一　总体发展态势

（一）总体发展态势

1. 城市投资品牌两极分化严重

现阶段，不同城市间的投资品牌发展指数差距较大，大城市投资品牌

* 李泽锋，宁波城市职业技术学院、宁波大学职教学院专任教师。研究方向：文化旅游、区域旅游产业发展、城市营销。

优势明显。投资品牌最高的城市指数为0.787，而最低城市仅为0.092，处于两个极端；排名最高的10个城市的指数平均值为0.650，排名最低的10个城市的指数平均值仅为0.129，两者差异显著。大城市优势明显，在排名前10的城市中，北、上、广、深4个一线城市位于前4位，其余的杭州、南京、苏州、天津、厦门、武汉等也都是大城市。大城市的资源集中程度高，交通优势显著，人才吸引力强，经济活跃度高，投资政策完善，有更好的投资氛围，因此，投资吸引能力强，城市投资品牌容易树立。

2. 城市投资品牌呈现阶梯分布，华东区域遥遥领先

城市投资品牌呈现阶梯分布，投资品牌指数均值华东区域遥遥领先。在区域均值中，华东区域城市投资品牌发展指数平均值最高，为0.344。华南、华北紧随其后，分别为0.307和0.299。其次分别为华中、东北、西北及西南，4个区域之间城市投资品牌整体水平差距不大，指数平均值为0.248—0.267，详见图6－1。

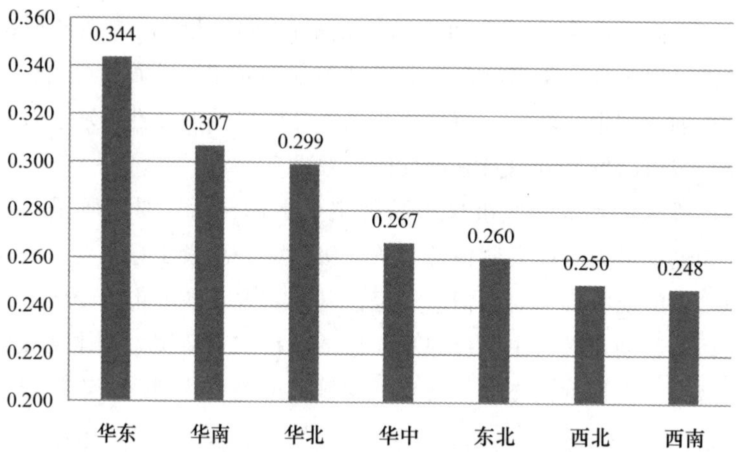

图6－1　不同区域间的城市投资品牌发展指数平均值

在具体城市位次中，可以发现华东区域遥遥领先。在城市投资品牌发展指数前30强中，华东区域进入13个城市，占前30强的有43.33%。在城市投资品牌发展指数前100位中，华东区域进入45个城市，占比几乎达到一半。其次为华南区域，城市投资品牌发展指数前30位中占16.7%的名额，前100位中占比为14%。西南、西北区域城市投资品牌发展指

数前 100 位的占比最低，占比均为 6%（表 6－1）。

表 6－1　　城市投资品牌发展指数各位次城市数目

指数位次	华北	华东	华南	西南	华中	西北	东北
1—10 位	2	5	2	0	1	0	0
11—30 位	0	8	3	3	2	1	3
31—100 位	8	32	9	3	8	5	5
前 30 强总计	2	13	5	3	3	1	3
前 30 强占比	6.67%	43.33%	16.7%	10%	10.00%	3.33%	10.00%
前 100 强总计	10	45	14	6	11	6	8
前 100 强占比	10.00%	45.00%	14.00%	6.00%	11.00%	6.00%	8.00%

对于投资而言，每个区域中心城市都有很多投资机会，也容易吸引投资者。如成都，虽然处于西南，但是作为区域中心城市，投资吸引力强，城市投资品牌发展指数高居第 11 位。此外，纵使东部沿海区域也同样有投资吸引很弱的城市，如汕尾，虽处广东，但是城市投资品牌发展指数仅位于第 261 位。

整体上，在前 30 位和前 100 位的城市中，华东、华南沿海地区城市投资品牌发展指数高的城市多，而西南、西北城市投资品牌发展指数高的城市少。对于东部沿海地区而言，自古有便利的交通优势，人才流通频繁，是通商、投资、贸易等的首选之地，更容易培育出高投资吸引的城市。

3. 城市投资品牌发展指数与中国城市品牌发展指数（CBDI）一致性高

分析城市投资品牌发展指数与 CBDI 总指数的关系可以发现，两者的一致性较高。城市投资品牌发展指数基本围绕 CBDI 总指数线性曲线上下浮动，详见图 6－2。从中可以反映出城市投资品牌发展与整体城市品牌的内在联系。现阶段，很多城市还没有树立起明确的城市投资品牌，投资形象及对投资的吸引往往建立在整体城市品牌之上，通过整体城市品牌的延伸，树立城市投资口碑，吸引外来投资。城市品牌的树立与推广的确能够带动城市的投资规模，但是在没有城市投资品牌的专项确立、宣传、推广下，城市投资吸引很难有质的飞跃。

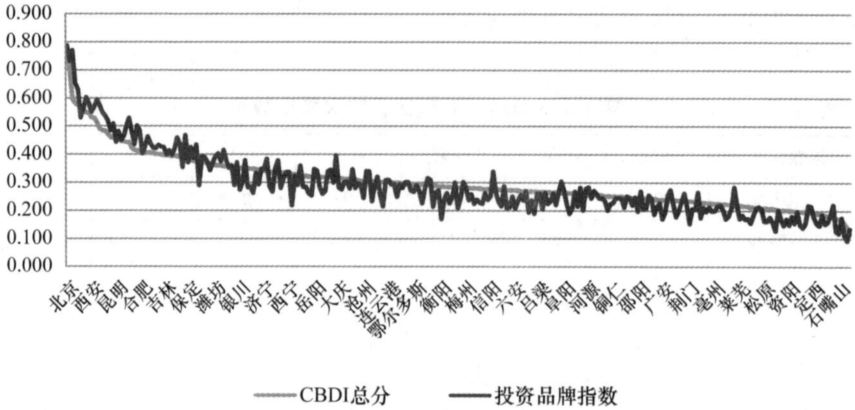

图6－2 CBDI总分与城市投资品牌发展指数的关系

（二）区域发展特征

1. 华东：绝大多数城市投资品牌发展指数高于全国平均值，江浙沪表现抢眼

只有华东区域有过半城市投资品牌发展指数高于全国平均值。在进入样本数的78个城市中，有46个城市的投资品牌发展指数超过全国平均值，占比达58.97%，比例远高于其他区域，详见表6－2。华东区域中江浙沪的表现抢眼，上海的城市投资品牌发展指数高居全国第3，仅次于北京和深圳。浙江杭州、江苏南京、江苏苏州分列全国的第5位、第6位、第7位。而安徽、江西两省在华东区域的城市投资品牌发展指数排名中相对落后，华东区域的后十位，除了山东莱芜，其余全为安徽、江西两省城市。

2. 华南：广东城市投资品牌两极分化严重，广西相对落后

华南区域有37个城市进入统计样本，其中有14个城市的城市投资品牌发展指数高于全国平均值，占样本量的37.84%。深圳市的城市投资品牌发展指数在华南区域内最高，在全国仅次于北京，指数值为0.770。从样本数据中可以发现，广东城市投资品牌两极分化严重，广东省的深圳、广州、东莞位于华南区域的前四位，而同样广东省的云浮、河源、汕尾位于华南区域的后十位。广西壮族自治区的城市投资品牌发展指数相对较低，总计14个样本城市中，有11个城市的投资品牌发展指数低于全国平均指数。

3. 华北：北京独占鳌头，山西相对落后

华北区域有 33 个城市进入统计样本，其中有 10 个城市高于全国平均指数，占 30.30%，在 7 大区域中占比排名第三。北京市独占鳌头，城市投资品牌发展指数为 0.787，位居全国第一，而区域内排名第二的天津市城市投资品牌发展指数为 0.583，排名第三的太原市城市投资品牌发展指数为 0.439，和北京差距巨大。在华北区域内，山西相对落后，在山西的 11 个样本城市中，只有太原市的城市投资品牌发展指数高于全国平均值，其余 10 个城市都在平均值以下。

4. 东北：优势投资品牌城市较少，黑龙江相对落后

东北区域有 34 个城市进入统计样本，其中 8 个城市高于城市投资品牌发展指数的全国平均值，占东北区域的 23.53%，详见表 6－2。东北优势的投资品牌城市较少，在东北区域排名第一位的大连市，在全国仅列第 18 位。此外，区域内，黑龙江省的城市投资品牌发展指数相对较低，总计 12 个样本城市中，有 10 个城市的投资品牌发展指数低于全国平均指数。

5. 华中：区域中心城市投资品牌发展指数高，指数靠前的城市过少

华中区域内，武汉、郑州、长沙 3 个区域中心城市位于华中区域的前三位，分别居全国的第 10 位、第 17 位、第 21 位。42 个样本城市中，有 12 个城市的城市投资品牌发展指数高于全国平均值，占 28.57%，详见表 6－2。在华中区域内，湖南、湖北两省都只有两个城市的城市投资品牌发展指数高于全国平均值，两省其余进入统计样本的城市指数得分都低于平均值。

6. 西北：省会城市投资品牌优势明显，甘肃相对落后

西北区域有 30 个城市进入统计样本，其中仅有 6 个城市高于城市投资品牌发展指数的全国平均值，占西北区域的 20%，详见表 6－2。区域内，排名前 5 的城市分别是西北各个省的省会城市，相比较而言，省会城市优势明显。甘肃、宁夏两省区的城市投资品牌发展指数相对落后。

7. 西南：成都优势明显，大部分城市排名靠后

西南区域 33 个城市进入统计样本，其中只有 6 个城市高于城市投资品牌发展指数的全国平均值，占西南区域的 18.18%，详见表 6－2，在所有区域中占比最低。成都在西南区域中优势明显，指数排名位于全国第 11 位，但是其他大部分城市排名较为靠后，从表 6－1 中可以看出，西南区域仅有 6 个城市进入全国前 100 强。

表 6－2　　2016—2017 年城市投资品牌发展指数区域分析

区域	样本数（个）	均值	与全国指数平均值比较				最大值		
			高于平均值城市数		低于平均值城市数				
			个数（个）	占比（%）	个数（个）	占比（%）	城市	指数	全国排名
华北	33	0.299	10	30.30	23	69.70	北京	0.787	1
东北	34	0.260	8	23.53	26	76.47	大连	0.508	18
华东	78	0.344	46	58.97	32	41.03	上海	0.732	3
华中	42	0.267	12	28.57	30	71.43	武汉	0.572	10
华南	37	0.301	14	37.84	23	62.16	深圳	0.770	2
西南	33	0.256	6	18.18	27	81.82	成都	0.563	11
西北	30	0.250	6	20	24	80	西安	0.551	12
全国	287	0.292	102	35.54	185	64.46	北京	0.782	1

二　数据聚焦分析

（一）“一带一路”沿线主要节点城市投资品牌发展指数较强

根据国家“一带一路”建设顶层设计规划，由国家发展改革委、外交部、商务部在 2015 年 3 月联合发布的《推动共建丝绸之路经济带和 21 世纪海上丝绸之路的愿景与行动》，选择其中提到的多个节点城市：西安、兰州、西宁、重庆、成都、郑州、武汉、长沙、南昌、合肥、上海、天津、宁波、舟山、广州、深圳、湛江、汕头、青岛、烟台、大连、福州、厦门、泉州、海口、三亚等，分析这些城市在“一带一路”倡议发布以来的投资品牌指数情况，详见图 6－3。

2016—2017 年“一带一路”节点城市的投资品牌指数均值为 0.492，从图 6－3 可以看出，其明显高于全国平均值，也高于投资品牌指数均值最高的华东区域。此外，除了湛江、三亚等少数城市，其他“一带一路”节点城市的投资品牌指数均高于华东区域均值，半数以上的城市的投资品牌指数在 0.5 以上。随着“一带一路”倡议的持续推进，“一带一路”沿线城市已经享受到切实的利益，城市的投资品牌进一步树立，城市的投资吸引能力也进一步加强。相比较上海、天津等一线城市而言，“一带一路”对节点上的二、三线城市影响更大，“一带一路”倡议能显著提升这些城市的知名度及投资机会，在政策的引导下，城市投资品牌显著提升。

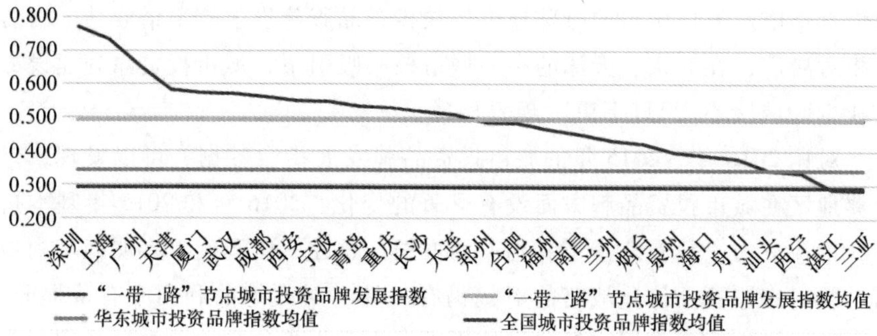

图6－3　"一路一带"沿线主要节点城市投资品牌发展指数

（二）京津冀地区城市投资品牌发展指数呈现阶梯状分布，并保持平稳

从图6－4可以看出，京津冀地区城市投资品牌发展指数呈现阶梯状分布，北京处于第一阶梯，其次为天津，接下来为河北各个样本城市。结合图6－5，可以发现2015年的城市投资品牌发展指数表现也为如此，这说明在城市的投资品牌建设及城市投资吸引上，河北和北京、天津还有较大的差距，京津冀一体化建设还需要不断深入。

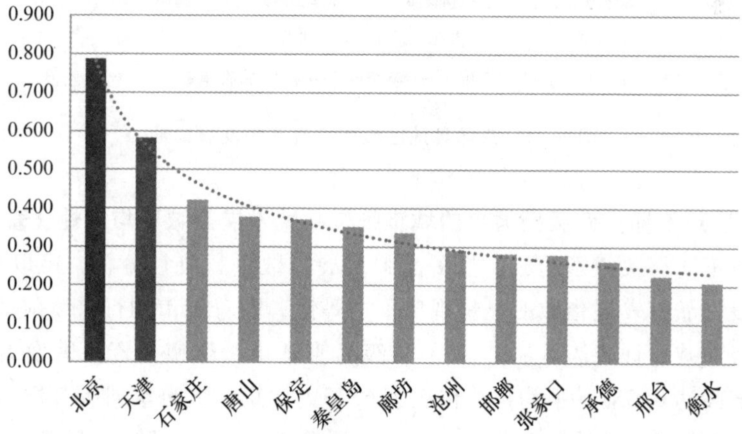

图6－4　京津冀地区城市投资品牌发展指数

从整体的排名来看，北京在城市投资品牌发展指数上位居全国第一，龙头作用凸显，在京津冀地区乃至全国都树立标榜。天津位居全国第8，

凭借直辖市及港口城市的特殊地位，在投资品牌建设上有不俗业绩。河北省相对滞后，在北京、天津的中心城市核心吸引下，城市投资品牌建设方面缺少区域核心，“灯下黑”现象显现。

对比 2016 年、2015 年的城市投资品牌发展指数数据，可以发现，京津冀地区在城市投资品牌方面没有显著的变化，2016 年和 2015 年基本持平，增速乏力，只有北京市有稍许的增长。这在一定程度上表明区域内城市品牌对京津冀一体化战略的对接仍有欠缺，对政策的利用率有待提升。不过随着雄安新区的提出及建设的推进，有理由相信京津冀的一体化程度会不断提高，在投资品牌上的增速乏力现象将有较好的改观。

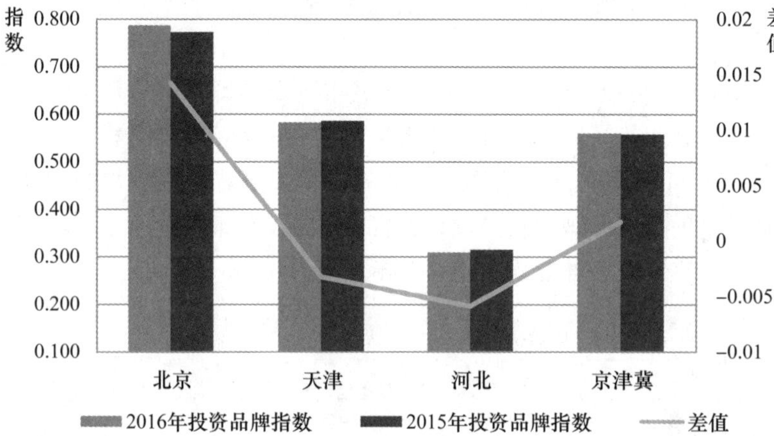

图 6－5　京津冀地区城市投资品牌发展指数

（三）不同行政级别城市的城市投资品牌发展指数不均等性显著

对不同行政级别的城市投资品牌发展指数进行统计分析，可以发现，城市投资品牌发展指数明显呈现出不均等性，随着城市的行政级别呈阶梯状等级递减，详见表 6－3。第一层级为直辖市，城市投资品牌发展指数平均值高达 0.658，平均排名位次为 6.75。北京、上海位列所有样本城市中第 1 和第 3，天津位列第 8，重庆位列第 15。第二层级为副省级城市，城市投资品牌发展指数平均值为 0.559，平均排名位次为 14，远高于样本城市的平均值。其中，15 个副省级城市中，有 12 个城市位列全国投资品牌发展指数前 20 位，占比达 60%。第三层级为除副省级以外的省会城市，城市投资品牌发展指数平均值为 0.427，平均排名位次为 39.88，远高于一般城市的平均排名。省会城市中，除了银川、呼和浩特、西宁等个别城市，其他城市均进入全国前50位。普通地级市城市投资品牌发展指数平均值为0.262，平均排名位次为160.52。城市行政级别不同，使得它们在地缘优势、资源配置、人才吸引、行政效率等方面存在巨大差异，行政级别越高的城市越容易获投资者青睐，也越容易树立起良好的投资品牌。

表6－3　**不同行政等级城市的城市投资品牌发展指数得分**

城市行政级别	指数平均值	平均排名位次
直辖市	0.658	6.75
副省级城市	0.559	14
除副省级以外的省会城市	0.427	39.88
地级市	0.262	160.52

资料来源：中国城市品牌发展指数（CBDI）。

（四）城市投资品牌发展中的要素质量及投资营销传播偏弱

绘制城市投资品牌发展各下级指标的多项式趋势拟合图，详见图6－6。从中可以看到，对于城市投资品牌发展指数而言，其下的创新创业潜力指标及经济基础指标数值高于整体的投资品牌指数，说明这两项对城市投资品牌发展指数起带动作用。而要素质量指标和投资营销传播指标的得分明显低于投资品牌指数，拉低城市投资品牌发展指数。在城市投资品牌的建立与发展过程中，更需要关注其薄弱部分，整体上优先加大对要素质量和投资营销传播的投入。

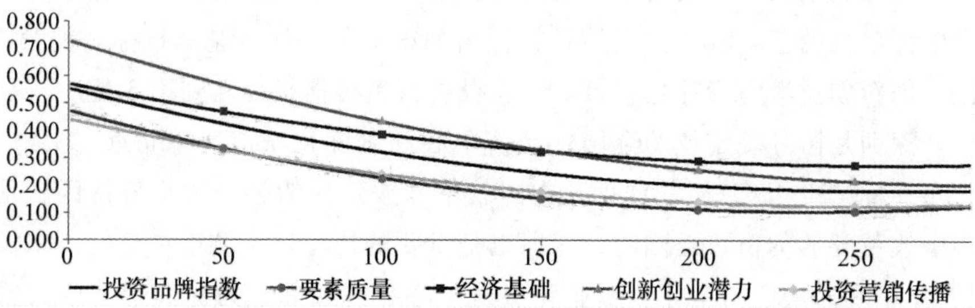

图6－6　城市投资品牌发展指数相应指标分析

资料来源：中国城市品牌发展指数（CBDI）。

三　中国城市投资品牌发展指数10强点评

（一）北京

北京位居中国城市投资品牌发展指数第1位，具有强势的投资吸引力。下级各指标在所有样本城市中都名列前茅，其中要素质量、创新创业潜力、投资营销传播三项指标均为全国第一。

北京是中国的政治中心、文化中心、国际交往中心、科技创新中心，也是生机勃勃、充满活力的综合性产业城市。在要素质量及创新创业潜力上的优势显著。北京2016年全年完成全社会固定资产投资8461.7亿元，比上年增长5.9%。大众创业、万众创新氛围浓厚，全市2016年新设企业22.2万家，比上年增长9.4%。其中，新设科技型企业8万家，增长23.2%，占全市新设企业的36.0%。全年中关村国家自主创新示范区实现总收入45721.6亿元，比上年增长12.0%。其中，实现技术收入7115.3亿元，增长7.4%。此外，北京汇聚了清华、北大等一流学府，不断为城市的投资要素质量输送大量人才。中科院、社科院等中国顶尖的研究机构也为创新能力提供了保障。北京凭借其人才、资源、信息等方面的巨大优势，在投资吸引上独占鳌头。2016年，北京市总部企业数量净增70家，达到4007家。世界知名企业在京设立跨国公司地区总部达到161家，其中，国外世界500强企业投资的地区总部达67家。

（二）深圳

深圳居中国城市投资品牌发展指数第2位，下级各指标在所有样本城市中都名列前茅。其中要素质量指标名列第2位、经济基础指标名列第1位，创新创业潜力指标名列第2位、投资营销传播指标名列第3位。

深圳是国务院定位的全国性经济中心和国际化城市，与北京、上海、广州并称“北上广深”。深圳是中国改革开放建立的第一个经济特区，是中国改革开放的窗口，同时，深圳也是重要的边境口岸城市，皇岗口岸实施24小时通关。与全球金融业和贸易中心香港相邻，为深圳带来巨大投资优势。2016年全年，深圳完成固定资产投资额4078.16亿元，比上年增长23.6%。全年新签外商直接投资合同项目4132项，比上年增长

23.0%；合同外资金额521.93亿美元，增长103.9%；实际使用外商直接投资金额67.32亿美元，增长3.6%。此外，深圳的创新潜力突出，2016年国内专利申请量145294件，增长37.7%。国内专利授权量75043件，增长4.1%。深圳有普通高等学校12所，招生2.85万人，增长3.1%；毕业生2.55万人，增长8.9%。

深圳拥有巨大的人才、产业、资金优势，信息流、物流、资金流通过香港快速涌向这个成本洼地。这也使深圳吸纳了业内最顶尖的人才。优越的地理位置、优良国际营商环境及国家政策扶持，给了深圳广阔发展前景，也为投资者提供重大机遇。

（三）上海

上海居中国城市投资品牌发展指数第3位，下级各指标在所有样本城市中都名列前茅。其中要素质量指标名列第3位，经济基础指标名列第4位，创新创业潜力指标名列第3位，投资营销传播指标名列第2位。

上海是我国的中心城市、超大城市，是中国的经济、金融、贸易、航运中心，首批沿海开放城市。作为中国的经济中心，上海在吸引投资上有着天然的优势，跨国公司的总部或地区总部纷纷落户上海，截至2016年，在上海投资的国家和地区达168个。在上海落户的跨国公司地区总部达到580家，投资性公司330家，外资研发中心411家。2016年内新增跨国公司地区总部45家，其中亚太区总部15家、投资性公司18家、外资研发中心15家。2016年上海完成全社会固定资产投资总额6755.88亿元，比上年增长6.3%。全年新设外商直接投资项目5153项，合同金额509.78亿美元。全年备案和核准对外直接投资项目1425项，增长6.5%。此外，上海还拥有包括复旦大学、上海交通大学、同济大学、华东师范大学、华东理工大学等一批国内外一流高校，为上海的投资发展提供强有力的智力支持。

（四）广州

广州居中国城市投资品牌发展指数第4位，其中要素质量指标名列第4位、经济基础指标名列第2位，创新创业潜力指标名列第5位、投资营销传播指标名列第5位。

广州是国家三大综合性门户城市之一，五大国家中心城市之一，与北京、上海并称“北上广”。广州2000多年来一直都是华南地区的政治、军事、经济、文化和科教中心。2016年12月26日，中共广州市第十一次代表大会，广州向世界展示了其勃勃的进取心：增强全球资源配置能力，争取在全球城市体系中扮演更加重要的角色，代表中国主动参与全球竞合。在高的目标要求下，广州的投资品牌较快地发展起来。2016年广州完成固定资产投资5703.59亿元，比上年增长8.0%。全年新签外商直接投资项目1757个，比上年增长23.0%。合同外资金额99.01亿美元，增长18.4%。全年经核准境外投资协议金额62.18亿美元，比上年增长7.4%。2016年底，富士康科技集团旗下的SDP公司与广州市人民政府签署协议，将在广州增城投资610亿元人民币，建设10.5代8K显示器全生态产业园区。此外，越来越多的企业选择广州。2016年以来，广州新增高新企业2800家，平均每天诞生7家。2016年广州新三板企业挂牌总数为345家，位列全国省会城市第一。同时，新增挂牌企业“净资产均值”在北上广深中排名第一。

（五）杭州

杭州居中国城市投资品牌发展指数第5位，其中要素质量指标名列第5位、经济基础指标名列第6位、创新创业潜力指标名列第6位、投资营销传播指标名列第4位。

杭州以风景秀丽著称，素有“人间天堂”的美誉。G20峰会的举办为杭州的发展提供了巨大机遇，成为杭州经济提质增效、转型发展的强大引擎，为投资者提供了丰富的资源和广阔的舞台。2016年杭州全市完成固定资产投资5842.42亿元，增长5.1%。设立各类境外投资企业（机构）1586个，其中非贸易企业624个。境外合同投资52.18亿美元。全市批准外商直接投资462项，实际利用外资72.09亿美元，增长1.4%。至2016年末，有117家世界500强企业来杭投资198个项目。与此同时，杭州是国家首个跨境电子商务综合试验区，集聚了全国1/3以上的综合性电商网站，19条创新政策在全国复制推广，跨境电商进出口规模达34.64亿美元，已成为“网上丝绸之路”的重要枢纽。杭州拥有国家自主创新示范区，以信息软件、电子商务、物联安防等为代表的信息经济发展全国领先，是全国“互联网+”产业发展的“桥头堡”。

（六）南京

南京居中国城市投资品牌发展指数第 6 位，其中要素质量指标名列第 6 位、经济基础指标名列第 10 位、创新创业潜力指标名列第 4 位、投资营销传播指标名列第 7 位。

南京是江苏省会、副省级市、南京都市圈核心城市，国务院批复确定的中国东部地区重要的中心城市、全国重要的科研教育基地和综合交通枢纽。南京投资品牌发展有较好的支撑。固定资产投资稳中趋优，2016 年完成全社会固定资产投资 5533.56 亿元，比上年增长 2.0%。新批外商投资企业 346 家，较上年增长 38.4%。新批外商投资功能性机构 15 家。注册合同外资 56.55 亿美元，实际使用外资 34.79 亿美元。2016 年全年新增境外投资项目 175 个，比上年增长 2.9%。南京还是全国重要的科研教育基地，拥有南京大学、东南大学、南京航空航天大学、南京理工大学、河海大学、中国药科大学等“985”“211”“双一流”高校。在校大学生（不含研究生）为 71.74 万人，在宁高校及研究生培养机构在学研究生 11.04 万人，为企业发展提供源源不断的人才储备，海归人才丰富。此外，南京科技创新创业能力强。2016 年全市纳入备案的众创空间累计达 169 家；在宁中国科学院院士 43 人、中国工程院院士 38 人。2016 年全年共引进世界 500 强和中国 500 强企业研发机构 11 家，总数达到 113 家。

（七）苏州

苏州居中国城市投资品牌发展指数第 7 位，其中要素质量指标名列第 7 位、经济基础指标名列第 3 位、创新创业潜力指标名列第 9 位、投资营销传播指标名列第 17 位。

“上有天堂，下有苏杭。”苏州是国家历史文化名城和风景旅游城市，国家高新技术产业基地，长江三角洲城市群重要的中心城市之一。苏州一直以来深耕制造领域合作、科创领域合作、服务领域合作，全方位加强交流合作，深入开展特色农业、休闲度假等产业项目引进和技术合作。2016 年苏州完成全社会固定资产投资 5648.49 亿元，全年新兴产业完成投资 1410.18 亿元，占全社会固定资产投资的比重达 25.0%。高新技术产业完成投资 820.22 亿元，占工业投资的比重达 41.4%。此外，苏州提升外资投资吸引力。全年新设外商投资项目 784 个，实际使用外资 60 亿美元，区域性外资总部集聚区建设取得新成效，苏州新设具有地区总部特征或共享功能的外资企业 30 家，年末累计超过 250 家。苏州不断加快推进科技创新。清华—苏州环境创新研究院、华中科技大学（苏州）脑空间信息技术研究院、牛津大学—苏州先进研究中心、悉尼大学中国中心相继设立。2016 年末共有国家级众创空间 32 家，省级众创空间 88 家，规模领跑江苏全省。

（八）天津

天津居中国城市投资品牌发展指数第 8 位，其中要素质量指标名列第 8 位、经济基础指标名列第 15 位、创新创业潜力指标名列第 10 位、投资营销传播指标名列第 10 位。

天津是直辖市、国家中心城市、超大城市、环渤海地区经济中心。天津结合京津冀协同发展国家战略及自贸区制度，不断树立其投资品牌形象。落实京津冀协同发展战略，出台了加快建设“一基地三区”的实施意见。全年引进京冀投资项目 2701 个，投资额 1994. 09 亿元，占全市实际利用内资的 44. 0%。设立 100 亿元京津冀产业结构调整引导基金，助推区域内产业优化升级，中船重工融资租赁、中国能建电力工程技术创新产业园等一批产业合作项目签约落地。不断推进招商引资及合作投资，天津 2016 年全年新批外商投资企业 1106 家，合同外资额 308. 26 亿美元，实际直接利用外资 101. 00 亿美元，增长 12. 2%。全年新设境外企业机构 219 家。推进自贸区制度创新，提升投资贸易便利化水平。获批跨境电商综合试验区，建立国际贸易单一窗口。跨境本外币资金池、跨境融资等创新业务取得明显成效。

（九）厦门

厦门居中国城市投资品牌发展指数第 9 位，其中要素质量指标名列第 15 位、经济基础指标名列第 9 位、创新创业潜力指标名列第 14 位、投资营销传播指标名列第 6 位。

厦门是福建省副省级城市、经济特区，东南沿海重要的中心城市、港口及风景旅游城市。厦门有良好经济基础，区位优势明显。2016 年厦门市固定资产投资（不含农户）2159. 81 亿元，比上年增长 14. 4%。全年新批外商投资项目 1278 个，合同利用外资 75.68 亿美元，比上年增长 81.8%。引进千万美元项目 211 个，合同外资 66.70 亿美元。截至 2016 年末，历年累计共有 60 个全球 500 强公司在厦投资 109 个项目，合同利用外资 33.20 亿美元，实际利用外资 25.20 亿美元。此外，厦门创新创业能力显著，福厦泉国家自主创新示范区获批建设，入选国家知识产权综合管理改革试点城市。全市高新技术企业 1225 家，其中国家火炬计划重点高新技术企业 31 家。创新型（试点）企业 531 家，其中国家级 14 家。建设科技企业孵化器 13 个，国家、省市级重点实验室 81 个，工程技术研究中心 114 个，企业技术中心 135 个，企业博士后工作站 25 个。全国首家国家级科技领军人才创新创业基地落户厦门。新建 130 个市级众创空间和 12 个市级小微企业创业示范基地，一品威客创客空间、两岸青年创业创新创客基地、云创智谷 4 家单位被国家认定为“海峡两岸青年创业基地”。

（十）武汉

武汉居中国城市投资品牌发展指数第 10 位，其中要素质量指标名列第 10 位、经济基础指标名列第 23 位、创新创业潜力指标名列第 8 位、投资营销传播指标名列第 8 位。

武汉是湖北省省会、中部六省唯一的副省级市和特大城市、中国中部地区的中心城市，全国重要的工业基地、科教基地和综合交通枢纽。在投资品牌的推进上，武汉市政府采用“线上线下一体化服务平台”等一系列创新型政府服务模式，不断提高政府部门的工作效率和投资服务质量。此外还有税收优惠、资金补助、人才引进等一系列措施保障投资吸引。2016 年，武汉全年招商引资总额 5822.60 亿元，比上年增长 20.9%；其中实际利用外资 85.23 亿美元，增长 16.1%。在汉投资的世界 500 强企业新增 13 家，累计达到 243 家。全年全社会固定资产投资 7093.17 亿元，引进内资项目 771 个，实际到位内资 5268.4 亿元，增长 20.5%。此外，武汉还拥有武汉大学、华中科技大学、华中师范大学、武汉理工大学、中国地质大学（武汉）、华中农业大学、中南财经政法大学等一批“985”“211”“双一流”院校，在校研究生有 11.5 万人，为武汉的投资发展提供宝贵的人才资源。

四　中国城市投资品牌发展的问题与挑战

（一）投资品牌区域协同发展不力

现阶段，大城市的投资发展品牌优势突出，其中以一线城市为代表。这些城市的基础建设好，信息及人才资源集中，在投资吸引上有先天的优势，相比之下，普通的地级市在这方面就有较大的差距。但是，大城市作为我国主要的区域经济文化中心，不仅仅是着眼于自身的发展，还承担着带动区域整体发展的重任。因此，对于这些区域中心城市而言，在投资品牌的打造和发展上，需要带动周边城市，积极打造区域整体形象，促进投资品牌的区域协调发展。如上海，地处长三角，不仅自身的城市投资品牌较好，而且长三角地区其他城市也有较好的发展。上海的投资吸引不光是自身的发展，也进行合理的分流，对于自身相对饱和的产业，分流到周边其他城市。投资品牌的区域协同发展，大部分区域中心城市做得还不够深入，对周边的中小城市带动较小，甚至还出现“灯下黑”的情况。

（二）投资营销缺乏整体性和系统性

投资营销传播是城市投资品牌建立过程中的重要一环，但是现阶段而言，城市的投资营销工作还需要做很多努力。从整体的指标上来看，投资营销传播指标整体上处于城市投资品牌下级指标中的低位，这说明很多城市在此方面做得不够突出，成为城市投资营销品牌中的一块短板。此外，从城市的投资品牌实践中，我们也可以发现，很多城市缺少统一、有效、辨识度高的城市投资营销方案。不少城市大力开展招商引资活动，场次虽然多，但是缺乏统一的辨识，不能起到合力的效果。“城市”不仅仅是行政概念、地理概念、文化概念，更是品牌概念，在城市的投资推介、营销和传播上，运用统一的城市投资营销理念，推广城市的投资品牌，体现城市的投资优势，展现城市的发展气象。通过对城市投资整体性和系统性的构建，最大限度地提高城市投资品牌识别度，提升城市的投资吸引。

（三）投资品牌意识需要进一步提升

现阶段，城市的投资品牌意识有待加强，对中西部城市尤为如此。目前为止，很多城市甚至还没有完善的投资品牌观念和路线，对投资吸引还局限于建立在大量优惠基础上的招商引资。东部沿海城市或区域中心城市，凭借着其完善的城市条件、优越的城市资源，纵使在投资品牌不刻意培养的基础上，也可以吸引不少的投资商。但是，对于中西部城市或者中小城市而言，如果能够建立起有效的投资品牌，定能为该城市的投资吸引加分很多。通过对数据的分析，可以发现，尤其是中西部城市，在投资品牌发展指数上普遍偏弱，虽然这和其自身的人才吸引、经济要素等有关，但是没有明确投资品牌意识，对投资吸引缺少深层次的思考，也是造成此局面的重要因素。

五　中国城市投资品牌发展的对策建议

（一）结合国家战略导向，占得投资先机

城市应该牢牢把握国家的战略及正常导向，借助国家政策东风，拓展自身的投资商来源。首先，通过与国家战略导向相契合，可以借助各类国家宣传营销平台，有效地树立自身的投资品牌形象。如国家“一带一路”倡议布局，借助“一带一路”各个商贸投资活动，在高层次的平台上宣传本城市，这样更加容易受到各个投资商的关注，也更容易建立起良好的城市形象，给投资商注入投资信心。其次，结合国家战略导向进行投资营销、吸引，更容易得到多方面的支撑。通过把握和结合国家战略及政策导向，有利于在投资宣传中获得更多的优势资源，相对容易获得上级部门及市场的认可，在地方政策操作和具体落实中将更加便利。这不仅为投资者们创造更加友好的投资环境，也能为城市自身树立良好形象，使得日后的投资吸引能力更强。

（二）强化投资特色

每个城市都有自身的优势，在投资品牌的建立上，更应该强化自己的特色，树立其自身投资品牌。通过与其他城市的差异化打造，扩大自身的城市影响力。一般城市在经济总量上没法同一线城市比，但是只要选准自己的优势，重点发展，扬优造势，扩大影响，在投资吸引上还是可以很有作为。例如，青岛提出结合青岛市财富管理金融综合改革试验区，打造“财富金融青岛”品牌，广泛吸引金融投资。在投资特色打造上，可以借助本地区的优势资源进行投资吸引。如拥有良好的旅游资源，可以吸引资

金进行旅游开发；拥有便利的交通，可以打造物流中心等。此外，也可以结合重点产业，吸引投资，拓展其上下游产业。提强补弱，支持重点企业、重点产业、代表地域特色的重点项目加快发展，促其形成大体量、大气候、大影响；找准城市发展的弱项，多措并举，促弱变强。

（三）改善投资环境，提升创新创业潜力

改善城市投资环境，通过建立完善行政服务机制，努力提高政务水平，将城市建为区域内创业环境最优、办事效率最高、行政成本最低的承接产业转移理想地。以“硬手腕”打造“软环境”，深化政务服务质量提升工程，加强政务服务中心标准化建设、实施审批流程梳理再造、做实投资建设项目并联审批工作机制等，进一步优化投资软环境，树立城市投资品牌。此外，在大众创业、万众创新的背景下，大量的创新创业行为更容易活跃商业往来，吸引投资，为社会创造财富。创新在城市投资品牌的建立中占据着重要的位置，通过创新来提升城市的科技实力，吸引更多的高科技产业进入；通过创业来活跃城市的商业氛围，吸引更多的投资方入驻本城市，提升城市影响力。

第七章　中国城市宜居品牌发展指数报告（2016—2017）

王玉玺*

近年来，随着人们对生活和生态环境重视程度的增加，城市的宜居性（city livability）受到了广泛的重视。伦敦、巴黎、纽约等一些国际大都市已经将宜居作为一项重要发展目标纳入城市总体规划中。中国也在2015年12月20日召开的中央城市工作会议上把“宜居城市”和“城市的宜居性”提到了前所未有的战略高度，明确指出要“提高城市发展宜居性”，并把“建设和谐宜居城市”作为城市发展的主要目标。2016年2月21日，中共中央、国务院印发《关于进一步加强城市规划建设管理工作的若干意见》，明确提出要“营造城市宜居环境”。也就是要把发展城市宜居性作为下一阶段城市发展的重中之重。这既彰显出最高决策层对于解决宜居城市建设所面临问题的决心，也预示着中国的城市发展必将进入更加以人为本的发展新阶段。

实际上，城市的宜居性不仅仅指适宜居住，同时还包含就业、便利性以及教育、医疗及文化等公共资源的供给情况等。我国在城市化的进程当中虽然在社会制度以及基础设施方面有显著的提升，但是同时也带来了高房价、拥堵、空气污染等一系列民生问题，从而对城市宜居品牌的建设提出了挑战。本章根据相关研究结论从宜居口碑、社会治理、生活质量和生态环境4个方面对城市的宜居品牌进行综合考量，并对评价的结果进行分析，从而为城市宜居品牌的建设提出建议。

---

* 王玉玺，中国人民大学商学院2016级博士生。研究方向：定价设计、消费行为分析。

一　总体发展态势

（一）中国城市宜居品牌发展总体特征

1. 整体品牌效应较弱，呈现“中间多，两边少”的特征

城市宜居品牌作为城市品牌的重要组成因素，与城市品牌的表现有着较高的相关性。由图 7－1 中可以看出，在城市品牌指数（CBDI）排名前 50 名的城市中，城市宜居品牌与城市品牌的得分情况具有较强的相关性（Person 相关性：0.910；$p<0.001$）。此外，由表 7－1 可以看出，城市宜居品牌发展指数整体偏低，均值仅为 0.339，且最大值仅为 0.578，远低于其他分项指标的最高得分。同时，我国城市宜居品牌的建设在各个城市间的差异较小（变异系数：0.186），大多数城市的宜居品牌得分都为 0.293—0.368，可见城市宜居品牌建设明显呈现出“中间多，两边少”的特征。产生这一现象的主要原因是我国在城市宜居品牌的建设方面大多数城市都处于中等水平，城市间差异较小。

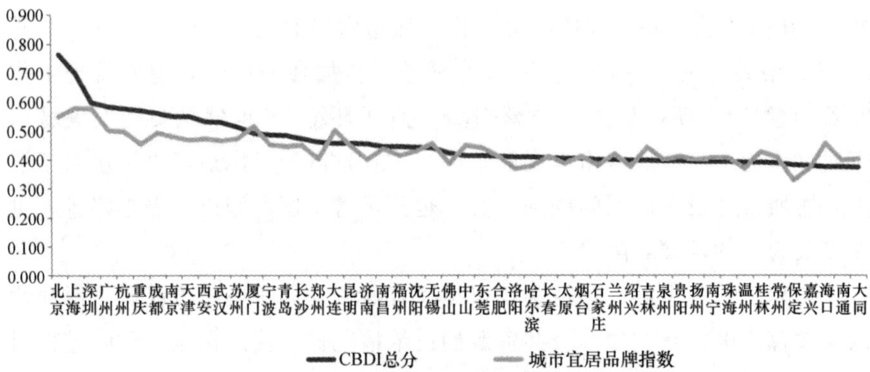

图 7－1　CBDI 指数 50 强

表 7－1　城市宜居品牌指数分布

	平均值	标准差	变异系数	最小值	最大值	百分位（25%）	百分位（75%）
宜居品牌指数	0.339	0.063	0.186	0.188	0.578	0.293	0.368

2. 缺少“明星城市”，全国10强优势尚不明显

在2016—2017年中国城市宜居品牌发展排名中（表7-2），上海、深圳、北京、厦门、大连、广州、杭州、成都、南京、苏州位列前10。由排名结果可以看出排名前10的城市均为一线或二线城市，即城市的宜居品牌表现与其经济发展水平具有一定的相关性。但同时表7-2中显示排名前10的城市当中最大的指数得分为0.578，最小的指数得分为0.471，没有体现出明显的梯队特征，并且10个城市当中没有在各方面均表现优异的“明星城市”。此外，还需要注意的是，全国宜居品牌10强中多数城市在民生质量、生态环境方面表现较弱，在民生质量方面，多数城市都在20名以外，而在生态环境方面甚至有城市排在100名以外。这主要是由宜居性的多元性与主观性决定的，城市宜居品牌的建设必然需要一定程度上经济水平的发展，但经济水平的发展必然会带来生活成本提高（房价、拥堵等问题）以及生态环境的受损，从而一定程度上牺牲了民生质量和生态环境，这也导致了很难有城市能够在宜居品牌建设初期做到面面俱到。

表7-2　**全国宜居品牌10强**

城市	宜居品牌	排名	宜居口碑	排名	社会治理	排名	民生质量	排名	生态环境	排名
上海	0.578	1	0.698	2	0.649	2	0.496	6	0.471	27
深圳	0.576	2	0.579	6	0.643	3	0.530	2	0.552	4
北京	0.549	3	0.700	1	0.651	1	0.426	36	0.420	93
厦门	0.515	4	0.569	9	0.513	4	0.437	28	0.539	6
大连	0.502	5	0.459	29	0.494	10	0.445	26	0.611	2
广州	0.502	6	0.588	5	0.512	5	0.445	24	0.461	35
杭州	0.497	7	0.638	3	0.510	7	0.432	32	0.409	108
成都	0.493	8	0.591	4	0.463	13	0.494	7	0.424	88
南京	0.479	9	0.574	8	0.505	8	0.444	27	0.394	127
苏州	0.471	10	0.531	13	0.511	6	0.462	17	0.383	149

3. 地区发展不平衡，呈现出明显的地区差异

由上述分析可以看出，我国城市宜居品牌发展在整体和10强中均呈现出差异较小的特征，但是，由表7-3可以看出宜居品牌发展在区域间

存在较为明显的差异。其中，华东地区无论是在城市数量占比方面还是在宜居品牌发展指数方面均明显优于其他地区（城市数量：78；宜居品牌均值：0.359）。此外，华南地区整体的城市宜居品牌表现较好（均值：0.345），并且优于全国平均水平。但是，同样值得注意的是华南地区中城市间的表现差异较大，其中，标准差为0.077，变异系数为0.223，均为各个区域中的最大值，显示了华南区域在宜居品牌发展方面呈现出一定程度的两极分化情况。另外，西北、西南和东北在城市宜居品牌发展方面表现较弱（宜居品牌指数均值分别为0.322、0.326、0.322），但是，西南区域的标准差（0.057）和变异系数（0.177）较小，东北地区的标准差（0.067）和变异系数（0.207）较大，从而说明虽然两个地区的整体宜居品牌表现都比较弱，但是，东北地区还有如大连、沈阳等宜居品牌发展较好的城市，从而使得东北地区内部呈现出一定的城市间差异。

表7-3　**各地区城市宜居品牌情况**

地区	城市数量	均值	标准差	变异系数	最大值	最小值
华东	78	0.359	0.060	0.167	0.578	0.259
华南	37	0.345	0.077	0.223	0.576	0.247
华北	33	0.353	0.057	0.162	0.549	0.258
华中	42	0.319	0.047	0.148	0.465	0.230
西南	33	0.326	0.057	0.177	0.493	0.252
西北	30	0.322	0.061	0.189	0.471	0.235
东北	34	0.322	0.067	0.207	0.502	0.188
全国	287	0.339	0.063	0.186	0.578	0.188

（二）中国城市宜居品牌发展区域特征

1. 城市宜居品牌存在外溢效应，同省城市相互作用明显

从我国287个城市的宜居品牌发展指数的分布直方图（图7-2）来看，其分布总体与正态分布线拟合较好，即宜居品牌发展指数总体接近正态分布。同时，从直方图的分布也可以进一步印证之前论述的发展指数总体特征，即宜居品牌的整体表现偏弱，且呈现出“中间多，两边少”的特征。由于数据整体表现出了较好的正态分布特征，从而可以进一步通过

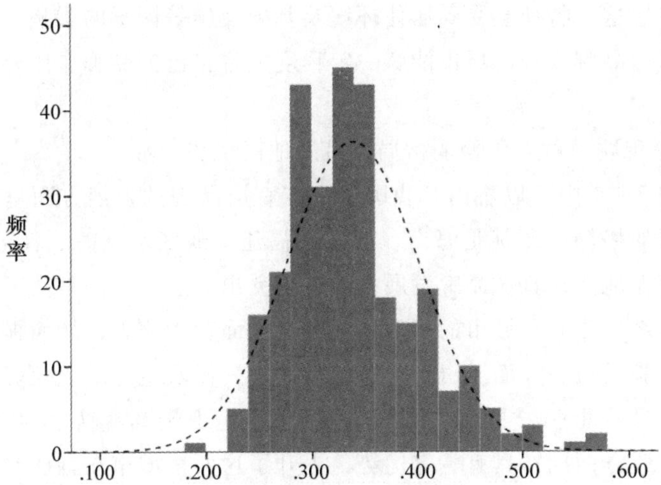

图 7－2　城市宜居品牌指数分布

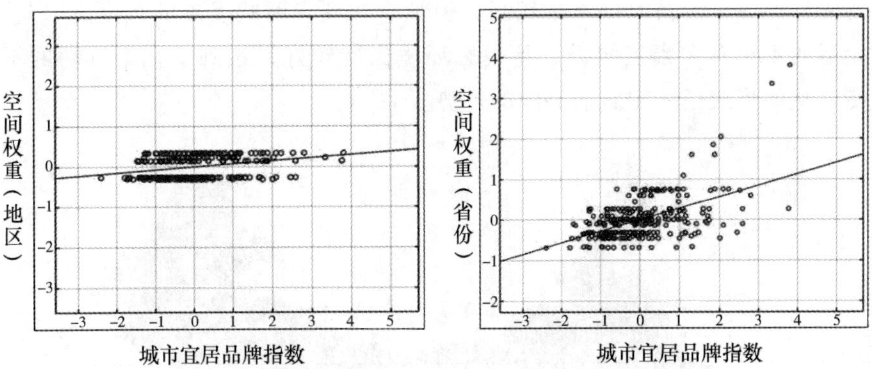

图 7－3　Moran'I 空间自相关分析结果

Moran'I 指数来对宜居城市品牌的空间自相关性进行检验，考察相邻的城市之间是否存在一定程度的正向外溢作用，即是否具有较高宜居品牌作用的城市也会带动周围城市宜居品牌作用的提升。通过考察同一地区内城市的空间自相关性，可以得到 Moran'I 指数为 0.075（$p<0.001$）（图 7－3），说明同一地区内的城市之间存在明显的宜居品牌外溢作用。此外，进一步对同一省份内的城市品牌的空间自相关进行考察，得到 Moran'I 指数为 0.283（$p<0.001$），即同一省份内的城市间宜居品牌的外溢作用更为明显，说明城市距离越近受到宜居品牌作用的正向影响越显著。这主要

是由于宜居这一特征会受到居住环境及基础设施等因素的影响，因此，具有较好宜居品牌表现的城市能够一定程度上将自己的品牌作用外溢到周边城市。

2. 呈现明显的东强西弱格局，沿海地区优势明显

从图 7－4 中可以看出，我国城市在宜居品牌的发展方面呈现明显的东强西弱的格局，尤其是海南、广东、福建、浙江、上海、江苏、山东、天津等沿海地区在宜居品牌发展方面表现突出。这一方面是由于沿海地区经济发展水平较高，城市的基础设施建设方面较为完善，从而提升了人们的居住体验。另一方面，由于沿海地区通常气候及生态环境较好，更加适宜居住。虽然北京、重庆属于内陆地区，但是由于其直辖市的特殊地位，在经济发展方面同样具有一定优势，提升了这两个城市在宜居口碑以及社会治理方面的表现，从而促进了城市宜居品牌的作用。此外，青海在宜居品牌方面也有着较好的表现，这主要是由于青海地区如西宁等地有着一定的支柱产业，经济发展水平较高，但没有达到飞跃式发展的程度，因此，生活成本没有大幅度提升，且生态环境保持较好，达到了几个方面的平衡，从而形成了一定宜居品牌的优势。

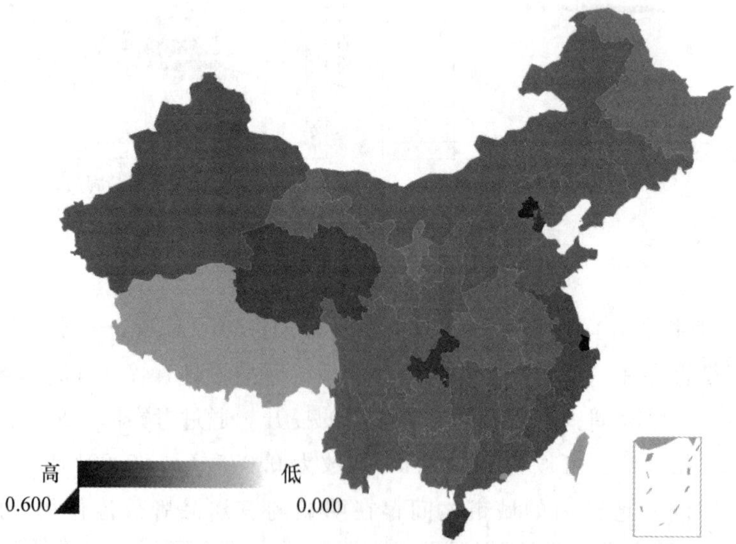

图 7－4　城市宜居品牌得分省际分布情况

二　数据聚焦分析

(一) 不同政策环境下城市宜居品牌表现

教育、医疗、文化等公共资源的投入程度是决定一个城市宜居程度的关键因素，因此，城市宜居性的发展也必然受到政策环境的影响。同时，当一个城市的政策关注度提升时也会提升其社会关注度，从而有助于城市宜居口碑的建立。为了能够考察不同政策环境中的城市宜居品牌的表现，本章选取了“京津冀”“长江经济带”“一带一路”三个政策背景，并分析受这三项政策影响的城市在宜居品牌方面的表现（表7-4）。从分析结果中可以看出，“长江经济带”和“一带一路”中的城市在宜居品牌的发展方面明显高于全国平均水平，同时各分项指标的结果显示，这两项政策中的城市几乎在各项指标方面均表现优异。而对于“京津冀”政策中的城市而言，虽然有北京、天津两个具有较高宜居品牌效应的地区带动，但是，从结果中可以看出京津冀地区整体的宜居品牌指数仅略高于全国平均水平，这主要是由于该区域内城市的生活质量水平和生态环境情况表现较差。因此，在未来京津冀地区应当重视这两方面的改善，否则可能会导致城市对企业和人才的吸引力下降，从而限制京津冀地区进一步的品牌建设。

表7-4　**各项政策城市宜居品牌发展指数**

	宜居品牌指数	宜居口碑	社会治理	生活质量	生态环境
京津冀	0.365	0.406	0.387	0.338	0.331
长江经济带	0.389	0.375	0.386	0.391	0.402
“一带”	0.450	0.475	0.448	0.387	0.491
“一路”	0.441	0.495	0.434	0.453	0.384
“一带一路”	0.447	0.483	0.442	0.412	0.450
全国	0.339	0.304	0.336	0.328	0.387

(二) 城市宜居品牌发展决定性因素及制约因素

城市宜居品牌作为城市品牌的一部分其构成要素与传统的品牌概念相类似。具体而言，城市的宜居品牌主要由城市的宜居属性与人们对于城市的主观评价构成，其中，主观评价的部分主要通过人们的口碑传播发生作用，因此，宜居口碑对于城市宜居品牌的建设及发展起到至关重要的作用。通过将城市宜居品牌发展指数与宜居口碑、社会治理、民生质量以及生态环境进行 Person 相关性检验（表 7-5）发现宜居口碑对于城市宜居品牌建设的影响最为明显（Person 相关系数：0.907）。此外，社会治理及民生质量也对城市宜居品牌的建设具有显著的正向影响。其中，社会治理的相关系数为 0.889，民生的相关系数为 0.705。生态环境与宜居品牌的相关性较低（0.417），这主要是由于在城市发展过程中随着城市经济、规模、社会制度的不断发展完善，一定程度上会牺牲生态环境，从而导致一些在整体宜居口碑、社会治理等方面表现优异的城市在生态环境方面表现较弱，因此，也可以看出，生态环境也是进一步建设我国城市宜居品牌的重要制约因素。

表 7-5 **宜居品牌指数及各分项指数相关矩阵**

	宜居品牌	宜居口碑	社会治理	生活质量	生态环境
宜居品牌	1	0.907**	0.889**	0.705**	0.417**
宜居口碑	0.907**	1	0.858**	0.498**	0.202**
社会治理	0.889**	0.858**	1	0.543**	0.177**
生活质量	0.705**	0.498**	0.543**	1	0.008
生态环境	0.417**	0.202**	0.177**	0.008	1

注：** 在置信度（双测）为 0.01 时，相关性是显著的。

由上述分析也可以看出虽然宜居口碑是对城市宜居品牌影响最为明显的因素，但是，对于城市宜居品牌建设而言，生态环境是主要的制约因素。另外，由表 7-6 可以看出，宜居口碑的平均水平较低（均值：0.304），变异系数为 0.406，说明目前各个城市在宜居口碑方面存在较大差异，因此这一方面也是处于城市宜居品牌发展较为劣势的地区应当着重发展的方面。生态环境是所有分项指标中均值最高（均值：0.387），且差异最小的（变异系数：0.180），但是，可以看出其均值仍旧处于较低水平，因此，在城市宜居品牌的建设过程中生态环境建设仍旧值得关注。对于已经具备一定宜居品牌效应的城市（宜居品牌排名前 50）来说，由图 7-5 可以看出，在排名前 50 位的城市当中民生质量及生态环境的表现波动程度最为明显，且相对低于城市宜居品牌的综合评价，这也是已形成一定宜居品牌的城市未来进一步发展的主要方向。

表 7-6　　城市宜居品牌指数及其分项指数

	平均值	中位数	标准偏差	变异系数	最小值	最大值
宜居品牌指数	0.339	0.331	0.063	0.191	0.188	0.578
宜居口碑	0.304	0.281	0.114	0.406	0.000	0.700
社会治理	0.336	0.327	0.069	0.211	0.163	0.651
生活质量	0.328	0.329	0.083	0.252	0.146	0.544
生态环境	0.387	0.385	0.069	0.180	0.192	0.669

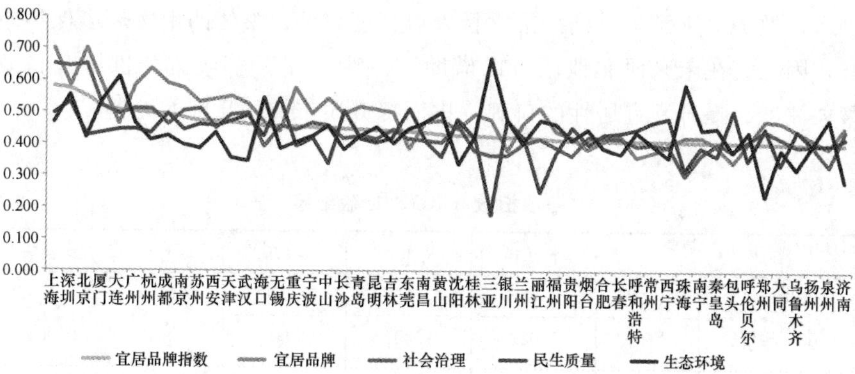

图 7-5　城市宜居品牌前 50 名各项指标情况

（三）城市宜居品牌区域差异成因分析

在对我国城市宜居品牌区域差异的分析结果中可以看出，华东、华北及华南地区的城市宜居品牌优势明显，同时，西北、西南和东北地区宜居品牌作用较弱。在此基础上，进一步考察各个区域宜居品牌差异的构成要素。首先，对各个地区的宜居品牌发展指数及分项指数进行 ANOVA 方差分析（表 7-7），可以看出，各项指数均存在明显的地区差异，即地区外部的差异明显高于地区内部的差异，这一方面是由于在各个地区内部存在一定的空间相关性，所以地区内部之间各城市品牌作用有一定的外溢效果，进而使得同一区域内各城市间宜居品牌差异较小。另一方面，由于各个地区具有各自的发展特征，如图 7-6 所示，华东地区由于经济发展水平及城市化水平较高，相应的在城市基础设施、城市规划等方面表现较为突出，从而具有较高的民生质量。同时，由于华东地区受到政策及社会关注程度较高，其宜居口碑更易传播，因此，华东地区的宜居口碑评价也具有较高的水平。这也是华东地区之所以能够取得宜居品牌优势的重要原因。与华东地区类似，华北地区同样由于社会发展程度及受关注程度较高，从而具有较高的社会治理水平以及宜居口碑，但是，华北地区在发展的过程中对环境影响较大（重工业、人口过度集中），导致华北地区在生态环境方面表现较弱。对于华中地区来说，生态环境方面的表现较弱也是制约其城市宜居品牌建设的重要因素。由于华南地区主要产业为服务业及高科技产业等，生态环境保护程度较高，因此，华南是在七个地区当中生态环境优势最为明显的地区。对于西北地区来说，虽然其城市化水平相对落后，但是由于没有受到污染，且人口密度较低，整体的生态环境保护较好，因此，在未来西北地区可以借助“一带一路”等政策契机提升其政策关注度，提升其宜居性的口碑，进而提升城市宜居品牌的发展。

表7－7　**各项指数 ANOVA 检验结果**

		平方和	df	均方	F	显著性
宜居品牌指数	组之间	0.086	6	0.014	3.807	0.001
	组内	1.052	280	0.004		
	总计	1.138	286			
宜居口碑	组之间	0.322	6	0.054	4.411	<0.001
	组内	3.407	280	0.012		
	总计	3.729	286			
社会治理	组之间	0.093	6	0.015	3.414	0.003
	组内	1.269	280	0.005		
	总计	1.362	286			
生活质量	组之间	0.215	6	0.036	5.725	<0.001
	组内	1.753	280	0.006		
	总计	1.968	286			
生态环境	组之间	0.291	6	0.048	12.621	<0.001
	组内	1.076	280	0.004		
	总计	1.367	286			

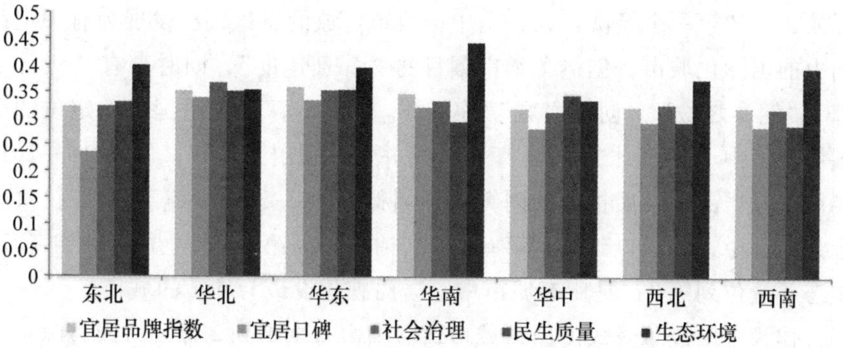

图 7－6　各地区宜居品牌指数及各分项指数情况

三　中国城市宜居品牌发展指数 10 强点评

(一) 上海

上海地处长江入海口，是长江经济带的龙头城市，隔东中国海与日本九州岛相望，南濒杭州湾，北、西与江苏、浙江两省相接。上海是国家中心城市，超大城市，中国的经济、交通、科技、工业、金融、贸易、会展和航运中心，首批沿海开放城市，被全球最权威的世界城市研究机构之一GaWC 评为世界一线城市。同时，上海与安徽、江苏、浙江共同构成了长江三角洲城市群，是世界六大城市群之一。此外，上海是全球著名的金融中心，全球人口规模和面积最大的都会区之一。在 2016—2017 年城市宜居品牌发展指数的测算中上海得分为 0.578，位列第 1。其中，上海在宜居口碑及社会治理方面表现突出，均列第 2 位，这主要是由于上海作为我国的经济、文化、金融中心社会保障及安全能够得到有效保障，同时，得益于上海国际经济、金融、贸易中心的城市品牌定位，加之世博会等重大国际活动的成功举办，使得上海现代化城市形象得到广泛传播，从而提升了城市宜居品牌的口碑效应。此外，由于上海的城市化程度较高，基础设施较为完善，因此，整体民生质量水平较高，排名第 6 位。而在生态环境方面，同样产生了由经济发展及城市化带来的污染问题，导致仅排名第 27 位。

(二) 深圳

深圳位于中国南海之滨、珠江口东岸，与香港一水之隔，是中国改革开放建立的第一个经济特区，是中国改革开放的窗口，已发展为有一定影响力的国际化城市，创造了举世瞩目的“深圳速度”，同时享有“设计之都”“钢琴之城”“创客之城”等美誉。同时，深圳也是国务院定位的全国性经济中心，与北京、上海、广州并称“北上广深”。在2016—2017年城市宜居品牌发展指数的测算中深圳得分为0.576，列第2位，仅次于上海。其中，宜居口碑位列第6，社会治理位列第3，民生质量位列第2，生态环境位列第4，是所有城市中宜居品牌建设最为均衡的城市。

作为中国改革开放的门户城市，深圳由一个不到2万人口的边陲小镇崛起为一座经济繁荣、社会和谐、功能完备、环境优美的现代大都市，2016年人均GDP位居中国内地第4，因此，深圳也被人们赋予年轻、活力、进取的形象，这也在一定程度上促进了深圳在创新、科技等方面的不断发展。随着城市宜居品牌形象的不断强化，深圳也将在未来珠三角及港澳粤协同发展的过程中更多地发挥自身宜居品牌的作用，吸引和聚集更多的人才、资源。

（三）北京

北京位于华北平原北部，背靠燕山，毗邻天津市和河北省。作为首都城市，是我国的政治、经济、文化中心，具有先天的国际影响力。同时，北京也是首批国家历史文化名城和世界上拥有世界文化遗产数最多的城市，3000多年的历史孕育了故宫、天坛、八达岭长城、颐和园等众多名胜古迹。此外，北京被全球最权威的世界城市研究机构之一GaWC评为世界一线城市，联合国报告也指出，北京人类发展指数居中国城市第二位。在2016—2017年城市宜居品牌发展指数的测算中北京得分为0.549，位列第3，其中，宜居口碑和社会治理水平位居所有城市中的第1位，这主要是由于北京作为首都城市，其在社会保障、社会安全等方面能够得到更多的关注，并且出现的社会治理问题能够得到及时高效的解决，因此，使得北京在社会治理方面优势明显。而在生态环境及生活质量方面分列第36位及第93位，可以看出北京在这两方面仍有较大进步空间。

（四）厦门

厦门位于福建省东南端，西界漳州，北邻南安和晋江，东南与大小金门和大担岛隔海相望。厦门是福建省副省级城市、经济特区，东南沿海重要的中心城市、港口及风景旅游城市，拥有具有“海上花园”之称的鼓浪屿，与漳州、泉州并称厦漳泉闽南金三角经济区。在2016—2017年城市宜居品牌发展指数的测算中厦门得分为0.515，位列第4，其中，社会治理位列第4，展现了厦门较高的社会治理水平。此外，宜居口碑及生态环境分列第9位和第6位，这主要得益于厦门作为我国著名的旅游城市，其环境怡人，污染程度低且环境保护措施较为完善，因此，城市环境的宜居程度非常高。另外，由于其旅游城市的形象吸引众多游客到此，从而也形成了城市宜居的口碑。但是由于城市的整体经济水平发展相对滞后，所以城市的相应基础设施尚不完善，同时，在医疗及教育方面也有较大的提升空间，因此在居民生活的居住体验方面也仅仅排在第28名。

（五）大连

大连是辽宁省副省级市、计划单列市，位于辽东半岛南端，东濒黄海，西临渤海，是京津的门户。同时，大连也是中国北方重要的港口、工业、贸易、旅游城市，新一线城市。大连也十分注重城市绿化工作，称大连为“建在花园里的城市”，2016年中科院对外发布的《中国宜居城市研究报告》显示，大连宜居指数在全国40个城市中排名第4。大连拥有多项中国之最：中国第一个“世界环境500佳”城市、中国最美丽的花园式城市等。在2016—2017年城市宜居品牌发展指数的测算中大连得分为0.502，居第5位，其中，得益于其在绿化等方面的建设，大连的生态环境指标表现十分突出，位列所有城市中的第2位（仅次于三亚）；社会治理为第10位；而在居民生活质量方面大连如其他大型城市一样表现差强人意，仅列第26位；同时，在宜居口碑方面，大连的表现同样差强人意，仅列第29位。因此，在未来建设城市宜居品牌的过程中，大连可以借助其在生态环境方面的优异表现积极促进宜居口碑的传播，并且注重解决现有的一些城市问题，提升居民的居住体验。

（六）广州

广州濒临南海，邻近香港和澳门，是中国通往世界的南大门，也是中国最早对外通商的口岸。改革开放以来，广州的经济水平取得了突飞猛进的发展，人均GDP位列全国第3。同时，广州也是国内最早提出“宜居”理念的城市之一，早在1999年，广州就提出要建设最适宜创业、最适宜居住的城市。在2016—2017年城市宜居品牌发展指数的测算中广州得分为0.502，位居第6位。其中，宜居口碑及社会治理位居第5位，但民生质量和生态环境仅列第24位和第35位。这主要是由于广州作为全国重要的工业基地、华南地区的综合性工业制造中心，在人口密度、房价、拥堵等方面都存在城市问题。因此，在未来，虽然广州会受到“一带一路”等政策的影响经济水平会得到进一步的发展，但是，在城市宜居品牌建设方面，广州仍旧需要在提高居民生活质量方面给予更多关注。

（七）杭州

杭州位于中国东南沿海、浙江省北部、钱塘江下游、京杭大运河南端，是浙江省的省会，长江三角洲城市群的中心城市之一，人文古迹众多，素有“鱼米之乡”“人间天堂”等美誉。同时，杭州也是我国重要的电子商务中心，是国家推行科技创新和“互联网+”转型升级的重要试点城市之一。凭借着2016年主办G20峰会，杭州在国内甚至国际社会的城市知名度不断提高，城市品牌的口碑传播效果不断强化。在2016—2017年城市宜居品牌发展指数的测算中杭州得分为0.497，位列第7，体现了杭州作为“人间天堂”的城市形象。其中，宜居口碑在所有城市中位列第3，说明杭州“宜居”这一城市品牌形象深入人心，这一方面得益于杭州一直以来在宜居方面得到的广泛认可，另一方面也得益于G20峰会等一系列活动提升了杭州的社会热度从而进一步强化了其宜居的品牌形象。同时，杭州的社会治理水平位列第7，也体现出杭州作为省会城市在社会保障以及治理方面的良好表现。但杭州在其他方面没有表现出突出的优势，民生质量和生态环境仅列第32位和第108位，这主要是由于在杭州聚集了较高的人气和社会热度之后，其房价开始快速上涨，公共资源开始变得紧缺，从而导致了人们居住体验的下降。

（八）成都

成都位于四川盆地西部，成都平原腹地，境内地势平坦、河网纵横、物产丰富、农业发达，自古就有“天府之国”的美誉，是联合国教科文组织命名的世界美食之都。成都是四川省省会、副省级市，中国西南地区的科技、商贸、金融中心和交通枢纽，国家重要的高新技术产业基地、商贸物流中心和综合交通枢纽、西部地区重要的中心城市。同时，也是西部地区设立外国领事馆数量、开通国际航线数量最多的城市。优美的城市环境、创新进取的经济活力、从容休闲的生活方式、古雅和时尚交融的文化氛围，令成都成为一座“来了就不想走的城市”。成都也是中国内陆唯一具有“休闲之都”口碑的城市。在 2016—2017 年城市宜居品牌发展指数的测算中成都得分为 0.493，位列第 8。其中，宜居口碑列第 4 位，体现出成都“休闲之都”的城市品牌效应，由于成都休闲、美食等一系列宜居因素被广为认可，因此，成都宜居的品牌口碑也得到广泛的传播。此外，由于成都的城市建设以及基础设施方面较为完善，加之生活成本较低，因此，成都在民生质量方面同样表现优异（排名第 7 位）。但是，在生态环境方面，成都仅列第 88 位，因此，在城市环境属性方面，成都还有较大的提升空间。

（九）南京

南京地处中国东部、长江下游、濒江近海，是江苏省省会、副省级市、南京都市圈核心城市。南京也是国家重要的科教中心，自古以来就是一座崇文重教的城市，有“天下文枢”“东南第一学”的美誉。同时，也是中国东部战区司令部驻地，国务院批复确定的中国东部地区重要的中心城市、全国重要的科研教育基地和综合交通枢纽。南京还是长三角辐射带动中西部地区发展的国家重要门户城市，也是东部沿海经济带与长江经济带战略交会的重要节点城市，因此，南京一直以来都具有重要的政策地位。在 2016—2017 年城市宜居品牌发展指数的测算中南京得分为 0.479，位列第 9。其中，宜居口碑、社会治理两项指标均表现较为突出，均列第 8 位，从而显示了南京作为东部沿海经济带与长江经济带战略节点城市的特殊地位，在政策、社会关注以及建设资源方面都有着自身独特的优势。但是，在民生质量及生态环境方面南京仅列第 27 名和第 127 名，显示了南京在居民生活便利及生活幸福指数方面存在的不足。

（十）苏州

苏州坐落于富庶的长江三角洲地区的地理中心，太湖之滨，素有“东方威尼斯”之美誉，也是江苏省的东南门户，上海的交通咽喉。同时，苏州是中国的特大城市，经济发展十分迅速，确立了“科教兴市、外向带动、可持续发展”的发展战略，并逐渐形成以高新技术产业为主导的现代制造业基地及各类人才聚集的技术创新基地，此外，2016 年苏州的人均 GDP 位列全国第 7 位。近年来，苏州在多项国内外的宜居城市排名中都表现不俗，并且获得过联合国人居署宜居城市的荣誉称号。在 2016—2017 年城市宜居品牌发展指数的测算中苏州得分为 0.471，居第 10 位，其中，宜居口碑及社会治理分别排名第 13 位和第 6 位，在生活质量方面位列第 17 位，而生态环境方面仅列第 149 位，是前十名城市中生态环表现最弱的城市，也是制约苏州宜居品牌进一步提升的重要原因。因此，在未来这方面也是苏州城市宜居品牌建设的主要方向。

四　中国城市宜居品牌发展的问题与挑战

（一）城市宜居品牌发展整体滞后

从整体来看，我国城市宜居品牌的建设情况仍旧处于转型发展阶段，大多数城市仍未形成独特的宜居品牌形象，城市宜居性的品牌效应较弱，城市间的宜居品牌发展差异较小，这主要体现在我国城市的宜居品牌指数大多集中于 0.3—0.4 区间。同时，尚未出现在各方面均表现突出的“明星品牌”城市，即使如成都、杭州等城市宜居形象被广泛认可的城市，由于城市化发展过程中产生的公共资源不足、城市人口密度过大等一系列城市问题兹待解决，导致在宜居属性方面存在不足，使得这些城市难以形成明显的品牌优势。

（二）城市生态环境水平有待提高

从 2016—2017 年宜居品牌的各分项指数的分布可以看出，生态环境是制约城市宜居品牌发展的最主要因素，这主要体现在两个方面：一是经济发展及城市化建设提升了城市居民的整体经济水平及生活质量。但对于城市化水平和经济发展水平较高的城市，虽然在城市基础设施方面比较完善，但是由于经济发展过程中带来了一系列环境污染问题（如空气污染、水污染等），生态环境成为制约城市宜居性的重要因素。二是经济因素制约生活质量提升。城市宜居属性一定程度上需要依托城市的经济、制度及基础设施建设，为了保护环境而牺牲区域经济发展同样会导致城市的宜居水平下降。因此，在面对生态环境这一宜居品牌发展的制约因素时，平衡经济发展与生态环境是建立城市宜居品牌的关键。

（三）地区间宜居品牌差异显著

通过对我国七大区域的城市宜居品牌发展指数进行比较可以发现各区域间存在明显的差异，具体而言，呈现出东强西弱的发展态势。这主要是由于东部沿海地区地理区位优越，经济发展水平较高，从而导致宜居水平相对较高。此外，空间自相关的分析结果显示我国各个区域内呈现出一定的宜居品牌的外溢作用，导致了宜居品牌发展较好的城市可以将品牌效应外溢到周边的城市，使区域的宜居品牌效应得到进一步提升，即形成了一定的马太效应。这对于未来城市品牌的发展，甚至是城市的发展会产生一定的负面影响，宜居品牌发展较好的区域可以带动区域内部的其他城市提升宜居品牌的效应，从而吸引更多的人才、投资和社会关注，最终各个区域在城市品牌、城市建设方面的差异进一步强化。

五　推进城市宜居品牌发展的对策建议

（一）提升城市间协调合作，实现宜居品牌整体发展

缺乏从整体协调发展的视角思考城市发展是导致中国城市宜居品牌发展缓慢的一个重要原因。距离相近城市之间的空间溢出与空间互动作用是一把双刃剑，如果不能清除认识其作用，只着眼于一城一地的发展，则效果上往往不很尽如人意。反之，如果能够对这一作用给予足够重视，并加以妥善利用，则城市的发展往往能取得事半功倍的效果。这就要求要从城市群发展的视角与高度来看待宜居品牌的发展，以城市群为主要空间载体实现城市软硬件环境的协调发展。一是必须着力加强城市群范围内的高速交通与通信网络建设，提高城市群内部的人流、物流与信息流的便利性；二是合理规划资源配置，合理规划城市群内部的教育、医疗公共文化设施等资源投入的配置，实现公共资源服务的便利性与高质量，从而实现城市群内部宜居口碑共享的效果；三是优化城市群内部的城市规划，以环境友好、居住舒适和安全稳定为目标，形成城市群内部的宜居生活空间布局，进而实现城市群内部的资源共享，有效缓解大型城市人口密度过大、公共资源不足的问题。

（二）注重生态环境改善，促进宜居品牌可持续发展

城市的生态环境情况是城市宜居的重要属性，也是发展城市宜居品牌的基本出发点，从2016—2017年的城市宜居品牌指数的分析结果可以看出生态环境对城市宜居品牌的发展是最重要的制约因素。导致这一现象的根源在于，对于经济发展水平较高的城市而言，经济的发展带来的污染问题必然会牺牲人们的生活环境，而且如果不对这些问题加以关注，随着经济的进一步发展可能会带来更多的环境问题。因此，在塑造城市宜居品牌的过程中应当更加注重提升居民的生活品质及生活质量，注重城市间人口及产业发展的平衡，实现城市间互通的便利性，促进人口的流动。同时，也注重城市间的合作，在公共资源及产业发展方面实现共建共享，在提升整个区域整体的经济水平的同时降低城市环境压力。

（三）统筹各地区间要素平衡发展，树立地区特色品牌形象

各个地区应该结合自身优势，树立独特的宜居品牌形象。城市宜居的要素主要涉及宜居口碑、社会治理、生活质量、生态环境4个方面，各地区城市应该根据自身拥有的优势形成自己独特的城市品牌定位，并依据品牌的定位做好整体的城市规划，从而取长补短，提升城市宜居品牌的发展。例如，西北地区城市虽然城市化水平及经济发展水平相对落后，但是其可以借助自身的环境和民生质量优势发展特色的宜居品牌，从而缩小与东部沿海城市间的差距。其次，需要对城市间的资源分配进行平衡，对于城市化及经济发展水平相对落后的区域应当给予一定的政策扶持，提升这些城市的公共资源供给水平，从而提升其城市宜居的品牌形象，分担大城市的人口压力，最终实现各个区域间城市宜居品牌的协同发展。

第八章 中国城市品牌传播发展指数报告（2016—2017）

牛 天*

城市品牌化是近年来城市营销研究和实践的一个明显转向，而城市品牌传播则是城市品牌化最重要的手段之一。随着社交媒体的发展，城市品牌传播中的媒体选择与运用日益多样化，城市品牌传播与管理也更加具有挑战性。正如安霍尔特（Anholt，2007）的观点，城市品牌化就是设计、策划和传播城市品牌识别过程，目的是创造或者管理城市品牌声誉。

本章中，中国城市品牌传播主要从4个方面的指标进行评判，主要包括城市知名度、城市关注度、媒体营销传播、政务新媒体传播。这4个方面的传播数据，大部分是通过网络数据和新媒体数据获得的。其中，城市的知名度是指一个城市被公众知晓、了解的程度，包括了解的广度和深度，是对于城市名气评价的量尺，品牌的知名度是城市实际生存和发展获得收益至关重要的一环。城市的关注度是城市品牌识别的重要指标之一，也是社会民众和城市经过认知、了解、识别而上升到行为层面的一个重要指标。媒体营销传播是指利用传统媒体和新媒体平台来测度城市品牌信息内容的丰富性、种类渠道的多元性和传播效果的叠加。政务新媒体传播则主要通过新媒体矩阵来测度城市政府“网络问政”的工作效率和政务新媒体的城市营销功能。一个城市的品牌形象必然和其政府的服务是有密切关联的，城市品牌最重要的一环就是受众对城市认知后产生的信任和黏度，而社会的快速发展、经济的不均衡增长、城市之间的不和谐发展就会引发种种社会矛盾，随着信息的流通越来越高效，碎片化时代城市品牌的

* 牛天，新闻学博士，中国社会科学院新闻与传播研究所助理研究员。

信任也越来越难建设。因此政务新媒体的推出，主要是增强受众对于城市的满意度和信任感，从而增强城市的品牌识别度，帮助我们直面受众的应用场景，在互动服务中切身感受到城市的特色、便利与服务，并且用自身体验来分享传播城市的品牌。

一　总体发展态势

（一）总体特征：城市品牌传播指数平均值偏低，中等偏下占大多数

2016—2017 年中国城市品牌传播指数均值为 0.258。在 287 个样本城市中，有 117 个城市位于全国城市平均值以上，比例为 40.78%。前 50 名城市品牌传播发展指数平均值为 0.446，还有较大提升空间。从数值分布规律来看，排名前 50 的城市除了前 5 个城市明显领先之外，其他城市之间分值相差并不大，主要集中在 0.4—0.5，大部分城市的指数在 0.4 左右浮动（图 8－1）。全国有 167 个城市的品牌指数区间主要分布于 0.2—0.4，占比 58.19%。而最后 50 名城市的品牌传播指数平均值仅为 0.138。由此可见，我国城市品牌传播发展水平整体偏低，并且呈现末端基数较大的态势。

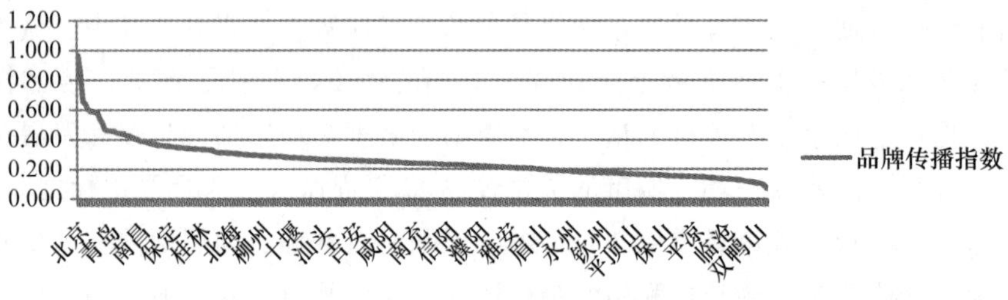

图 8－1　城市品牌传播指数趋势

1. 城市品牌传播水平区域不平衡，华东领先，东北、西北较差

从区域划分来看，2016—2017 年城市品牌传播指数区域排名华东位列第 1，平均指数得分为 0.299（表 8－1），其余 6 个区域依次是华北、华南、华中、西南、西北、东北。在各区域的城市品牌传播发展指数中，华东、华北、华南 3 个区域高于全国的平均值（0.258），其余 4 个区域的平均值都低于全国平均值。

具体来看，城市品牌传播前20强的主要集中在华东地区（8个），分别是上海、杭州、南京、厦门、青岛、福州、宁波、济南。可以看出，其城市品牌传播排名较前的城市，都是经济较发达、地区开放度较高的城市；华北地区均值排名第2，但是仅有北京和天津进入了20强。这说明华北区域城市普遍注重传播，但是明星城市较少。华南地区和西南地区表现较为相似，均有3个城市跻身20强，华南地区分别是深圳、广州、中山，西南地区分别是重庆、成都、昆明。华中的武汉和郑州上榜前20，而东北和西北地区各仅占1个，分别是大连和西安。

表8-1　　**2016—2017年城市品牌传播指数区域分析**

地区	均值	前20位城市入选数	最大值		
			城市	指数	全国排名
华北	0.279	2	北京	0.965	1
东北	0.204	1	大连	0.444	18
华东	0.299	8	上海	0.843	2
华中	0.243	2	武汉	0.513	11
华南	0.273	3	深圳	0.658	3
西南	0.236	3	重庆	0.592	6
西北	0.217	1	西安	0.540	10

2. 宜居城市拥有越来越多的传播话语权，传播表现正在崛起

在城市品牌传播指数前三名中，北京得分0.965，位居榜首。紧随其后的是上海，得分为0.843。根据二级指标城市知名度、城市关注度、媒体营销传播和政务新媒体传播等情况来看，作为政治、经济、文化中心的北京各项指标均高于上海，位列第3。深圳排名第3，得分为0.658，与排名第4的广州仅差0.017，只有城市关注度低于广州，可以看出深圳的城市品牌的传播还没有很好地上升到诉求受众行动的层面。通过数据分析，杭州、南京、成都等城市跻身10强，这些城市也是近年舆论公认的宜居城市，在宜居品牌指数排名中也都在10强内。可以看出，宜居城市在城市品牌传播中的优势和话语权增加，虽然与北京、上海等国际大都市在得分上仍然存在差距，但是宜居城市和文化特色的旅游吸引力正在崛起，城市品牌的内涵和外延也日渐多元，更加注重城市品牌传播中的空间

价值、文化特色等因素。

3. 城市媒体营销传播和政务新媒体传播占优势，但城市知名度和关注度有待发展

总体来看，七大区域的媒体营销传播均值水平都不高，华北区域的媒体营销传播和政务新媒体传播指标得分最高，均值分别为 0.280 和 0.275；东北区域最低，分别为0.178 和0.177。通过数据可以发现，政务新媒体指标表现普遍好于媒体营销传播指标。

从分布区域来看，媒体运营和政新务媒体表现最好的区域是华东地区。其中媒体营销传播指标排名全国 20 强城市有 9 个，依次是上海、杭州、南京、苏州、厦门、宁波、青岛、无锡、福州，其中上海排名最高。近年来上海努力打通各个媒体特别是新媒体传播渠道，尤其是微博、微信建立的城市传播平台发挥了积极的作用。政务新媒体指标华东有 8 个城市入围 20 强，分别是上海、杭州、南京、苏州、青岛、厦门、宁波、济南。华东地区地处沿海，媒体资源较为丰富，尤其是以上海为代表的沿海城市较为开放，因此其城市在新媒体上的曝光率和活跃度较高。而东北地区无论是新媒体运营还是政务媒体方面均没有上榜城市，可见东北地区在利用新媒体打造城市品牌传播方面较为薄弱，并且其城市的识别度和城市品牌在新媒体平台上的活跃度不够，相关部门还没能全方位地推出城市新媒体服务的渠道。

（二）区域特征

总体来说，城市品牌传播的区域特征是东强西弱：华东地区区域优势明显，有 8 个城市位列 20 强；东北地区处于较为弱势的区域，仅有大连一个城市排在第 18 位。而华北、华南等地区则属于区域内部发展较为不均衡，表现出一定程度的分化（表 8 –2）。

1. 华东：城市品牌传播处于领先水平，但内部发展不均衡

华东地区是七大区域城市样本最多的地区，也是城市品牌传播综合实力最强的地区，样本城市中高于全国平均水平的占其样本总数的61.54%。由于华东地区具有雄厚的经济基础，并在打通新媒体渠道进行城市品牌塑造方面的主动性和积极性更强。然而华东地区内部有 47 个城市的品牌传播指数得分在区域平均值以下，可以看出华东区域内部的城市品牌差距略大，呈现不均衡的发展态势。

2. 华北：整体平稳，城市品牌识别度有待加强

华北地区共有 33 个城市进入统计样本，其中有 18 个城市高于全国指数平均值，占样本总数的 54.55%，有 13 个城市高于本区域指数平均值，占到样本总数的 39.39%。华北地区稳居全国前 10 的一直都是北京和天津。但是作为京畿要地，城市的特色还有待提升，不能过分依托已有的资源。保定、大同、太原、唐山等城市得分虽然均超过了全国平均水平，但是和全国 20 强比仍然存在差距。大部分城市的得分区间为 0.2—0.3，这说明华北地区的城市特色不明显，城市的识别程度不高，需要结合城市特色重点宣传有潜力的城市。

3. 西北：城市品牌传播整体水平偏低，末端较大

西北地区共有 30 个城市进入统计样本，仅有 8 个城市高于全国指数平均值，占比为 26.67%；有 22 个城市的城市品牌传播得分在全国的平均值以下，占比七成以上。而从区域得分来看，也有 17 个城市的得分在区域均值以下，占比 56.67%。数据显示，西北地区的城市品牌传播得分主要集中在 0.1—0.2 的区间，传播意识和传播效果的发展都比较滞后，因此也较容易导致城市品牌传播的马太效应，弱者更弱。

4. 华中：整体发展水平较封闭，区域发展相对集中

华中地区共有 42 个城市进入统计样本，其中只有 14 个城市高于全国指数平均值，占比 33.33%；有 17 个城市高于本区域指数平均值，占比 40.48%。可以看出其整体区域的城市品牌传播水平欠佳。进入全国前 20 强的也仅有武汉和郑州。这主要是由于华中地区身处内陆，新媒体资源还不够发达，在一定程度上限制了城市品牌的媒体传播。

5. 华南：头重脚轻，强势省份带动效果明显

华南地区共有 37 个城市进入统计样本，其中有 19 个城市高于全国指数平均值，占比 51.35%；其中有 13 个城市高于本区域指数平均值，占比 35.14%。华南地区和华北地区情况类似，呈现出区域内部城市品牌传播发展不均衡的情况。通过数据可以发现，广东地区的深圳、广州、中山、佛山、东莞、珠海等均领先区域内其他城市，得分都在 0.4 以上，远远高于广西城市的传播指数。广东省作为改革开放的先驱，经济发展水平较高，传媒业也较为发达。随着新媒体的发展，传统媒体也纷纷开疆拓土，在原有资源的基础上继续向移动互联网拓展，助力城市品牌传播。

6. 东北：总体水平较低，落后全国

东北地区共有34个城市进入统计样本，其中只有6个城市高于全国指数平均值，占比为17.65%；13个城市高于本区域指数平均值，占比为38.24%。可以看出，东北地区无论是在全国还是区域中，其城市品牌传播得分都较低，仅大连跻身全国20强的行列，得分为0.444。这主要是由于东北地区仍以重工业为主，较为忽视开发城市的软实力，如城市文化、城市故事等，而当今城市品牌传播更多是建立在城市文化和城市软实力之上。

7. 西南：整体水平一般，区域发展集中

西南地区共有33个城市进入统计样本，其中有7个城市高于全国指数平均值，占比为21.21%；有13个城市高于区域的平均值，占比39.40%，可见其区域差距并不大。分析数据发现，西南地区虽然整体得分在全国范围内表现一般，但是重庆和成都分别跻身全国第6位和第8位，得分分别为0.592和0.584，发展较好。这主要得益于这两个城市长期以来对城市品牌塑造的重视，特别是“一带一路”行动中，重庆作为西南地区综合交通枢纽和工商业城市，顺应“一带一路”倡议，结合数字营销战略，不断扩大城市品牌的内核和外延。而成都则作为西南强势城市品牌，积极利用新媒体来传递城市故事，彰显城市价值。

表8-2 2016—2017年城市品牌传播指数区域均值比较分析

区域	样本数（个）	与全国指数平均值比较（0.258）				与本区域指数平均值比较			
		高于平均值城市数		低于平均值城市数		高于平均值城市数		低于平均值城市数	
		个数（个）	占比（%）	个数（个）	占比（%）	个数（个）	占比（%）	个数（个）	占比（%）
华东	78	48	61.54	30	38.46	31	39.74	47	60.26
华北	33	18	54.55	15	45.46	13	39.39	20	60.61
西北	30	8	26.67	22	73.33	13	43.33	17	56.67
华中	42	14	33.33	28	66.67	17	40.48	25	59.52
华南	37	19	51.35	18	48.65	13	35.14	24	63.16
东北	34	6	17.65	28	82.35	13	38.24	21	61.76
西南	33	7	21.21	26	78.79	13	39.40	20	60.60

二　数据聚焦分析

2016—2017 年城市品牌传播发展指数评价指标进一步细化和更新，在二级指标和三级指标中加入了网站阅览、微信的阅读量、点赞量、转发量等新媒体营销传播的评价，适应了互联网时代的中国城市营销的数字化发展趋势。据中国互联网络信息中心（CNNIC）发布的《第 40 次中国互联网络发展状况统计报告》，截至 2017 年 6 月，中国网民规模达 7.51 亿，互联网普及率为 54.3%，较 2016 年底提升了 1.1 个百分点。可以看出，我国网民处于逐渐上涨的趋势，而以微信、微博为代表的社交媒体则是致力于成为构建用户、内容和服务的连接，成为移动互联网时代的核心流量入口。在这个时代背景下，城市品牌传播就更应该结合互联网和新媒体因素。

（一）城市知名度指标相对较高，城市关注度指标则偏低

城市知名度指数的平均值为 0.339，得分较高，且 287 个样本城市有较为明显的差异，呈阶梯递减态势。城市知名度主要包括国内知名度和国际知名度两项三级指标，具体主要依靠城市百度新闻搜索量和谷歌新闻搜索量来衡量。可以看出我国城市的新闻传播能力已大大增强。

城市关注度的平均值是四项二级指标中得分最低的一项，仅有 0.204，主要包括网络关注度和研究关注度，可以看出一个是对于城市的表层的识别，一个是对城市的深度认知。数据分析显示，受众对于城市认知产生的网络关注度和研究关注度目前都处于一个较低的水平，也可以说明目前全国各地的城市欠缺城市特色，并且不擅长挖掘自己的城市气质吸引受众，如何准确定位城市特色、利用城市资源并且转换为受众的注意力和行动力是未来城市品牌传播的关键所在。

媒体营销传播和政务新媒体传播指标的平均值相差无几，分别为 0.242 和 0.247，呈现正相关的分布态势（图 8－2），说明二者在城市品牌传播过程中相对同步。媒体营销和政务新媒体在一定程度上是相互重合的，只是后者的核心侧重服务。

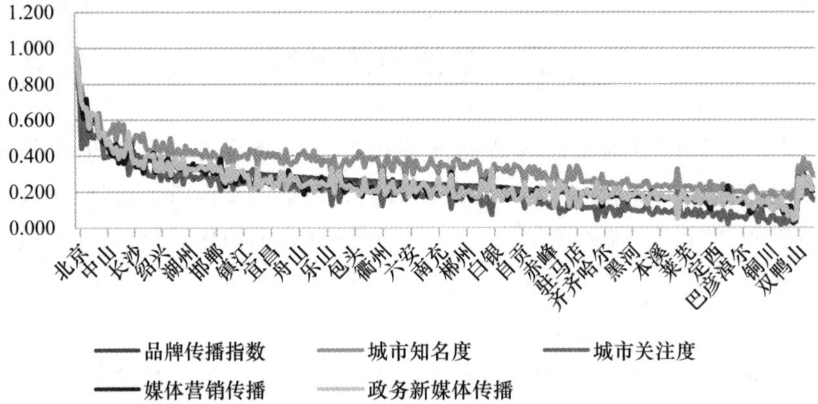

图 8－2　城市品牌传播指标分析

（二）城市品牌传播和媒体营销指标指呈正相关，但城市间的差异明显

图 8－3 显示了城市品牌传播指数与二级指标媒体营销传播和政务新媒体传播的总体趋势和走向，三者的平均值分别为 0.258、0.242、0.247。其中城市品牌传播指数较为平缓且集中在 0.15—0.30 的区间。媒体营销传播、政务新媒体传播指标主要集中在 0.15—0.25 的区间，二者趋势一致，数据点呈正相关分布。通过数据分析，城市品牌传播指数排名相对靠前的城市，其新媒体营销传播指数和政务媒体传播指数也相对较高。

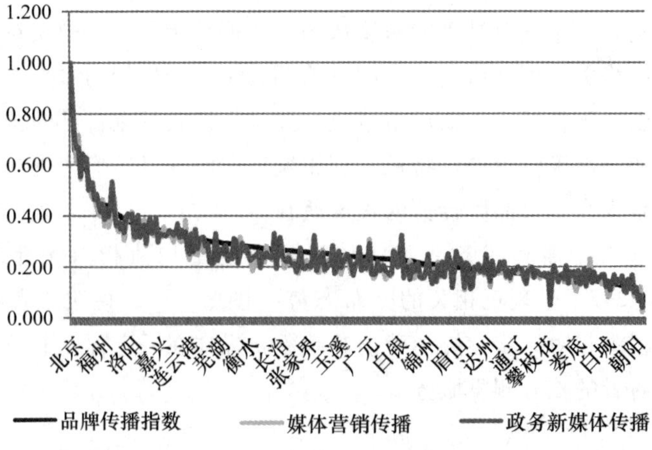

图 8－3　城市品牌传播、媒体营销传播以及政务新媒体传播相关度

比如，城市品牌传播前10强的城市，只有西安在政务媒体传播排名第13位，其余城市都在二者指数表现都位列10强之内。

（三）政务新媒体在城市品牌传播中发挥着重要作用

全国城市政务新媒体传播指标的均值为0.247。和其二级指标相比，除了低于城市知名度均值0.339以外，其均值高于城市关注度和媒体营销。政务新媒体运营可以看作新媒体运营的分支，仍然处于发展的初级阶段。华东、华南等沿海地区的政务新媒体平台搭建较好，华东地区有8个城市进入了政务媒体指数排名前20强。"上海发布"是政务类媒体经营得较好的代表，其板块主要分为服务类、政务类、社会新闻类、活动推广类四类，其主要内容呈现不同于微博上碎片信息的即时发布，而是按照时间顺序将事件的前因后果，条理清晰地以长文章的形式梳理开来，且配备必要的图片信息，促进读者深度阅读，加深理解，意味着政务微博在信息快速传播上具有优势，而政务微信作为辅助信息被有效接收。

随着"互联网+政务"的政策推动，各个城市在构建智慧城市发展过程中对于政务新媒体的运营较为重视。政务新媒体属于社会化媒体，可以为用户提供一个创造并传播内容的平台，而且对于每一个用户来说都是开放的。城市品牌化价值传播依赖于多元组织和个人构成的网络结构而非个体的组织，这就需要多线的交流和沟通。而政务新媒体作为政府对外双向沟通的平台，信息资源从单一走向多元化，传播客体也由一般公众走向全体网民，传播观念由宣传走向对话。可以说，政务新媒体在构建智慧城市中发挥着重要的平台作用，能够有效突出城市品牌传播的互动性，提升公共服务的回应力。

三 中国城市品牌传播发展指数10强点评

中国城市品牌传播品牌发展指数排名第1的是北京，也是唯一指数得分在0.9以上的城市，遥遥领先国内其他城市。上海以0.843的得分位列第2，深圳排名第3，从第4名到第10名得分均在0.5—0.6层级，差距缩小，这些城市分别是广州、杭州、重庆、南京、成都、天津、西安。

（一）北京

2016—2017 年中国城市品牌传播表现最佳的城市。其知名度、关注度、媒体营销传播和政务新媒体等各项指标也都位列第 1。北京作为首都，全国的政治中心、文化中心、国际交往中心和科技创新中心，曾经被全球最权威的世界城市研究机构之一的 GaWC 评为世界一线城市。由于北京独特的政治、文化、科技和经济地位，其在整合和利用媒体资源方面有巨大的优势和优异的表现。未来北京的媒体测量可以尝试由多而杂转向少而精，利用新媒体平台促进多角度、全方位诠释北京城市内涵，继续挖掘北京城市独特的个性和价值。

（二）上海

2016—2017 年中国城市品牌传播排名第 2 的城市。从二级指标来看，城市的知名度排名第 3，指数得分为 0.774；关注度排名第 2，得分为 0.890。而媒体营销传播和政务新媒体传播排名均位列第 2，得分分别为 0.850 和 0.856。上海是首批沿海开放城市，素有“东方之珠”的美誉。随着经济的快速发展和城市兼容并包的文化特质，上海已经发展成为我国首屈一指的国际化大都市，媒体传播能力卓越。比如“上海发布”的微博和微信平台实现了“双微”渠道逐渐打通，及时发布权威的上海政务信息，与网友开展互动，在日常管理模式上日趋走向成熟。未来其在新媒体城市营销策略上应该更加遵从媒体平台的传播特性，以更开放的态度来接受新媒体平台带来的信息传播的及时性、广泛性和便利性，为民众扩宽服务渠道和政府实行网络问政贡献力量。

（三）深圳

2016—2017 年中国城市品牌传播排名第 3 的城市，得分为 0.658。城市的知名度排名第 2，得分为 0.788，城市的关注度排名第 12 位，得分为 0.443。在媒体营销传播和政务新媒体传播方面分别位列第 4 位和第 3 位。得分分别为 0.698 和 0.704。可以发现深圳的关注度相比其他的指标是落后的，这是由于深圳虽然随着改革开放不断发展经济，并且在近年来的成长中逐渐成为一个有一定影响力的国际化城市，但是其区域优势和新媒体结合的程度不高，使得受众对于深圳的认识仅仅局限于“经济特区”，但是能够有助于塑造品牌形象传播的文化资源是短板。未来深圳应该利用其区位优势，联动打通新媒体渠道，弥补文化短板，培养城市的文化氛围，重点改善城市品牌建设中资源匮乏、生活成本较高，文化底蕴薄弱等环节，构建创新体系，营造创新创业和现代时尚的品牌新形象。

（四）广州

2016—2017 年中国城市品牌传播排名第 4 的城市。得分为 0.641。其城市知名度、城市关注度也均位列第 4，得分为 0.686 和 0.603，与其城市品牌传播排名相互吻合。媒体营销传播和政务新媒体传播分别排名第 7 位和第 5 位，可以看出广州在城市品牌传播各个指标方面的发展较为平衡，基本都在 0.6 分以上。广州作为国际大都市、国际商贸中心、国际综合交通枢纽、国家历史文化名城，也被 GaWC 评为世界一线城市，五次被福布斯评为中国大陆最佳商业城市第 1 名。因此不论是在国际还是国内都具有一定的知名度和关注度。除此之外，广州市白云区政府应急办在 2012 年开政务微信先河，将政务媒体拓展到微信平台，但是广州后来的发展并没有完全利用新媒体思维，各个平台的特色风格不明显，而城市品牌形象是一个整合的系统工程，新媒体对于城市品牌形象传播也是需要调动各要素协调运作，并且结合不同媒体特点而推进。未来广州应该利用国际大都市、国际商贸中心的特色，顺应全球信息化的发展，增强网络媒体和城市品牌形象的关系，打造多方主体的交融互动新媒体平台，着重提升新媒体在城市环境监视、城市话语表达、城市议程设置等方面的作用。

（五）杭州

2016—2017 年中国城市品牌传播排名第 5 的城市。得分为 0.605。而城市的知名度和关注度位列第 13 名和第 10 名，得分分别为 0.565 和 0.468，媒体营销和政务新媒体排名分别为第 3 和第 4，得分分别为 0.717 和 0.668。可以看出，杭州城市品牌传播整体在媒体营销和政务媒体方面表现得较为突出，说明杭州在微信、微博等双微平台的城市维护上做得较为到位，不论是关于杭州城市的文化、故事等微信文章还是杭州的政务微信平台都相对活跃。杭州是长江三角洲城市群中心城市之一，也是国家信息化试点城市、电子商务试点城市、电子政务试点城市。目前“we 我们”

“我们点评”“我们体验”三个微信公众号正在运营中，整合了杭州城市咨询和信息，打开了杭州对外的一扇窗。未来杭州城市品牌传播的发展需要继续搭建立体交叉传播网络，形成传统媒体与新媒体、网群媒体与主流媒体多方融合互动的交叉传播网，并且以网群媒体为基础进行创新传播，打造研讨、交流、体验、评选、点评交流平台，提高城市的知名度和关注度。

（六）重庆

2016—2017年中国城市品牌传播排名第6的城市，得分为0.592。城市的知名度和关注度分别排在第5名和第3名，得分分别为0.646、0.625，新媒体运营和政务新媒体均排名第9位，得分分别为0.544、0.553。总体来看，重庆的各项指标较为均衡，表现最好的是城市的关注度，这得益于“一带一路”倡议的实施和推广。重庆是长江上游地区的经济、金融、商贸物流、科技创新和航运中心，西南地区综合交通枢纽和最大的工商业城市。在新媒体环境下，顺应“一带一路”的发展，重庆通过发展新媒体的城市数字营销战略，扩大传播的影响力，解析“一带一路”倡议内涵，整合建立城市品牌形象。重庆目前连续举办了5届文博会、9届西部动漫节，将重庆文化与新媒体交融结合。未来“一带一路”倡议和长江经济带建设为重庆城市发展带来了重大机遇，要牢牢抓住这一关键时期，搞好城市形象建设，紧扣重庆城市地位，彰显激情、时尚、魅力之都的城市气质，进而实现重庆城市品牌的整合营销，提升重庆城市的核心竞争力。

（七）南京

2016—2017年中国城市品牌传播排名第7的城市，得分为0.590。其城市的知名度和关注度排名为第9位和第8位，得分分别为0.579、0.504，媒体营销和政务新媒体营销排名为第5位和第6位，得分分别为0.635、0.642。南京的城市名片和定位就是历史文化名城，它得天独厚的“六朝文化”资源因其完整的历史延续性及其丰富的史、情、景意蕴而有“六朝古都”“十朝都会”之称。近年来，南京市不断尝试打通媒体各个渠道的传播方式，寻求多媒体平台的融合，拓宽了城市形象的传播平台和传播路径，在亚青会、青奥会等重大活动的宣传推广中取得了一些良好效果。但就南京整体城市形象而言，传播成效不够理想。在全媒体新的传播语境下，南京需要在系统的战略指导和科学规划下，持续推进城市形象的多渠道、全方位、高效性传播。

（八）成都

2016—2017 年中国城市品牌传播排名第 8 的城市，得分为 0.584。其城市的知名度和关注度排名分别为第 7 和第 9，得分为 0.605、0.501，新媒体营销和政务新媒体排名分别为第 8 和第 7，得分为 0.601、0.629。从各项指标来看，成都的各项指标得分较为均衡，呈正相关。成都是国家历史文化名城、中国最佳旅游城市和南方丝绸之路的起点、“十大古都”之一，在新媒体平台发展下，成都也尝试搭建媒体平台，例如，“全搜索网”是成都媒体内容的旗舰平台，网站不仅有原创新闻、言论等基础内容，还聚合了成都的传统媒体资源以及新媒体资源，客户端“In 成都”累计用户多达 88 万，但活跃度低，客户端内容与网站协同度低。未来成都在城市品牌传播上应该使其“全搜索”网站的设计更适应移动设备的访问和阅读，可以覆盖日渐增多的移动用户群体，提升城市的关注度。除此之外，要提高相应的客户端、微博、微信等移动平台的运营水平，引入政务平台，突出核心服务功能，通过移动和社交战略，使网站的优质内容和城市各方面的配套服务得到充分传播。

（九）天津

2016—2017 年中国城市品牌传播排名第 9 的城市，得分为 0.584。城市知名度和关注度排名为第 10 和第 5，得分分别为 0.578 和 0.518。新媒体营销和政务新媒体排名分别为第 6 和第 8，得分为 0.613、0.626。可以看出各项指标中，天津在新媒体和政务新媒体方面相对出色。作为首批的沿海开放城市、京畿要地的天津是我国四大直辖市之一。2016 年，天津各级政府部门在政务微博、微信平台的影响力跃上一个新的台阶，比如交警、公安、外宣、公共服务、消防等领域不断涌现出明星微博、微信账号，有的账号入围全国政务指数十强、百强榜单。未来的发展中应该创新思维，用真正的互联网思维解决问题，融合各个媒体渠道，建立新通路，突出天津特色品牌，联动“京津冀”区域一体的城市形象定位击中受众，构建新社群，完善社群，形成城市品牌的专属圈。

（十）西安

2016—2017 年中国城市品牌传播排名第十的城市。得分为 0.540。城市知名和城市关注度均排名第 6，得分分别为 0.637、0.518。新媒体营销传播和政务媒体传播排名分别为第 10 位和第 13 位，得分为 0.503、0.502。从各项指标来看，西安属于十强城市中新媒体运营和政务新媒体水平最低的城市。西安是中国四大古都之一，也是国家重要的科研、教育和工业基地，联合国教科文组织 1981 年确定其为“世界历史名城”。虽然“一带一路”也为西安城市品牌的传播带来了新的契机，但是在融合新媒体渠道传播等方面表现欠佳。西安现有的微信政务平台如“掌上西安”“西安乱弹 App”“西安攻略 App”等，西安现有政务微博有“西安公安”“生活 IN 西安”“西安发布”等，每天发布各类信息，涉及民生、天气、交通、旅游、文化等多方面，拥有了几百万的粉丝群，但是其微信、微博等新媒体平台彼此各自为政、传播渠道单一，效果必然不佳。因此，西安未来需要将单一的媒体平台组织起来以便更好地进行城市品牌传播，将微博、微信、App、户外广告等单一新媒体相融合，丰富媒体传播手段和渠道，形成立体化传播的局面，扩大传播范围。除此之外，要加强和受众在双微平台上的互动，通过话题分享、服务惠民等方式提升关注度，使得越来越多的人参与到西安城市形象的规划、创意、制作以及传播中。

四　中国城市品牌传播发展的问题与挑战

（一）城市品牌传播各项指数较低，城市识别程度不高

通过数据对比分析可以发现，无论是区域之间、城市之间，还是城市关注度、城市知名度、新媒体营销、政务新媒体等方面，其指数得分都相对偏低，均值都在 0.2—0.3 区间。287 个城市中，仅有 11 个城市品牌传播指数在 0.5 以上，而除了北京、上海等两个城市得分都在 0.8 以上之外，其余的城市得分主要集中在 0.5—0.6 区间。这主要是由于城市品牌在新媒体环境下受众的注意较为分散，而城市气质、城市定位、塑造城市体验的城市品牌传播是一项系统的工程。城市的特色可能涉及城市经济、文化、政治、社会、环境等各个方面，而要将其变得可识别，

形成品牌，则就需要准确定位城市特色，确立城市气质，并且在合适的渠道上传播。比如，近几年杭州就提出了“生活品质”之城的城市定位，武汉则是以“江城”定位，推出“敢为人先，追求卓越”的创新精神，而在城市品牌传播的过程中，赢得受众的注意力就意味着城市的知名度和关注可能提升。在新媒体环境下，随着大众传播媒介“议程设置”功能的日益减弱，海量的信息内容使得受众的注意力很难集中到某个城市之上，关注点极度分散，这对城市品牌识别度以及品牌忠诚度培养提出了较高的要求。

（二）城市品牌传播主体混杂，不确定性增加

城市品牌传播的过程是一个多主体合作传播的过程，会涉及多元的生产主体，尤其是社交媒体时代，用户主导性增强，这就导致政府已经不是唯一的城市发言人，人人都可能成为传播者，既有公共部门，也有私人组织，以及社会化媒体下的网民等。因此各方主体会借助媒体平台成为城市品牌话题的发起者，即便传播过程中的不经意的调侃、抱怨和小情绪，由于社会化媒体用户之间关系节点的构建，以及节点到来的内容和情绪的共振反应，都会使得信息逐级扩散，在社会化群体间引起涟漪。因此，很多存在于城市之间的事件在社会化媒体的渲染下就会转化成社会化的事件，甚至是引发城市以及城市群的危机。可以说，城市品牌传播发起者的角色在社会化媒体时代正在发生变化，存在许多未可知的、潜在的城市品牌传播的发起者，这对于城市品牌传播而言，无疑面临挑战。

（三）媒体联动欠缺，传播效果欠佳

就城市品牌传播而言，社会化媒体不仅是一个信息传播的平台，更是一个信息舆论监控的引导平台，还是一个沟通互动的平台。目前，各个城市在品牌形象传播和塑造的过程中虽然大力采用多媒体融合，比如新浪政务微博、政务微信，也有在各个新媒体平台都开设专栏、板块。看似传播渠道比较丰富，城市的相关的信息和服务无孔不入地渗透到我们生活的方方面面，但实则相对分散，各自为政。加上很多城市的管理人员不懂得如何整合媒体资源，为城市发声，使得内容和形式雷同，看似百花齐放，实则相对分散，在城市品牌传播上并不能集中发力，传播效果减弱。

五　中国城市品牌传播发展的对策建议

城市品牌传播是整合型的系统工程，城市品牌形象传播的顺利进行依赖于各要素的协调运作。社交媒体作为信息传播的主要媒体，是城市品牌形象传播系统的核心渠道，在城市品牌形象传播中发挥着重要作用。在全球信息化的背景下，网络等社交媒体的功能使得平台上的多方主体关系更加凸显，模糊了传统媒体的时代的“政府主体”，使得互动反馈成为重要的环节，促进了多方主体的交融互动，并在城市环境监视、城市地位赋予、城市议程设置等方面发挥着重要作用。

（一）挖掘城市特色元素，抓住受众的注意力

城市品牌传播在新媒体信息爆炸增长的情势下，必须具备足够的吸引力。首先需要根据受众的需要和兴趣制作有特色的城市品牌信息，新媒体突破了传统媒体单调的形式，可以利用新闻的形式、活动的形式、旅游的形式，在品牌传播内容中相互关联，并且结合声音、影像、漫画等多种形式叠加传播效果。传播学中的“使用与满足”理论表明，受众在接触媒介内容的过程中是积极的，他们能主动或者被动地意识到自己的需要，并且根据这一需要和兴趣选择性地接触媒介内容，对于受众来说，最能引发他们注意的信息就是有意思、有特点、让自己感兴趣的信息。因此城市品牌传播的信息首先需要的是有城市特色的，并且能够在感官上刺激受众，并且以适合不同媒体渠道的形式传播出来，杜绝同一内容千篇一律的转发，新瓶装旧酒，确保受众在海量的信息中“稳、准”地接收到最核心的信息要素。其次，城市的关注度是衡量受众行为的重要指标之一，从数据中发现城市的关注度普遍不高，甚至与城市的知名度不成正比，比如深圳的知名度排名第2，得分0.788，而关注度排名则为第12，得分0.443。因此，城市品牌传播不能仅仅依赖新媒体单向传播，还应该建立交流的平台，引导受众可以自由地利用微信和微博等平台发表对某个城市的印象和看法。相较于官方的城市形象品牌宣传，受众个人之见的城市形象展示有时会起到更大的效果，因为受众是通过真实的个人体验来进行交流的，所以更加真实可信。例如，具有特色的旅游城市可以联合旅游网站蚂蜂窝旅游等，通过旅友的游记分享和城市特色推荐，将个人的体验分享出去，从

而为城市搭建分享交流的平台，进一步提高城市的知名度和关注度。

（二）城市管理者需要调整角色，引导传播方向

社交媒体环境下多元的传播主体消解了传统媒介的中心话语权，作为传统传播者的城市管理者已经不能单独成为观点的唯一表达者，而是要和多元的主体共同成为城市品牌的传播者。传统媒体时代，由于城市管理者主要负责参与和制定城市方针政策，并负责具体的落实执行，因此在城市品牌传播中惯于扮演说教感很强的传播者角色。因此，城市的管理者需要适应社交媒体环境，调整单向灌输的传播角色，采取沟通的姿态，以探讨、双向互动的方式，引导多方主体参与到城市的信息交流以及活动参与中来，将表达者变为监控者、舆论的引导者，更重要的是作为城市传播危机的化解者。

（三）加强多种多媒体的互动，叠加传播效果

在城市品牌形象传播中，各大网站、平台要形成复合型的传播渠道，产生叠加效果。传统媒体为主构成的传播渠道更侧重信息传播的广度与影响力，那么如今伴随着社会化媒体渠道的加入，不仅继续强化传播的广度和影响力，更需要增强传播的深度。

因此，需要深入了解社会化媒体的信息的产生和传播特点，注意信息在各个不同类型的平台上的信息的内容和形式，并且密切关注城市自身品牌传播的话题，洞悉各主体以及各种信息解答与引导方式，针对社会化媒体上用户对于城市品牌传播问题及时有效地沟通，发挥社交媒体的服务功能，建立一个有效互动的反馈机制。比如针对城市品牌传播可以采取“互联网发起—社会化媒体造势—关键活动引爆—传统媒体二次跟进”这样的路径，使得各方渠道可以根据自身的特点发挥整合资源的功能，构成一个有机的传播平台。所以说对于城市品牌的新媒体传播，我们需要充分认识渠道的作用和特色，重要的是基于城市品牌传播的目的与对目标受众的认知而选择最合适的传播渠道。

第Ⅲ编

专题研究：国家品牌战略下的城市品牌担当

第九章　国家品牌战略的城市响应：年度述评（2016—2017）

刘彦平

【本章导读】“品牌中国”是迎接中华民族伟大复兴的时代强音。国家品牌战略的提出意味着中国经济社会发展的整体转型，从要速度到要质量，从模仿到创新，从跟跑到领跑，我们正大踏步地走向光明的“新时代”。面对这股磅礴浩然的发展气势，每一座城市都要问一句：品牌竞争时代，我该怎么办？我要去哪里？因此，如何积极响应国家品牌战略，成为城市管理者必须思索的深刻命题。本章从国家、区域与城市品牌发展的整体态势入手，直面中国城市营销发展所面临的挑战与问题，提出了精彩的未来展望与发展建议，将城市营销和城市品牌化的发展置于增强国家品牌生态体系的宏大架构中，以期获得协同优化、整体提升的品牌效应，发人深省、颇具新意，希冀对促进中国城市品牌化之路有更大裨益。

品牌作为企业、行业、地区乃至国家竞争力的综合体现和战略性资源，已成为国内外经济发展的重要经验和基本共识。近年来，我国对品牌建设工作高度重视，出台了一系列的重要指示和政策。2014 年 5 月，习近平主席在河南考察时提出要“推动中国制造向中国创造转变、中国速度向中国质量转变、中国产品向中国品牌转变”，明确了建设质量强国的目标和具体要求；2016 年 3 月 5 日，李克强总理在十二届全国人大四次会议的政府工作报告中提出要“培育精益求精的工匠精神，增品种、提品质、创品牌”；2016 年 3 月，国家“十三五”发展规划纲要列入“加强质量品牌建设”，提出要“全面强化企业质量管理，开展质量品牌提升行动”；2016 年 6 月 10 日，国务院办公厅印发第 44 号文件即《国务院办公厅关于发挥品牌引领作用推动供需结构升级的意见》，对发挥品牌引领作用、推进品牌建设工作进行了系统部署；2017 年 5 月，经国务院批复同意自 2017 年起将每年的 5 月 10 日设立为"中国品牌日"。上述一系列政策和决策，标志着品牌建设已上升为新时期重要的国家战略，成为深化供给侧结构性改革和增加有效供给的重要战略手段。与此相呼应，各地也纷纷出台加强品牌工作的实施意见，相关的会议、论坛等活动也空前活跃。可以说，品牌这一古老的概念，在中国首次成为真正意义上的时代热词。

当前，我国工业化中后期的转型升级与全球新一轮工业革命交汇，对企业和城市的战略适应性和战略能力的要求进一步增强。品牌力量助推转型发展已成为我国"十三五"时期推动经济社会转型发展的重大战略选择。随着中央城镇化工作会议、中央城市工作会议的召开特别是《国家新型城镇化规划（2014—2020 年）》的颁布实施，进一步明确了贯彻"创新、协调、绿色、开放、共享"发展理念，以及坚持走"以人为本、四化同步、优化布局、生态文明、文化传承的中国特色新型城镇化道路"的基本要求。可以说，随着新型城镇化进入攻坚阶段以及国家品牌战略的正式启动，打造城市特色、推进城市治理优化特别是促进城市营销与城市品牌的发展已成为大势所趋，城市的响应和努力也正在全方位展开。

一　总体发展特征及热点透视

（一）品牌生态效应开始发酵

2016 年以来，随着国家品牌战略的渐次展开和深化，国内各层面、各领域的主体纷纷展开品牌创新和提升行动，逐步形成企业、地区和国家品牌联动呼应，企业、政府、社会、媒体和学界密切互动的生动图景，国家品牌战略下的品牌生态效应开始全面发酵。

首先，企业主体意识增强。企业作为品牌的原动力，内涵日趋丰富，自觉性也日渐增强。人们认识到创建强势品牌是企业提高客户满意度和忠诚度、建立和巩固行业地位进而形成差别化竞争优势的重要手段。近年来，从"中国制造"向"中国品牌"迈进的步伐明显加快。据报道，"一带一路"沿线 20 国青年票选出"中国新四大发明"——高铁、支付宝、共享单车和网购[①]，从一个侧面表明中国创造开始惠及全球市场，中国品牌的国际影响力也在显著增强。此外，一大批中国科技企业如华为、联想、小米、一加等在海外市场也声名鹊起，在多个新兴科技企业或“独角兽”榜单上排名不俗。可以说，中国出海品牌阵营已初步成型并在稳步扩大中。

其次，城市平台意识觉醒。城市（或地区）品牌作为品牌经济的重要平台，是企业品牌发展强大助力所在。一个正面、积极的城市品牌形象，能够为地区的招商引资、旅游发展、人才引进和市民服务赋予更大的吸引力和竞争优势。此外，城市品牌内在地包含了企业发展的要素积累、空间集聚（产业集群）、政府服务和原产地效应等，本身即可视为品牌经济的重要组成部分，也是企业品牌与地区空间功能互动的战略性治理平台。2016 年以来，多个城市陆续发布品牌发展规划，加大了城市品牌经济的战略规划和政策服务力度。同时，针对城市品质提升的行动也不断强化，比如针对“生态修复、城市修补”的“城市双修”工程也在各地如火如荼地展开。此外，围绕城市品牌的规划、活动和报道也明显升温。比如，百度搜索2016 年全年标题包含“城市品牌”的新闻数量为10500 篇，而2015 年这一数字仅为9140 篇。2017 年前3 个季度，这一数字已经达到10300 篇。这在一定程度上表明城市的品牌意识和自觉性在进一步增强。

再次，国家品牌背书效应显现。国家品牌建设是全球化时代国际经贸市场中的重要品牌背书，特别是在我国大力推进“一带一路”倡议的背景下，打造“中国智造”“中国创造”品牌、讲好中国故事，成为中国品牌“走出去”的重要途径。中国外文局对外传播研究中心连续4 年针对G20 中除欧盟外的19 个成员国共9500 名受访者的调查结果显示，中国的国家形象在2013—2016 年发生了四点变化：整体评价稳中有升，中国的国际贡献度逐渐得到世界认可，航空、航天、高铁、医药学的进步带动中国的科技形象成为亮点，从中国制造迈向中国创造、中国速度迈向中国质量、中国产品迈向中国品牌的认可度提升，“中国制造”正在被赋予新的内涵。[②]

---

① eNet&Ciweek/惊鸿：《正在走向世界的50 家中国品牌》（www. enet. com. cn）。

② 李怡清：《正在改变的中国国家形象：科技形象成亮点，中国制造是名片》，2017 年6 月6 日，澎湃新闻网（http：//m. the paper. cn/newsDetail_ forward_ 1702432）。

最后，社会力量的合力开始形成。围绕国家品牌战略，除了企业和政府的行动外，社会力量，包括行业协会、社会组织、民间智库、媒体乃至金融机构等，都纷纷聚焦品牌主题，展开各自的行动或联合行动。其中一个亮点，就是品牌、商标相关的会议、论坛活动以及行业标准、国家标准乃至国际 ISO 标准的研究和推进工作活跃，显示全社会的品牌和知识产权意识在进一步增强。品牌金融成为讨论热点，品牌资产的评估和交易成为金融机构关注的热点。此外，媒体的行动更是踊跃，各级电视台、广播电台以及平面、网络等媒体，都在重要时段、重要版面安排自主品牌公益宣传，致力于讲好中国品牌故事。例如，央视就摒弃了原有的广告招标模式，推出颇具创意的“国家品牌计划”，产生了较大反响。该计划立足国家品牌战略高度，既有商业运作，也有公益投入，并且努力实现线上广告与各类线下活动的整合，在媒体行业的同类行动中最具代表性。可以说，品牌生态思维正在催生出越来越多的正和或多赢的效应。

（二）区域整合战略不断深化

近年来，随着《推动共建丝绸之路经济带和 21 世纪海上丝绸之路的愿景与行动》《京津冀协同发展规划纲要》和《长江经济带发展规划纲要》等国家战略性规划先后出台，区域经济社会发展的整合进程呈现出全新的格局。2016 年以来，这一整合探索又得以进一步的深化。2017 年 4 月 1 日，中共中央、国务院公布设立河北雄安新区的决策，成为疏解北京非首都功能、促进京津冀协同发展的核心战略举措。并且雄安新区被视为继深圳经济特区和上海浦东新区之后又一个具有全国意义的新区，在创新区域协同和发展范式方面被赋予意义深远的使命。其次，“粤港澳大湾区”的规划也在紧锣密鼓地推进之中。在 2017 年 3 月的全国“两会”上，粤港澳大湾区首次被写入政府工作报告，意味着粤港澳大湾区发展已上升为国家战略，受到广泛关注。规划中的粤港澳大湾区是由广州、佛山、肇庆、深圳、东莞、惠州、珠海、中山、江门 9 市和香港、澳门两个特别行政区组成的城市群，将成为继美国纽约湾区、旧金山湾区、日本东京湾区之后的世界第四大湾区，成为国家建设世界级城市群和参与全球竞争的重要空间载体。此外，长三角的区域整合也在谋求进一步深化。据报道，由江、浙、沪三地共同谋划的“环杭州湾大湾区”正在加紧酝酿。环杭州湾处于沿海开放带、长江经济带、长江三角洲城市群与“一带一路”等多重国家战略的交会点，有望成为引领长三角区域整合、提升长三角竞争力的又一重大举措。[①] 区域整合战略的不断深化，使得国家和区域的发展引擎效应日渐凸显，同时也意味着我国城市品牌化的发展正在更多地与区域品牌协同推进、互动发展。

（三）特色小镇热潮方兴未艾

从2014年开始，发端于浙江省的特色小镇热潮迅速风行全国，到2016年几乎达到白热化阶段。2016年7月1日，住房和城乡建设部、国家发展改革委和财政部联合发出《关于开展特色小镇培育工作的通知》，提出到2020年要培育1000个左右各具特色、富有活力的休闲旅游、商贸物流、现代制造、教育科技、传统文化、美丽宜居等特色小镇。此后，相关部委的政策频频出台，并且几乎绝大多数省份也都出台了特色小镇政策文件。政府和民间围绕特色小镇的会议、投融资活动和规划建设空前活跃。据不完全统计，全国计划建设特色小镇的总量已多达五六千个。[②] 在此热潮下，特色小镇的噱头化、泡沫化和房地产化等负面现象也引发广泛争议，以至2016年底以来，各种反思的声音和降温的呼吁大量出现。2017年7月29日，住建部公示了全国第二批276个特色小镇名单，再次强调了发展建制镇、特色镇的政策定力，也标志着特色小镇热开始回归理性。总体来看，特色小镇建设对于拉动有效投资，缓解房价高企、交通拥堵和环境污染等“城市病”以及均衡城乡基础建设与绿色发展，发挥着越来越重要的作用，同时也是中国城镇化进程首次开启逆城市化阶段的一个重要标志。

此外，特色小镇热也给区域和城市的品牌化带来新的气象。比如浙江、江苏、安徽、贵州、四川、山东、云南等省份，在特色小镇建设方面表现出强大政府引导、民间创意和产业资本活力，极大地提升了地区创新创业和文化魅力的形象。特色小镇建设对城市品牌的带动和加分效应更加显著。比如随着云栖小镇、梦想小镇、基金小镇等一批特色小镇逐渐成为全国性的标杆，使杭州的城市品牌吸引力、关注度和文化内涵获得了极大

---

① 《中国又一大湾区正在酝酿、浙沪谋划环杭州湾大湾区》，2017年7月25日，中国证券网（http：//news. cnstock. com/news. bwkx－201707－410755/htm）。

② 《全国计划建设五六千个，特色小镇“一哄而上”现隐忧》，2017年6月26日，中华网。

的提升。此外，湖州、嘉兴、苏州、南京、咸阳等一批城市也得益于特色小镇而成为各界关注和称道的焦点。当然，更重要的是特色小镇的“特色”二字，本来就有强烈的品牌含义。2017 年 7 月 10 日，住建部发布《关于保持和彰显特色小镇特色若干问题的通知》，就特色小镇建设中的地理空间风貌和文化特色传承与创新做出了进一步的要求。[①] 事实上，品牌的塑造与特色的确立是一个互为手段、互为表里的过程。在此过程中，特色小镇的 IP（Intellectual Property）创造和导入，更是成为特色或品牌的核心话题，吸引了无数创意团队和金融资本的关注。

总之，一批特色小镇品牌脱颖而出，不仅使中国地区品牌的强者阵营中首次出现镇一级的品牌，同时这些城镇品牌与其所属的县域品牌、城市品牌也表现出积极的互动关系，作为子品牌（sub-brand）丰富了城市品牌架构，并对城市品牌形成了强有力的支撑。

（四）城市创新创业助推转型

2016 年以来，随着城市“双创”工作的继续深入推进，创新创业日益成为助推城市升级转型、提升发展动能的重要路径。一方面，以创新创业为主题的城市品牌塑造成为年度城市营销和城市品牌化的一个亮点。城市品牌化逐渐成为城市争夺创新要素的重要手段。例如，杭州提出要打造有全球影响力的“互联网 +”创新创业中心。2016 年，杭州市出台《杭州市全面创新改革试验实施方案》，提出要通过 3 年努力，在电子商务、物联网、互联网等领域形成若干具有国际竞争力的产业集群。又如西安推出首批城市双创品牌即“秦英汇”和“创咖云”两个品牌，作为西安高新区打造“世界一流的科技园区”和“世界一流的创业天堂”的引领品牌，同时作为西安城市创新创业的标杆品牌。[②] 北京、上海、杭州、深圳等城市，更出台打造城市创新创业生态系统的行动与考核准则，不断催生创新创业的城市品牌效应，“双创”工作的广度和深度领先全国。另一方面，以“双创”为抓手，不少城市致力于构建企业品牌和城市品牌齐头并进的联动机制。例如，成都市围绕“创业之城、圆梦之都”的城市品

① 《住建部关于保持和彰显特色小镇特色若干问题的通知》，2017 年 7 月 10 日，搜狐网（http：//m. sohu. com/a/156112999_ 273633）。

② 吕宏伟：《西安发布首个创新创业城市品牌》，《华商报》2017 年 9 月 22 日。

牌，提出打造“品质成都”的目标。通过加大商标认证保护力度、加强产品和服务的品质监管，以及开展以“品质成都、双创标杆，建设国家中心城市”为主题的“成都品牌发展故事”等系列活动，彰显了成都品牌企业在创业创新、品质提升和促进城市转型中的示范引领作用，不断强化“双创”的城市品牌价值。[①]

创新创业作为城市品牌的新领域和新动力，对于尚处于转型发展进程中的中国城市来说，有着巨大的发展潜力和延伸空间。2017 年，国务院再次强化创新驱动战略，部署“双创”发展，于 7 月 21 日发布了《国务院关于强化实施创新驱动发展战略进一步推进“大众创业、万众创新”深入发展的意见》(国发〔2017〕37 号)，明确指出要进一步系统性优化创新创业生态环境，强化政策供给，突破发展瓶颈，充分释放全社会创新创业潜能。“双创”在城市经济社会发展中的作用仍在进一步加强（张晓波、李钰、杨奇明，2016）。根据首都科技发展战略研究院的研究与统计，截至 2016 年底，全国科技企业孵化器总数已达 3255 家，为数居世界第一。[②] 在孵科技型中小企业 13. 3 万家，当年解决就业 212. 3 万人。毕业后的上市和挂牌企业达到 1871 家，分别占创业板上市企业的 1/6 和新三板挂牌企业的 1/10。同时，各地的众创空间也蓬勃发展。2016 年底，全国共有 4292 家众创空间，当年服务的创业团队和初创企业近 40 万家，带动就业超过 200 万人，实现了创新、创业、就业的有机结合与良性循环。由此可见，创新创业带来的城市转型动力非常显著，未来我国大中小城市在创新创业方面的努力及其城市品牌价值值得进一步期待。

（五）文化旅游产业加速融合

2016 年以来，旅游部门进一步发挥了城市营销和城市品牌化的主力军作用。随着全域旅游战略的全面推开，“旅游 +”和“文化 +”战略逐渐从理论主张落地为各地的实践探索，突出表现为文化和旅游业的深度融合，对塑造更具吸引力的城市旅游品牌起到了积极的作用。

文化产业（特别是文创产业）和旅游产业有着共同的空间地域属性，同时也都是“一带一路”倡议行动的重点领域。全域旅游的目标是优化

① 《双创成都品牌标杆、建设国家中心城市》，《成都日报》2017 年 4 月 7 日。

② 引自首都科技发展战略研究院内部课题简报，2017 年 9 月。

旅游服务的空间功能布局，其中最有力的推进手段就是旅游与文化产业的融合发展，比如与非遗资源、文创产业、体育产业、健康养生乃至教育培训等产业的融合，等等。文旅小镇就是这种融合的典型表现，成为特色小镇当中的中流砥柱，带动和引领着文旅融合的进一步发展。此外，旅游业转型试水 IP 以及民宿热的兴起，也是文化与旅游融合的热点领域。

总之，文旅产业融合发展，一方面充分发挥了城市文化作为城市之魂和城市软实力核心支撑的作用，另一方面也极大地丰富和拓展了旅游业态体系，使文化和旅游对于城市品牌的作用机制变得更加清晰。2016—2017 年度，大连、苏州、杭州、嘉兴、烟台、淄博、重庆、丽江等一批城市，通过深化促进文旅融合的政策引导和实践创新，丰富了旅游产品和服务供给，提升了城市旅游品牌，取得了不俗的业绩。

（六）智慧城市建设初见成效

随着大数据、物联网和人工智能等技术的发展，智慧城市建设也进入到提挡加速期。2016 年国家“十三五”规划纲要中，明确提出要“建设一批新型示范性智慧城市”。据不完全统计，中国已有超过 600 个城市在推动智慧城市建设，智慧城市建设已成为国家新型城镇化和创新驱动发展战略的重要内容。从目前国内智慧城市试点项目来看，主要包括智慧环境、智慧交通、智慧水务、智慧旅游、智慧电网、智慧医疗等城市发展的主要领域。特别是在城市交通、政务和旅游等领域，成效尤为显著。

尽管我国智慧城市发展整体尚处于起步阶段，但在提升公共服务效能、响应市民和游客需求方面的进展已获得较为广泛的认可。其中，政务新媒体将政务服务与政务公开作为工作重点，通过细化平台功能、优化互动机制、简化服务流程等举措，在社会治理和城市管理中的作用凸显（唐旭军，2017：26 – 27）。此外，智慧旅游的发展也非常迅速，总之，这也意味着智慧城市建设在提升城市营销和城市品牌化精准度方面奠定了良好的基础。

二 中国城市营销发展的挑战与问题

随着经济社会发展出现许多新变化和新要求，中国的城市营销和品牌化发展也面临着诸多问题与挑战。

(一) 城市文化软实力成长乏力

近年来，各地、各城市进一步加强了城市文化建设，并且在打造城市文化品牌方面着力甚多，取得了可喜的进展。然而总体来看，我国城市的文化软实力的发展与经济成长仍不相匹配，城市文化特色和精神风貌还不够鲜明，现代科技和创意理念对城市文化的提升效应还不够突出，城市文化软实力普遍不强。一方面，城市文化建设过多依赖政府推动，社会和民间自发的文化创造氛围尚未形成；另一方面，普遍把城市文化软实力提升的诉求工具化，而对其价值理念的挖掘却不够深入。例如，不少城市强化公共文化设施建设，致力于民间艺术品、名人文化、民俗文化及自然遗存等特色文化品牌的开发，取得了较好的成绩。但上述努力相对于文化的综合属性来说还仅是碎片化的工作，并且主要集中在公共文化服务和文化产业方面，针对文化软实力更为深层的要素，例如，城市的审美品位、市民的文化认同感、凝聚力以及城市文化“走出去”的竞争力等方面，还不足以形成强大的合力。

文化软实力是城市可持续发展能力的重要支撑，也是城市品牌的真正内涵所在。正如有学者指出，在经济发展到一定阶段，随着经济硬实力的影响逐步下降，由文化整合力、社会凝聚力、人口素质力、政府公信力、城市辐射力等构成的城市文化软实力已经成为城市经济社会发展的终极动力与决定性力量（李正治、张凤莲，2013）。城市文化软实力的成长，是一个包含有形的物质文化、无形的制度文化和精神文化在内的全方位的进步过程，需要长期的建设和积淀，不可能一蹴而就。多年来，“创城”（创建全国文明城市）一直被作为提升城市文化软实力和打造城市文化品牌的重要抓手，以至于“创城”的口号、标语和活动在全国几乎随处可见。这种行政导向、形式主义乃至运动式的文化软实力工程是否有效，其实舆论早有争议。城市文化软实力和城市品牌，从受众的角度看，就是城市顾客对一个城市的价值认知、品质感知和情感共鸣，需要凝聚政府和民间的共识并且形成协力机制来推进建设，来不得半点投机和敷衍。2016年5月，澎湃新闻网发表了记者张刘涛采写的报道《杭州经验：历时9年，杭州“礼让斑马线”成城市共识》，报道了杭州“无论是在主城区还是在景区，‘礼让斑马线’已成为当地文明的一道风景线”。新闻一出，立刻引起网络热议。杭州被视为第一个真正做到斑马线礼让行人的中国内地城市，其意义重大，触动人心。机动车礼让行人，这在西方国家只是普通的常识。我们在为杭州叫好的同时，更应对我国城市文化现代化命题多一分深思。

（二）城市营销促转型竞争加剧

当前，全国各地正在不断深化供给侧结构性改革，加快推动新旧动能转换。城市之间围绕资本、人才和高科技项目等高端要素的争夺战进一步加剧。首先是深化“放管服”改革，全面提升营商环境。各地纷纷出台优化营商环境的商事制度改革和企业减负与激励政策。例如，吉林发布“零见面网上办”政务服务事项清单和“到大厅一次办”政务服务事项清单；云南推出降低企业税费、用能成本、融资成本等75条措施，预计全年可为企业减负700亿元，等等①，甚至有多个城市提出要打造“营商环境最优城市”的目标。然而在降低制度交易成本，营造国际化、法治化和便利化的营商环境方面，许多地区和城市还存在体制机制的诸多约束，例如，市场的行政壁垒、准入门槛以及制约民营经济发展的“弹簧门”“玻璃门”“旋转门”等问题，仍是城市优化打造营商环境品牌所面临的挑战，需要通过深化改革来加以解决。其次，各地在揽才引智方面也展开角逐。2016年以来，各城市展开的人才争夺战日趋升温，针对高端人才和高技能人才的重奖等激励节节攀升，针对毕业生也竞相推出落户、租房、买房、创业补贴等政策礼包，表明人才已成为城市经济转型发展的稀缺资源。然而，揽才引智不仅要能招来人才，更要能留住、用好人才，以真正发挥人才在城市转型发展中的核心支撑作用。反观近两年来一哄而上的“揽才引智”热潮，已然出现无序竞争的迹象，很容易推高引才成本，却无法保证引才的成效。

事实上，无论招商引资或揽才引智，激励政策仅能收到短期效果，却不足以形成可持续发展的动力。城市要素争夺战要转向城市营销和城市品牌的系统优化和提升，例如，构建良好的城市创新创业生态系统、营造包容友善的城市文化氛围、提升教育医疗等公共服务和建设优美宜居的城市环境等，才是切实增强城市吸引力和竞争优势的有效途径。

---

①　固阳：《优化营商环境积蓄发展动能》，2017年8月21日，国家工商总局网站（http：//www.saic.gov.cn/xw/mtjj/201708/t20170821_268567.html）。

（三）城市环保话语权面临考验

党的十八大从“五位一体”总体布局的高度强调了推进生态文明建设的重要性，“绿水青山就是金山银山”正在成为全社会的共识。各城市纷纷加大环境保护和生态建设的力度，一些拥有良好自然生态环境的城市，更是不遗余力地展开自我营销，以此作为推广旅游、吸引人才和投资的筹码。优美、健康、怡人的环境，越发成为城市品牌皇冠上的明珠。

然而，这场环保与生态的战役进展却并不顺利。随着我国进入经济下行、增速放缓和经济结构调整的“新常态”，环保压力相对降低，但由此带来的就业、民生和地方财政收入压力却明显上升。不少地方在环保工作中存在“重发展、轻环保”的思想，有法不依、执法不严，导致环保责任大大弱化（潘家华、单菁菁，2017）。此外，污染从东部发达地区向中西部转移、从城市向乡村转移的趋势也不容忽视，环境保护与生态建设的区域协同治理机制，还在探索之中。“自然之友”组织编撰的《中国环境发展报告（2016～2017）》中指出，“生存性环境权益”（与基本民生相关的环境权益，如安全饮用水、符合健康基本要求的空气质量）、“生产性环境权益”（确保经济生产活动得以正常进行的环境容量和质量）以及“发展性环境权益”（有助于提升生活质量的更高的环境质量）之间的冲突已广泛存在，并可能继续加剧（李波，2017）。

城市的调节功能是调节人与自然的关系（简·雅各布斯，2006：408），城市与自然应和谐交融而不是对立面。当前地方政府的环保意志和环境治理能力正面临很大的考验，保卫城市蓝天、打造绿水青山的形象话语权，显然还任重道远。

（四）土地财政依赖如影随形

土地财政在中国城镇化进程中发挥了巨大的融资作用，催生房地产成为中国经济的支柱产业。但同时也推高了房价、扩大了贫富差距，并在很大程度上绑架了国家经济和房地产政策，并且引发形象工程、强拆、腐败等诸多问题和社会矛盾。因此，土地财政依赖近年来一直饱受舆论诟病，相关部门也多次释出为土地财政降温的信息。2016 年以来，围绕稳定房价的政策空前严厉，各地纷纷出台了有针对性的地方细则。“因城施策、一城一策”的精准调控方式发挥了积极作用，全国房地产市场逐渐趋于平稳。“房子是用来住的、不是用来炒的”已成为楼市调控的基本指导思想。然而，数据显示，各地对土地财政的依赖并未改观。2016 年前三季度，全国国有土地使用权出让收入超过 2 万亿元人民币，同比增长 14%。同时多地“地王”频现，一派土地财政的“盛宴”景象。其中苏州前三季度的土地依赖指数高达 82.6%，杭州、合肥、南京等城市依赖度指数都超过 50%。[①] 2017 年以来，尽管房地产市场开始出现低迷现象，成交量下降，但土地出让金依旧保持着快速增长的态势。据中国指数研究院公布的数据，2017 年 1 月至 9 月，全国 300 个城市土地出让金总额为 26384 亿元，同比增加 35%。其中，住宅用地出让金总额 21665 亿元，同比增加 42%，显示地方的土地财政依赖仍在进一步加深。

长期以来，土地财政依赖扭曲了政府行为，引发了诸多社会矛盾，制约着新型城镇化的健康发展，同时也使得城市营销和品牌化努力，经常被蒙上短期导向和土地经营的阴影。因此，规范和约束土地财政，提高土地财政的透明度及其造福人民的功能，进而减少土地财政依赖，增加地方政府税收财政的施政能力，成为当前地方制度改革和政策创新的当务之急，也是城市营销和城市品牌化、专业化、战略化转型的重要前提。2017 年 9 月，雄安新区管委会再次声明将推行积分购房制度，不搞土地财政。武汉长江新城随即发声，表示要对标雄安新区，坚决不搞土地财政。[②] 解决土地财政依赖的痼疾，显现出改革的曙光。

（五）城市治理体系和治理能力建设滞后

中共十八届三中全会提出的全面深化改革的总目标，就是完善和发展中国特色社会主义制度、推进国家治理体系和治理能力现代化。推进城市治理体系和治理能力现代化因此成为国家重要的改革要求。当前，中央政府一方面正在加强和优化宏观调控，鼓励区域整合协同发展；另一方面也将进一步扩大地方发展的自主权，区域治理改革和创新任务空前紧迫。同时，各城市在基础建设方面大力推行 PPP 模式，经济治理中的公私协力正在进一步深化。此外，随着移动互联网的普及，智慧城市建设中的环境

---

① 《外媒关注中国各大城市“地王”热：土地财政依赖加深》，2017 年 1 月 7 日，参考消息网（http：//cankaoxiaoxi. com/finance/20160923/1314662. shtml？fr = mb）。

② 《长江新城要对标雄安新区、坚决不搞土地财政》，2017 年 10 月 1 日，新浪财经（http：//finance. sina. cn/2017 – 10 – 01/detail-ifmkwwk7511581. d. html）。

治理、政府治理、社会治理、社区治理等面临着向“多中心”和“去中心”模式的转型升级考验，以进一步扩大市民参与，增加人民的认同感和获得感；甚至在“一带一路”行动中，沿线城市还面临着参与国际治理的新挑战；等等。可以说，城市治理体系和治理能力的提升，事关城市经济社会发展的兴衰成败。

在中国城市营销发展报告系列中，从不同角度反复强调城市营销治理转型的重要性和迫切性（刘彦平等，2009，2015，2017）。因为城市治理对于城市营销和品牌化来说，不仅是制度保障，更是实施路径。城市营销不同于城市形象传播，就在于其治理的本质属性。城市营销和品牌化从本质上讲，就是通过治理过程，来推动和达成城市的发展战略目标。由于所涉及的利益冲突相对较少，城市营销和城市品牌也成为城市治理转型的先行和示范领域。然而多年来，囿于体制机制的惯性束缚，围绕城市营销治理的改革进展非常缓慢，成为制约中国城市营销发展的根本因素。尽管如此，仍有少数城市在城市营销治理方面迈出了积极探索的步伐。例如，杭州在城市品牌化方面的治理创新就极具价值，从复合主体到品牌网群，从政府主导到四界联动，城市营销治理创新让杭州的“生活品质之城”品牌越来越强大，并且对城市的转型发展也发挥着越来越重要的作用，值得国内城市学习和借鉴。

三　未来展望与发展建议

国家品牌战略下的城市品牌，是国家品牌生态体系中的组成部分。未来城市营销和城市品牌化的发展，应以增强国家品牌生态体系为重要指标，以获得协同优化、整体提升的品牌效应。

（一）匠心筑梦，打造城市品牌战略平台

国家品牌战略的推出，乃在于呼唤工匠精神、倡导中国品质，唱响了中国经济转型的品牌之声。当前，相关各部门特别是全国各地的城市，都在千方百计发展和壮大品牌经济。在此背景下，非常有必要在国家和地区的品牌战略里，嵌入城市品牌的思维，并且努力打造好城市品牌这个统筹和支撑的平台。

现代品牌经济的发展，实质上是经济社会生态系统高端化的一种体现

或结果，而这个系统的综合载体，往往就是地区或城市。进入21世纪以来，城市品牌化潮流在世界范围内兴起，成为城市管理革新和竞争力提升的有力手段。当高端要素成为城市激烈竞争的焦点时，城市品牌化和城市营销就成为城市竞争与合作策略的重要选项。作为品牌企业空间集聚的载体和行业治理的中枢，城市品牌的统筹、服务和整合作用就显得无可替代。企业品牌和城市品牌相互支撑和带动，也成为城市品牌化进程中的一道风景。比如围绕创意之都、设计之都、美食之都、数据港、购物天堂、休闲之都、创新创业之都等城市定位，国内外就涌现出大量的城市品牌化案例，而其背后往往都是地区品牌经济的发展图景。

需要指出的是，随着我国经济向工业化中后期乃至后工业阶段的转型和过渡，服务经济、知识经济的比重在快速增加。城市品牌的价值重心，也正在从经济硬实力向文化软实力演化，城市细节品质的比拼时代即将到来。在这一过程中，城市宜居品牌和文化品牌的重要性凸显，并成为未来城市品牌的主要发展方向。优化城市环境、美化城市设计，提升公共服务、激活城市文化资源、创新城市文化资产，进而打造更具优势和吸引力的城市宜居品牌和文化品牌，以吸引更多的创新、创意和技术型人才，将成为提升城市在全球、全国以及区域城市网络中的服务功能和价值地位的有效途径。

（二）合纵连横，共建区域品牌和国家品牌

城市品牌是地区品牌网络中的节点，与国家品牌和区域品牌有着天然的关联。多年来的城镇化过程，更多地表现为大中小单个城市的扩张和蔓延。城市的无序发展和同质化竞争一度日趋严重。近几年来，随着国家区域战略决策及新型城镇化战略规划的出台，特别是高速公路和高铁网络快速发展，城市群意识和区域协同意识空前增强。京津冀城市群、长三角城市群、粤港澳大湾区城市群、海峡西岸城市群、成渝城市群等一批国家主要城市群以及“一带一路”沿线城市呈现出区域协同、组团发展的良好势头，区域形象也变得与域内城市的命运休戚相关，受到越来越多的关注和重视。尽管尚未形成自觉的区域品牌工作机制，但区域共同的发展愿景与日趋丰富的协作机制，为区域营销和品牌化的启动奠定了扎实的基础。展望未来，区域品牌形象的规划、推广与管理应尽早纳入区域协同工作列表，以深化区域整合战略的共建和共享内涵。

此外，各地区和城市还应继续提升共建国家品牌的意识。良好的国家品牌形象，能够为产品、服务的国际市场竞争以及城市公共外交赢得更好的环境和更为持久的支持。比如加拿大、新加坡、印度、挪威、澳大利亚、新西兰、韩国等就是国家品牌化的受益者。卓越的国家品牌管理具有溢出效应，能够在国际旅游、教育、人才流动、投资等领域充分分享国家品牌形象的红利，对支持本国城市的经贸活动和企业的国际竞争形成有力的支撑和保障。近年来，我国不断扩大对外开放，实施自贸区战略和“一带一路”倡议，“讲好中国故事、塑造中国形象”成为城市外宣、城市营销的自觉任务。一方面，国家品牌需要在定位、形象设计、推广与风险防范等方面，全面加强创新与管理，让“中国品牌”“中国创造”与“中国文化”并驾齐驱，并在提升国家的综合实力、带动区域和城市品牌中发挥更大的作用。另一方面，城市和区域品牌的塑造也要从国家文化、经济和空间战略角度出发，努力与国家品牌建立更为密切的关联，以共建国家品牌的强大背书。

（三）求同存异，讲好城市品牌故事

近年来，“讲好城市故事”几乎成为城市外宣的口头禅，也是城市营销传播的重要策略。然而，要讲好城市品牌故事却变得越来越有挑战。首先，在移动互联网和新媒体时代，品牌叙事环境发生了深刻变化。叙事主体从精英垄断向大众化与平民化转型，相伴而来的就是叙事个性化潮流，对品牌叙事的角度、内容和叙事方式提出了新的挑战。宏大叙事失去了往日的光环，而真实细节和趣味故事更能得到受众的追捧。城市品牌如何适应个体化和个性化叙事与对话，的确是一个不小的考验。事实上，未来城市品牌故事可能会更多地来自城市顾客和利益相关者个体，而不是城市管理者的自说自话。因此，设计城市品牌沟通的网络参与和互动机制就显得格外重要。其次，在当今的全球化时代，品牌沟通场域充满了纷繁、多元的文化与意识形态价值差异乃至冲突，城市品牌的价值承载与传递面临精准识别价值共识的挑战。求同存异、和而不同的沟通法则变得弥足珍贵。这需要城市营销者更多地从目标市场出发来进行受众的研究和分析，进而设计差别化的城市品牌故事来进行有效的沟通。在这方面国内城市既有成功的探索，也有许多失败的案例。比如国内某城市在美国纽约时代广场举行城市推广活动，中外活动参加者身着红军服装并且打出“庆国庆·全

球共唱英雄赞歌”的标语。这一活动创意，忽视了城市传统文化特色对西方受众的吸引力，同时也将自身置于意识形态价值冲突现场，显然是城市品牌价值沟通的败笔。有人说，品牌故事是“迷你型”价值观载体，善用故事载体、有效传递价值，才是讲好城市品牌故事的关键。

（四）智慧智能，提升城市生活品质

智慧城市是新型城镇化的重大科技支撑，也是数字时代的重要社会红利。迄今我国探索和发展智慧城市已近10年。2015年底“新型智慧城市建设部际协调工作组”的成立，进一步明确了推进新型智慧城市建设是落实新型工业化、信息化、城镇化和农业现代化同步发展国家战略。智慧城市建设开始驶入快车道。人们逐步认识到，智慧城市的目的绝不是追求GDP或时尚工程，而是要通过数据的收集、管理和运用来优化城市管理和公共服务、促进城市的社会经济发展。智慧城市的本质内涵不是技术，而是城市生活本身。

未来智慧城市建设的方向，应更加体现以人为本的价值理念，服务市民、游客、投资者和其他城市顾客，不断提升城市建设和运营质量，提升城市生活品质。一方面，智慧城市的顶层设计和具体展开，要少一点城市管控和供给思维，多一些共享和需求理念，牢固树立数据“取之于民、用之于民”的根本宗旨。和所有其他城市建设与运营的目标一样，我们应该把智慧城市工作规划和细节真正建立在市民和其他城市顾客的需求基础之上。“我们必须使城市恢复母亲般养育生命的功能”，“因为城市应当是一个爱的器官，城市最好的经济模式应是关怀人和陶冶人”（刘易斯·芒福德，2005：586）。另一方面，智慧城市要加强对市民等城市顾客的赋能和赋权设计，要鼓励市民积极参与智慧城市建设和运营，让所有市民都有机会参与到城市的发展、变革和治理中来。智慧城市带来的便利度、透明度、参与感和政策红利，应该成为市民获得感的重要来源，成为城市品牌中的重要“名片”。

（五）创新支点，焕新城市品牌内涵

在激烈的城市营销战中，能够让城市脱颖而出的战略，无不是找准或构建了战略性支点的营销行动达成的。因此，创新支点应是城市营销统筹远期和近期目标、整合内部和外部资源的重要策略模式。这个支点，可以

是热点效应，可以是创意或创新引领，需要城市因应环境的变化，找准支点来实现营销效果的乘数效应，目的是动态演绎或发展自身的品牌价值。“创新支点”的策略与城市形象传播中的借势策略或“蹭热点”不同，是要找准城市深刻、长远的战略方向以及城市最大的价值追求的品牌化战略，而非追求眼球效应的传播策略。比如贵阳借助大数据热，不仅把贵阳大数据成功打造为城市品牌，同时也有力地支撑了贵阳建设创新型区域中心城市的战略目标。成都新都区致力于挖掘本地历史文化名人杨升庵文化，打造升庵文化品牌，使得新都区获得了全国乃至国际性的文化对话的机会，促进了本地文创、旅游和投资的发展。大胆创新品牌支点，有助于激励城市保持开放、活力和企业家精神，规避衰落的陷阱，迈向复兴和繁荣。正如爱德华·来格泽在《城市的胜利》一书里探讨城市复兴奥秘时写道：“长期以来，城市创造了知识的爆炸；在这里，一个智慧的火花会激发很多的火花。佛罗伦萨的文艺复兴就是这样的一种爆炸，伯明翰和曼彻斯特的工业革命也是如此。”

总之，未来的城市营销和品牌化不应拘泥于概念性的基本品牌架构，如伞品牌、旅游品牌、营商品牌等分类，而是要善于扩展和打造更加丰富的城市品牌体系架构，以便在城市营销过程中能够运用更多的博弈工具，提升营销效益和效果。

（六）从善如流，提升营销治理能力

善治（good governance）是指一种良好或理想的治理状态，即公共事务在多元主体的合作治理下达到公共利益最大化。城市营销和城市品牌化的根本特征就是营销主体与营销目标的多元化，城市营销治理就是城市营销和城市品牌化的基本展开方式（刘彦平，2005）。因此，促进城市营销治理转型成为一项势在必行的任务，同时也是城市治理体系和治理能力现代化的内在要求。

未来我国城市营销和品牌化实践，应进一步践行党的十九大强调的“以人民为中心”的发展理念，努力实现治理转型和治理创新的突破。首先，要发挥城市政府的“元治”角色，为城市营销和城市品牌化发展建立法律、政策、组织和资源等方面的基础和保障。其次，要尊重和吸纳相关政府部门、企业、社会团体和媒体等多元主体的参与，真正开创多元化营销者协同、有序行动的生动局面，而不是政府绝对主导甚至唱独角戏。

再次，要促进区域营销和区域品牌化的协同治理，以为城市营销扩展更广泛的资源，规避营销中的恶性竞争，实现更好的营销效益。

总之，随着我国品牌战略驱动的一系列经济变革拉开序幕，需要形成创新引领的新格局。提升城市品牌在国家品牌战略体系中的作用，需要从企业、城市、区域乃至国家的层面来重构城市品牌治理逻辑和发展图景。这是我国品牌经济与社会转型发展进程中改进供给、改善需求的有效途径，也是城市营销和城市品牌的使命担当。

参考文献：

[1] 爱德华·来格泽：《城市的胜利：城市如何让我们变得更加富有、智慧、绿色、健康和幸福》，刘润泉译，上海社会科学院出版社 2012 年版。

[2] 简·雅各布斯：《美国大城市的生与死》，金衡山译，译林出版社 2006 年第 2 版。

[3] 李波主编：《中国环境发展报告（2016 ~ 2017）》，社会科学文献出版社 2017 年版。

[4] 李正治、张凤莲：《试析城市文化软实力的内涵及其构成要素》，《人民论坛》2013 年第 27 期。

[5] 刘彦平主编，许峰、钱明辉、[瑞典] 艾玛、赵峥副主编：《中国城市营销发展报告（2014—2015）：助力可持续城镇化》，中国社会科学出版社 2015 年版。

[6] 刘彦平主编，许峰、钱明辉、李妍嫣副主编：《中国城市营销发展报告（2009—2010）：通往和谐与繁荣》，中国社会科学出版社 2009 年版。

[7] 刘彦平主编，许峰、[瑞典] 艾玛、赵峥、何春晖副主编：《中国城市营销发展报告（2016）：国家战略视野下的城市营销》，中国社会科学出版社 2017 年版。

[8] 刘彦平：《城市营销战略》，中国人民大学出版社 2005 年版。

[9] 刘易斯·芒福德：《城市发展史——起源、演变和前景》，宋俊岭、倪文彦译，中国建筑工业出版社 2005 年第 1 版。

[10] 潘家华、单菁菁主编：《中国城市发展报告 No. 10》，社会科学文献出版社 2017 年版。

[11] 唐旭军主编:《中国新媒体发展报告（2017)》，社会科学文献出版社 2017 年版。
[12] 张晓波、李钰、杨奇明主编:《中国区域创新创业报告 2016》，北京大学出版社 2016 年版。

第十章 "一带一路"背景下丝路城市的品牌联合营销策略：基于南疆等地的经验*

许　峰　李帅帅　林雪娇　牛文霞　罗　欢**

【本章导读】"一带一路"倡议是中国贡献的新一轮全球化方案，不仅是中国的机遇，同时也是世界的机遇，既有助于改善中国东西部发展不平衡的格局，更致力于构建新时代世界经济新格局。就国内城市而言，丝路沿线城市的文化渊源有别、发展水平各异，然而却有着共同的使命和担当，那就是唯有加强与国内乃至国际沿线城市的联系和互动，通过城市间和区域间的品牌价值共创与协同治理，才有助于达成丝路品牌共享下的城市合作共赢新格局，真正实现对国家和区域品牌的支撑与丰盈。本章重点以我国新疆的城市为例，深刻探讨了丝路城市品牌联合营销的基础、必要性、策略路径和合作机制等问题，为拓展丝路城市品牌的合作共赢之道，提供了崭新的理论探索与实践考察视角。

一　引言

"一带一路"倡议背景下，新疆具有全方位、广向度的陆向开放优势，已转变成为我国改革开放的前沿阵地，在"丝绸之路经济带"中起

---

* 基金项目：国家社会科学基金项目"'一带一路'战略下旅游开发促进南疆地区稳定与发展的机制与对策研究"（15BMZ052）。

** 许峰，山东大学管理学院旅游管理系副主任、副教授，昌吉学院经济管理系副主任（援疆挂职）。李帅帅，北京大学政府管理学院博士研究生。林雪娇、牛文霞，山东大学管理学院硕士研究生。罗欢，武汉大学经济与管理学院硕士研究生。

到了关键的节点作用。实现社会稳定与长治久安是新疆发展的总目标，而该任务能否实现的关键在于欠发达的南疆地区。在自然资源和环境条件的现实约束较为严峻的情况下，依托地方营销（place marketing）提升品牌价值、发展旅游商贸、实现区域突破成为一条可因循的发展路径。2014年，中央五号文件中就明确提出：“把南疆建设成为丝绸之路文化和民族风情旅游目的地”，换言之，要将旅游培育成为引领其社会经济全面发展的驱动力，力求在“一带一路”国家战略的指导下实现南疆地区跨越式发展。要对外成功地塑造出有吸引力和竞争力的南疆旅游品牌，就必须充分利用好南疆地区文化遗存灿烂、历史传承悠久、民族风情独特、自然风光绮丽的优势。众所周知，南疆所处的我国西域地区自古以来就是多元文化汇聚的福地，是古印度文明、古希腊文明、古波斯文明和古代中华文明的荟萃之地，再加上因距离而产生的神秘感，在区域和城市品牌精髓挖掘、品牌个性提炼和品牌形象塑造等方面潜力巨大。

然而，南疆地城辽阔、荒漠密布、经济薄弱，人口基本围绕塔里木盆地周边的绿洲散落分布，相邻两个城市之间的交通距离也大多在数百公里以上，单体城市的品牌营销难以成规模、出效果。因此，十分有必要深入探讨在“一带一路”背景下，如何借助“丝路文化”连接沿线城市形成品牌联合营销的大格局，再现“凿空之旅”的凌云壮志和汉唐盛世的“万方乐奏”，使南疆内部中小城市能够与内地大都市“捆绑”营销、协同发展，优化合作体系、密切经贸往来，为全面提升南疆地区目的地整体品牌和单体城市品牌的认知度和美誉度提供有力支撑，并有助于增强多民族地区对伟大祖国、中华民族、中华文化和中国特色社会主义道路的认同感，共建民族命运共同体，共促伟大复兴中国梦。

二 理论视点：单体培育、联线贯通与集群成长

城市品牌的打造是一个复杂的系统运行过程，其最终的呈现是对城市历史、区位、资源、文化、社区等诸多要素的整体拟合，每一个城市品牌都有其发生发展、逐步壮大的单体培育过程。品牌作为不同城市在开放条件下竞争性市场环境中相区别的名称、符号或标识物，凝练了城市万千元素于一体，有助于凸显城市竞争优势、提升核心竞争力。每一个城市都是人员汇聚的“场所”，从诞生之日起就有其一定的存在价值和独特的品牌个

性，而后经过挖掘、整理与提升就形成了品牌精髓，继而形成其品牌竞争力和影响力。有的城市品牌延绵千年、成为经典，如欧洲名城罗马、巴黎和国内三千年名称未曾改变的成都等；有的城市品牌则劈波斩浪、凤凰涅槃，如历经平淡北平之后重又璀璨全球的北京城，以及经历经济危机与恐怖袭击依旧魅力不减的世界中心纽约等；而有的城市则曾经辉煌今却又暗淡无光、落寞无奇，如因环境变化而消失的丝路楼兰古国、因英法后裔互斗而衰落的加拿大蒙特利尔等。在全球城市生态体系网中，大大小小的城市都在奋力发育，力争构建出有特色的城市品牌，以便成为自己所在的分支中的主导者。城市品牌化就是一个实现持续提供品牌要素、有效支撑品牌定位的营销过程。从单体城市来看，根植于地方文脉、契合时代步伐的文化创意是对城市品牌的基础性支撑，并要借助专业化的品牌维护手段在不同的受众市场打造目的地形象、传播城市品牌理念，在这个过程中还要深入考虑如何利用好移动互联时代的融媒体传播渠道，让投资者、旅游者、居住者等细分群体从其各自角度感受并认可城市价值的有用性，激发对所在城市的自信与自豪，最终投身于共同创造更大城市价值的历史进程。

全球经济一体化条件下，城市之间的竞争日益激烈，即使世界城市也无法独善其身，合纵连横已经成为城市发展的必然选择，“构建合作交流网络能在主要城市和其他地区之间产生合力效应”（OECD，2006），必须努力联合共建区域品牌才有机会竞争胜出，立于世界城市之林，如美国的“波士华”贯通了从波士顿到华盛顿一线的大西洋沿岸城市，我国的京津冀、粤港澳、江浙沪、山东半岛城市群、成渝等。如同任何一个生态系统一样，每一个城市轴带都是大中小城市融合发展的区域集群，因此，在同质区域范围内的不同规模的城市，可以通过品牌价值要素识别构筑主导品牌联合和主副品牌协作的主题化城市品牌结构体系，从而实现城市间对外营销有序、差异化的竞合格局，对推进区域一体化协同发展具有重要的意义。利用主题轴线链接单体城市品牌，可以形成品牌感知价值在不同城市间的叠加，有助于形成具有更大影响力的区域城市群整体品牌，以强带弱、以优补劣，实现品牌效益最大化。从芝加哥出发终到洛杉矶的美国66号公路就是非常成功地贯通大半个美国的经典城市品牌廊道，它紧扣美国人自由冒险、勇于拼搏的价值取向，被称作“母亲之路”，沿着西进路线串联起伊利诺伊州、密苏里州、堪萨斯州、俄克拉何马州、得克萨斯州、亚利桑那州和加利福尼亚州，将沿途的历史名城（镇）、景点和纪念地等全部囊括，在 1985 年 6 月 7 日退役之后该公路就被作为国家风景道（National Scenic Byway）命名为"Historic Route 66"（历史遗产 66 号公路），成为象征美国精神的大道。与之相媲美的还有为了迎接法兰西国王从魁北克到蒙特利尔的加拿大"国王大道"、美国内战期间南方农奴逃亡北方州的"自由之路"等。可以说，历史所积淀出来的文化印记是城市不可抹去的品格特征，相同的印记也是形成区域文化软实力的关键所在。主题脉络就像游走在不同城市之间的一条金线，串联起一座座饱含人类文化精粹的城市聚落。

由于城市的空间不可移动性，连线贯通的城市不可能随意组合，在更大程度上会逐渐蔓生成为连绵成长的城市集群，并依托城市集群的整合能力进一步实现城市群品牌化，大中小城市如同一座"森林"，由乔木、灌木和草丛构成完整的"生态系统"，并逐渐演化出整体的"群落"品牌，形成一致性认知。如果忽视了城市间的协同就会造成结构失衡，难以产生积极的外部效益，甚至有时候会导致"黑洞效应"，如长期以来"京津冀"就不是一个有力的整体品牌，直到雄安新区的出现方才让人们感到"冀"有机会成长为真正的一维；市场化程度较强的长江三角洲地区则因经济发展水平较高，实现了"江浙沪包邮"的区域同城品牌效应，"上海及其周边"（Shanghai & Around）也成为英文语境中对该区域的品牌认知。从品牌内涵与精髓来看，丝路城市品牌联合有丰厚的历史文脉传承，在品牌识别和形象感知上具有一致性和独特性；但在空间组合上，由于自然条件的优劣和社会朝代的接替而呈现出多重组合、分三路展开，并存在城市兴衰、名称（品牌标识）更迭、区位改变等不利于联合品牌打造的方面，因此在品牌结构上尚未形成更加紧密的主副品牌引领关系与协同效应，也没有建构出跨界与协调的品牌竞合体系。在"一带一路"倡议下，在丝路文化主题下应分不同线路走向，挖掘城市文脉、凝练区域品牌、激发结构效益。

三 实践推进：夯实丝路城市品牌联合营销的基础架构

（一）长安—天山廊道灿然成型

习近平总书记指出"我国 56 个民族都是中华民族大家庭的平等一

员，共同构成了你中有我、我中有你、谁也离不开谁的中华民族命运共同体”[①]，历史上丝绸之路上的众多西域小国都是多元文化交流融合的灿烂城邦，在国家的统一、民族的融合、疆土的拓展和国民的成长过程中发挥着重要的作用。不同历史时期的疆域虽然变化频仍，但始自汉唐“号令西域”的文脉传承却根植血脉，成为今天我国各民族多元一体的精神支撑，也成为沿线城市联合营销的出发点和动力源。

在联合国教科文组织（UNESCO）看来，丝路沿线城市（Cities alongside the Silk Roads）是位于丝绸之路的重要贸易和交易枢纽，也是文化与思想的交流中心，为历史上的文明区域发展做出贡献。丝绸之路见证了公元前2世纪至公元16世纪，亚洲大陆发生的主要以游牧与定居文明之间的交流为特点的经济、文化与社会的发展与演化，突出表现在以水利管理系统支撑长途交通贸易并推动大型城镇和城市发展。为凸显其价值，2014年中国、哈萨克斯坦和吉尔吉斯斯坦三国跨国合作成功申报世界文化遗产项目——“丝绸之路：长安—天山廊道的路网”（Silk Roads：the Routes Network of Chang'an-Tianshan Corridor），为连接沿线众多定居地和遗迹共同打造整体品牌提供了强大助力。

中国所入选的22处申遗点分布于14座沿线丝路城市（县）：河南省——洛阳市（汉魏洛阳城遗址、隋唐洛阳城定鼎门遗址），新安县（汉函谷关遗址），陕县（崤函古道石壕段遗址）；陕西省——西安市（汉长安城未央宫遗址、唐长安城大明宫遗址、大雁塔、小雁塔、兴教寺塔），城固县（张骞墓），彬县（大佛寺石窟）；甘肃省——天水市（麦积山石窟），永靖县（炳灵寺石窟），瓜州县（锁阳城遗址），敦煌市（玉门关遗址、悬泉置遗址）；新疆维吾尔自治区——吐鲁番市（高昌故城、交河故城），吉木萨尔县（北庭故城遗址），库车县（克孜尔尕哈烽燧、苏巴什佛寺遗址），拜城县（克孜尔石窟）（图10-1）。

此外，在哈萨克斯坦阿拉木图州和江布尔州有8处遗址，吉尔吉斯斯坦楚河州有3处遗址。从洛阳出发，经西安访汉中和咸阳，连接河西走廊的天水、临夏、酒泉和敦煌，出玉门关后访吐鲁番、昌吉、阿克苏初步成为探访丝绸之路遗产之旅的一条黄金游线。综观长安—天山廊道14座丝

① 2015年9月30日下午，习近平总书记在人民大会堂会见来自内蒙古、广西、西藏、宁夏、新疆5个自治区的13名基层民族团结优秀代表时发表上述重要讲话。

路城市营销，主要集中在洛阳、西安、敦煌、吐鲁番4座优势单体城市品牌，随着宝兰、兰新高速铁路的顺次建成，作为沿线城市四大城市旅游目的地品牌地位得以迅速上升，势必成为新丝路时代的枢纽城市。但其他城市依旧比较单薄，尚深藏不露、未能脱颖而出，亟须连线入网、借船出海。

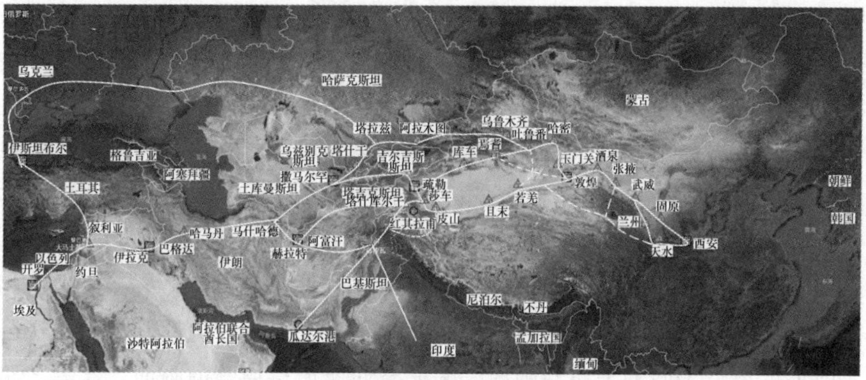

图10-1 丝绸之路经济带沿线城市分布

（二）丝路精华静候全面绽放

在大多数人的概念里，丝绸之路是一条贯通东西的文明大道，但实际上丝绸之路在不同时期的路线是有极大区别的。例如，唐中叶之前从西安出发“长安—凉州北道”，是沿泾河（“泾渭分明”之来源）向西北行，经陕西的咸阳、礼泉、乾县、永寿、彬县、长武及甘肃的泾川、平凉进入宁夏，过三关口后由瓦亭折而向北，经青石嘴至开城，抵达宁夏的固原城；再沿清水河向北行，经三营、黑城，沿苋麻河谷至海原的郑旗、贾尚，过海原县城、西安州、干盐池，再次进入甘肃；从甘肃靖远县东北的石门附近渡黄河，经景泰县抵凉州（今甘肃武威）。综观这条路上的沿线城市，除了一头一尾的西咸两城和武威，大多寂寂无闻。因此，像固原、平凉以及泾川、海原、靖远、景泰这些中小城市，单兵作战，势必要借助丝绸之路的品牌优势进行联合营销方能有效突破。重困之下，诸多中小城市不得已采取个别突围的单兵作战模式。例如，2017年8月17日摇滚乐队黑豹成员赵明义端着保温杯的照片火遍全网，一时间“保温杯是中年人标配”作为中年危机的切入点刷爆朋友圈，趁此机会，景泰县副县长周春材携一众电商负责人在9月2日北京黑豹“本色”30周年演唱会工体现场，带着当地红枸杞，打出了“甘肃景泰枸杞祝黑豹演唱会成功”的横幅和易拉宝。当“景泰红枸杞”搭上“黑豹保温杯”的时刻，景泰这座与明代宗年号同名的“陇右雄镇”终于借中年危机火了一把，虽然值得赞赏但也令人唏嘘。甘肃金昌市永昌县也抓住历史文献中的记载和实际情况中的“证据”，开始做起“罗马人后裔”的文章，开始“复原”骊靬古城、建古罗马广场。骊靬（lí jiān），是汉史对古罗马的称谓，作为地名最早见于公元前60年，是古丝绸之路上重要的城市和军事要塞。班固《前汉书》中的《陈汤传》中记载西域都护骑都尉甘延寿、副校尉陈汤在今哈萨克斯坦江布尔击杀北匈奴单于郅支后，将其罗马雇佣军战俘安置于此，但尚未证实。[①] 由此可见，丝绸之路的历史考证和文化挖掘着实任重道远。正如意大利古代历史学家和罗马学专家拉斐尔·阿迪诺菲（Raffaele Adinolfi）所总结的，只有当历史学家和考古学家发表正式的相关学术报告和与骊靬有关的科学资料及数据，才能对古代罗马与中国在公元前1世纪下半叶的关系勾画出一幅完整而又值得信赖的画面。丝绸之路双向文化交流的发生发展过程复杂而有趣，使得沿线古代城市和部落充满了神秘感和吸引力，我们拭目以待。

汉唐以来的丝路风雨大多发生在这条神秘的北道，商贾名流、铁骑雄师往来于此，为何不能适度进行历史挖掘和事件策划，为古老北道的中小城市迎来新的生机呢？更为重要的是，即使在同一时期，丝绸之路也不仅仅是一条轴带，它更是描绘西域千古风貌的画卷，出敦煌之后分成三路向西延拓，更是在疏勒（今喀什）形成环绕南疆之后的交会点。喀什作为

---

① 该观点尚未得到遗传学、历史学和考古学证实。兰州大学开展的遗传学阶段性研究成果，如周瑞霞的博士论文《中国甘肃永昌骊靬人的父系遗传多态性研究》（2007年）和马国荣的硕士论文《中国西北骊靬人起源的线粒体遗传多态性研究》（2009年）等，尚不支持骊靬人是古罗马军团的后裔的假说。意大利汉学家白佐良（Giuliano Bertuccioli）1999年在《华人世界》（*Mondo Cinese*）上发表文章，认为困顿褴褛的100多位罗马降卒，在近20年之后，势必年事已长，且与当地多民族妇女通婚，那么逾2000年之后，其后裔之中仍在体貌上保留其先辈的遗传特征则势必极其困难。历史学者杨共乐在2010年11月30日接受《中国社会科学报》采访时认为“把骊靬说成是西汉政府安置罗马战俘的城市是没有史料和事实依据的，但骊靬作为丝绸之路上的一个地点，与欧罗巴人有一些来往和接触也是非常正常的。虽然目前有一些DNA研究的成果已经表明，骊靬村的居民没有罗马血统，但是，从学术研究的角度说，不管对骊靬村居民是罗马军团后裔一说持肯定还是否定的观点，在没有定论之前，都应该受到重视与尊重”。因此从中西交流、民族融合、旅游开发等角度来看，骊靬文化有其存在的意义和可开发的品牌价值。

"五口通八国、一路连欧亚"[1] 的丝路南向枢纽，连通巴基斯坦瓜达尔港，直抵印度洋，是"一带一路"倡议下的核心支撑点之一，也是南疆丝路城市群品牌的领头羊。比较遗憾的是，由喀什作为枢纽的中国、塔吉克斯坦、乌兹别克斯坦、土库曼斯坦一线的跨国廊道世界遗产项目列入了后续申报计划。南疆地区目前只有原姑墨、温宿两国属地的阿克苏作为龟兹文化和多浪文化的发源地有 3 个遗址点被列入遗产名单，成为提升阿克苏及其库车、拜城两县的品牌地位的支撑性要素，对南疆城市群品牌整体提升实为有限。

（三）南疆古城再现千年传奇

汉唐时代人们以西安或洛阳为起点，经敦煌分南、北两线绕行塔里木盆地进入大秦[2]，随绿洲和沙漠的变化时有变迁，诸多地域城郭变化频仍，南疆就是这条狭义的丝绸之路所经过的神秘空间，我们以地理意义上天山以南的五地州为切入点来考虑其品牌发展之路。从实际情况来看，古丝绸之路所经过的西域诸"国"，最小的单桓不足 200 人，实质上属于逐水草而居、沿大道而行的绿洲部落，很多有国家之名而无国家之态，但也有几个较大的城邦经过漫长的历史韶光沉淀，最终凝结出一批历史文化名城，成为我们今天进行城市品牌塑造的基石，呈串珠式分布在喀什地区、巴音郭楞蒙古自治州、和田地区和阿克苏地区、克孜勒苏柯尔克孜自治州等南疆五地州，重点突破的单体城市品牌为喀什、库尔勒（巴州）、库车（阿克苏）、和田，一路南下、顺次梳理。

库尔勒是一座品牌价值尚未得到充分挖掘的丝路名城，尚停留在"梨城"的简单资源描述的层面，缺乏对文化内涵的挖掘与弘扬。作为新疆巴音郭楞蒙古自治州的首府，库尔勒是西北五省区第一座"全国文明城市"，是古丝绸之路中道的咽喉之地和西域文化的发源地之一，在其铁门关景区可以看到一条南北疆的分界线，古代乃"铁关天西涯，极目少

---

① 所谓"五口通八国、一路连欧亚"的"五口"是指 5 个口岸，包括红其拉甫、土尔尕特、伊尔克什坦、卡拉苏、喀什国际航空港；"八国"是指直接接壤的印度、巴基斯坦、阿富汗、塔吉克斯坦、吉尔吉斯斯坦和较为接近的乌兹别克斯坦、土库曼斯坦、哈萨克斯坦。

② 大秦是古代中国对罗马帝国及近东地区的称呼，但似乎古时的中国人从没有直接到过罗马，公元 97 年班超派出甘英出使大秦，但到达地中海西岸后因伊朗高原的安息人说渡海凶险而未成行。

行客”，今已成为游客向南疆游历的始发之地。历史上的尉犁、渠犁、焉耆、危须、乌垒等西域小国都在此繁衍，唐代在此设置了羁縻都督府，汉代则在此拉开了西域屯田的序幕。“焉耆”有着较大的品牌内涵，其地名写法有十多种，一说源于“焉支山”，山上所盛产的“红蓝”花是胭脂的原料（高洪雷，2016：22－23）。汉将霍去病攻占焉支山之后，匈奴民歌有“亡我祁连山，使我六畜不番息；失我焉支山，使我妇女无颜色”之说法，据此李白也在诗中应和“燕（焉）支落汉家，妇女无华色”[①]，现存有古焉耆国都员渠城、唐焉耆镇旧址、七个星佛寺遗址等。永元六年，班超收服焉耆后，汉和帝刘肇将在东汉做过侍子的左侯元孟立为焉耆王，在此开启了中央王朝册封的先例。库尔勒位于西域地理中心，是文化交流的核心地带，由此远望，看张骞虎胆通西域、念班超饮马孔雀河，当添无限豪情。

阿克苏地区，处在南疆中段，北接库尔勒，南望喀什，承前启后，境内库车、新和、拜城等地一起都是龟兹故城所在，孕育了著名的龟兹文化，班超平定西域后任都护并驻龟兹境它乾城（其址未详），唐代安西都护府也从吐鲁番迁址于此，可见其底蕴之深厚、文脉之绵长。龟兹古国人口曾逾 10 万人之巨，由来自古欧洲人种的吐火罗人所建，故城皮朗墩遗址从远古到汉唐一直都是城邦中心，扼守丝绸之路北线的中端枢纽，见证了班超父子与龟兹王白氏父子在此地的风云传奇；在现存的早于莫高窟一个半世纪的拜城克孜尔石窟也可以感知到“经由中亚和西域一站一站接力传递到中原的佛教”所产生的巨大影响[②]；鸠摩罗什作为印度高僧与龟兹公主之子自幼笃信佛教、说法龟兹，后在凉州鸠摩罗什寺安身演教 17 年，晚年弘法长安草堂寺，是佛教中国化的鼻祖，并创造了大量沿用至今的汉语词汇，奇妙梵语与龟兹语音也无声地渗透到唐诗、宋词、元曲和明清小说里，并存在于我们今天的语言交流中；龟兹乐舞也曾在隋唐盛行一时。位于库车的克孜尔尕哈烽燧建于汉宣帝年间，作为西域都护府移设乌垒（今巴州轮台县）之后的军事设施，是目前古丝绸之路上时代最早、

---

① （唐）李白：《塞上曲》。

② 早在张骞“凿空”西域之前，希腊文化已经传入中亚健陀罗（今巴基斯坦北部及阿富汗东北边境一带），佛陀早期带有太阳神阿波罗特征的形象成为东西合璧的见证，此后沿丝绸之路形成我国文化融合后的三大样式，即克孜尔模式、敦煌模式和龙门模式，因此库车克孜尔所代表的古龟兹文化在佛教文化史上地位卓然、价值巨大，值得深挖其品牌精髓，擦亮库车城市品牌。

保存最完好的烽燧遗址，耸立天地之间，引发无边感怀。

喀什即为古代西域的“疏勒”，是我国最早引入佛教的地方之一，张骞在这里发现了西域最早的商贸街市，也是感化疏勒王、扬名海内外的东汉名将班超的第二故乡，更留下了唐朝大将阿史那杜尔、张孝嵩的赫赫战功。公元1006年，喀喇汗王朝占领了于阗，开启了塔里木盆地维吾尔化和伊斯兰化的历史，喀什噶尔也就成了西域伊斯兰教的文化中心，这里既有回鹘文长诗《福乐智慧》作者玉素甫和《突厥语大辞典》马赫穆德·噶里的墓葬，也有传奇的香妃墓。喀什历经察合台汗国、叶尔羌汗国、蒙古准噶尔汗国后纳入大清版图，后期成为英俄两国暗斗之地，现在可以看到英巴领事馆遗址上矗立着的其尼瓦可宾馆。喀什作为南疆的中心城市，素以其浓厚的民族风情和饱满的历史积淀令人向往，一座百年的老茶馆、一位慈祥的维吾尔族老人，所传递出的平和与宁静，都成为后现代主义情境下游客“行者无疆”的精神归宿。“新疆一盘棋、南疆是棋眼”，喀什则是棋眼的中心，是极具统摄能力的主导型品牌。

和田则是蒙蔽了历史尘埃的经典品牌，从“一唱雄鸡天下白，万方乐奏有于阗”的古代佛国到今天团结广场中心毛主席与库尔班大叔亲切握手的现代城市，从四大名玉之一的和田玉产地到“一声飞出九重深”的于阗乐舞，无不显示着这座沙漠古邑的古老与不凡，在“一带一路”倡议下，其城市品牌应当可以达到一个相当高的层级。和田是古代于阗国所在地，是古丝绸之路塔克拉玛干沙漠南道的枢纽，佛教传入、蚕茧传出，文明交流、源远流长，但从4月一直持续到9月的漫天黄沙在一定程度上遮蔽了和田和于阗的光芒。和田境内的皮山县据传是鲁国国君后裔皮氏西迁融合戎羌人形成的皮山族后所建（高洪雷，2016：197－202）[①]，营销到位的话可以极大地拉近和田在受众认知中的心理距离。由于环塔克拉玛干沙漠南线的交通线尚未打通，极具神秘特色的消失在茫茫沙海的古代部落及其城邦遗址众多，主要布局在出阳关之后的若羌（楼兰、古鄯善、婼羌）、且末两县，但尚未成为大众游客纷至沓来之地，仅有科考探险和文艺采风等特殊群体来此触摸最早的丝路印迹。在和田的民丰县尼雅遗址（据传为精绝古国）出土“五星出东方利中国”之汉代蜀地织锦护

① 追根溯源可参见《风俗通义》，汉唐人多引作《风俗通》，东汉泰山太守应劭著；《元和姓纂》，唐代谱牒姓氏学专著，林宝修撰。

臂，彰显西域精绝人心归中国、祈盼和平的美好愿望，是可以精耕的品牌元素。由此可见，和田的魅力面纱尚待打开，沙漠中湮灭在历史长河中的文化符号定会重放光彩。

四　结论与启示：开创丝路城市品牌联合营销的新格局

“一带一路”沿线的城市在历史上是所在区域的主要发展节点和中心城市，但“诸多枢纽性城市的发展水平仍然相对有限，其对外经贸连通互动能力也处在发展的初级阶段”（屠启宇等，2016）。时至今日，很多曾经赫赫有名的都城大邑表面上看去都平淡无奇，甚者如南疆的楼兰、精绝等神秘故国因水源等环境条件的巨变而消亡，现仅徒留荒土野壁，已经难以完全依托自身完成品牌营销的重任。

（一）优化丝路沿线主品牌城市网络

从我国丝路沿线城市品牌打造的整体视野出发，洛阳、西安、敦煌、吐鲁番加上北疆的乌鲁木齐和南疆的喀什成为主品牌“六姐妹”城市，并以西安、乌鲁木齐和喀什为支撑形成主品牌中的“金三角”。长安（西安）出发，抵达庭州（乌鲁木齐）、疏勒（喀什）再奔向远方，是一条被历史长河荡涤、闪耀璀璨光芒的文化大路。

西安和乌鲁木齐又是长安—天山廊道上的两极，具备了集群成长的资源与条件。具体来看，西安携手洛阳，两座“千年古都”，可以共同在市场推出“丝绸之路东方起点之双城记”，上演“相爱相杀”的兄弟戏码，力求在丝路城市营销过程中实现竞争合作并存、携手发展双赢的局面，打造跨界合作的联合主品牌。2016 年西安的经济体量约是洛阳的 1.6 倍，且是省会城市，因此西安应当担承更大的品牌支撑责任，两地应当围绕“长安—天山廊道”这一世界文化遗产品牌大做文章，将“中华古都”做成两地共享的区域品牌，更多地进行互补性、联动性、主题性开发，找准切入角度、寻找共享元素、活化历史题材，如从长安“贬到”洛阳的牡丹，将两地打造为“中华文明传承永续”的典范性都市连绵带，也借此激活陕县、新安县等沿途中小城市的丝路文化资源，实现整体大于部分之和的品牌整合效应。

乌鲁木齐则是丝路北线的枢纽，古代属于车师国所在，现与邻近的昌吉回族自治州实现“乌昌地区”同城化发展。昌吉下辖的吉木萨尔县即为唐朝所设立的“庭州”治所之地，在武则天执政时期升为北庭都护府，成为天山北麓的政治、军事中心和交通枢纽，也是边塞诗人岑参描绘八月飞雪“忽如一夜春风来，千树万树梨花开”之地。作为我国面向西亚的西部经济中心，乌鲁木齐本身就具有独立主品牌的统摄作用，已经成为受众感知丝路风情的首选目的地，经由乌鲁木齐枢纽中转，向东辐射吐鲁番、哈密，向北直抵塔城、阿勒泰，向西穿越伊宁赛里木，向南携手喀什帕米尔，可谓四通八达、一线直达。但是，乌鲁木齐是因清朝在新疆驻军而发展起来的一座年轻城市，1763 年乾隆时期扩建筑城后改称“迪化”，其字义上的品牌内涵过于单薄，“乌鲁木齐”是蒙古语“优美的牧场”，“迪化”则是“启迪教化”之意，都远没反映出汉唐盛世时期丝路文明的意蕴。因而，乌鲁木齐在丝路城市品牌联合营销过程中存在感不强、带动力不高，未来应深入凝练“庭州怀古”的文化内涵，将“乌昌地区”作为承接“北庭都护府”品牌的载体，提升乌鲁木齐的城市品牌价值，并在更广域的空间里实现区域文化品牌的拟合与充盈。

（二）联动中小城市品牌推进协同成长

从联合营销的角度，我们首先要确立具有担任品牌文脉贯通能力的现代都市。基于南疆城市现有发展格局，北线城市有铁路连接，便于连线贯通。由于楼兰—罗布泊—孔雀河一线接近荒废，进入南疆的路线与原丝路走向有所改变。除却直飞之外，更多的人会从吐鲁番南下，因此吐鲁番和库尔勒一起成为南北疆的主要连通点，是重要的品牌支撑点，其间还有“焉耆”和博斯腾湖。挥师南下，经过轮台之后就进入古龟兹重镇库车，继而穿过阿克苏就抵达南疆中心城市喀什。由此，丝路南道北线所涉及的四座主要城市为吐鲁番、库尔勒、库车和喀什。吐鲁番是新疆知名度极高的核心旅游目的地①，喀什则是具有枢纽性影响力的历史文化商贸名城，可以作为主品牌进行打造。与之形成对照，库尔勒和库车则是非常有特色的副品牌城市，前者是地理意义上南北疆分割线和汉唐风云际会之地，后

① 吐鲁番是原车师和高昌古国所在，现有高昌古城、交河故城、柏孜克里克千佛洞等享誉国内外的文化遗产，最早为交河故城的姑师国，与楼兰古国一起扼守丝绸之路。

者是龟兹文化传承和独库公路终点，两城具有很好的品牌成长前景。

从吐鲁番到喀什之间，还散落着很多具有品牌培育价值的中小城市品牌，包括焉耆、铁门关、尉犁①、轮台、拜城、阿克苏、温宿、乌什、莎车、叶城、塔什库尔干（帕米尔高原）、阿合奇②等。丝路南道北线的文化主题是一条双向循环路径，南下是金戈铁马入梦来的汉唐雄风西进，北上是拈花不语饱含情怀的鸠摩罗什东行，两者叠加将形成对沿线城市品牌内涵的充盈和提升。例如，乌什县燕子山上就刻有“追班随汉”“继超追宪”八字，后有清代边将手书“继超追骞”“远迈汉唐”两块石碑，今已成为燕泉山景区，就非常具有历史价值，有助于据此推进整个县域的品牌营销；温宿县一带则为唐代的拔换城，有《西游记》中“高老庄”“流沙河”的传说，也具有一定的品牌联想作用。未来势必将在四座主品牌城市周域形成集群成长的区域品牌。

由于区位和资源等因素，长安—天山廊道的吐鲁番暂时取代了和田，充当引领南疆城市品牌联合营销的主品牌之一。可喜的是，2017 年全长 878 公里的和若铁路（和田到若羌），途经和田、洛浦、策勒、于田、民丰、且末、若羌 7 个市（县），终点接入库尔勒至格尔木线的若羌站，设计行车速度 120 公里/小时，是国铁Ⅰ级的区域路网干线铁路。和若铁路建成后，内地进入和田路程将缩短 1000 多公里，沿线城市将会重新成为丝路南道南环线的品牌亮点，为南疆带来新的发展动力。随着“一带一路”倡议加快落地和国家经济实力的日益增强，和田重现当年丝路最南端枢纽城市的品牌地位也指日可待，“佛国于阗”将再现昔日的繁华盛景。

（三）依托高铁网络提升丝路廊道品牌价值

历史上从长安或洛阳出发后，因为要符合当时经济发展条件并跨越地理屏障，丝路东段有多条线路，较为复杂。当前，以今天的城市为切入点

---

① 尉犁县为山国（墨山国）所在，因塔里木河改道而衰退，故址在营盘古城，号称“第二楼兰”。中原汉文化的传统建筑特色是方城，如楼兰古城、交河古城、高昌古城等，而营盘古城价值在于它是西方文化传统建筑特色的圆城，体现东西文化的交融和古代文明的交汇。故址西南约 100 米的孔雀河烽燧群为全国重点文物保护单位。

② 阿合奇县位于中吉边境克孜勒苏柯尔克孜自治州，哈拉奇乡为其古代尉头国所在，是英雄史诗《玛纳斯》的故乡。

来看，主要从西安出发，经由宝鸡、天水、兰州进入河西走廊，依次贯通武威、金昌、西宁、张掖、酒泉以及嘉峪关、敦煌等，是丝绸之路东段的城市带。随着高铁的贯通，宝鸡、天水、兰州、西宁、张掖、酒泉、嘉峪关等沿线城市也具备了联合营销的基础和条件。沿线丝路文化元素众多，鲜活地演绎出文化交流与传播的印记与传承。天水的麦积山石窟、临夏的炳灵寺石窟都是世界文化遗产，金城兰州和夏都西宁已经成为重要的旅游目的地城市，“金张掖、银武威、玉酒泉”自古以来就是河西走廊的三颗明珠，而祁连山下的油菜花、黄河岸边的牛肉面更是视觉与味觉的盛宴。一路西行，到敦煌后可“劝君更尽一杯酒，西出阳关无故人”并感怀古时之“羌笛何须怨杨柳，春风不度玉门关”的诗意。目前，丝绸之路东段城市品牌依旧呈现散兵作战之态，尚缺乏深度联合。高铁效应势必持续扩散，加上有甘肃、青海两省省会都位居其中，丝绸之路东段城市品牌廊道的价值将迅速增长，如何抢抓机遇、高点定位、有效联合、全力争先将是沿线各城市必须勠力而为的品牌之战。

参考文献：

[1] OECD, OECD Territorial Review: Competitive Cities inthe Global Economy, 2016.

[2] 高洪雷：《大写西域》，人民文学出版社 2016 年版。

[3] 师守祥：《丝绸之路旅游：多面挑战与突破口》，《旅游学刊》2017 年第 6 期。

[4] 屠启宇、苏宁、张剑涛、邓智团等编：《国际城市蓝皮书：国际城市发展报告（2016）》，社会科学文献出版社 2016 年版。

[5] 杨扬：《探索消费者对游戏化营销的接受度与对品牌态度的关系》，《科学与管理》2017 年第 2 期。

[6] 岳甜、张博：《西安城市媒介形象传播策略探究——以“丝绸之路经济带”建设为视角》，《西安电子科技大学学报》（社会科学版）2015 年第 5 期。

第十一章　基于品牌榜单的城市品牌经济发展观察与启示

钱明辉　徐志轩*

【本章导读】 当今，已有若干具有公信力的品牌评价榜单被视为世界范围内品牌竞争力和品牌价值涨落的“晴雨表”。每年国际上各大品牌榜单发布，总会引起各国政府、传媒、相关企业乃至城市管理者的高度关注。本章别出心裁，从品牌榜单角度来观察城市品牌经济，对于深入了解和揭示城市品牌之于品牌经济的使命担当，具有一定的启发意义和参考价值。

近年来，党中央和国务院大力支持我国品牌经济的建设与发展，从习近平总书记 2014 年在河南视察时提出“从中国产品向中国品牌转变”，到 2016 年 6 月 10 日国务院发布 44 号文件《国务院办公厅关于发挥品牌引领作用推动供需结构升级的意见》，再到 2017 年国务院将每年的 5 月 10 日定为“中国品牌日”，都体现出中央决策层对于品牌经济发展的日益重视。另外，在城市层面上，为响应中央发展品牌经济的政策，各地方政府也纷纷通过树立企业品牌意识，鼓励推广本地品牌，以及建设区域品牌等方式推动自身品牌经济的发展。

随着品牌发展正日益成为社会经济活动的热点，各种品牌价值评估、品牌评价、品牌排行榜层出不穷，品牌经济在国家经济发展中的重要作用正在成为社会共识。然而，目前对于区域品牌经济发展的研究多从地区和

* 钱明辉，中国人民大学信息资源管理学院副教授；徐志轩，中国人民大学信息资源管理学院博士研究生。

省级层面出发，鲜有对城市层面的品牌经济发展水平进行研究。本章拟综合各类品牌榜单评价结果，以品牌所在城市为研究视角，从企业品牌、区域品牌和产品品牌三方面出发，对各个城市的品牌经济发展水平进行了深入的研究和探讨。

一　品牌经济的基本内涵

所谓品牌经济其实就是以品牌为核心整合各种经济要素来带动经济整体运营的经济形态，是市场经济发展到一定水平的结果，也是一种新型的经济文明成果（Robert J.，2007；谢京辉，2014；马哲明，2014）。品牌经济以品牌为核心，以企业为载体，承担和发挥地区经济资源集聚、配置和整合功能，提高经济发展效率，为企业和地区经济增长提供可持续的动力。在传统经济模式中，由于生产力落后导致部分产品和服务供给量无法充分满足市场需求，市场中的产品与服务的种类与数量都相对匮乏。在这种情况下的市场是典型的卖方市场，供不应求使得产品生产商与服务提供商在市场中占据主导地位，由于卖方无须担心自己的产品或服务无法销售，因此卖方缺乏足够的动力去重视品牌和营销的重要作用，此时经济发展的主要目标是生产足够数量的产品与服务来满足消费者的基本需求，品牌的建设与发展次序被放在更为靠后的位置。

然而随着生产力不断提升，产品与服务的供给量开始逐步大于需求量，市场中产品与服务的种类和数量越发丰富。不仅如此，随着技术手段的快速发展和高技术行业的技术壁垒逐步消失，同一类型的产品与服务之间同质化现象也越来越严重。这种情况下，消费者的需求也从数量满足型向着质量追求型方向转变，市场的主导方变成了消费者，市场也变为了买方市场。同行业卖方之间的竞争越发激烈，更为有效地掌控市场渠道意味着在竞争中具有主动优势，缺乏品牌影响力和竞争力的产品与服务将会面临被淘汰的风险，此时卖方需要通过提升品牌影响力来不断提升自身的核心竞争力，进而占据更高的市场份额，成为经济发展的主旋律。消费者从满足数量需求向着满足质量需求的转变，以及市场以产品与服务为核心向消费市场为核心的转变正是品牌经济发展模式与传统经济发展模式的核心区别所在。换言之，品牌经济发展模式就是通过树立品牌，发挥品牌效应，提升产品或服务在国内外市场中的核心竞争力，实现资源的持续积累与优化配置，为企业和地区提供可持续的经济增长动力的一种新型经济发展模式。

正如改革开放初我国市场经济刚刚起步时的经济发展模式，由于巨大的市场需求使得产品生产商与服务提供商没有足够的动力去重视品牌意识，“中国制造”依赖以高效的生产效率和低廉的生产成本作为主要的市场竞争力，“中国制造”在迅速征服全世界低端市场的同时，也背上了“山寨、低质和廉价货”这种负面形象，缺乏具有影响力的品牌也使得我国作为“世界工厂”始终被同行业的国际巨头压制在国际分工产业链的中低端位置，给国际名牌做加工和代工成为我国制造业的主要业务。由于我国制造企业缺乏品牌这样一个有效的抓手来控制市场，一方面大量的利润被拥有巨大市场份额的国际品牌攫取，另一方面我国的工艺进步也鲜为人知，始终难以摆脱低端制造的传统印象，进而出现国人出国抢购中国制造的国外品牌产品，而同一个厂家生产的国产产品却在国内市场无人问津的“奇怪”现象。随着我国居民经济水平不断提升，人力成本逐渐升高，传统以低价加工、代工为核心竞争力的经济发展模式难以持续，品牌化发展在国家经济发展中的作用开始被逐渐重视，国务院提出“发挥品牌引领作用推动供给与需求结构性改革”的建议应运而生。因此，发展品牌经济可以说是增强我国自主品牌产品与服务的市场竞争力，同时提升我国制造业在全球产业分工链条中的位置、实现我国经济转型升级的必由之路。

二　我国品牌经济发展现状

我国品牌经济总体发展水平仍然不高，尽管在品牌数量上我国位列世界第一，但是我国品牌价值不高，品牌总体缺乏足够的国际竞争力和影响力。仅在国内来看，我国品牌经济发展呈现明显的不均衡，东西差异巨大。值得庆幸的是，党和国家领导人早已深刻认识到品牌发展的重要性，也一直秉持着加强品牌经济发展的观点，始终鼓励并且支持我国自主品牌的培育和发展。

（一）我国品牌经济发展总体水平不高

当前我国经济总量已位居世界第二，然而我国品牌发展水平却严重滞后于经济发展，可以说我们国家是一个商标大国，而不是一个品牌强国。从我国商标局的统计数据来看，中国已经连续15年来商标注册申请量居世界第一，至2016年底累计申请2209.4万件，累计注册1450.9万件，有效注册1237.6万件，平均每万户市场主体拥有有效商标1422件。单纯从品牌注册数量上来说我国近几年的数据可谓是傲视群雄，但是对于品牌来说品牌质量远比品牌数量更有影响力，这是由于品牌中的马太效应十分明显，根据联合国经济合作与发展组织统计，知名品牌占全球商标总量的比例仅为3%，却占据了全球市场40%的份额和50%的销售额，个别行业甚至占据高达90%的销售额，这些数据不仅表明同一行业中的品牌市场份额分布是不均衡的，同时强势品牌在市场中对没有影响力的小品牌往往具有绝对的竞争优势。另外，我国虽然品牌注册数量世界第一，但是在世界顶级品牌领域我国与其他发达国家，尤其是美国仍然有不小的差距。根据Interbrand《2016年全球最具价值品牌100强》榜单，美国品牌占据半壁江山，而作为世界第二大经济体的中国，则仅有“华为”和“联想”两个品牌上榜，分列第72位和第99位。而在另一国际知名品牌榜单Brand Finance《2015全球500强品牌》上，我国品牌有39家入围，而美国有186个品牌上榜，接近我国入围品牌数量的5倍，可见我国在世界顶尖品牌上与美国的差距。此外，Intel Brand的全球百强品牌广泛分布在科技、汽车、零售、传媒、餐饮和金融服务，而我国上榜品牌均属于科技行业，其他领域的优秀品牌尚未入榜，在Brand Finance的品牌500强榜上，我国制造业鲜有跻身世界前十的品牌，而在科技含量较高的行业如汽车制造、航空制造、电子产品和医药等先进制造领域中更是没有品牌能进入前二十的行列。综观能够上榜的中国品牌大部分都是一些具有垄断地位的国企和央企，尤其在服务行业我国国际知名品牌相当匮乏，仅有腾讯和百度两家互联网品牌上榜，可见我国品牌在行业结构上仍然存在发展不均衡的问题。

我国总体品牌价值较低也是一个品牌经济中的突出问题。我国目前虽然已是制造大国，但是制造的产品价值低，可以说我们国家的制造业仍然处于国际产业分工的中下游。以每万亿美元制造业增加值的世界500强品牌制造业企业数来看，我国仅为2.8个，即每1万亿美元制造业增加值仅有2.8个企业品牌进入全球品牌500强，而相对应的法国、英国、美国、日本分别为61.29个、50个、32.06个和25.29个500强品牌。举个例子，我国的代工企业每生产一双国际知名品牌耐克的球鞋，平均只能赚到1美元左右的利润，而贴上耐克品牌在市场上销售竟然可以卖到上百美元，其中超过90%的利润被产业链的中上游，如广告制作、营销推广以及耐克品牌拥有者耐克公司拿走。由于缺乏自主品牌，同样工厂生产的国产鞋在市场上却只能卖到耐克一半的价格，但在市场份额上仍然远远落后于耐克，说明国产品牌的价值没有被市场所认可。我国制造业即使生产的产品品质与给国外品牌代工的产品品质一致，但在市场上的溢价能力依然很弱，从1988年到2013年，我国共出口了11.79亿吨产品，是德国出口量（3.16亿吨）的3.7倍，但出口额只有德国的1.49倍；中国制造的产品平均溢价率是-1.5%，而德国、日本和美国的溢价率分别为54.5%、44.8%和36.0%，远远超过中国品牌溢价率，说明“中国制造”主要以大量生产和低价竞争作为主要发展模式。在Intel Brand发布的全球品牌百强榜单中，我国入围的两个品牌华为和联想品牌价值分别为49.5亿美元和41.1亿美元，距离榜首苹果的品牌价值1702.8亿美元差了两个数量级。以每万亿美元GDP对应的全球500强品牌数量来看，中国在2015年仅为3.55，即1万亿美元对应3.55个全球500强品牌，不仅比另外3个金砖国家较少，也远远落后于其他发达国家，如瑞士、瑞典、英国和法国等分别为27.08个、14.21个、13.69个和13.63个。对于我国企业来说，规模化扩张发展远比发展品牌、精细化品牌运作更有吸引力。2015年，我国企业进入世界财富500强的有32家制造业，然而进入品牌500强的只有9家，而欧美发达国家入围品牌500强榜单的反而比财富500强榜单的企业更多，显然中国企业更擅长于通过批量生产和规模扩张的方式进行市场竞争，而不是通过提升产品或服务品牌形象的方式来提升市场占有率。

最后，我国品牌缺乏足够的国际竞争力和影响力。我国自主品牌在国内市场的声誉相比较一些国外知名品牌都缺乏竞争力，大量中国消费者通过出国旅游或代购等形式购买国外品牌产品的行为从某种程度上就说明我国消费者心目中的国产自主品牌是“低质、廉价、没有国外品牌好”等负面印象。近年来，国家一直提倡中国品牌“走出去”，打开国际市场，但是实际效果不尽如人意。从入围Brand Z《2016最具价值中国品牌100强》的中国品牌来看，在海外市场有一定影响力的品牌（海外市场收入占比超过20%）仅有联想、华为、中兴、TCL、海信和美的六个品牌，可以明显看出六个品牌都是以电子产品为主营业务，而其他诸如快消、服装、汽车制造等领域我国几乎没有具有较大国际影响力的品牌。另外，在农业领域，我国作为农业大国，农产品品牌建设仍然处于非常原始的阶段，农业的专业化和品牌化水平很低，市场上很少有核心竞争力的农产品品牌，农产品质量参差不齐，缺乏有效的质量分级管理，农产品品质没有明确的标准和规范；农产品附加价值低，如我国山东出产的苹果，有品牌的如“烟台苹果”等销售火爆且附加价值较高，而同种苹果在山东其他地方种植由于没有品牌，使得其无论是在销量还是价格上都处于劣势，最终往往被廉价收购作为果汁原料；还有假冒伪劣充斥农产品市场，如“阳澄湖大闸蟹”“五常大米”等农产品知名品牌，由于作假成本低、利润丰厚、消费者不易辨识等原因导致市场上普通消费者很难买到货真价实的产品。而作为文化一衣带水的邻国日本在农业品牌化上已经发展得相当成熟，以标准化程序打造标准化品牌是日本品牌农业的重要特点，日本从农产品新品种的选育，到播种、收获、加工、包装、销售都有一套严格的标准，这一过程也是严格质量管控的体现，尤其是在农产品生产方面，日本对其大小、粗细、形状都有确切的规定。例如，在葱的种植中，从品种选育到生长的不同时期都制定了一套规范，要求每棵葱从长短、粗细、颜色都要符合统一的质量要求，农业专业和品牌化也使得农业本身并不发达的日本成为国际农产品市场的高端玩家。可见我国无论制造业、农业乃至其他各行各业在提升品牌国际竞争力方面仍然任重而道远。

（二）我国品牌经济发展极度不均衡

近年来，随着社会各界越发意识到品牌对未来经济转型升级的重要作用，从中央决策层到地方政府都开始推动品牌经济的发展，然而由于各地本身经济发展水平的差异，以及产业分布、人口差距等多方面因素，使得我国品牌经济发展呈现明显的不均衡，其主要的表现形式为我国经济发达的东南沿海，相较于内地中西部欠发达地区的品牌经济发展优势明显；另外由于品牌对资源吸引的马太效应，强势品牌和弱势品牌之间的发展极为不均衡。从一些政府部门、咨询机构和科研组织发布的调研数据、发展报告以及品牌榜单中，可以较为明显地发现我国品牌经济发展不均衡的现状，如我国工商局 2016 年的驰名商标统计数据（图 11－1），共有 4345 个品牌被列为驰名商标，其中驰名商标数量排名前五的省份全部为东南沿海省份，排名前五的省份其驰名商标总数占了全部商标数的 44.8%，而排名倒数的 10 个省份除了海南以外全部为西部地区省份，排名第一的广东省入围品牌数几乎达到了个别西部省份入围品牌数的 10 倍以上。

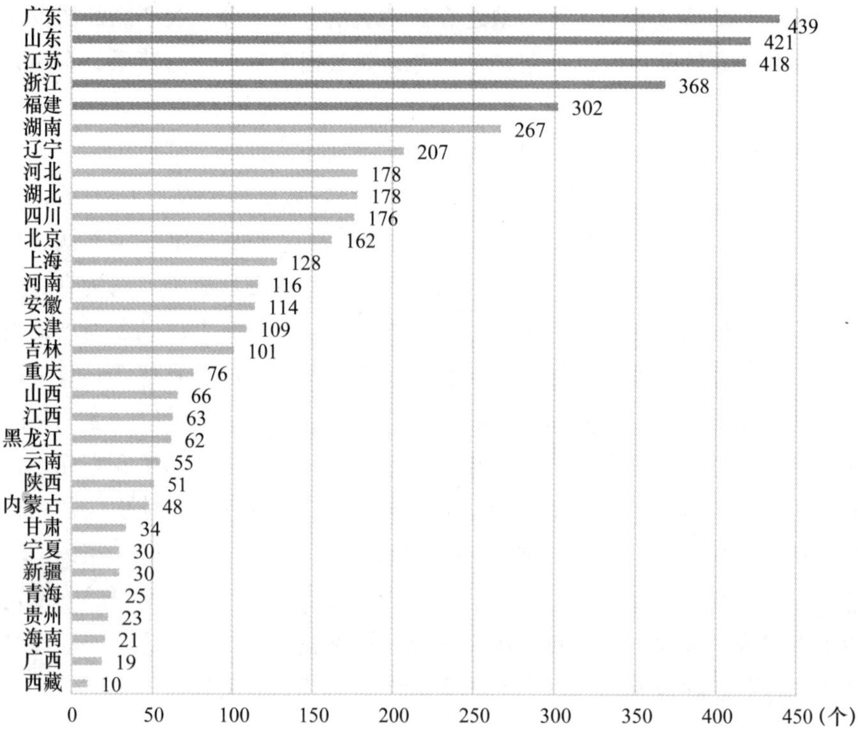

图 11－1　工商局各省区驰名商标 2016 年统计数据

再来看非政府的国外研究机构——世界品牌实验室发布的中国品牌 500 强榜单按照省份统计（图 11－2），我国品牌经济发展在东西区域差异上依然明显，我们可以粗略地发现在强势品牌数量上，排名前五的省份依然是东南沿海地区，排名后十位除了香港和台湾以外，依然全部都为西部经济不发达的省份。对比工商局发布的驰名商标统计榜单，中国品牌 500 强的前五名增加了上海和北京，其中北京超过广东成为进入中国品牌 500 强榜单数量第一的省级地区，从某种角度说明北京的品牌虽然在驰名商标数量上少于广东省，但是强势品牌的质量较高，能够入围全国品牌 500 强的品牌数比广东多出将近 1/4。另外，可以看到，从第十二名广西壮族自治区开始，各省、直辖市、自治区入围百强榜的品牌数全部为个位数，跟第一名北京的差距达到了两个数量级，相较于我国工商局驰名商标数量的榜单，我们可以发现东南沿海发达地区的品牌强度相对于西部地区的品牌强度的优势更为明显，500强品牌排名前五的地区达到了全部500强品牌的60%，可以更为明显地发现品牌对于资源集聚的马太效应。

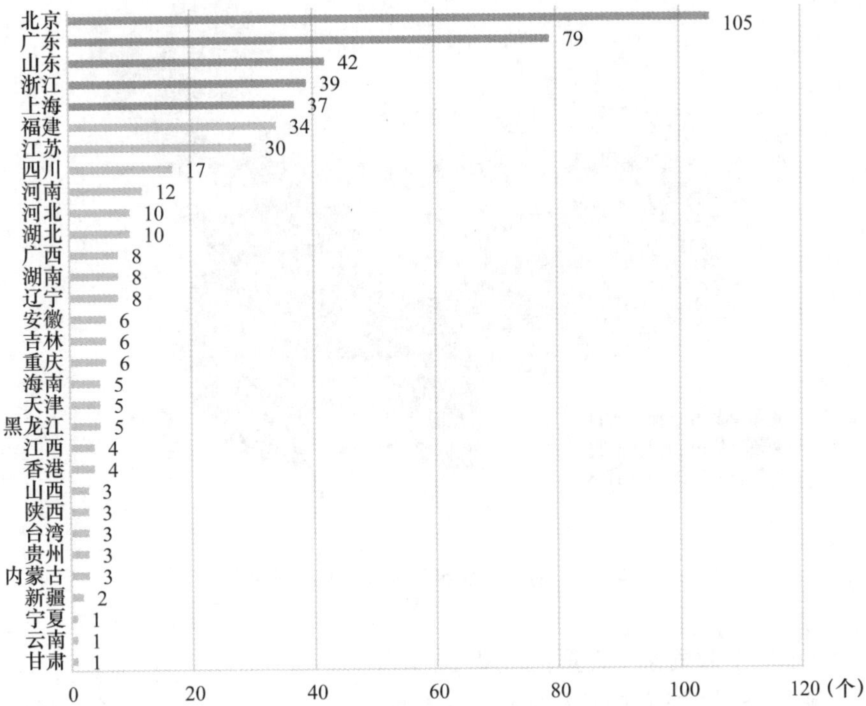

图 11-2 2016年世界品牌实验室（500强）按省区分布

最后，笔者根据各“2016中国驰名商标”“中华老字号品牌”“2016自主品牌评价”和“2016品牌实验室”等多个品牌榜单进行等权重综合分析，按省份计算得出一个指数用以反映不同地区品牌经济发展水平，并根据结果将我国所有省份的品牌经济发展水平划分了三个梯队（图11-3）。我国区域品牌发展的第一梯队主要集中于广东、江苏、山东等沿海区域，而品牌经济发展相对滞后的区域主要集中在西藏、宁夏、青海等西部地区。由此，也可以发现我国区域品牌经济的发展与当地经济发展水平是有较强相关性的。此外，我国区域综合得分在70分以下的有19个省区，体现出我国品牌经济总体发展水平相对落后的现状。但是值得注意的是，从广东、江苏、山东等成功品牌经济发展的区域可以看出，我国是具备品牌经济发展的良好基础的。同时，相邻区域间品牌经济发展的差异也可以通过借鉴学习不断弥补，从而总体提升我国品牌经济水平。

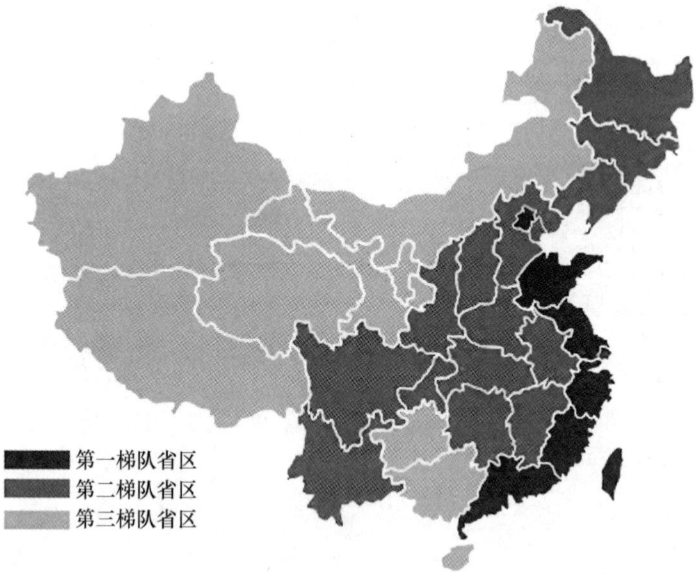

图 11－3 各省品牌经济发展水平梯队划分

（三）党和国家一贯重视品牌经济发展

随着经济全球化的趋势不断加深，我国经济已经深度融入了全球经济体系之中。在全球市场竞争中，品牌已经成为一个国家和地区经济实力和竞争能力的集中展现。我国历届国家领导人都高度重视品牌工作，多次在讲话中强调要加快培育我国自主品牌的影响力和竞争力。

1956 年，毛泽东在视察南京无线电厂的时候就曾经讲过，“将来，我们也要有自己的品牌，要让全世界听到我们的声音”。毛泽东作为我国国家形象理论的奠基人，在当时严峻的国际环境和国际背景下，这句话既是为未来民族工业的发展设定了一个具体目标，也透露出优秀的国家品牌形象是一种国家软实力的重要表现。1992 年，邓小平在参观珠海生物化学制药厂时强调：“我们应该有自己的拳头产品，创造中国自己的品牌，否则就要受人欺负。这就要靠我们的科学工作者出把力，这样才能摆脱被欺负的局面。”早在中华人民共和国成立初期，邓小平就已经多次提到创建国产品牌的重要性，并且在讲话中也指出了我国由于缺乏品牌建设，国产产品缺乏市场竞争力和溢价能力的现实问题。1998 年，江泽民将品牌建设与国家综合实力联系到了一起，其在春兰集团视察时就指出：“当今世界竞争，最根本的还是体现在一个国家的综合国力上，一个企业、一个民族、一个国家要振兴，一要有人才，二要有科技知识。增强经济实力，提高综合国力，必须要大力提高人的素质、提高整个民族的思想道德文化素质，还是那句话，要立民族志气，创世界名牌。”2007 年，胡锦涛首次在全国党代会报告中明确提到“培育我国知名品牌”，而且将其纳入与“国际化”相关的报告内容。2014 年，习近平总书记在河南视察时发表重要讲话，指出三个转变，即“中国制造向中国创造转变、中国速度向中国质量转变、中国产品向中国品牌转变”。习近平一直非常关心中国自主品牌建设，无论是在宏观战略规划还是具体执行层面，习总书记都积极支持和鼓励发展中国品牌经济。

除了党和国家领导人对于中国品牌经济发展的重视与支持之外，国家各级政府也纷纷响应中央号召，积极发布推动品牌经济发展的政策法规。如 2016 年 4 月，国务院发布文件《贯彻实施质量发展纲要 2016 年行动计划通知》（国办发〔2016〕18 号），明确了以提高发展质量和效益为中心，开展质量品牌提升行动，推进供给侧结构性改革的计划；紧接着 2016 年 6 月国务院又发布了《发挥品牌引领作用推动供需结构升级的意见》（国办发〔2016〕44 号），指出了品牌是企业乃至国家竞争力的综合体现，代表着供给结构和需求结构的升级方向；同年 9 月，国务院继续发布《消费品标准和质量提升规划（2016—2020）》（国办发〔2016〕68 号），明确了以提升质量和品牌培育作为实现“中国制造”转型升级的首要路径；2017 年 5 月，国务院正式批准将每年的 5 月 10 日作为中国品牌日，以推动中国品牌经济的发展。与此同时，地方政府也充分领会中央对于推动我国品牌经济发展的重要指示，纷纷出台了大量政策法规，通过释放政策红利的方式促进当地品牌经济发展。2016 年全年，全国各省发布了有关品牌经济发展的政策法规共计 6321 条，相当于平均每个省发布了 210.7 条政策法规，其中以河南省、江苏省和广东省的政策法规数位列前三甲，分别为 447 条、431 条和 426 条，均超过品牌水平的两倍。除了大量的政策法规以外，相应的制度改革也必不可少，2016 年 4 月国家工商总局通过了《关于完善商标审查机制、提高审查工作效率的意见》，改变了以往的商标审查机制，大大提升了商标注册审批效率；2016 年 6 月，商标局开始设立注册商标专用权质权登记申请受理点，以方便群众办理商标专用权质权登记；同年 7 月，国家工商总局通过了《国家工商总局关于大力推进商标注册便利化改革的意见》，明确了为推动国家品牌经济发展而进行具体的商标注册机制改革方向与路径。总而言之，无论是中央决策层还是各级地方政府，无论是政策法规还是机制改革，都彰显出国家大力发展品牌经济、推动供给侧结构升级的决心和魄力。

三　以城市为视角的品牌榜单数据分析

随着我国品牌经济发展趋势总体积极向好，无论是政府、企业还是学术界都开始日益重视品牌在经济发展中的重要作用，每年越来越多的品牌价值排行榜单不断出现，有政府组织发布的，如质检总局发布的区域品牌价值评价榜、工信部的产业集群品牌建设名单；也有国内研究机构发布的，如胡润品牌榜单、中国品牌价值评价等；还有国外研究机构计算的品牌排行榜，如世界品牌实验室发布的中国品牌 500 强、Intel Brand 中国品牌 50 强榜单等。虽然大量榜单的出现对于品牌经济的发展有一定的促进作用，但是各个榜单的品牌价值计算方法、品牌排名方式不尽相同，每个榜单评价的侧重点也不一样，整体缺乏统一的标准与规范。因此，为解决这一问题，笔者尽可能多地将现有的品牌价值评价排行榜纳入当前的研究中，通过综合得分最终得出每个城市的品牌经济发展水平。

（一）描述性分析

笔者综合考虑了北京名牌资产有限公司发布的“2016 品牌价值榜”“Brand Z 2017 榜单”“Intel Brand 2017 品牌榜单”“工信部产业集群区域品牌建设名单”“胡润品牌榜”“清华品牌榜”“世界品牌实验室中国品牌 500 强”“质检总局区域品牌价值评价榜”和“中华老字号名录”多个品牌评价排名结果，以品牌所在的城市出发，梳理了各个城市的品牌经济发展水平，主要分为“企业品牌”“区域品牌”和“产品品牌”三个方面，具体内容如表 11 - 1 所示。

表 11－1　　**综合榜单排名后的城市品牌经济发展水平评价结果**

排名	城市	企业品牌	区域品牌	产品品牌	综合得分
1	上海	0.9053	0.6667	0.8276	2.3996
2	天津	0.4849	0.9450	0.8276	2.2575
3	北京	0.9481	0.6667	0.5280	2.1428
4	青岛	0.6692	0.7500	0.7112	2.1304
5	深圳	0.9661	0.4667	0.3800	1.8128
6	广州	0.6331	0.5941	0.4500	1.6771
7	武汉	0.5895	0.3778	0.6466	1.6138
8	沈阳	0.4870	0.4856	0.6408	1.6133
9	重庆	0.4072	0.8139	0.3800	1.6010
10	宁波	0.4390	0.2878	0.8621	1.5888
……	……	……	……	……	……
268	渭南	0.0056	0.0000	0.0000	0.0056
269	乌兰察布	0.0056	0.0000	0.0000	0.0056
270	武威	0.0056	0.0000	0.0000	0.0056
271	咸宁	0.0056	0.0000	0.0000	0.0056
272	鹰潭	0.0056	0.0000	0.0000	0.0056
273	张掖	0.0056	0.0000	0.0000	0.0056
274	长治	0.0056	0.0000	0.0000	0.0056
275	中原	0.0056	0.0000	0.0000	0.0056
276	舟山	0.0056	0.0000	0.0000	0.0056
277	资阳	0.0056	0.0000	0.0000	0.0056
平均值		0.1737	0.1379	0.1270	0.4386
中位数		0.0539	0.0500	0.0345	0.3040

资料来源：笔者整理。

本次榜单数据综合统计结果，共有 277 个城市（商标品牌登记注册工商局所在地）有 1 个或者多个品牌进入至少 1 个品牌评价榜单，按照各个榜单中品牌的排名数据，计算出每个城市分别在“企业品牌”“区域品牌”和“产品品牌”上的相对得分（最高为 1，最低为 0），最终将三项得分等权重相加，得到最终的城市品牌经济发展水平得分。通过对前述 9 个品牌评价榜单结果的综合，最终得到了表 11－1 的计算结果。结果显示，277个城市中，三类品牌总得分超过2的城市仅有4个，分别是上海、天津、北京和青岛。排名前十的城市均为我国经济发展水平较高的城市，或者称为“一线”或“二线强”城市。排名末位的10个城市仅有“企业品牌”得分，且得分水平较低，只有0.0056，与排名靠前的发达城市差距较大，并在“区域品牌”和“产品品牌”中得分为0，即在这两项指标上没有品牌入选相应的榜单。我们也可以清楚地发现，排名较为靠后的城市均为经济水平相对不发达的中西部地区城市，也可称为“三四线城市”。由此可见，我国品牌经济不仅在东西省份上发展不均衡，在城市层面上，经济发展水平较高的“一二线城市”和相对落后的“三四线城市”在品牌经济发展水平上也存在明显的差距。另外，277个城市的“企业品牌”平均得分为0.1737，而中位数得分仅为0.0539，平均值比中位数大得多，显而易见，城市的“企业品牌”发展水平也具有明显的马太效应。根据得分计算发现“企业品牌”得分前50的城市的总分占比超过全部城市得分总分的57%，数据说明排名靠前的城市得到了远超平均水平的得分，也意味着品牌经济发展水平较高的城市相较于品牌经济发展水平较低的城市在未来品牌经济发展的竞争力上有着绝对优势，而且随着品牌效应导致的资源聚集，不同城市间的品牌经济发展差距有进一步扩大的趋势。其他两个指标“区域品牌”和“产品品牌”的结果也是一样，平均得分远远大于中位数，说明两极分化现象也较为严重。但是从综合得分的情况来看，平均得分与中位数之间差距明显缩小，说明城市的品牌经济发展综合评价得分的两极分化情况得到了明显缓解。为了解释这一现象，笔者还发现除了排名较为靠前的几个城市在三个指标上都取得了较高的得分，不同城市在品牌发展策略上有明显不同的侧重点，有些城市，例如“许昌”和“达州”，一方面缺乏有影响力的“企业品牌”和“产品品牌”，便通过大力发展“区域品牌”的方式追赶，企图实现“区域品牌”弯道超车，这就使得这些城市自身的品牌结构存在明显的倾向性，品牌经济发展十分不均衡。但是从另一方面来看，这种集中资源发展一种品牌经济的方式确实有助于提升城市品牌经济的整体发展水平，使得城市间的品牌经济综合评价得分差距显著缩小。

（二）不同城市品牌经济发展水平聚类

为了更进一步地有效识别不同城市品牌经济发展水平的不同特征，笔者运用层次聚类分析法对277个城市的品牌经济发展水平进行了聚类。根据SPSS聚类结果，全部277个城市被划分为5个类别。随后根据聚类结果对各个类别的城市品牌经济发展特点进行了总结，具体结果如表11－2所示。Ⅰ类城市的品牌经济发展典型特点是在“企业品牌”“区域品牌”和“产品品牌”三方面发展较为均衡，且整体发展水平较好，典型代表城市有“北京”“上海”“深圳”“天津”和“青岛”。Ⅱ类城市的品牌经济发展典型特点有两种：一种是在“企业品牌”“区域品牌”和“产品品牌”三方面发展均衡，但总体水平处于中游的城市，典型代表城市有“武汉”“广州”和“沈阳”；另一种是品牌经济结构不均衡，出现有一种品牌指标相较于其他两个指标发展极为突出，但是总体水平仍然处于中游的城市，典型代表有“烟台”和“自贡”，都是“区域品牌”得分较为突出，同时其他两种品牌经济得分处于中等水平。Ⅲ类城市的品牌经济发展特点为“企业品牌”和“区域品牌”发展水平较低，但是有突出的“产品品牌”的城市，典型代表城市为“荆州”“滁州”“汕尾”和“安庆”。Ⅳ类城市品牌经济的发展特点为总体发展水平中等，但是在品牌经济结构上，有至少一类品牌发展较为滞后，典型代表城市为“成都”“西安”和“苏州”，它们都在“产品品牌”指标上相对落后。Ⅴ类城市的品牌经济发展特点为整体水平不高，单项指标也没有较为突出的表现，总的来说品牌经济发展处于一个综合较低的水平，典型代表城市有兰州、南昌、武威等城市。

表11－2　**城市品牌经济发展水平聚类结果**

类别	典型特征	代表城市	城市总数
Ⅰ	在“企业品牌”“区域品牌”和“产品品牌”方面发展较为均衡，且品牌经济发展整体水平较高	北京、上海、深圳、天津和青岛	5
Ⅱ	“企业品牌”“区域品牌”和“产品品牌”三方面发展均衡，但总体水平处于中游的城市	武汉、广州和沈阳等	9
	品牌经济结构不均衡，出现有一种品牌指标相较于其他两个指标发展极为突出，但是总体水平仍然处于中游的城市	烟台和自贡等	

续表

类别	典型特征	代表城市	城市总数
Ⅲ	“企业品牌”和“区域品牌”发展水平较低，但是有突出的“产品品牌”的城市	荆州、滁州、汕尾和安庆等	47
Ⅳ	总体发展水平中等，但是在品牌经济结构上，有至少一类品牌发展较为滞后	成都、西安和苏州等	30
Ⅴ	整体品牌经济发展水平不高，单项指标也没有较为突出的表现，总的来说品牌经济发展处于一个综合较低的水平	兰州、南昌、武威等	186

资料来源：笔者整理。

四　结论与启示

本章通过综合分析研究国内外各大品牌价值排行榜单，经过一系列数据计算将榜单中各品牌的排名转换为品牌所在城市的品牌经济发展得分，并且从企业品牌、区域品牌和产品品牌 3 个角度出发，通过聚类分析将 277 个城市的品牌经济发展水平划分为 5 个等级，进而通过对各个类别的城市品牌经济发展特征进行识别，得到了以下基于城市品牌经济发展水平观察的基本结论和启示。

第一，我国城市的品牌经济水平亟待提高。通过对于国内外各大品牌价值排行榜单的初步分析可以发现我国品牌经济发展整体水平不高的特点，但在一些经济发达的地区，如北京、上海、深圳和青岛，品牌经济发展已经具有一定的规模和质量。总体来看，我国城市的品牌经济质量和规模亟待加强。

第二，促进中西部城市品牌经济发展任重道远。通过对国内外各大品牌价值排行榜单中出现的品牌作省级层面的划分，发现我国品牌经济发展水平和经济发展水平一样呈现出明显的东强西弱、沿海强而内地弱的不均衡现象。中西部城市应以“一带一路”倡议为契机，力争获取品牌发展的新资源、新机遇。

第三，鼓励创新，促进“中国制造”向“中国品牌”转化。在省级层面上笔者发现存在广东省这样的制造业大省，在商标品牌数量上占据优势，但是在体现品牌质量的品牌价值和品牌质量上，强势品牌占比不足。品牌量大而不优也是我国品牌经济发展中存在的现实问题。事实上，通过创新发展来增强品牌竞争力，才是企业和地区实现转型发展的重要动能。

第四，注重区域整合，缩小城市品牌经济差距。城市间品牌经济表现参差，普遍未形成综合优势。将各大品牌榜单细分为市一级层面，并将品牌排名数据拆分成了“企业品牌”“区域品牌”和“产品品牌”。通过对市一级数据的描述分析，笔者发现，在单项指标上，各城市之间的两极分化较为明显，但在品牌经济发展综合水平上，城市间差距明显缩小，主要由于存在一些城市品牌经济结构不均衡，单一指标较为强势的现象缩小了城市间整体品牌经济水平的差距。未来应促进城市经济的均衡发展，同时加大区域整合力度，发挥中心城市的品牌经济带动效应。

第五，正视品牌吸附资源的马太效应。在城市层面，强势品牌对资源集聚的马太效应依然十分明显，排名前 1/5 的城市发展水平得分超过后 4/5 城市品牌经济发展水平得分的总和，处于第Ⅴ类的城市（品牌经济发展水平较低）数量最多，占城市总数的 71%，经济落后的“三四线城市”品牌经济发展水平相较于“一二线城市”存在较大差距。未来应进一步在政府和企业经验方面加大“一二线城市”的品牌经济扩散效应。

第六，坚定品牌战略的路径意义深远。数据显示，品牌经济与总体经济发展呈明显正相关关系。无论是区域品牌经济发展水平还是城市品牌经济发展水平都与当地的经济发展水平呈明显的相关性，尽管还无法确定二者之间的因果关系，即到底是品牌经济促进了当地经济发展，还是当地的经济基础推进了品牌经济的发展，但是二者之间的确存在显著的联系，这对于找到品牌经济发展的影响因素具有重要的意义。未来应坚定不移地落实国家品牌战略，以更好地促进城市和企业的转型发展。

此外，对于城市的品牌经济发展而言，尽管品牌经济结构均衡发展很重要，但是集中资源发展单一类型的品牌不失为一种短时间促进品牌经济发展的有效方法。品牌自身的马太效应使得弱势品牌在强势品牌面前几乎没有任何竞争优势，通过快速发展一种品牌经济实现弯道超车对于品牌经济整体实力处于弱势的城市来说，可以有效提升当地的品牌经济发展水平。当然，随着整体品牌经济水平提升，对于其他类型的品牌经济发展同样有促进作用，最终要实现品牌经济结构均衡发展。

总之，企业品牌、产品品牌、城市品牌、区域品牌乃至国家品牌，正在显现出有机的战略关联。在国家品牌战略下加强城市品牌和区域品牌建设，对更好地落实品牌强市、品牌强省和品牌强国，具有重大的现实意义。

参考文献：

[1] 马哲明、肖艳：《长白山地区品牌经济发展战略选择及对策》，《社会科学战线》2014 年第 6 期。

[2] 钱明辉、陈丹、郎玲玉、李祺：《中华老字号品牌评价研究：基于新闻文本的量化分析》，《商业研究》2017 年第 1 期。

[3] 钱明辉、苟彦忠、李光明：《城市品牌化影响因素研究述评》，《云南财经大学学报》（社会科学版）2010 年第 2 期。

[4] 钱明辉、李军：《城市品牌化成功要素研究：ISE 概念模型》，《国家行政学院学报》2010 年第 4 期。

[5] 钱明辉、李蔚菱、李祺、马瑞乙：《企业品牌价值外部评价方法研究进展及其启示》，《品牌研究》2016 年第 6 期。

[6] 钱明辉、徐枫、李妍嫣：《城市品牌化战略执行层面影响因素的实证研究》，《财贸经济》2009 年第 10 期。

[7] 钱明辉：《产业园区品牌口号识别特征及其实证研究》，《社会科学家》2016 年第 12 期。

[8] 钱明辉：《国外地区品牌理论研究综述》，《财贸经济》2007 年第 6 期。

[9] 谢京辉：《品牌经济的理论重构及其演化形态研究——兼论中国发展品牌经济的思路》，《上海经济研究》2014 年第 4 期。

[10] Foster R. J., "The Work of the New Economy: Consumers, Brands, and Value Creation", *Cultural Anthropology*, Vol. 22, No. 4, 2010.

[11] Qian M., Chen D, "Brand Positioning SPC Model of Information Resource Industrial Park", *Journal of Chinese Marketing*, Vol. 9, No. 1, 2016.

第十二章　特色小镇品牌：价值、发展与反思

赵　峥*

【本章导读】 特色小镇建设是源于浙江省的区域社会经济发展的成功创新实践，其本质是“非镇非区”“特色突出”“小而美”的融合产业、文化、旅游、社区功能的高品质地域空间。但随着在全国范围大规模开展特色小镇培育工作之后，行政色彩浓厚、市场作用不足的弊端凸显，“特色不特”“小镇不小”，有泛化、平庸化、简单化之虞。如何创建产业富有特色、文化独具韵味、生态充满魅力的特色小镇？本章在品牌化思路下提出了非常富有借鉴价值的理论构想和对策建议。

当前，特色小镇建设已经成为中国城市化和城市建设的重大理论命题，同时也是备受各界瞩目的热点实践领域。一批特色小镇脱颖而出，成为引领国内特色小镇潮流的标杆，并且已经形成了或正在培育自身的特色品牌。而如何认识特色小镇品牌建设的价值，如何借鉴成功特色小镇品牌经验以及如何更好地打造中国特色小镇品牌，则不仅是当前特色小镇热潮下理论思考的一个薄弱环节，更是未来特色小镇健康发展的重要考量，值得我们加以深入研究和探索。

一　特色小镇品牌建设的三重价值

城市品牌能够有效整合各类城市发展要素，赋予城市更多内涵，增加

---

* 赵峥，北京师范大学副教授兼首都科技发展战略研究院副院长、研究员。

城市产品的吸引力，使得城市产品能够为城市顾客所识别和区分，帮助城市的领导层在政策、计划、组织机构、基础设施投资、教育、住房、文化遗产保护、重大活动、服务以及其他与市场联系最紧密的活动等方面进行正确的抉择，进而推动地方的发展。[①] 作为城市品牌的重要分支和组成部分，加强特色小镇品牌建设，同样有助于优化配置各类资源要素、增强特色小镇的吸引力和竞争力。同时，中国城镇化正在进入质量导向的新阶段，特色小镇品牌建设更是新发展理念的示范地、新改革实践的试验田，对引领中国小城镇发展方向、丰富中国城市品牌体系、中国城市治理创新具有重要价值。

（一）引领中国小城镇发展方向

长期以来，由于经济规模和行政等级限制等原因，中国小城镇往往处于“城市之尾、乡村之首”，小城镇建设也多以承载农村人口转移为目标，并未赋予更多经济转型、社会发展、环境改善的发展内涵和引领发展方向的任务。尽管实践中不少地方的小城镇已经在探索差异化发展道路方面做出积极的努力，在塑造自身品牌方面进行了有益尝试，但在示范和引领作用上仍然缺乏全面性和整体性，不能适应中国城镇化特别是新型城镇化发展的需要。当前，国家和社会对传统城镇化的反思催生了城市发展理念的变革，而发展理念的更新则催生发展模式的日益多样化，小城镇也开始走上自我认同和自我价值发掘之路，并日益承载起让人们生活得更美好、更幸福的重要功能。在这一背景下，小城镇建设亟待更好地体现创新、协调、绿色、开放、共享发展理念，在发挥自身禀赋的基础上探索多元化发展道路。而特色小镇品牌建设将被赋予更大的责任。从目前的特色小镇建设情况看，我国特色小镇品牌大多突出产业“特而强”、形态“小而美”的特点，集中发展信息经济、环保、健康、旅游、时尚、金融、高端装备制造等科技型、绿色型产业，形成产、城、人、文有机结合的城镇功能平台，体现了生产、生活、生态融合的未来城镇发展方向。尽管特色小镇不能简单等同于小城镇，但特色小镇建设的试点和推广，特色小镇品牌的塑造，无疑将有助于更好地体现中国新型城镇化的发展需要和方

---

① M. S. Allan, “Leadership-Key to the Brand of Place”, Spirit In Business-Forum 2004 - Great Leaders Good Leaders, 2004, 28th September.

向，更好地探索中国小城镇发展的适宜模式和道路，更好地解决制约中国小城镇发展的障碍和问题，引领中国小城镇向更加包容、可持续方向发展。

（二）丰富中国城市品牌体系

城市品牌对于城市发展具有重要作用。城市营销学者科特勒曾认为，在城市发展中完善城市品牌体系可以实现三个主要的目标：一是保护城市企业和其品牌免受政府、政治或其他国内外非必要或消极活动的影响；二是支持城市企业及其品牌参与全球竞争；三是创建繁荣以及提高城市内在生活标准。[①] 中国的新型城镇化需要与之相匹配的城市品牌体系。当前，中国城市体系是由不同规模、能级的城市共同构成的。与城镇体系相同，我国以大城市为中心、中小城市为骨干、小城镇为基础的多层次的城市品牌体系也已经初步形成。而在城市品牌体系中，作为城市体系中的重要组成部分，特色小镇品牌建设将是亮点之一。从 2016 年 10 月住建部公布的第一批中国特色小镇名单中可以看出，中国特色小镇从地理范围上涉及 32 省区（市），共 127 个小镇，从品牌特色上主要分为七大类，包括商贸物流型、历史文化型、工业发展型、现代农业型、休闲旅游型、综合发展型以及特殊发展型（如基金小镇、科技小镇、文创小镇等）。这样广地域、宽领域的特色小镇建设，更加突出"特色"，凸显品牌，将有助于为中国城市品牌提供更加广泛的素材和案例，为中国城市品牌建设实践和理论提供经验、政策、知识支撑，将对丰富中国城市品牌体系产生积极的影响。

（三）推动中国城市治理创新

传统上品牌是一个商业概念，治理则是一种政策机制。但在区域治理当中引入某种基于消费者本体的商业概念，并不意味着对政府与决策者的主体意识的颠覆，而会更加激发其从城市利益相关者的角度出发，制定更加符合城市发展规律与市民需求的政策。从长远来看，城市品牌的建设过程本身也是推动城市治理现代化的过程。例如，OECD 对绿色

① P. Kotler, S. Jatusripitak & S. Maesincee (eds.), *The Marketing of Nations: A Strategic Approach to Building National Wealth*, New York: Free Press, 1997.

城市的建设和品牌的营造就提出了包括环境与自然资源的生产、生活质量的环境维度、经济机会、政策响应等方面的执行指标并提出了提升治理能力的具体举措。特色小镇是中国城镇化发展进程中的新兴事物，也是推动城市治理体制机制创新的重要载体。当前，对特色小镇的基本理解已达成一定共识，普遍认为特色小镇是“非镇非区”，即并非一个行政区划单元，也不是一个产业园区，而是相对独立于市区，有明确功能定位的发展空间平台。而这种“非镇非区”的特点为特色小镇开展城市治理创新提供了良好的前提条件。同时，《住房城乡建设部　国家发展改革委　财政部关于开展特色小镇培育工作的通知》中也指出，特色小镇“规划建设管理有创新，鼓励多规协调，建设规划与土地利用规划合一，社会管理服务有创新。省、市、县支持政策有创新。镇村融合发展有创新”[①]。也从政策层面为特色小镇治理创新提供了指引。未来，特色小镇品牌建设不仅具有发展内涵，更具有改革内涵。通过特色小镇品牌建设，激励特色小镇在制度上不断创新，持续探索利益主体多元、公众参与的现代城市治理体系，催生更多的改革创新氛围浓厚、体制机制灵活、发展潜力和活力强劲的特色小镇涌现，将有利于中国城市治理体系和治理能力现代化水平的提高。

二　国内外特色小镇品牌发展的启示

特色小镇并不是新生事物，伴随着工业化、城镇化的发展，国内外许多特色小镇得以成长、壮大与繁荣，并形成了独具特色的区域品牌。而特色小镇品牌所催生的区域居民和外界认同感、人才和资本吸引力、产业集群效应等，也都不断激励其他区域学习、模仿与创新，希望通过自身的特色小镇品牌建设实现更好的发展。但是，我们也应该看到，负有盛名的特色小镇品牌很多，失败的案例也同时存在。这需要我们更好地把握特色小镇品牌建设精髓，在吸取国内外特色小镇发展和品牌建设经验教训的基础上，思考自身的发展道路。

---

① 《住房城乡建设部　国家发展改革委　财政部关于开展特色小镇培育工作的通知》（建村〔2016〕147 号），2016 年 7 月 1 日，http：//www.mohurd.gov.cn/wjfb/201607/t20160720_228237.html。

（一）做好特色条条大道通罗马

特色小镇品牌的核心在于“特色”。从国内外特色小镇品牌发展的情况来看，目前具有较高品牌知名度和美誉度的特色小镇主要可以归为三种类型：总部特色镇、产品特色镇和环境特色镇。第一类总部特色镇是通过总部企业引领形成的特色小镇。地价低廉、基础设施完善是这类小城镇的基本特征。如美国加州门罗帕克小镇，是 Facebook 的总部所在地，现吸引了诸多互联网及新兴产业公司的入驻；德国巴伐利亚州赫若拉赫，是阿迪达斯的总部所在地，现成为全球体育用品公司总部所在地；瑞士朗根塔尔小镇，是蓝拓纺织品公司和阿曼集团的总部，现成为全球纺织品企业总部中心。第二类产品特色镇是以某一类主导产品为支撑，带动当地的经济社会发展。如好时巧克力镇，打造巧克力主题小镇；如瓦滕斯水晶小镇，依托施华洛世奇打造水晶特色小镇；如格拉斯香水小镇，发展香水香料产业，打造香水特色镇。第三类环境特色镇一般是都市圈外具有高品质人居环境和特殊资源的小镇。如达沃斯小镇，坐落在一条 17 公里长的山谷里，靠近奥地利边境，是阿尔卑斯山系海拔最高的小镇，最早以空气出名，曾是各种肺病患者最佳的疗养地。后来被选定为世界经济论坛的年会会址，促进了当地会展产业的发展，带动了其他旅游服务业的发展，小镇也由此成为著名的度假胜地、体育和会展中心。从目前特色小镇品牌发展的情况来看，无论是哪种类型的特色小镇，之所以能够形成品牌，关键还在于其有核心的特色产业，这不仅是其品牌竞争力的基础，也是其经济发展、空间格局优化、人口合理聚集、环境和谐宜居的重要支撑。

（二）成功经验很难轻易复制

特色小镇品牌各具特色，但其成功经验很难轻易模仿复制。例如，国内不少地方都在打造“基金小镇”“金融小镇”品牌。而这些品牌的目标或努力方向大多都是美国的格林威治镇（Greenwich）。该镇位于康涅狄格州西南部的长岛海峡上，作为纽约市的卫星镇，面积仅 174 平方公里，离纽约市 35—40 分钟火车车程，目前是 500 多家对冲基金的所在地，是全球领先的对冲基金中心之一。从发展历史上看，格林威治小镇的对冲基金公司并不是从镇上起步，而是取得成功后搬到格林威治的。因为对冲基金产业属于风险投资类，空间区位倾向于集中在大城市及其周边，同时由于牵涉银行的兑换，也要求紧邻金融中心。加之纽约城市生活成本较高且“大城市病”相对严重。而格林威治处于纽约的“一小时经济圈”之内且环境优美，使得格林威治更加容易承接纽约转移和疏解的金融功能。可以说，格林威治基金小镇的成功不是格林威治镇自发建设的结果，而主要得益于毗邻纽约大都市区的区位优势和功能外溢。

格林威治基金小镇的成功经验很难轻易复制。一方面，格林威治镇可以有很多，但纽约只有一个，并不是所有的特色小镇都适合发展金融产业、打造金融品牌。同时，历史的成功并不一定意味着未来的成功。从格林威治金融小镇的情况来看，由于受金融危机和行业波动的影响，同时由于互联网技术的发展打破了地理界限，人工智能技术也逐渐在金融分析、投资领域中应用推广，格林威治紧邻纽约、生活宜居的优势也受到了冲击，近期许多在格林威治的对冲基金公司合伙人缩减开支，甚至卖掉在当地置办的房产，回到汇集了大量的高校和来自全球的资本的纽约或者寻找其他成本更低的办公场所。从格林威治基金小镇的情况来看，特色小镇品牌的形成都具有不同的路径，我们不能简单地模仿或复制成功的特色小镇品牌及其发展模式，也不能用过去的成功简单推理未来的成功，而应该更加客观理性地认识特色小镇发展的规律。

（三）善于在政府与市场之间寻找平衡点

特色小镇品牌建设过程是一个发展资源、生产、生活要素配置的过程，单纯地依靠政府或市场都可能造成失衡现象，需要理顺政府与市场的关系，在二者之间寻找平衡点。例如，英国政府的“生态镇”计划的失利教训就足以引起我们重视。2007 年，时任英国首相的戈登·布朗宣布“生态镇”计划正式启动。该计划拟订在 2020 年前建成 10 个“生态镇”，将“零排放”的生态城镇建设作为应对气候变化的重要举措之一。2009 年，英国政府宣布 4 座小城镇成为第一批“生态镇”建设试点，政府将提供最多 6000 万英镑的财政资金来支持“生态镇”建设。2010 年，英国保守党及自由民主党联合政府上台，取代之前的工党政府，“生态镇”计划资金遭到大幅削减。2011 年，新政府对“生态镇”建设进展进行了评估，发现 4 座试点小城镇中，只有 1 座小城镇符合“生态镇”建设标准。2012 年，英国政府被迫废除“生态镇”计划。

英国生态镇建设以失败的形式收场，很大程度上与其政府单一行为有关。一方面，生态镇建设表现为一厢情愿，“生态镇”计划推出以来，民众反对之声不断，一项针对该地区居民的问卷调查显示，71%的受访者反对生态城镇开发项目。这成为建设生态镇的重大阻力。另一方面，生态镇的建设标准过高。政府要求生态镇二氧化碳排放量为“零”，这对生态镇的绿地面积、风力发电、垃圾处理、太阳能电板、雨水系统等提出了苛刻的规定，这些高标准使得生态镇建设的成本高企，且建设难度过大。此外，烦琐的行政审批也是导致“生态镇”计划失利的重要原因。“生态镇”建设涉及土地利用、规划审批等环节。英国的土地开发手续非常复杂，评估环节涉及土地、环境、公众参与等多方主体。加之英国对“绿地开发”管制非常严格，“生态镇”的规划审批过程预计长达7—10年，企业参与投资的积极性受到很大影响。

从我国的情况来看，我国特色小镇建设的基本模式为“政府引导、企业主体、市场化运作”。具体而言，就是政府在土地、税收、资金等方面对特色小镇的建设给予政策支持，坚持将企业作为建设特色小镇的主体，同时充分发挥市场的作用，根据市场需求确定小镇定位、规模和项目。在基本模式的指导下，我国特色小镇建设又分为三种形式（表12-1）。

表12-1　**中国特色小镇的三种建设形式**

建设形式	特征	案例
企业建设、政府服务	政府负责小镇的定位、规划、基础设施和审批服务，引进民营企业建设特色小镇	北京密云古北水镇
政企合作、联动建设	政府联手企业，共同建设特色小镇	浙江杭州云栖小镇
政府建设、市场招商	政府成立国资公司，根据小镇的产业定位面向全国招商	北京基金小镇

资料来源：笔者整理。

第一种形式是“企业建设、政府服务”，即政府负责小镇的定位、规划、基础设施和审批服务，引进民营企业建设特色小镇。例如，北京密云的古北水镇，是中青旅、IDG战略资本等四家公司根据密云区的建设规划要求，得益于政府审批、税务方面的大力支持，共同投资超过45亿元建设而成的旅游特色小镇。自2014年营业以来，吸引了全国各地的游客前来旅游，开园第一年的流量近100万人次，综合收入近2亿元，带动了周边餐饮、住宿、生态农业等服务业的迅速发展，促进了城镇化进程。[①] 第二种形式是“政企合作、联动建设”，即政府联手企业，共同建设特色小镇。如浙江杭州的云栖小镇，是由杭州市政府和阿里巴巴集团、转塘科技经济园区联手打造的一个以云生态为主导产业的特色小镇。园区内现已有涉云企业80多家，包括阿里云、华通云、威锋网、云商基金等。[②] 第三种形式是“政府建设、市场招商”，即政府成立国资公司，根据小镇的产业定位面向全国招商。如北京基金小镇，由北京市文资投资基金有限公司、北京市房山城市投资发展有限责任公司共同投资的国有控股公司——文资泰玺资本，联合北京市文资办和房山区政府共同建设，并市场化运作，面向全国招商。截至2017年3月13日，北京基金小镇已引进光大、国开城市发展基金、工银资本、中兵建信、中车世纪、北银丰业、招商局资本等193家机构入驻，管理的资金规模超3837亿元。[③]

总的来看，“政府引导、企业主体、市场化运作”的运作模式，相对符合我国经济体制改革的总体要求，也为塑造特色小镇品牌提供了有益的经验。但同时，我们也应该看到，政府与市场的角色在不同的发展阶段、不同区域、不同业态上往往存在差异，因地制宜、因时制宜寻找政府与市场的平衡点，仍然是特色小镇品牌建设需要关注的重要命题。

三　中国特色小镇品牌建设的战略路径

特色小镇品牌建设是一项复杂的系统性工程。在今天这样一个海量信息充斥人们生活的时代，特色小镇仅仅依靠一个口号、一个logo、一个形象宣传片或广告片，已经无法说服区域外的人群对小镇产生美好的想象，激发人群去实践体验的动力。未来，应从区域发展长远目标着眼，致力于“内外兼修”，注重全面系统地整合历史角色、文化底蕴、人文风情、地理特征、产业优势、经济实力，立足城市产业和功能，统筹发展与改革任务，推动中国特色小镇品牌建设。

① 古北水镇官方网站（http：//www. wtown. com/index. php/Other/index）。

② 浙江特色小镇官方网络平台（http：//tsxz. zjol. com. cn/system/2017/03/07/021459250. shtml）。

③ 北京基金小镇官方网站（http：//www. beijingfundtown. com/web/introduction. htm）。

（一）强化产业、突出特色

特色产业是特色小镇品牌的基础和核心。特色小镇品牌建设以优势产业环节、产业链条、产业集群为依托，才具有可持续发展的动力。推动特色小镇品牌建设，应该从自然资源、人口结构、产业基础等条件出发，在对本地产业基础有清晰认识的基础上，因地制宜开展特色产业的选择、导入、培育及运营，培育产业的独特性和生命力。其中，要注意把握产业前沿发展趋势，准确判断产业的发展方向，挖掘制造、文旅、教育等传统产业潜力，大力发展由网络技术和通信技术催生的新兴产业，推动新业态、新产品、新模式发展。同时，特色小镇发展特色产业，要善于在产业融合发展中寻找新的产业增长点。例如，建设旅游特色小镇，就不能就旅游谈旅游，而应围绕产业结构的合理化和高级化，通过三次产业和服务业内部融合，跨行业、跨领域配置人才、资本等要素，协同增进产业发展能力。比如将休闲农业、体验农业、文化农业等结合，发展农业旅游；将工业遗产开发与保护、环保工业展示与体验等结合，发展现代工业旅游。此外，需要注意的是，特色小镇建设需要警惕“借特色小镇建设之名，搞房地产开发之实”，避免特色小镇形成以房地产产业为主的发展模式，将多元的产业特色转变为单一的“房地产小镇”。

（二）产城融合、优化功能

特色小镇不是传统意义上的特色产业园区，而是城市的一种形态，是产城融合的特色功能区，不仅承担着推动城乡经济转型的使命，还具有实现人的城镇化以及完成空间载体现代化的责任，给经济活动提供劳动力、土地、基本生活条件和产业基础设施，给居民提供住房、商场、休闲及其他愉悦身心的社会生活环境。在传统规模和投资驱动型的城镇化发展模式下，特色小镇建设往往具有浓郁的粗放增长依赖特征，主要注重经济产出数量的增长，而在提供持续、稳定、高质量的城镇产品和服务方面缺乏足够的重视。在新的质量导向的城镇化发展阶段，特色小镇品牌建设特别需要注重城市功能提升，提高特色小镇综合产品的供给能力和质量。在特色小镇品牌的建设过程中，应进行顺应人口集聚和生产生活需要的良性开发，在建设内涵上，不能依靠规模扩张，而应努力提高资源、能源、土地等利用效率，减少空间扩张和资源损耗，修复自然生态系统，积累特色小镇的生态资本和生态财富，形成资源节约、环境友好、低碳发展、经济高效的新格局；在建筑形态上不能盲目拆老建新，或者一味盖高楼大厦，而应保持现状肌理，延续传统风貌；在生活形态上也需避免照搬城市居住小区模式，而应注重延续小镇居民原有的邻里关系。通过提升城市质量和品位，造就特色小镇独特的品牌吸引力。

（三）大城小镇、联动发展

特色小镇建设需要建立在良好的城市网络关系基础之上，需要不同规模、层次、功能的城市通过彼此合作与支撑，共同为城市体系的整体发展做出贡献。从我国城镇化发展趋势来看，未来人群将有序分布在超大型城市（城市群）、区域性中心城市、乡镇、村庄等空间载体内，各类空间载体并非孤立存在而是紧密联动的。特色小镇是我国完整城镇体系必不可少的一部分，特色小镇品牌建设也需要考虑自身城镇属性，在空间联动中发挥比较优势。一方面，特色小镇品牌建设，要与周边大城市品牌有所差异，体现其功能小镇的专业属性，应充分利用资源比较优势，如亲近自然的生态条件、廉价的地租、乡土文化、与农业和乡村工业的易融合性、宜人的空间感受等来培育和发展具有活力的、能根植化的、与农业和旅游休闲等相融合的功能，体现自身品牌的独特性和区域价值。另一方面，特色小镇品牌建设，要主动融合，为所在城市群的核心城市特别是中心城市服务。在发展过程中，在品牌规划、管理、运营等各方面融入城市群品牌体系建设中，充分利用中心城市的市场与资源品牌，主动承接来自中心城市的人才、资本、技术品牌溢出，通过分享城市群和中心城市的品牌红利，降低品牌建设的成本，形成自身的品牌优势。

（四）重视 IP、挖掘价值

IP（Intellectual Property）不仅是企业品牌的重要内容，也是特色小镇品牌竞争力的核心体现。特色小镇品牌建设，需要深度挖掘品牌价值并开展品牌保护。其中，一方面，要特别注重特色小镇的自身品牌文化价值培育、保护、发展。着力将特色小镇经济、社会发展与品牌建设统一起来，重视和激发特色小镇本身资源禀赋、产业发展、历史传承等方面的根植性和活力，形成独特文化标识和小镇精神，构建特色小镇品牌的文化内核。另一方面，IP 是具备商业化、产品化、价值化的内容体系。特色小镇的特色 IP 也需要制定长远的发展和保护规划，将构成特色小镇品牌的关键版权、商标、设计权、专利等进行法律保护，通过制度化、法律化的手段保障特色小镇品牌价值不受损害，通过知识产权交易和开发体系建设，推动特色小镇品牌保值增值。

（五）因“市”利导、政企合力

成功的城市品牌建设应该是城市基础设施、居民、产业及生活品质的综合反映，表明城市未来的发展愿景并且能够得到城市利益相关者的支持。[①] 与城市一样，特色小镇本质上是一个空间上的利益综合体。从各利益主体的角度来看，特色小镇公共部门负责提供公共产品及服务，企业创造并提供私人产品及服务，个人和家庭提供要素同时需求产品。市场经济条件下，无论是公共部门、企业、个人还是家庭都追求利益最大化，而特色小镇品牌建设需要综合考虑不同利益主体的诉求，努力在平衡这些利益的基础上实现特色小镇发展的整体利益。从中国目前的情况来看，完全单一政府或市场推动的特色小镇建设往往并不现实。目前几乎没有一个特色小镇是完全由政府主导而成，而完全没有政府作用和服务的特色小镇也鲜见成功案例。所以在特色小镇发展的过程中，即使“严父慈母”的家长制模式——“严父”即国家对特色小镇从设立、运作等进行严加管教；“慈母”即给予特色小镇优惠、补助、扶持的关爱和呵护，也具有合理性。但同时，我们应该注意，特色小镇建设本质上是一个空间维度的资源配置和利益协调的过程。从这个角度讲，短期内重视和支持那些参与特色小镇建设的私营企业、个体经营者和普通居民，重视提高服务能力、降低交易成本，立足微观、小处着眼，营造良好、稳定的营商环境可能是政府特别是地方政府需要关注的重要问题。而长远来看，特色小镇建设仍然需要创新治理方式，在塑造高品质特色小镇目标这一统一框架内，破除政府或市场单一中心论思维，更好地理顺政府与市场的关系，高度重视社会这一治理主体的作用，统筹政府、企业、社会三大主体，强调各主体之间相互联系与依赖，强调公民和非公组织的广泛参与，通过构建良好的治理体系推动特色小镇品牌建设和特色小镇可持续发展。

---

① G. Kerr, “From Destination Brand to Location Brand”, *The Journal of Brand Management*, 2006, Vol. 13, No. 4/5, 2016, pp. 276 –288.

参考文献：

[1] 刘彦平：《城市营销战略》，中国人民大学出版社 2005 年版。

[2] 倪鹏飞等：《中国城市竞争力报告 No. 5——品牌：城市最美的风景》，社会科学文献出版社 2007 年版。

[3] 赵峥：《亚太城市绿色发展报告——建设面向 2030 年的美好城市家园》，中国社会科学出版社 2016 年版。

[4] 乔森：《英国生态镇计划失败教训总结》，《小城镇建设》2016 年第 8 期。

[5] 张鸿雁：《论特色小镇建设的理论与实践创新》，《中外名城》2017 年第 1 期。

[6] 盛世豪：《特色小镇：一种产业空间组织形式》，《浙江社会科学》2016 年第 3 期。

第十三章 旅游公共服务创新助力城市品牌塑造

沈 涵 李祎玚 杨喻涵*

【本章导读】旅游市场是城市品牌塑造不可回避的重要环节，但其因动态性、易干扰性以及多元性等特点，使其对目的地公共服务提出了更高要求，因此升级旅游公共服务体系成为完善城市公共服务体系的重要举措，并有助于推进城市全面提升、促进城市品牌塑造。本章引介了国外成功经验，并重点阐释了旅游公共服务体系的创新与评价。

城镇化建设浪潮中，开放市场竞争促使管理者越来越重视地方品牌营销，努力通过打造具有地方特色的城市品牌，树立良好的市场形象和品牌理念。本章从旅游公共服务体系建设的角度出发，探讨如何进行旅游公共服务创新来推动城市品牌塑造，并分析如何对旅游公共服务体系进行评估，以期为旅游城镇建设、城市品牌打造提出建议和借鉴。

一 城市公共服务体系

城市作为旅游目的地需要适应市场和技术潮流，提升旅游公共服务，提高游客满意度。随着城市旅游公共服务水平的普遍提升和游客需求的提高，对城市旅游公共服务提出了新的要求。本章从城市旅游公共服务创新入手，参考理论和实践的研究成果，结合城市品牌塑造、城市公共服务创新趋势、旅游服务性质，进行旅游公共服务创新和评价体系的分析。

---

* 沈涵，复旦大学旅游学系教授；李祎玚、杨喻涵，复旦大学旅游学系学生。

城市公共服务是城市公共领域所提供的直接的和间接的服务的总称（冯云廷、骆德武，2003）。一般分为“一般公共服务和基础公共服务”，具体包括“教育、卫生、文化、就业再就业服务、社会保障、生态环境、公共基础设施、社会治安等”（安体富，2007）；陈微露（2005）将公共服务分为“社会公益事业、公用事业及公共资源保护三个方面”，将教育、卫生、文化、就业再就业服务、社会保障归类于社会公益事业，公共基础设施为公用事业，生态环境相关的内容为公共资源保护；而根据维基百科的分类，公共服务包括电力（electricity）、教育（education）、环境保护（environmental protection）、消防设施（fire service）、气体燃料（gas）、健康援助（health care）、法律政策（law enforcement）、军队国防（military）、公众信息（public broadcasting）、公众图书馆（public library）、公众安全（public security）、公共交通（public transportation）、公共住房（public housing）、公用事业（social services）、通信（telecommunications）、城市规划（town planning）、排污处理（waste management）及净水供应（water supply）。

城市作为人类生产生活的大型定居空间，公共服务系统给居民提供了必不可少的支持和服务。一般而言，现代城市的公共服务系统可以分为5个层次（图13－1）。

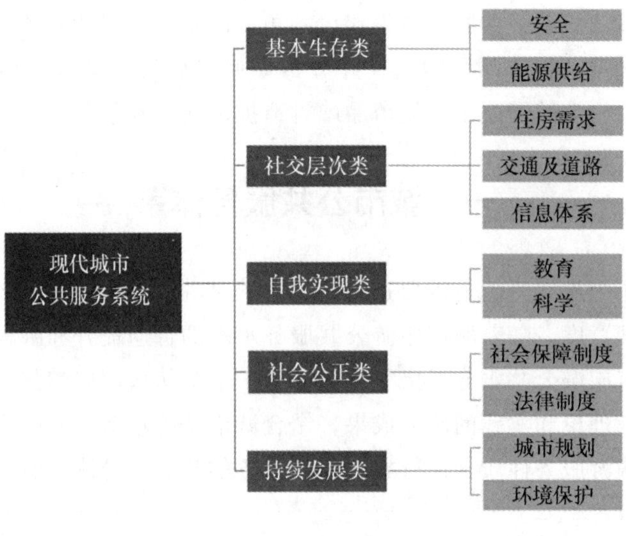

图13－1　现代城市公共服务系统

随着生产力的发展，以上某些领域会产生私人企业的市场化服务。这些私营部门获得了公共部门颁发的牌照或类似的资质得以获得参与权，但私人部门的参与不代表政府部门的完全退出，而是通过发挥市场的效率，提升城市公共服务在某些领域的运行效率。

二 旅游公共服务

旅游公共服务是一类针对旅游者的特殊公共服务，在旅游业的发展中起到了不可或缺的作用，在城市品牌塑造的过程中也扮演着重要角色。一方面，旅游公共基础服务设施能为城市品牌带来效用增值；完善的旅游交通服务设施能提高城市的可达性，强化当地旅游名胜地位；丰富的休闲娱乐设施也能为游客增添乐趣，有助于创建旅游特色。另一方面，旅游信息服务体系对于城市品牌塑造的重要性日益凸显，城市景点的宣传营销是吸引游客的主要手段，而各种当地民俗、优惠活动、交通路线、餐饮娱乐的信息对于游客来说，更是影响旅游体验至关重要的因素。总的来说，完善的旅游公共服务体系意味着更佳的旅游印象，是塑造城市品牌的重要助力。

（一）旅游公共服务与城市品牌

旅游行为的起点在于旅游目的地的选择，一个旅游者面临的决策是：在预算和时间的双重约束下，在旅游阈值基础之上，在目的地品牌吸引下，选择能让自己效用最大化的旅游目的地。所以，旅游目的地要让自己在竞争中脱颖而出，需要尽可能地挖掘自身“效用增值点”，从消费者角度考虑，挖掘增加消费者满意程度的因素。这些因素的效用增加功能意味着消费者可以感知并认可这些因素的作用。

公共服务带来的效用增值是塑造城市品牌的重要途径，一个旅游目的地如果有完善的公共服务体系，意味着更高的可达性（完善的交通网络）、更强的居住性（环境更好，生活设施更为齐全）以及更好的旅途印象（在到达目的地的路途中的印象叠加）。越来越多的城市目的地把公共服务提升和打造目的地品牌作为核心竞争力的重要战略，通过城市公共服务体系的完善，发展出色、持续性更强的旅游目的地。

（二）旅游公共服务分类

根据以上特点，对旅游公共服务进行分类。乔海燕（2012）对此有过一个较为详细的分类描述，她将旅游公共服务划分为旅游公共信息类服务、旅游要素保障类服务、旅游公共安全类服务及旅游公益事业系统服务。此外，还可以根据旅游过程的各个阶段对旅游公共服务进行比较细致的分析（图 13－2）。

图 13－2 基于旅游阶段的旅游公共服务体系

1. 决策阶段

出行前，旅游者关注的必然是旅游目的地的信息，这种信息主要以旅游专业服务信息和目的地品牌信息的形式传播。对于旅游者来说，获取可靠的旅游目的地信息是基本的需要，这些信息包括但不限于：旅游目的地形象与品牌、旅游目的地概况与特点、旅游目的地可达性情况、价格、关联目的地信息、旅游经验及评价，等等。在实际生活中，旅游信息服务的提供是三元并行的：目的地政府、景区本身及第三方机构。

由于旅游的分散性、大众性特点越发明显，游客对于个性化、体验式的经验分享需求更大，第三方旅游经验交流类网站更好地起到了传授经验的作用；在线和实体旅游机构负责整合可达性及关联目的地的配置信息，如旅游产品组合的大众信息及报价；而景区直接负责自身营销，包括品牌推广和形象塑造。政府部门在决策阶段提供的最大帮助在于目的地品牌推广和旅游信息咨询服务。

2. 扎根阶段

开始一场旅行后，游客进入扎根阶段。扎根阶段首先需要通过交通系统来实现可达性，其次是保证安全，再次是有落脚点。完成这三个步骤后，旅游者才可以真正开始游玩。上述的这三个过程对应的公共服务需求是：完备的交通信息及交通工具供给，健全的公共卫生体系及急救应急系统，畅通的通信设备，安全的目的地环境及丰富的住宿选择。

3. 游览阶段

旅游过程中，游客的需求在于让自己更好地享受出行，清晰的导引和指示系统可以帮助游客最直接地实现目的，该系统不仅包括导引标志和地图，还包括志愿者在内的活劳动。在一些历史文化类旅游景点，为了让游客更好地理解景点内涵，还会为游客配备讲解及说明设施。而餐饮设施、娱乐设施以及其他旅游基本设施也是游客必需的。

综上所述，将旅游公共服务按照游客的游览需求顺序进行了梳理，当其中一些类似服务整合后，得到更为清晰的表 13 - 1。

表 13 - 1 **旅游公共服务类型与特点**

<table>
<tr><th>分类</th><th>项目</th><th>提供者</th><th>备注</th></tr>
<tr><td rowspan="2">公共信息类</td><td>讲解系统
（专业）</td><td>景区</td><td>配套引导设施</td></tr>
<tr><td>信息咨询
（非专业）</td><td>接待中心、旅行社、
网络、志愿者等</td><td>多个来源</td></tr>
<tr><td rowspan="8">旅游要素类</td><td>交通系统</td><td>抵达方式及当地交通</td><td></td></tr>
<tr><td>餐饮系统</td><td rowspan="4">多为私人</td><td rowspan="4">依仗景点整体经济
发展程度</td></tr>
<tr><td>住宿系统</td></tr>
<tr><td>购物系统</td></tr>
<tr><td>娱乐系统</td></tr>
<tr><td>安全系统</td><td rowspan="2">政府</td><td>安全保障</td></tr>
<tr><td>卫生系统</td><td>卫生检疫及救治服务</td></tr>
<tr><td>通信系统</td><td>景区</td><td>Wi-Fi 及网络接入</td></tr>
<tr><td>维权服务类</td><td>监管维权</td><td>消费者协会等</td><td>体现旅游的消费性质</td></tr>
</table>

资料来源：笔者整理。

（三）旅游公共服务创新

当今旅游业发展迅猛，旅游者对旅游产品会提出更高的要求，因此旅游公共服务体系的升级不可或缺。同时，旅游公共服务的创新是推进城市全面提升、促进城市品牌塑造的必由之路。在旅游公共服务的不同方面，国内外都有值得借鉴的创新实例。

1. 公共信息创新

美国作为头号科技大国，充分利用高科技，建立了可以实时更新的数据库，为游客提供全方位的参考信息。比如美国著名的黄石公园，它的网站上就有景点介绍、注意事项、实时警告、卫星地图、近期活动等基本信息，甚至有冬天和夏天两个季节不同的出行规划和注意事项，为游客出行提供了充分的参考，也为游客的出行安全提供一定保障，能较好地提升游客的旅行体验。针对游客，纽约建立了综合公共信息平台，把 Facebook、Twitter、Youtube 等社交媒体，旅游门户网站，短信，户外可触摸屏幕，旅游信息中心，时尚体验馆，4D 空中游览纽约旗舰店等线上线下设施整合起来，为游客提供路线规划、天气预报、旅游预订、主题活动等系列公共信息，满足游客的出行信息需求。

2. 交通方式创新

交通是旅行者最为常见的问题，提升交通系统对于旅游公共服务的升级是必要的。良好的交通系统意味着更高的可达性，能吸引更多游客到来，方便游客的出行。例如，在日本，有各种交通票券可供不同需求的游客选择，全国通用的 IC 卡（可充值的储蓄卡）基本可以应用于所有的铁路电车和巴士，也可以在便利商店进行购物、在自动售货机买饮料。区域性质的交通卡有城际和市内的，在各种车站销售，可供旅游者在某个时间段限制中不限次数自由乘坐巴士和地铁，并能让游客以优惠的价格一卡游遍城市。此外，还有针对长途旅行游客的 Japan Rail Pass（日本铁路周游券），持有这种票券的游客可以乘坐 JR 集团旗下几乎所有的列车，方便游客在全国旅行。而在伦敦，他们极富创意地把交通出行和旅行观光紧密地结合了起来。全伦敦共有两家较大的旅游巴士公司——London Original Tour 和 The Big Bus 提供双层巴士旅游观光服务。在 24 小时的有效时间内，游客可以根据自己的行程安排在不同线路的沿途站点随时上下。几条线路涵盖伦敦全城各个黄金地段和著名景点，全程有专业人员用 7 种语言进行讲解，让游客在车上了解伦敦文化、观赏风光美景、体验英伦风情。现在红色的敞篷双层观光巴士已经成为伦敦的标志之一。

3. 购物系统创新

购物是旅行中必不可少的一环，购物系统的创新对城市本身和游客都有极其重要的意义。著名的大型购物中心往往发展成为城市的地标，连带繁荣了周围的一大片区域；与此同时，大型购物中心游客容纳量极大，也常常成为旅行者目的地清单中的必去之地，对旅游业发展起到重要的作用。阿联酋购物中心作为全球首屈一指的购物度假胜地，汇聚了超过560家国际顶尖品牌商店，但其最大的创新在于其购物中心内部建有一个在中东地区罕见的室内滑雪场。与室外的烈日炎炎、滚滚黄沙不同，阿联酋购物中心在室内构筑了全透明的冰雪世界。此外，该购物中心还拥有众多适合家庭出行的活动场所，如迪拜社区剧院和艺术中心、14屏VOX多放映厅电影院、魔术星球（Magic Planet）家庭娱乐区等。

4. 旅游吸引物创新

景点是娱乐系统的重要节点，而景区资源的整合也是娱乐系统创新的重要方法。美国第三大城市芝加哥是许多游客的旅行目的地之一，该城市推出了Go Chicago Card、Chicago Explorer Pass和Chicago City Pass三种不同类型的城市旅行预付通票，为有不同需求的游客提供丰富多彩的旅行体验。游客可以凭芝加哥旅行通票低价参观多个芝加哥著名景点。Go Chicago Card提供芝加哥25个著名景点的门票，还有一日游、体验活动、餐饮、购物及娱乐设施的折扣券。持有旅游卡的游客不需要排队买票入场，可直接前往景点。此外，这些通票附有旅游指南，包含景点详细信息，省去游客做攻略的时间。这些通票不仅帮游客节省时间，也帮游客节省高达55%的花费。美国著名的纽约高线公园也是城市旅游公共服务中景区资源整合的绝佳实例。纽约高线公园横跨曼哈顿23个街区，将西切尔西区和克林顿区等重要区域连接在一起。高线公园原是建于20世纪30年代美国西部开发项目的空中货运铁道线。到20世纪80年代，早已废弃的高架铁路面临被拆毁的危机，当时小部分纽约人催生了将废弃铁道变成公园的想法。最后纽约政府将高线公园的设想变为现实。高线公园的独特之处在于其与城市的紧密联系。高线距离地面约9米，穿过新旧住宅区、历史建筑、商业大楼、哈得逊河、标志性纪念碑等，给游客以沉浸式的都市景观体验。改造高线公园，使其变为观景台、绿地、漫步走廊的做法是都市旅游休闲娱乐设施的巨大创新。

5. 安全举措创新

安全是旅行的首要需求，在游客出行决策中具有重要的决定性作用，也极大地影响着旅游城市的形象。旅游公共服务可以利用新科技、新媒体在安全系统上开展诸多创新管理。澳大利亚政府的做法很值得学习。在过去十年间澳大利亚西部部分海域一直存在鲨鱼的威胁。为此澳大利亚政府采取了相关行动，首先和西澳水上救生机构（Surf Life Saving Western Australia）共同合作，对近几年来曾出没海岸线附近海域的近 320 条鲨鱼的行踪进行锁定，随后为发布鲨鱼警报，建立了鲨鱼的推特账号，鲨鱼靠近海滩 1 公里之内将在推特上触发“SHARKS”警告，为晒日光浴和海上冲浪的游客提供鲨鱼行踪的相关信息，更好地保障了游客的安全。

6. 维权服务创新

为了维护游客的权益，维权服务体系也在与时俱进。例如，宰客现象一度很严重的海南岛在维权服务方面进行了不少创新尝试，2016 年正式上线的微信维权系统提供了非常便捷有效的维权平台和工具。只要游客将投诉内容发送到海南旅游投诉微信公众号，其后台工作人员就会立刻着手解决投诉的问题。海南旅游投诉微信平台是海南智慧旅游“三心”工程项目之一。智慧旅游“三心”工程中，还着重打造让游客“称心而归”的海南旅游诚信网，发放《海南岛旅游放心卡》（包括纸质版、电子版、网络版）游客满意度调查问卷。利用旅游网的媒体监督、省旅游质监局的行政执法，以及与 12301 旅游服务热线有机结合，维护来琼游客的消费者权益。

7. 旅游要素体系创新

旅游要素种类繁多，其创新要依靠政府和市场的共同力量，对上述内容进行整合。旅游公共信息体系应利用好新技术、新媒体，实时监测、及时更新、准时发布，为游客提供完善的参考信息，帮助游客规划最佳行程。交通系统方面，构建畅通的道路和便利的基础设施是第一位，日本和英国伦敦根据旅游者对交通的特殊需求，将旅行和出行紧密结合，不断地进行交通产品创新，方便游客观光。在娱乐系统方面，打造符合城市品牌的景点，并将景点有机结合起来不失为创新的方式。安全、卫生和通信系统的发展有赖于政府的管控和科技的发展，促进法律法规完善、将高新技术应用于旅游业是创新的两大方向。最后，维权服务类的创新必不可少，也是提高游客满意度的重中之重。多途径、少步骤、快见效的投诉对旅客和其旅行目的地都有利。这点可以学习海南全方位的监督维权措施。

三　旅游公共服务的评价机制

在城市品牌的打造过程中，收集受众的反馈信息是非常重要的改进手段，包括游客满意度研究和公共服务评价体系。

（一）公共服务评价体系的维度与测量

旅游公共服务体系涉及消费和供应两个维度，消费端的评价方式主要为主观打分。马耀峰（2006）提出了服务感知模型，采用问卷调研的方式收集了大量游客的问卷结果，选取李克特五点式量表法，从而得出使用者的满意分值；清华大学国情研究所提出的公共部门“顾客满意度指数”（ACSIP）中就将顾客的感知质量及顾客期望这对概念作为衡量顾客满意度的重要指标。

供给端的评价方式包括效率类指标及能力类指标。能力类指标与效率类指标的差别在于：能力类指标更注重静态分析，而效率类指标更为动态。美国政府的公共服务考评指标则采取了客观的计量分析，对成本/产出在内的效率指标进行计量，分析公共服务的绩效。

第一，对于公共服务体系的评价需要通过对比获得评判。无论是效率类、能力类还是投入类指标，一个简单的数据本身并不意味着什么，而需要把指标本身与预期进行对比，与过去数据进行对比，从而评判服务质量。

第二，对于公共服务体系的评分包括多个打分维度，不同维度间的重要性是不同的，也就是说，在评价公共服务时，还需要区分评价的不同角度和项目，并赋予不同的角度不同的权重，这个过程可以称为标准化过程，这样得出的结果才更为客观真实。

第三，预期和现实的对比是评价中一个重要考虑因素，但在实际操作过程中，预期的作用需要分供给和需求两端来考虑。需求端的预期现实对比直接体现在使用者的问卷打分中；但在供给端，预期的完成实现情况就要另行考虑了，由于形成预期的方法本身未必科学，其结果的有效度也就值得商榷。

（二）旅游公共服务的评价机制探讨

旅游公共服务的评价机制需要整合供给端和消费端两个方面，并结合它们的权重，最终得出评价。消费端的评价机制可以直接通过消费者的问卷调研方式展开，而供给端的研究需要进一步细分，从意愿、能力、效果三个方面去考察。获得来自旅游公共服务的供给端和消费端两方面的评价机制框架。

1. 旅游公共服务供给端

首先对于供给端进行逐个分析（表 13 – 2），公共服务的提供由市场和政府共同作用，在设计评价指标时，需要将这两方面的因素考虑在内。

表 13 – 2 **旅游公共服务供给端评价**

项目	供给端投入	供给端能力	供给端效率
A1 讲解系统	设备投入金额：对讲解设备、讲解服务人员、讲解型标识等设备的投入	可同时满足游客数量：设备使用有效度的评价，主要考察设备及人员的上限	讲解系统使用率（使用人数/总游客数）：对于讲解实效性的考量
A2 信息咨询	信息咨询类预算额度：包括公共标识预算、接待设备预算、其他信息咨询门户制作预算、接待人员培训预算及志愿者培训预算等，是为了提供旅游目的地相关咨询而投入的金额	咨询中心最大日接待量：考察人员和空间上的接待量。包括很多城市正在开展的在线信息咨询接待量	咨询/游客比例：对于公共信息系统信息有效性的考察
B1 交通系统	旅游目的地专项交通投入额度：包括目的地内部的观光车的投入费用（适用于大型景区）、旅游专线的补贴额度等	30 分钟交通网络覆盖区域（对于“30 分钟”指标的选择可以根据目的地的地理半径情况作调整，60 分钟或者 90 分钟均可作为衡量指标）	游客在旅游目的地平均出游次数指标：由于游客在目的地的行为受到行程等的部分限制，很难用“使用公共交通人数/游客总数”指标来衡量
B2 餐饮系统	更多为私人提供，主体规模及数量存在较大统计难度及统计误差。需要从消费端指标直接收集反馈		
B3 住宿系统	更多为私人提供，供给指标较难衡量和收集。需要从消费端指标直接收集反馈		
B4 安全系统	安保环节投入资金：考察旅游目的地安全保障环节的资金预算	火警匪警报案后到场时间：根据到场时间可以看出训练素质及人员配备数量	目的地犯罪率、抢劫率、旅游事故率数据：犯罪率、抢劫率数据与该目的地的社会稳定情况有关

续表

项目	供给端投入	供给端能力	供给端效率
B5 卫生系统	卫生系统投入金额：考察旅游医疗及卫生保障环节的资金预算	急救通道时间：根据到场时间及送医速度评价卫生系统能力	较难界定
B6 购物系统	更多为私人提供，与品牌引入战略及城市开发程度紧密相关。供给端不确定性较大。可以从消费端指标直接收集反馈		
B7 通信系统	手机、Wi-Fi 等网络接入，供给端评价指标为：Wi-Fi 覆盖范围		
B8 娱乐系统	更多为私人提供，与品牌引入战略及城市开发程度紧密相关。供给端不确定性较大。可以从消费端指标直接收集反馈		
C1 监管维权	监管机制完备程度：包括价格监督机制、食宿监督服务机制、投诉受理机制等	投诉受理数量	投诉解决率

资料来源：笔者设计。

以上是从供给端层面对于旅游公共服务做出评价的机制，到了需求端，则直接通过问卷调研的方式获得反馈。受访者给予的反馈中已经包含了对于预期、实际差异的考量，因此可以认为具有相同的价值判断尺度。

2. 旅游公共服务的消费端

在消费段评价中，另有一个因素是至关重要的——消费者对于公共服务重要性的权重评价。根据美国公共服务体系评价标准，结合清华大学的公共服务顾客满意度评价体系，笔者进行了消费端的满意度测量预试和问卷调整，获得各个维度的权重，按重要性排序，第一位获得 11 分，第二位 10 分，以此类推，直至最后一位得 1 分。将得分加总后获得权重原值，根据权重总数，可以得到相对权重（表 13 -3）。

表 13 -3　**旅游公共服务消费端权重**

分类	项目	权重
A 公共信息类	讲解系统（专业）	0.054
	信息咨询（非专业）	0.068

续表

分类	项目	权重
B 旅游要素类	交通系统	0.137
	餐饮系统	0.115
	住宿系统	0.111
	安全系统	0.165
	卫生系统	0.132
	购物系统	0.073
	通信系统	0.066
	娱乐系统	0.049
C 维权服务类	监管维权	0.030

资料来源：笔者计算整理。

四　结论与建议

如今旅游已然成为人们的刚需，旅游公共服务体系的升级不可或缺。同时，旅游公共服务的创新是推进城市全面提升、促进城市品牌塑造的必由之路。由国内外值得借鉴的先进经验，得出了旅游公共服务体系创新的几个方向。例如，旅游公共信息体系应利用新技术，为游客提供完善的参考信息。交通系统方面，可以将旅行和出行结合起来。娱乐系统方面，打造符合城市品牌的景点并将其串联，等等。

总的来说，了解游客需求、促进法律法规完善、将高新技术应用于旅游业是创新的三大支点。城市旅游公共服务的评价体系建设应当将供给端和需求端均充分考虑在内。在供给端从供给意愿、能力及效果三个角度对公共服务评价体系做出评判；需求端则根据旅游者的打分来评判。

政府部门是旅游公共服务的主要提供者和重要监督者。作为提供者，政府部门应当更加注重满足消费者的实际需求，从而有针对性地提升消费者效用。作为监督者，尽管消费者对于监督的需求不高，但更需要政府承担守夜人的角色，去监督和规范旅游公共服务提供方的行为和规范，并更好地引入市场机制，让旅游公共服务在细节上体现出更多的人性化。

参考文献：

[1] 何炜：《西方政府职能理论的源流分析》，《南京社会科学》1999 年

第 7 期。

[2] 梁雪松:《入境游客对旅游服务质量感知评价的分析研究》,《生产力研究》2006 年第 4 期。

[3] 张懿玮:《国外旅游服务质量评价：视角、内容、维度和方法》,《旅游论坛》2012 年第 5 卷第 6 期。

[4] 张立军:《旅游服务质量模糊综合评价方法研究》,《数量经济技术经济研究》2003 年第 1 期。

[5] 乔海燕:《基于 AHP 法的旅游公共服务评价指标体系研究》,《中南林业科技大学学报》(社会科学版) 2012 年第 6 卷第 6 期。

[6] 马耀峰:《旅游服务感知评价模型的实证研究》,《人文地理》2006 年第 1 期。

[7] 陈光:《公共服务评价：理论与实践》,《CPA 资讯》2006 年第 2 期。

[8] 欧阳青：《国际公共服务评价现状及对我国的启示》,《理论导报》2011 年 10 月。

[9] 叶全良:《基于层次分析法的旅游公共服务评价研究》,《中南财经政法大学学报》2011 年第 3 期。

[10] 冯云廷、骆德武：《论城市公共服务的有效供给》,《财经问题研究》2003 年第 6 期。

[11] 王晓红:《基于城市旅游形象的公共服务管理体系建设》,《江苏商论》2014 年第 35 期。

第十四章　城市空间更新生产与文化品牌事件互动：来自浦江两岸的经验*

李凌燕**

【本章导读】囿于土地资源供给的限制，我国一线城市塑造“全球城市”的品牌化进程需要更多地依托于对原有空间实施集约化的更新再生产，构建融合空间、经济、文化等多面向的新路径。如何以新的内容讲述城市故事？如何激发、提升存量空间的价值？如何在转型发展背景下塑造城市新品牌？本章以上海滩浦江两岸为切入点，生动地描绘了上海城市更新的品牌创新实践，鲜明地提出了空间更新与品牌构建的双向融合之路。对面临品牌深度整合的我国发达城市而言，具有较强的借鉴价值。

依据《国家新型城镇化规划（2014—2020）》和2015年、2016年中央城市工作会议，我国正处于城镇化深入发展的关键时期，要“致力于摆脱以往粗放的速度型城镇化模式，进入以提升质量为主的转型发展新阶段”① 城市发展方式的转变，其内既蕴含我国经济与社会转型的巨大机遇，而对于北、上、广、深等满载我国改革开放城市化进程成果的一线城市而言，这也是破解城市发展深层尴尬的必然选择。一方面，一线城市发展到一定阶段，其产业转型压力高涨，亟须功能疏解与升级，找到能继续

---

* 本章受国家社科基金资助：“新媒体环境下以‘标志性建筑’为对象的中国国家形象传播研究”（16CXW020）。

** 李凌燕，同济大学艺术与传媒学院助理教授，同济大学跨媒体艺术与传播研究中心主任助理。

① 国家发展和改革委员会发展规划司：《国家新型城镇化规划（2014—2020）》。

支撑其快速发展的新动力；另一方面，数十年以空间扩张为支撑的快速城市化道路遭遇困境，土地余量接近极限。以上海为例，截至2014年年底，上海全市建成区面积3124平方公里，超过市域陆地面积的45%，原安排到2020年的用地规划（上海极限用地指标）只剩余150余平方公里，即将触碰土地底线。与此同时，土地利用结构不够合理，工业用地比重过大、公共设施和绿地的用地比例偏低、人口基数过大等问题并存。为"追求卓越的全球城市"，打造"创新之城、生态之城、人文之城"[①]，继续"当好改革开放的排头兵和创新发展的先行者"，上海必须谋求城市发展模式的转型。这不是上海的个例，而是我国一线城市当下的普遍发展之殇。

土地是任何一种发展方式得以实施的"资源之母"，没有土地可供，任何宏图都只是纸上谈兵。当前，支撑经济与功能转型的城市空间接近极限，形成与城市经济发展的逆向对峙格局，倒逼一线城市发展方式进行转型。2014年2月，国土部出台《关于强化管控落实最严格耕地保护制度的通知》，原则上不再安排城市人口500万以上特大城市中心城区新增建设用地；《国土资源"十三五"规划纲要》亦明确在未来相当长时间内，实行建设用地总量与强度双控措施。北京、上海、广州、深圳等一线城市相继发布以"存量规划"为导向的节约集约利用土地的相关政策。我国城市发展的"存量时代"正式开启。

新语境下，城市空间开发不再是盲目的大拆大建，而是要以"精明增长""紧凑城市"理念，科学划定城市开发边界，推动城市发展由外延扩张式向内涵提升式转变。[②] 如何在土地资源紧缺的情况下，既要限制严控新增建设用地的总量，又能盘活存量，实现存量用地的转型和改造优化布局、集约高效地发挥政府存量土地储备对于城市经济、人文、生态等多方面发展的重要作用，实现质量提升，是一线城市新时期"破局"的关键。

与土地政策收缩、城市发展方式转型相适应，一线城市形象与品牌的构建方式亦面临着重大调整。城市更新阶段，面对更为系统、复杂的既有体系，城市品牌的塑造与体系建立，必须摒弃以往空间、经济、文化等软

① 《上海市城市总体规划（2015—2040）纲要》。

② 《2016城市工作会议全文》。

硬实力单方面线性塑造的城市品牌构建模式，转而积极探索以物质空间生产为介入路径的，融合空间、经济、文化等多面向的综合构建新路径，以内容的植入与创新，激发、提升存量空间的价值，实现城市空间形象与品牌影响力的提升，“对外树立形象，对内凝聚人心”①。

一　上海的破局之变：品牌意识下的城市更新

在全国城镇化水平快速持续推进的大格局下，国内城市品牌总量上升、竞争加剧。城市更新阶段，面对自身的资源桎梏，上海在城市开发方面的优势将渐不明显。要避开同质化竞争，持续引领城市品牌潮流，就必须发挥上海国际化的存量优势，继续先人一步，提升一个频段，同时不断探索与创新城市品牌尖端化模式。2014 年起，上海新的尖端品牌——“全球城市”品牌开始创建，并以“创新之城、人文之城、生态之城”三大品牌方向形成复合支撑之势，希望在“全球城市”轨道上走出一条示范之路。

上海敏锐地认识到，任何品牌突破都不可能是无源之水，无本之木，城市更新新语境下的品牌建设，必须实现城市多个系统的融合发力：“要将品牌建设作为推进科创中心建设和供给侧结构性改革的一项重要抓手，纳入上海市发展战略”②；“以文化品牌和创意设计为引领，应对复杂的城市更新，加强文化产业跨界融合，打造合格文化市场主体，实现区域经济协同发展”③；“在制造业、服务业和战略性新兴产业中融入文化创意元素，促进文化创意产业跨产业、跨部门、跨区域渗透融合，推动文化创意设计与城市主导产业和功能深度融合发展，实现产业集群、城市功能协同提升”④。这些复合性宏观理念导向，决定了上海要在城市更新的品牌创新实践中，将城市文化、品牌与城市经济、空间要素联动，政府多部门之间协同推进，实现城市品牌的融合式建构。

① 2016 年中央城市工作会议。

② 2016 年上海市品牌建设工作联席会议上周波副市长的讲话。

③ 《2015 年上海市人民政府关于贯彻〈国务院关于推进文化创意和设计服务与相关产业融合发展的若干意见〉的实施意见》。

④ 《上海市文化创意产业发展三年行动计划 2016—2018 年》（http：//swxcb. hefei. gov. cn/23771/201606/t20160607_ 2002484. html）。

2015 年 5 月，上海在全国率先颁布《上海市城市更新实施办法》，明确要以“提质增效”为核心，着力在存量空间上注重提升城市品质和活力的内涵式发展，要更加强调以挖掘和发扬自身特色为基点，以空间的经济、社会、生态和文化再生产为要求，谋求在世界城市之林中的差异化崛起。品牌意识引领下的上海城市更新，不仅是城市新陈代谢的成长过程，也是对城市短板的修补与社会深层治理过程，是城市品质和功能再创造的过程，更是在城市发展质量和效益提升的同时实现城市品牌多方共建、共享的过程。

在此理念引领下，近年来，上海以黄浦江两岸这一城市最重要的标志性空间为核心，以政府为主导，区域、社区、企业、专家等多方力量合作，开展城市更新实践，以“创新”“开放”的理念探索上海城市空间更新与城市品牌建设的紧密互动机制。徐汇滨江西岸文化走廊带及传媒港打造、浦东上海陆家嘴金融城二期及都市文化体验中心区、浦江两岸公共空间贯通工程、民生码头改造等一系列城市更新项目陆续如火如荼展开；上海城市公共空间艺术季、西岸双年展等一批以政府为主导的文化艺术品牌及事件频频亮相，进行以大型文化品牌事件深入推进城市空间更新的创新尝试。上海在实施动态、可持续的有机城市更新实践与尖端化城市品牌模式创新方面均取得了显著的进展，也积累了一定的经验与教训。同时也对我们认知当下中国城市营销与品牌塑造的转向及新特征，具有重要的借鉴作用。

二　空间更新与品牌构建的双向融合

（一）西岸经验：空间生产中的文化品牌植入

西岸位于上海的徐汇区西南域的滨江区域（图 14－1），北起日晖港，南至关港，东临黄浦江，西至宛平南路—龙华港—龙吴路，紧邻徐家汇、龙华历史文化风貌区，与世博园区、后滩花园隔江相望，面积约达 9.4 平方公里，岸线长约 11.4 公里，是目前上海黄浦江两岸可成片开发面积最大的区域，区域总量约达 900 万平方米。作为 20 世纪的工业仓储和交通运输基地，近现代工业的发源地之一，随着产业升级和城市的发展，这块被誉为“上海中心城区不可多得的大衣料”，肩负着上海城市中心区域转型与文化品牌高地的双重使命。

图 14-1 徐汇滨江原状航拍

资料来源：http：//sh. eastday. com/m/20160827/u1ai9682788. html。

西岸作为“上海 2040”总体规划确定的中央活动区与上海的文化功能核心区，既要以城市更新的方式实现滨江空间与产业转型，使其真正的“还江于民”，实现与市民公共生活的融入与结合；又要在其滨水空间更新与产业升级过程中深挖地区本身的调性，充分打造西岸的“卓越水岸”品牌，使其成为展示上海这座“全球城市”城市风貌与文化气质的重要空间。经过几年的倾心打造与摸索，西岸逐渐成为上海最重要的文化艺术高地，具有较高的品牌影响力，也逐渐在区域的更新实践中摸索出了以文化为先导、以空间更新为核心的构建自身品牌的经验与创新模式。

1. 文化先导战略下的空间生产

西岸在一开始，就将自己区域的定位与上海迈向卓越全球城市的目标紧密结合，自觉担负起新时期上海城市品牌与形象的排头兵，以国际眼光、全球视野来推动区域的城市更新。西岸提出“规划引领、文化先导、生态优先、科创主导”的发展策略，将“文化”作为发展战略与理想强势体现在滨江区域的顶层设计中。同时推出宏大的“西岸计划”，希望通过发掘本土优秀文化价值，汲取国际先进文化理念，创建东西融合、兼容并包的“上海西岸”文化品牌，使上海西岸走向世界，真正比肩伦敦南岸、巴黎左岸等世界级水岸，成为上海国际文化大都市与世界对话的文化大平台和文化新地标。“文化先导”战略可以说是上海西岸在城市更新中的理念创新。即“文化”不再是滞后于物质空间生产的锦上添花，也不是资本地理化争抢之后的随意性激发，而是一开始就与上海西岸的区域整体规划紧密相接。

在区域更新中，西岸充分发挥“一流的规划设计指引一流的开发建设”的引领作用，紧密对接城市战略性规划发展方向和目标定位，坚持对标国际一流滨水地区开发品质，实现实体空间规划中文化项目具有前瞻性的规划布局。西岸在区域整体规划中，始终强调自身文化历史与空间特色的共融，将“百年机场”变身跑道公园，废弃油罐改建实验剧场，水泥厂遗址建设“梦中心”文化主题公园，铁轨保留并成为市民向往的“谷地花溪”，煤炭传送平台改造为滨江高架步道，充分延续西岸上百年工业文化传统，以工业遗存的文化要素，打造独特的西岸气质。同时，西岸致力构建空间与文化场所之间的良性互动，实施“西岸文化走廊”品牌工程战略，以点、线结合的方式，将多种不同的文化设施及项目整体性分布。比如，西岸以开放度最高的滨江大道为轴，打造“美术馆战略”，布局了龙美术馆、余德耀美术馆、西岸艺术中心等一批具有国际影响力的艺术场馆集群。预计到2020年，西岸将聚集约10座美术馆，成为全球美术馆集聚度最高的地区之一。结合美术馆大道，西岸设置了“文化艺术示范区”，将7300多平方米改造的仓储及新建单位作为文化艺术各领域“头把交椅”的工作室，包括丁乙工作室、香格纳画廊、“例外”的设计中心等，沪上最优秀的建筑师、设计师、画家能在此集聚，以艺术文化创意的落地形成具有生长与孵化效应的艺术源泉之地。同时，一批国际标准的高品质文化艺术活动在这片水岸集中举办，初现雏形的“美术馆大道”仅2016年就举办了113场展览、艺术活动，吸引中外参观者107万人次。美术馆大道，在迅速提升西岸文化与艺术影响力的同时，成为吸引艺术家、艺术爱好者、公众进行文化交流的重要空间。

“十三五”末，西岸滨江功能区范围内将建成近20个文化艺术载体，届时将成为亚洲范围内最大的文化载体群落（图14－2）。在群落中点缀布置艺术家工作室实现公共空间艺术化，继续吸引国内外知名的传媒和影视机构、国际一流画廊和艺术品拍卖公司、演艺团体以及顶级艺术大师等优质资源在文化载体群落集聚和合作。西岸将积极拓展大都市特色的公共文化空间，营造区域浓郁文化氛围，拓展滨江文化新空间，用国际化理念与合作方式来传播中国传统文化和海派文化的价值，打造具有国际视野的文化发展战略“西岸计划”。文化品牌与特殊区域空间生产的结合，使品牌具有在地性、不可替代性，具有长期性、生命力，实现由内而外的品牌建构，与公众实现互动性，确保了“西岸”品牌的竞争力。

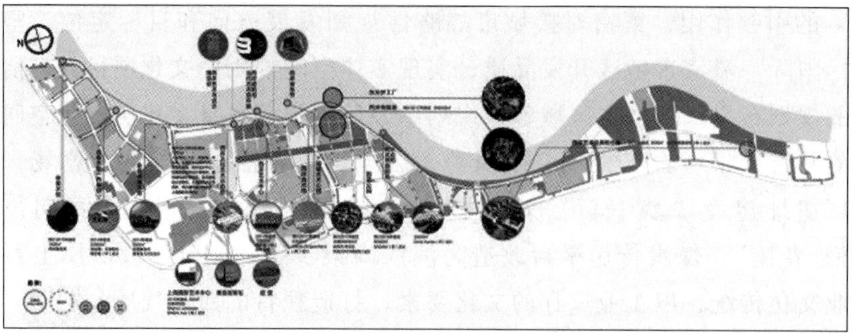

图 14－2　西岸文化走廊分布

资料来源：http：//www. westbund. com。

2. 多元化文化品牌事件植入

依据自身区域定位，植入高品质文化品牌事件，是强化西岸品牌、扩大西岸影响力、吸引公众与全球智库、激活区域公共空间的又一重要途径。公共文化设施和公共文化空间建设同步，西岸以文化品牌活动为引领，按照“艺术规律、国际惯例、市场规则”的原则，先后举办了西岸音乐节、西岸艺博会、西岸双年展、西岸美食节等西岸品牌文化活动。以“音乐、设计”为主题的春夏季文化活动和以“美食、艺术”为主题的秋冬季文化活动相间举行方式，实现全年文化热点不间断。同时结合滨江空间更新南拓，西岸加快布局国际优质演艺和体育项目资源，围绕时尚、艺术、音乐、体育等主题，进一步引进和培育符合西岸整体功能定位的国际知名文化赛事和高品质的文化活动，提升徐汇滨江的文化集聚力、传播力和影响力。其次，西岸采用了业态复合的事件引入策略，依托西岸传媒港剧院剧场群、美术馆大道艺术场馆群，集聚环球文化、艺术、娱乐、休闲、创意等元素，布局运动时尚、品质餐饮、文化体验、亲子互动等多元复合业态突出城市空间的共享性与参与性，倡导健康、有品质、有品位的工作与生活方式。

值得探讨的是，这种以精品文化事件塑造品牌与传播力的传统方式，在有效吸引公众注意的同时，也同样容易陷入热闹而无序的尴尬之中。流行、高雅、艺术、美食等多种不同特质与受众活动的并置，在品牌塑造上未必十分契合西岸高端文化艺术聚集地的定位，在一定程度上造成了品牌识别度的降低。对于文化品牌事件的遴选与相关资源的挖掘，依然是漫长的西岸开发与品牌建设中的重要问题。

3. 长效性国际交流机制的引入

与一般的文化品牌活动引入不同的是，西岸希望以文化活动的方式，实现西岸智库的延伸与高端平台搭建，深入、长效地探索西岸品牌营造的方式与路径，为其发展与转型提供动力支持。比如，西岸希望每两年举办一次“全球水岸对话”论坛，与国际知名水岸地区之间建立对话平台。其中，“2016 全球水岸对话”首次邀请来自纽约滨水区、伦敦南岸、旧金山湾区、波士顿港区等水岸地区的各领域专家学者，共同探讨关于水岸利用、文化建设、产业发展、城市更新等方面的经验，并建立常态化的项目合作机制。西岸美术馆还以与法国蓬皮杜艺术中心建立长期合作机制，强化西岸地区作为上海知名文化品牌在国际舞台和国际交流中的中国影响力，打造具有国际视野的文化发展战略“西岸计划”。这种依托区域开发热度和地区活力，建立常态化国际文化交流机制，打造国际文化合作战略的长效机制，满足了西岸品牌建设的长期性、动态性、深入性的需求，也是西岸融入全球城市文化网络，示范引领文化融合发展的重要创新举措。

4. 文化与产业的复合辐射

上海西岸打造自身全球一级水岸、上海文化艺术高地的品牌，除了创新开放的顶层设计、高瞻远瞩的总体规划、品牌文化项目的引入、长效交流机制的设立等，最重要的是在品牌营造的过程中，注重在文化整体定位下的相应产业支撑，使得西岸的文化艺术品牌能真正落地、生长，实现以“文化”“创意”为核心的区域经济产业的转型。西岸在区域腹地打造具有国际影响力的“西岸传媒港”文化新地标：以东方梦工厂和上海梦中心为引领，西岸传媒港、西岸艺术品自由港、西岸美术馆、水边的阿芙狄娜剧场、油罐艺术公园等重大文化设施建设逐步展开，成为西岸传媒港和西岸自由港两大重点文化传媒产业项目的落脚点。其中，西岸传媒港的“梦中心”为旗舰项目，拥有 6 座核心剧院、近 1 万个座位，将于 2018 年建成运营。西岸自由港与新加坡自由港合作，打造国内首个纳入自由港全球服务体系的艺术品保税综合服务平台，初步形成了集艺术创作、展示交易、仓储物流、专业服务等功能于一身的艺术品产业链。随着腾讯、湘芒果、万达信息等行业领袖相继入驻“西岸传媒港”，“国际性创新型金融集聚区”、国家级“文化金融合作试验区”落户徐汇。此外，西岸结合徐汇滨江的空间载体优势（新建建筑面积将达650万平方米），与漕河泾国家级高新技术开发区、枫林生命科学园区等联动，聚焦艺术、设计、时尚、信息、娱乐、传媒等重点领域，构建文化创意、科技创新、创新金融三者互为支撑、全新的复合型产业架构。

西岸坚持强化科技创新对西岸的支撑作用，将“西岸创造”作为徐汇滨江产业发展的核心概念。以主导产业的市场需求和产业发展方向为依据，围绕产业链部署创新链向高端价值链升级推动滨江地区城市更新。一方面，文化创意为科技创新带来新的动力和想象，科技创新为文化创意提供新的实现手段；另一方面，创新金融为文化创意、科技创新提供资金支持，文化创意、科技创新成果又为创新金融提供投资渠道。2017 年 8 月，全球（上海）人工智能创新峰会在西岸召开，“上海人工智能发展集聚区”在徐汇率先正式启动，将西岸打造成为具有全球影响力的人工智能产业集聚区，力争成为上海打造国家人工智能高地的先行区和新地标。西岸在向打造具有全球影响力的人工智能产业集聚区的道路上迈出崭新一步，统筹布局“文化、科技、金融”的跨界联动式产业框架已初步形成。

整体来看，西岸的先试先行，在一定程度上体现了城市更新新语境下，上海对于黄浦江两岸这一重要的城市标志性区域品牌打造的崭新实践经验。“十三五”时期，创新发展成为新的时代主题，为西岸发展带来重要战略机遇。至 2020 年，西岸将初步实现从黄浦江两岸难得的大规模可开发空间转变成“全球城市卓越水岸特色明显的中央活动区和文化核心区”，如何充分通过全力塑造“上海西岸”品牌，有效激发地区活力，挖掘文化对徐汇滨江地区发展的触媒带动作用，实现物质空间、产业布局、品牌文化项目、文化生态等多层次的多维搭接，使其真正成为交通便捷配套完善、高端产业持续集聚、文化影响力显著增强、城市环境优越宜人、综合管理科学高效的国际滨水魅力区，任重道远。

（二）上海城市空间艺术季：以文化品牌事件推动城市空间生产

如果说黄浦江两岸的品牌打造模式，是以物质空间生产为核心、文化艺术为引擎的互动更新方式，上海城市空间艺术季，则是以大规模文化品牌事件推动城市物质空间更新与转型、城市品牌建设的又一创新实践。

今天的上海面临着城市转型发展的重要历史机遇，在土地资源紧约束、人口增长高预期的背景下，如何实现从狭义的“城市建设管理”向广义的“公共艺术管理”的发展转型，通过提升城市空间品质，增强上海在全球城市竞争中的软实力，是摆在上海城市规划建设管理面前的一个重要课题。“在此背景下，为进一步落实新型城镇化建设目标和习总书记提出的提升国家文化软实力要求，上海市规划与国土资源管理局结合上海新一轮城市总体规划编制和城市更新需要，在充分听取各方面专家意见的基础上，联合上海市文化广播影视管理局共同提出举办‘上海城市空间艺术季’的设想，旨在通过打造具有‘国际性、公众性、实践性’的城市空间艺术品牌活动，将艺术实践展示活动与城市建设密切结合”①，以“文化兴市、艺术建城”的方式，充分发挥公共艺术综合性、整体性、公众性、实践性的特征，挖掘文化、艺术对于城市空间更新的实践与推动作用，“提高城市品质、打造城市品牌，提升城市品位、塑造城市品行”②（图 14－3）。

图 14－3　2015 年上海城市空间艺术季

资料来源：http：//www. diyitui. com/content－1452221872. 37317392. html。

上海城市艺术季的展览主题，一贯聚焦当下上海城市最关心的城市发展命题；其地址也往往选在城市亟须探讨重点更新区域。2015 年 9 月，首届上海城市空间艺术季（Shanghai Urban Space Art Season，SUSAS）在

① 王林、侯斌超：《“文化兴市、艺术建城”——上海城市空间艺术季前瞻》，《上海城市规划》2014 年第 6 期。

② 同上。

西岸艺术中心盛大开幕（图 14 - 4）。笔者有幸作为策展团队成员参与其中。展览从上海西岸这一上海城市更新的重镇出发，直接以“城市更新”为主题，对接当下上海城市发展新阶段，探讨物质与社会、空间与传媒、传承与更新、经验与愿景、都市与乡村、艺术与公众、全球与上海的界限、关涉与融合等上海面临的相关问题。展览由主题活动、实践案例展示和市民文化活动三大板块组成，通过国内外诸多优秀的更新案例展览，探讨城市更新的学术主题，普及城市更新公众参与的理念；邀请国内外著名艺术家、建筑师、策展人，针对“城市更新”的主题内容，主展览从“主题演绎：文献与议题”“回溯：历史的承袭与演进”“前瞻：新兴城市范式”“映射：城市/乡村两生记”以及“互动：艺术介入公共空间”五个角度阐释了“城市更新”的主题。展示了当下与未来、都市与乡村、艺术与公众、全球与上海等各方面的关涉与融合。

图 14 - 4　2015 年上海城市空间艺术季主展场

资料来源：http：//www. diyitui. com/content - 1452221872. 37317392. html。

2017 年，第二届上海城市空间艺术季主展览于上海东岸开幕，以“连接 this CONNECTION：共享未来的公共空间”为主题（图 14 - 5），聚焦黄浦江两岸贯通，城市空间品质提升，讨论在当代城市进程中公共空间的未来，如何将各种原因形成的断裂转化为连续开放、可达舒适的人性化、高品质的公共空间。同时，上海城市艺术季的展场选择浦江东岸城市更新的重要节点——展场位于浦东新区民生码头 8 万吨筒仓及周边室内外空间。借助艺术季契机，探讨民生码头地区的复兴策略，进而推动民生码头的整体转型及功能升级，提升民生码头及滨江公共空间环境品质，激活该区域的活力，打造“文化＋生活”集聚区，形成新的文化热点。城市艺术季充分认识到品牌文化事件对于激活国际智源、激活空间活力、形成文化热点的重要作用，首次大规模聚集艺术家、建筑师、策展人等并与市民活动结合，打造城市尺度国际交流互动平台，使得艺术事件充分在城市空间中集结发酵，成为深入探讨城市发展问题的软性触角。

图 14－5　2017 年上海城市空间艺术季

资料来源：http：//www. susas. com. cn/。

上海城市艺术季的设置模式并非单一的展览，而是集集中式主体展览、分散式的案例实践展、市民活动、SUSAS 学院等多线索、多维度艺术实践于一身，充分发挥文化事件对于空间的激活作用。一方面，艺术家、建筑师直接进入与百姓生活密切相关的公共空间，以艺术改造城市公共空间，展示城市空间公共艺术改造方案及实施效果，同时为上海公共空间量身设计既符合大众审美需求，又具引领性的公共空间艺术及景观环境；另一方面，文化艺术事件的开展，充分激发多元社会主体的创意，参与创造城市空间、营造文化氛围，引领全社会共同塑造、共同美化城市空间。

同时，实践案例展的设置，使得城市艺术季对于上海城市更新的探讨深入各个重要的具体区域空间，真正实现文化艺术事件与空间更新的深度结合。2015 年的首届城市空间艺术季，实践案例展分布到上海各个区县，开启了浦东新场古镇、虹口区音乐谷、愚园路历史文化风貌区、朱家角、尚都里、浦东老白渡码头、闸北区苏河湾、普陀区曹杨新村等多个上海重要的城市更新区域的艺术实践与探讨；2017 年上海城市空间艺术季，除了主展览外，还有 10 个实践案例展、6 个联合展以及其他与主题相关的市民文化活动将在这三个月期间陆续举行。展览以浦东新区为核心，向外辐射徐汇、黄浦、虹口、静安、长宁、杨浦、金山 7 个区的社区、历史风貌区、滨水地区等城市公共空间改造项目，向内与东岸空间贯通工程、陆家嘴金融中心建设等浦东重大城市更新项目结合，深入浦东塘桥、花木、洋泾、潍坊和陆家嘴 5 个社区，实施空间与文化品牌的全面融合。此外，城市艺术季也与其他文化品牌事件广泛搭接，形成联动效应。2015 年，上海市民文化节和上海城市空间艺术季首度携手，共同推出了“100 个上海最美城市空间”和“100 个上海城市空间塑造案例”征集评选活动，以此来推动市民对城市空间中文化艺术元素的关注和思考，探讨处于城市更新语境下的上海，其城市空间转型过程中，艺术所能扮演的角色以及文化走向何方的深层问题。艺术季这一城市文化品牌事件，再次为城市标志性区域更新“雪中送炭”。

上海城市空间艺术季，作为上海市规划和国土资源管理局、上海市文化广播影视管理局联合推动的大型文化艺术品牌事件，其指向是意在以文化艺术为媒介，实现与城市标志性物质空间、市民公共生活的互动，以艺术的细腻与广泛接受度，集合各方力量，探讨城市空间的转型与发展问题。两届艺术季均选择在上海最重要的标志性更新区域，展览主题直面上海城市及所在区域发展的重要课题，并在主展场之外实现全市范围的空间更新联动；同时，这样大型的城市文化品牌事件，又以自身强大的品牌塑造力，为区域寻求自身发展吸引了高端智库与多方资源，推动了区域公共环境的更新实践。在这样的模式下，文化品牌事件与城市空间转型真实地发生关联，成为其所在城市物质空间改造的问路石，实现了实体物质空间与文化品牌事件的融合与共赢。

三　机制创新：黄浦江两岸品牌建设的支撑

上海以黄浦江两岸这样城市典型性标志空间为试点，对于自身城市品牌模式与通路中的创新与取得的成效，其很重要的支撑就是在管理与更新机制中的积极探索。

（一）顶层策略中的文化转向与统筹推进

黄浦江两岸这一上海城市品牌建设与营销的重点打造区域与城市形象和功能建设的“第一号”工程，其品牌建设始终得益于政府所扮演的重要的顶层设计者角色。如何准确定义黄浦江两岸开发的方向与整体品牌策略，需要以政府为主体，随着城市发展阶段的不同，进行动态调整。从其以陆家嘴和老外滩的6公里长的地段为中心的早期，到2002年黄浦江两岸综合开发重大战略决策实施阶段、世博会阶段的中期，其空间开发更偏重物质空间改善与生产，以努力构筑国际化大都市新标志景观与品牌地标的方式巩固自身品牌形象。“十二五”特别是城市更新语境下的“十三五”期间，为配合上海2040年建成卓越的全球城市，国际经济、金融、贸易、航运、科技创新中心和文化大都市的宏伟目标，黄浦江两岸成为上海市功能提升的核心支撑空间、上海“城市更新”模式的“新试点”“新示范”，被赋予更高的战略地位（图14－6）。在其综合的示范功能赋予下，黄浦江两岸的更新与发展，需以贯穿始终的“百年大计、世界精品”品牌开发意识为引领，站在更大范围、更高层次布局和提升城市功能，更多体现创新、生态和人文特色。特别是随着黄浦江两岸公共贯通工程的日近结束，其空间公共文化性质逐渐明晰，更新中的文化品牌导向得到空前强化，这种顶层定位直接影响着黄浦江两岸空间更新与品牌构建，“成为一个囊括综合战略、体制机制创新、空间发展格局、产业结构升级、基础设施建设、环境景观品质、文化品牌建设等内容的系统工程”①。

同时，黄浦江两岸的综合开发、更新与品牌建设过程，横向涉及市发展改革委、市经济信息化委、市建设交通委、市国资委、市规划土地资源

① 《黄浦江两岸地区发展“十三五”规划》（http://www.shanghai.gov.cn/nw2/nw2314/nw39309/nw39385/nw40603/u26aw50731.html）。

局、市住房保障房屋管理局、市财政局、市交通港口局、市环保局、市水务局、上海海事局等市政府职能部门，纵向下属 8 个彼此独立的行政区域。要想在整体上把握黄浦江两岸的空间开发、更新，保证区域品牌的高品质，必须推行整体性治理的协同模式（Holistic Governance）。为准确把握黄浦江两岸整体开发方向、充分挖掘黄浦江两岸自身品牌特征，上海打破行政区域划分，尝试充分发挥行政顶层协调、决策、指导等作用，实施“市区联手、以区为主”的统筹推进模式，依托领导小组和联席会议制度的统筹协调体制，依托资本项目合作的市场运作机制，建立起市与区之间良好的合作关系，希望既能在浦江两岸的空间生产与品牌建设中形成合力，共同推进，又能发挥自身的积极性与特性。上海市政府在黄浦江两岸综合开发伊始就确定的这种跨部门合作、多部门整合、第三方协调的组织架构，使黄浦江两岸开发这项综合性强、涉及面广、协调难度大的工作具有整合与协调上的便利。领导小组、市浦江办和开发公司相互支撑、配合，让政府各相关职能部门的碎片化现状在一个由市政府推动的民生项目中实现了无缝衔接。

整体来看，西岸的先行先试，在一定程度上体现了城市更新新语境下，上海对于黄浦江两岸这一重要的城市标志性区域品牌打造的崭新实践及经验。事实上，浦江两岸的其余滨江区域，也在积极发掘自身的特色，树立自身区域品牌影响力。浦江东岸的规划中，沿线就以“城市生活与滨江空间交织互动”为核心理念，深入发掘自身特色，以陆家嘴金融城及其拓展空间建设、老白渡地区煤仓及船坞、上海船厂、民生码头等一系列城市更新改造及工业遗存保护性开发等核心空间生产项目为依托，将典型特色空间生产与社区文化艺术活动紧密结合，推出设计以城市空间艺术季、缤纷社区、雕塑文化展、云桥灯塔的串联等品牌文化艺术活动，把艺术人文的活动与滨江空间的功能紧密相连，把户外活动从腹地引向滨江，推广复合化的功能布局；宝山滨江则以打造世界一流国际邮轮母港为契机，以培育邮轮产业链为重心，形成现代服务业新格局。但同时，由于滨江地区开发建设以各区政府为主，而各区又存在不同的管理开发主体，使得黄浦江两岸地区开发在实践中多少仍存在“破碎化”和“各自为政”的现象，导致区域间黄浦江段落的同质化功能定位。两岸地区整体以商务办公为主，虹口北外滩、宝山邮轮港均着力于邮轮经济，虹口、浦东的滨江功能定位中都强调要发展航运服务，而徐汇滨江、世博园区、杨浦滨江的主要功能都定位在文化创意。如何细化统筹与管理机制，形成黄浦江整体优势，规避市场运作的风险及不确定性，实现两岸地区发展的活力和持续性，仍需不断探索。

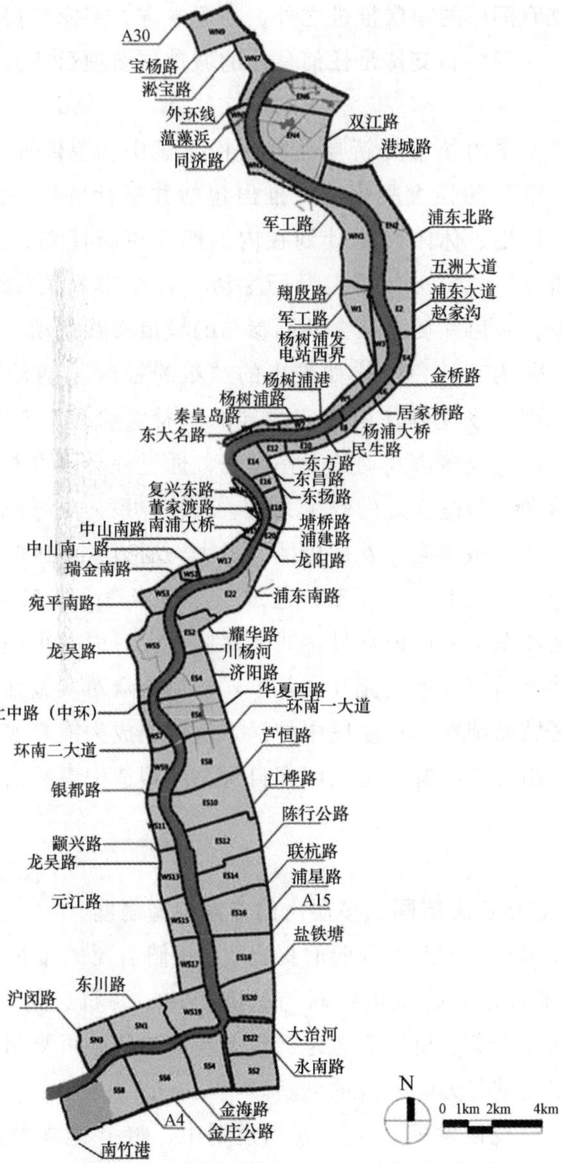

图 14－6　黄浦江两岸“十三五”规划范围

（二）多方参与，共建共享

“城市更新”，意味着要在存量建筑和存量公共空间上做文章，涉及既有使用功能重新调整和定位、现有居民环境的改变，甚至触碰大量的既有利益。除政府部门的顶层推进之外，与资本方、专家、民众进行有效沟通，获取多方的理解和支持是任何具体的城市更新项目所共同面临的操作难题。

在黄浦江两岸的城市更新与品牌建构尝试中，上海充分发挥“多方参与，共建共享”的强大凝聚力，推出包括共享社区计划、创新园区计划、魅力风貌计划、休闲网络计划在内的四大更新计划，主要针对“社区服务、创新经济、历史传承、慢行生活”四个市民关注焦点和城市功能的主要短板，开启一场全社会共同参与的城市实践行动。浦江东岸滨江在此方面做得尤为有特色。比如推出的“缤纷社区”活动，就是希望在实践中，深入创新改变以往由政府主导的“社会管理”模式，更加强调多元的分散主体达成多边互动的合作网络，通过社会多方参与、各司其职的合作共同治理，塑造良好的政企关系、政社关系，更好地提升城市公共管理能级。此外，东岸充分发挥传播的强大沟通力，将区域空间更新与市民体验相结合，在线上线下互动，通过东岸漫步 App、东岸 21 公里大声说微信群和浦江东岸微信公众号等线上媒体平台，以及市民沙龙、设计成果展览、媒体报道等线下交流互动等形式，请公众对实施计划提出意见和建议。实现区域品牌在本地居民中的深入认可，成为能真实感受到的、与日常生活紧密结合的内容，是上海在自身品牌塑造中奏响内涵式发展的重要体现。

（三）常态化、大范围、多层次的专家咨询制度

徐汇区政府在总结西岸经验时提出：“我们需要的不是大开发，而是大开放。”黄浦江两岸的城市更新与品牌建构，要将经济、文化、空间、品牌建设放在一个盘子里综合考虑，没有现成的经验可复制，只能靠群策群力，在制度上进行大胆细致的创新。

黄浦江两岸地区发展“十三五”规划中，将“建立黄浦江两岸开发专家咨询委员会，做好重大规划、项目的决策咨询及技术保障，着力提

升品质”作为重要内容进行强调。[①] 由于黄浦江两岸城市更新的难度较大，牵涉面广，从项目伊始就实行常态性的专家咨询模式。近年来浦江两岸城市更新实践中，对于专家的接纳范围从前些年的以建筑、城市规划、公共艺术专家为主，逐步扩大到现在的包括历史学、社会学、传播学、戏剧、文学、经济等多领域专家在内的范畴，对于国际顶端智库资源的引入与对话机制，也成为重要的咨询方式。不断宽阔的专家视域与常态的咨询机制，使得黄浦江两岸空间更新与品牌影响力建设更具整体性、联动性。

建筑竞赛、公共艺术竞赛等大型国际竞赛征集活动，近几年成为黄浦江两岸更新实践中常态公众咨询的一部分。大型国际竞赛活动既有利于搭建国际平台，吸引相应高端智库、专家与专业人士的关注；又可以竞赛的方式群策群力，真正深入探讨黄浦江两岸更新的具体问题；同时，其多阶段的连贯性传播、多事件的关联能力，成为区域品牌宣传与自我强化的重要途径，一举多得。同时，上海敏锐地觉察到年青一代创新思想对于城市发展的重要性。在竞赛参与及评审等环节中，打破权威壁垒，充分调动年青一代的力量，尊重其话语权，获得更多创新的活力，亦可形成良好的品牌智力储备。

目前，为实现黄浦江两岸更好地“还江于民”，更大范围的黄浦江两岸公共空间贯通工程正在如火如荼地进行，预计到2017年年底全部竣工。上海清楚地认识到黄浦江影响力的提升、品牌的建设，是个长期、实际、综合、动态的过程，其具体模式也是在不断的实践中不断摸索的。黄浦江城市更新背景下以空间生产为引擎、文化为触媒的综合性营造，已经成为其品牌构建的常态，深入各个环节。

四　结论与启示

一个城市与区域的品牌与影响力构建，是一个长期、动态的漫长过程，城市更新的崭新语境，给予以上海探索城市品牌建构新模式的契机。在“全口径、全市城、全社会”的有机更新阶段，随着上海更加关注空

① 《黄浦江两岸地区发展“十三五”规划》（http：//www. shanghai. gov. cn/nw2/nw2314/nw39309/nw39385/nw40603/u26aw50731. html）。

间重构和功能复合、更加关注历史传承和特色塑造、更加关注生活方式和空间品质、更加强调“低影响”和“微治理”、更加关注城市安全和空间活力、更加关注公众参与和社会共治的空间治理策略的有机更新策略导向。相应地，对于城市品牌的构建，亦逐步实现从“时间驱动型”向“事件驱动型”转变，从“结果型”规划向“过程型”控制转变，实现城市品牌的内向性、生长性。

诚然，在目前的城市品牌构建模式中，仍然存在很多的问题。比如艺术的空间植入，往往不小心会演化为大规模的城市美化运动；在加大公众参与度的同时，如何真正采集并体现公众意见，并将此反馈到区域更新实践中，还要进行不停的模式探索；区域空间生产与其引入的文化品牌、产业之间的一致性与有效性，更是有待于长时间的效果检验。无论是黄浦江两岸物质空间生产推进中以文化为先导的更新实践，还是上海城市公共艺术季这样以文化品牌事件推动空间更新实践的尝试，都说明上海对于自身城市品牌与影响力的建构，正在逐步摆脱多条线孤立行进的路径，注重以长远的战略眼光和统一布局实现多维度、资源之间的互动与联合，进入内外兼修的深度整合阶段。

参考文献：

[1] 杨英：《卓越的全球城市：2013 年以来上海城市品牌建设述评》，《上海城市管理》2017 年第 3 期。

[2]《上海市文化创意产业发展三年行动计划 2016—2018 年》（http：//swxcb. hefei. gov. cn/23771/201606/t20160607_ 2002484. html）。

[3] 国家发展和改革委员会发展规划司：《国家新型城镇化规划（2014—2020）》（http：//www. ndrc. gov. cn/fzgggz/fzgh/ghwb/gjjh/201404/t20140411_ 606659. html）。

[4]《上海市城市总体规划（2015—2040）纲要》（http：//2040. shgtj. net/web/）。

[5]《黄浦江两岸地区发展“十三五”规划》（http：//www. shanghai. gov. cn/nw2/nw2314/nw39309/nw39385/nw40603/u26aw50731. html）。

[6] 杨雄：《2017 年上海市人民政府工作报告》（http：//www. planning. org. cn/law/uploads/2017/01/4971_ 1485055880. pdf）。

[7] 上海财经大学课题组：《未来 30 年上海全球城市资源配置能力研究：

趋势与制约》，《科技发展》2016 年第 8 期。

[8] 王林、侯斌超：《“文化兴市、艺术建城”——上海城市空间艺术季前瞻》，《上海城市规划》2014 年第 6 期。

[9] Global Power City Index 2016，http：//www. mori-m-foundation. or. jp/english/ius2/gpci2/index. shtml.

第十五章　新媒体时代的城市形象危机管理创新

隋　欣

【本章导读】城市作为一个复杂巨系统，随时面临各类突发危机，再加上移动互联时代新媒体的快速扩散效应，应对城市形象危机、避免城市形象受损成为城市营销的当务之急。本章从理论层面剥丝抽茧，深入浅出地回答了这一难题。

一　新媒体时代危机扩散的特征

新媒体时代是所有人面向所有人传播的时代，数字化全面融入媒体产业，信息传播的即时性、公开性、共享性、互动性得以彰显，公众在传播中的自主性增强，新媒体时期的危机扩散也呈现出新特点与复杂性。

（一）危机扩散速度快、范围广、强度大

新媒体打破了危机传播时间、空间的界限，将时效性的概念提升至“即时”，改变了传统媒体时代舆情演变规律，大大缩短了舆情出现到爆发之间的时间，如果不能及时处理，很容易引发为受广泛关注的舆论热点，网络舆情演变速度同时加剧，使危机管理的难度增大。微博中很多舆论领袖、官方微博拥有千万、百万级的粉丝，一经传播覆盖极大范围的微博用户，热点新闻常常是一朝之内尽人皆知。

（二）个体在危机传播中高度介入，舆论场权力格局改变

传统媒体时代的危机传播过程中，政府作为信息资源的主要掌握者，

在危机传播过程中具有较强的控制力，在相当长的时间里习惯于“报喜不报忧”。传统媒体是危机传播的主要渠道和信息传播的把关人，同时受到政府政治要求与受众信息需求之间的矛盾挤压。新媒体时代，公众在危机传播中的主体性与参与度大大增强：从被动接收信息变为主动传递、分享信息；从舆论关注对象到主动塑造舆论；从谣言的生产者到谣言的粉碎者（姚广宜，2017）。因此，新媒体时代危机传播中话语权力关系发生了改变，原先处于信息传播弱势地位的普通民众获得了相当程度的话语权，个体意见的充分表达往往引发民意的沸腾，形成官方和民间“两个舆论场”（南振中，1998；张征、陈海峰，2014）。由于网络主的隐匿性和复杂性，网络舆论场具有很强的非理性特征，表现为情绪化、攻击性、娱乐化等，在危机扩散过程中容易引发谣言与噪音。

（三）危机扩散模式复杂，增加了危机管理的难度

有学者概括了大众化传媒出现前、传媒大众化时期、新媒体时期的公共危机舆论模式：大众化传媒出现以前、传统的公共危机舆论模式：社会问题—精英议论—民众参与—促使问题解决；传媒大众化之后的公共危机舆论形成模式：社会问题—大众媒介报道—民众参与—促使问题解决；新媒体时期的舆论形成模式：社会问题—网络发现—网民参与—传统媒体报道—更多网民和公众参与—促进问题解决（陈秀云，2013）。新媒体环境下，以微博、微信、博客和论坛为代表的新媒体往往成为突发事件的首发媒体，之后众多因素卷入，使事态扩大、矛盾升级或出现新情况。新的传播环境带来危机扩散模式的变化，传播过程中的不可控因素、不确定性大大增加，给政府、企业和组织的危机管理带来难度与挑战。

二　城市形象危机管理的相关概念

城市形象是指城市内外部公众通过直接或间接的途径，在大脑中形成的对城市各要素的综合感知与评价。科特勒等人（1993）将地区形象的类型概括为五种：正面的、吸引人的；负面的；矛盾的，在某些人群中讨喜，在另一人群中负面；混合的，形象中包含正面的和负面的元素；薄弱的，处于边缘位置而不为人熟悉。形象是一个地区的重要资产，但好的形象立之不易，形象也非常容易受到危机损害。

城市形象危机指的是那些可能导致城市的美誉度降低或社会负面影响的危机，也可以说是影响城市形象的风险和问题的汇总（唐钧、蒋宇芝，2013）。从城市形象危机形成原因的不同，可以将其分为两类。

第一类是由突发性事件引发的城市形象危机。根据2007年《中华人民共和国突发事件应对法》，突发事件主要包括以下几类：自然灾害，如气象、地质、海洋灾害等；事故灾难，如各类安全事故、交通事故、核辐射事故、环境污染与生态破坏事故等；公共卫生事件，如有毒奶粉、SARS等；社会安全事件，如暴恐袭击、民族冲突、大型群体性事件等。由一件或者一系列突发事件引发的非常规的危险状态就是危机（姚广宜，2017）。大规模突发事件的发生以及处置不当都可能诱发城市形象危机。例如，新疆暴恐袭击引发民众对地区安全性的担忧，香港SARS的暴发引发公众对地区安全以及政府公共卫生处理能力的质疑，从而引发地方形象的负面影响。除了突发事件，社会热点问题的负面报道也可能引发形象危机，如涉权事件、涉富问题、民生问题，涉及公平正义、官员素质、民族宗教、伦理道德等方面问题的曝光，也可能演化成危机事件。

危机事件的特殊性本身就容易引发地区形象危机，由于新媒体时代舆论环境的多元与开放，危机传播的失当成为加剧形象危机的又一关键因素。2014年3月8日，马来西亚航空MH370航班失联。马来西亚官方在危机处理的过程中，缺乏危机管理协调机制与应对公共舆论的经验，各个部门沟通不畅，各种矛盾信息见诸报端，发言人答问轻描淡写。在国际媒体的放大下，马来西亚官方的危机公关能力饱受质疑（钟之静，2015）。不少国际媒体从对于灾难本身的报道，转移到关注马来西亚政治局势，马来西亚的国家形象受到巨大的负面影响。

第二类是由长期积累下来的城市问题导致的城市形象危机。经济状况、城市管理、公共安全、社会秩序、生态环境、公共服务、官员与居民素质等长期积弊都可能引发城市负面形象的建立。例如，20世纪八九十年代的迈阿密，因毒品泛滥、犯罪频发引来国际媒体大量负面报道，负面形象使迈阿密旅游业受损，被外界看作“罪恶之城”。美国大西洋城正在经历由于赌场陷入困境、经济状况下滑带来的形象危机。从20世纪90年代开始，美国越来越多的州开放了赌博业，大西洋城开始受到来自更多地方的竞争压力。另一个赌博胜地拉斯维加斯选择转型，从纸醉金迷的赌城转变为一个适合全家旅游度假的目的地。2012年，非营利营销组织大西洋城联盟为大西洋城设计了一条新的城市口号："行动起来，大西洋城。"但口号并没有逆转经济颓势，在2013年至2015年，全城的12座赌场关停了4座，失业人数持续增加。[①] 2016年1月19日，大西洋城市长在一份声明中表示，城市破产的考虑提上日程。有媒体在报道中，将大西洋城的境遇比喻为从"赌城"到"鬼城"。要想改变长期问题导致的形象危机，首先要解决城市发展中遇到的具体问题，迈阿密通过切实降低犯罪率克服危机，大西洋城则首先要解决产业转型的问题，才能真正"行动起来"，重塑形象。

城市形象危机可能导致几个方面的不良后果：第一，降低内部居民对城市的评价与认同感，降低居民对城市服务管理的满意度；第二，引发城市内外部关注，甚至造成国际影响，增加城市的"恶名度"，造成城市美誉度下滑；第三，影响城市对外交流、资金人才引进，间接危害到城市的良性运转（唐钧、蒋宇芝，2013）。

为了避免城市形象危机带来的负面影响，有必要建立城市形象危机管理的理念与机制。笔者认为，城市形象危机管理是应对城市形象危机的有关机制，城市为避免或减轻危机所带来的形象损害和威胁，应有组织、有计划地学习、制定和实施一系列管理措施和应对策略。

三　我国城市形象危机管理现状

（一）缺乏新媒体环境下城市形象危机管理意识

近年来，我国逐渐重视危机管理与危机传播，但总体来看，我国政府仍然缺乏强烈的危机防范意识（曾令羲，2015），没有深刻认识到媒介环境的巨大变化背景下，一个小事件的处置不当就可能引发大范围的形象危机。尽管地方政府逐步建立起突发事件处理预案，但适用范围较小、应急能力较低，不能完全有效及时地处理突发的社会灾难。当突发事件发生时，作为城市形象管理主体的政府职能部门，难以改变传统单向性的传播思维和话语方式，加之"下意识"地"遮""瞒""拖"，对新媒体特性认识不足，不能客观评估舆情发展趋势，造成与新媒体平台信息病毒式复制和爆裂性传播之间的冲突，极易引发更大的负面影响。同时，我国组织

① 颜颖颛：《幸运之城赌输未来》，《新京报》2016年1月31日。

机构自下而上的层层汇报和自上而下的逐级核实等制度，加剧了危机管理的时间延误，不仅容易错失危机处置的黄金时机，还容易被公众质疑管理能力，进一步影响城市形象。

领导者是危机管理中的重要因素。James 等学者在研究中强调，危机处理者的重要作用不仅体现在危机处理中的管理战略方面，还在于危机预防和危机善后阶段领导组织的责任，尤其是危机认知与危机领导之间的关系。领导者如果将危机视作威胁，在应对中更情绪化，行动更加局限；领导者若将危机看作机会，在处理中则会更加开放与灵活。对城市形象的管理亦是如此，城市领导者是改善地方形象的关键因素，只有具有清晰愿景和危机意识，同时具备专业领域相关储备的领导者才能够统筹资源，建立相关机制，引领地区实现改变。

（二）缺乏城市形象危机管理机制

从城市形象建设以及口碑塑造上来看，一个良好城市形象的建立与维护，仅依靠政府的力量是不够的，城市形象管理主体具有多元化、复杂性的特征，需要多个政府部门、企业、社会组织团体、媒体等部门的通力协作，以及广大普通市民的积极参与。企业危机管理理论中的高可靠性组织理论认为，组织可以通过文化、计划和结构上的改变来决定自身方向，以防止危机带来的系统崩溃。高可靠性组织具有处理不可预见事件的能力，更有能力预防危机（Weick 等，1999）。近年来，一些国家、城市和旅游目的地建立起旅游目的地营销机构，整合协调信息、项目、活动和其他推广事宜，如曼彻斯特成立了“目的地营销小组”，大阪市成立了“大阪品牌委员会”，公私营部门合作改善地方形象并取得成功的例子不胜枚举（埃里・阿夫拉汉姆、伊兰・科特，2013）。中国的城市形象传播始终在多主体各自为政、分散运行的状态下发展。中国城市管理机制存在明显的部门利益边界，旅游、招商、外贸、文化等部门从各自的理解和愿望出发，运用各自的资源来塑造城市形象，缺乏领导和协同的平台。组织分散、协同缺失带来的最大问题，就是城市形象传播的资源零散、信息分散、投入低效、可靠性弱，尤其在城市形象面临危机时，难以进行立体有效的管理。城市形象的管理与维护需要有专门的、整合性的组织和领导建构，这一组织应拥有常规组织建构、特定职能和专门预算，是专业化城市品牌形象传播的发起者、规划者、领导者和协调者，具备完整的危机管理体系和战略措施。

（三）缺乏城市形象危机管理策略

政府对危机管理已经愈来愈重视，学界针对危机管理的研究越来越充分，但对城市危机可能带来的形象损害、城市的声誉管理还缺乏一整套立体的、行之有效的理论指导和操作方案。新媒体时代的信息传播机制的改变，更为城市管理者带来新的挑战。从现实来看，危机发生后“官方发布”的速度往往落后于公共媒体平台、自媒体乃至谣言。新媒体带来的信息扩张，让原本就不充裕的官方信息显得更加稀疏，面对突发事件时，管理者往往乱了阵脚，容易陷入被动局面。中国城市品牌形象传播的人才和经验原本就不足，加之公共部门与商业实践的隔膜，特别是中国公务人员人才流动的制度局限，使得中国的城市形象管理者普遍缺乏专业人才和经验的支持，成为城市品牌形象传播发展的关键问题之一。城市形象传播与品牌管理是一个包括专业理论、战略规划、决策执行的综合体，大多数中国城市对城市形象与城市品牌传播的专业方法还比较陌生，即使引入商业领域品牌的理论和公共关系实战经验，也无法完全解决城市形象传播与危机管理所遇到的难题。

四　改善城市形象：理念、战略与方法

（一）善沟通的城市：从理念出发

“可沟通城市”将沟通/传播视为人类的生存方式和城市的构成基础，各类主体通过信息传递、社会交往和意义生成等多种传播实践活动，实现城市的多元融合、时空平衡、虚实互嵌和内外贯通，即在人性充分实现维度上的多重“可沟通性”（谢静等，2015）。从“可沟通”角度来评价城市，突出了传播在城市中的价值，并从人/物、空间/时间、互动/文本等不同面向来理解传播。城市形象危机的一大诱因是危机管理过程中的沟通不畅、传播不当，“可沟通城市”理念对新媒体时代的城市形象危机管理具有重要借鉴价值。

1. 建立城市公共传播系统

传播系统的建立，不只拥有广播、电视、报纸、互联网等媒介平台就可以，还要掌握其规律，对其善于运用，营造透明公开的社会氛围，使得

不同主体——包括政府、商业组织、社会团体、行业协会、非营利组织、个体等都能够在这一平台得以发声。在突发危机事件发生时，作为一个整体的传播系统才可以迅速响应，管理者能够灵活运用相关资源，实现危机情境下的处置管理。

2. 实现城市内外部沟通与同享

传播系统的建立实现了城市的连接，而沟通与共享，侧重于人们借助各种网络连接进行传输与交往。随着新媒体时代话语权力格局的改变，社会不同主体间需要实现更为真诚平等的对话，并从制度层面保障鼓励政治参与和公共交往。公众参与和对话机制的建立，有助于增强政府风险决策的合法性，此外，通过将更广泛的价值观点带入风险决策中，也使政府风险管理和危机公关策略的有效性和适用性得到提高（Fiorino，D. J.，1990）。可以说，危机传播的过程，就是城市和组织不断与公众沟通的过程。

3. 维护正向城市声誉与形象

积极正面的城市形象能更好地抵御负面事件对城市形象带来的冲击和影响，管理者需要建立新媒体时代城市声誉管理观念，城市形象管理不仅发生在危机发生时，更存在于日常维护中，使城市声誉保持与城市发展相当的正向水平。同时，对可能影响城市形象的各类事件保持敏感，危机传播处理得当，危机事件也可能成为塑造形象与提升形象的转机。

（二）化危为机：以战略制胜

科特勒（1993）提出的战略性形象管理法要求持续不断地研究一个地方在目标群体中的印象，厘清自身的优势，考察影响形象的因素，年复一年地进行改变、处理形象危机，并针对不同的受众传递有关信息。根据不同的城市形象类型与危机情境，城市需要采取不同的危机管理战略，以达到塑造形象、矫正形象或提升形象的目的。

1. 塑造形象

对于原本形象不突出的城市，危机可以成为转机，通过得当的危机传播管理可能达到“塑形”的效果，尽量缩小危机事件对城市形象的损害，同时提高知名度，再设法构建理想形象。2011 年 6 月 16 日，四川凉山自治州会理县政府网站在首页发布的一条题为“会理县高标准建设通乡公路”的新闻中，使用了合成痕迹明显的照片，三位县领导“飘浮”在一条公路的上空，称领导在“检查新建成的通乡公路”。网友在“天涯杂谈”发出名为“太假了！我县的宣传图片”的帖子，引发网友的关注，并点燃了网民们的 PS 热情，该县县长、副县长等三人被 PS 到世界各地，引发一场网络狂欢。会理县的处理秉承了快速、真实、真诚的原则，第二天下午在官方网站挂出致歉信，同时在天涯进行解释，在新浪开通官方微博解释道歉，说明真相：会的确开了，图片确实 PS 了。网友对会理县的指责渐渐平息。同时，ID 为“会理县孙正东”的微博，以 PS 者本人的身份，用幽默的方式化解网友误解，并引导网民将注意力转向会理旅游，孙正东所发的幽默道歉微博，成为当时新浪微博中带有“会理”关键词的转发量和评论量最大的单条微博。会理县政府也借助本事件的关注度进行自我宣传，成功地化解了一场由一张图片引发的对当地政府形象与工作作风质疑的舆论危机，并抓住机会进行地方营销，提高了会理县知名度。

2. 矫正形象

对于长期积弊引发的城市形象危机，首先需要解决自身问题，继而进行形象营销。20 世纪八九十年代，大量暴力犯罪活动影响了佛罗里达州黄金海岸的居住和旅游环境，戴德县（现称迈阿密—戴德县）在 1992 年发生了 12000 起针对游客的犯罪。1993 年，10 名外国游客在短时间内遭到谋杀，使当地声名狼藉，伦敦《星期日泰晤士报》为其取了一个绰号——恐怖之州。佛罗里达州的危机使游客人数和旅游业收入减少，对这个以旅游业为主要收入来源的地区来说是巨大损失。要克服危机，需要当地以及国家决策者全方位的努力，政府及执法部门加大打击犯罪的力度，加强警力保护游客安全。一系列行动取得了效果，佛罗里达州的犯罪率下降，旅游业恢复正常，同时该地的形象也得到了修复（埃里·阿夫拉汉姆、伊兰·科特，2013）。

落后、陈旧、老化等负面的城市形象，需要城市定位与发展战略的改变，才能带来形象的矫正与更新。对于东莞这座改革开放的先行地来说，“血汗工厂”“犯罪者聚集的乐土”等负面形象长期伴随其发展。东莞市在树立正面城市形象方面做出了诸多努力，2010 年被定义为“东莞城市形象整体推介年”，政府宣传部门策划构建城市品牌标识系统，并通过系列营销活动打造城市形象。花费大力气进行的城市品牌形象规划推行几年，在全国范围却反响不大。2014 年 2 月，中央电视台报道了东莞部分酒店经营色情业的情况，加之网络上热闹非凡的讨论，网民以狂欢之势破坏了东莞苦心经营的“活力之都”形象，重新戴上了“性都”的帽子，东莞城市形象危机全面爆发。东莞政府迅速应对危机，强势开展扫黄活动，公开道歉，官员追责；同时积极重塑东莞新形象，进行城市再定位：东莞城市形象的核心价值是“活力东莞”“精彩东莞”。通过媒体报道、举办赛事、网络形象片、主题歌曲创作等方式，希望传播与过去不同的东莞新形象。但矫正形象的过程往往道阻且长，需要付出长期的努力与行动。

3. 提升形象

原本正向形象或混合型形象的城市，需要根据危机事件的具体情况，灵活运用策略，将危机的影响范围缩至最小，同时提升积极正面的形象。归因理论认为，在不可预测时间或负面事件发生后，个人有动力探究事件发生的原因，对事件责任的归因会唤起不同程度的负面情感与反应。（Weiner，1986）。基于这一理论，Coombs（2006）的情境危机传播理论（SCCT）通过对危机进行责任归因，明确组织在危机中处于怎样的情境，并针对不同的危机类型、危机情境和危机归因选择不同的危机应对策略，才能最有效地保护组织的名誉。2004 年 3 月 11 日，针对马德里火车系统的连环爆炸案造成约 190 人死亡，超过 2000 人受伤，这次恐怖袭击引起国际社会普遍关注，短时间内对西班牙旅游业造成巨大影响。由于马德里有强大的国际品牌，拥有很多旅游资源和吸引元素，人们以往对马德里拥有正面印象。而本次危机限于一组事件和特定地方，旅游设施没有遭到破坏，马德里营销人员认为这次恐怖袭击引起的危机短暂且有限，对城市形象造成的负面印象轻微，主要采取温和的应对策略，忽略这次危机，像平时一样营销马德里的正面形象，传递出“照常运行”的信息，让公众忘记这次危机事件，继续来到马德里享受美丽风光（埃里·阿夫拉汉姆、伊兰·科特，2013）。但是，如果一个本身安全性令人担忧的城市遭受暴恐袭击，公众对城市管理的责任归因会更大，温和的、忽略的处理方式难以奏效，需要选择更加适合本地的战略。

（三）改善形象：以方法奏效

本部分从形象危机预防、危机传播管理以及危机后期三个阶段，介绍突发事件引起的城市形象危机的对策要点。因为此类危机具有完整的危机周期，而长期问题引起的形象危机一般度过了前期阶段，处于危机中后期。每个阶段的对策，分为内部和外部两个视角，内部视角关注城市内准备与管理，外部视角关注城市与利益相关者之间的沟通与互动。

1. 预防策略

（1）内部

打造城市形象管理专业团队。城市形象管理团队应由城市管理者为负责人，统筹城市形象领域的各种事项，团队包括各个有关方面的专业人士，他们在计划和执行城市形象项目时相互协调，应对危机发生时可能出现的各种情况。

建立城市形象危机管理预案。我国自2005年发布《国家突发公共事件总体应急预案》之后，各省、市、县逐步建立了本地的突发事件应急预案。除此之外，城市还应当建立危机传播预案，包括危机传播管理的指导理念、团队组成及职责、信息的收集、处理与发布、危机传播效果评估等。

建立城市危机监测体系。城市应主动认识可能发生的潜在危机，做好日常监测，一旦发现，迅速将之处于控制之下。尤其注重建立日常网络舆情监测，在第一时间发现问题并予以应对，争取将线下问题以最小的“线上代价”解决，避免舆论蔓延，殃及整体形象。

（2）外部

正面形象营销。如果一个城市长期处于负面形象的旋涡之中，那么一旦发生危机更会雪上加霜。相关研究表明，组织被赋予的积极评价可以影响利益相关者对危机的反应，积极评价可能成为降低危机带来负面印象的“缓冲”（Bundy & Pfarrer，2015）。城市管理者需要将形象管理纳入地方日常管理工作之中，通过持续的管理与营销，建立积正面形象与良好声誉，有效抵御和削弱危机带来的负面影响。

维护线上与线下良好媒体关系。媒体对负面新闻嗅觉灵敏，在平时维持良好的媒体关系，会在危机发生时大有裨益。我国政府部门与传统媒体一般保持着良好关系，但如何与新媒体尤其是在线社交网络和微博等社交媒体无缝链接，搭建良好的线上关系，是政府部门在新媒体时代面临的课题。

2. 传播管理策略

（1）内部

危机领导的重要性。在危机管理阶段，管理者应迅速了解事实，判断危机性质，用多种不同的方法来控制危机，减小其规模，使其尽快结束，避免危机扩散危及城市形象。强有力的危机领导与有序组织，是成功的危机传播管理的关键。

制定与危机责任相符的应对策略。Coombs（1995，2007）的情境危机传播理论（SCCT）认为，利益相关者对组织在危机中责任归因越大，对组织的负面看法也越强烈。Bundy 等人（2015）进一步提出，当组织的危机应对策略与利益相关者对危机的责任归因相匹配时，利益相关者的负面看法最小化。所以，危机管理的领导者需要判断危机类型、危机责任的强弱程度以及所处的外界环境，制定相应的危机沟通策略，如温和的、防御性策略，或是激进的、适应性策略（Bundy & Pfarrer，2015；埃里·阿夫拉汉姆、伊兰·科特，2013）。当然，在危机发生时，事件与环境复杂性往往使管理者很难清晰判断危机性质，加之危机具有的独特性，在现实情况中，经常需要混合多种策略以改善形象。

（2）外部

使"官方发布"成为两个舆论场中的主流声音。新媒体时代媒体产能过剩的背景下，危机传播过程中要保证官方信息的供给，保证"官方发布"声音在两个舆论场中占据主流，跑在虚假信息、噪音和谣言的前面。信息发布的具体策略包括：使用简单、唯一的信息进行快速反应，持续提供信息；保持沟通与对话，获取共鸣；强调危机中的正面内容等。

善用信息源。新媒体时代的危机传播，信息传播渠道众多，城市管理者需要了解与适应新媒体环境下的信息发布渠道，将不同类型的媒体进行整合，纳入信息传播策略之中，包括传统媒体、网站、论坛、微博、微信等。研究表明，有影响力并活跃的利益相关者在影响其他利益相关者的态度方面发挥作用（Pfarrer，DeCelles et al.，2008）。新媒体时代尤其强调舆论领袖的力量，他们一般拥有大量"粉丝"，使他们在危机事件舆论引导过程中能够发挥重要作用。

人性化表达。改变居高临下发布评论的舆论引导方法，适应并熟悉新媒体时代的表达方式，以人为本，体现人文关怀。虽然对危机事件的调查和处理需要时间，无法第一时间就做出处理，但可以做出严肃表态，并第一时间安抚危机事件中的受害者，以真诚沟通获得信任。

3. 修复策略

（1）内部修复

所谓内部修复，是指城市要针对带来负面形象的内部因素加以彻底整改和建设，以求形象的实质性改变。形象问题的关键源于所为之事，而非所言之事。要成功推广新形象，只改变口号和标志显然是不够的，实际的矫正行动必不可少。如果一个地区由于高犯罪率而使公众觉得不安全，那么最好的办法是显著降低犯罪率，如果一个城市经常发生宰客事件，那么必须拿出实际行动规范市场行为，并让公众知晓这种改变。同时，城市形象的修复与重建，是一场马拉松。形象改善活动要求战略规划、实质改变，与各方积极合作，行动与传播协调运作，才可能建立良好的城市形象。

（2）外部修复

所谓外部修复，是指城市要与外部受众进行有针对性的沟通来建立城市新的形象。在危机事件的中后期，危机带来的负面影响可能还会存留很长时间，克服形象危机、改善城市形象是一个长期、复杂且花费巨大的过程。总的来说，城市需要界定地区的独特性，打造城市品牌，并使用能够区别于其他竞争者的方式建立城市的新形象。中国部分城市如成都、重庆、杭州等已经开启城市品牌化的进程，但更多的城市还停留在传统的形象推广阶段。当前中国城市品牌化应着重提炼和推广地区的核心价值与特色，切实提高城市声望、增益城市品牌资产（刘彦平，2015）。

当然，持续的营销沟通是必要的。城市应了解危机带来的形象损害及其在不同受众头脑中形成的形象构图，明确城市将要打造的新形象与新品牌，通过公关、广告、大型活动、宣传品、媒体报道等方式，持续进行城市营销。根据不同的目标受众、不同的目的进行有的放矢的营销，并在效果评估和反馈的基础上，持续加以改进和提升。

参考文献：

［1］姚广宜：《新媒体环境下危机传播主体的多元化呈现》，《当代传播》2017 年第 3 期。

［2］姚广宜：《新媒体环境下突发事件的危机管理与应对》，北京大学出版社 2016 年版。

［3］陈芳：《再谈“两个舆论场”——访外事委员会副主任委员、全国人大常委会委员、新华社原总编辑南振中》，《中国记者》2013 年第 1 期。

［4］张征、陈海峰：《简论“两个舆论场”的内涵与价值》，《新闻与传

播研究》2014 年第 3 期。

[5] 陈秀云：《大众传媒与地方公共危机传播研究》，中国社会科学出版社 2013 年版。

[6] 曾令羲：《政府危机管理问题及对策——基于天津港爆炸事故的分析》，《人民论坛》2015 年 12 月。

[7] 钟之静：《自媒体环境下健全政府突发事件处置的新闻危机公关机制——以马航失联事件为分析案例》，《哈尔滨学院学报》2015 年 3 月。

[8] 唐钧、蒋宇芝：《我国亟待全面防治城市形象危机》，《中国减灾》2013 年第 4 期上。

[9] 埃里·阿夫拉汉姆、伊兰·科特：《地区危机传播：实用媒介策略》，上海交通大学出版社 2013 年版。

[10] 谢静等：《可沟通城市评价体系》，《新闻与传播研究》2015 年第 7 期。

[11] 刘彦平主编：《中国城市营销发展报告（2014—2015）：助力可持续城镇化》，中国社会科学出版社 2015 年版。

[12] James, E. H., Wooten, L. P., James, K. D., "Crisis management: Informing a new leadership research agenda", *Academy of Management Annals*, No. 5, 2011.

[13] Weick, K. E., Sutfcliffe, K. M., Obstfeld, D., "Organizing for high reliability: Processes of collective mindfulness", *Research in Organizational Behavior*, No. 3, 1999.

[14] D. J. Fiorino, "Citizen participation and environmental risk: a survey of institutional mechanisms", *Science, Technology & Human Values*, Vol. 15, No. 2, 1990.

[15] Weiner, B., *An Attributional Theory of Motivation and Emotion*, New York: Springer Verlag, 1986.

[16] Coombs, W. T., "The protective powers of crisis response strategies: managing reputational assets during a crisis", *Journal of Promotion Management*, No. 12, 2006.

[17] Bundy, J., Pfarrer, M. D., "A burden of responsibility: The role of social approval at the onset of a crisis", *Academy of Management Re-*

view, Vol. 40, No. 3, 2015.

[18] Coombs, W. T., "Choosing the right words: The development of guidelines for the selection of the 'appropriate' risis-response strategies", *Management Communication Quarterly*, No. 8, 1995.

[19] Coombs, W. T., "Protecting Organization Reputations During a Crisis: The Development and Application of Situational Crisis Communication Theory", *Corporate Reputation Review*, Vol. 10, No. 3, 2007.

[20] Pfarrer, M. D., DeCelles, K. A., Smith, K. G., & Taylor, M. S., "After the fall: Reintegrating the corrupt organization", *Academy of Management Review*, Vol. 33, No. 3, 2008.

第Ⅳ编

案例研究：城市营销与城市品牌化

第十六章 心随境开：墨尔本城市品牌案例*

刘新鑫**

【本章导读】 城市为什么存在？又如何发展？因人而建、为人而建，墨尔本如此作答。从传统经典的“宜居、繁荣和魅力”到积极进取的“充满机遇与选择的全球化城市”，墨尔本给我们提供了一个很好的城市营销范本。墨尔本通过整合营销传播策略成功地将优势标签转化为城市品牌优势，让街道景观、多元文化、不同族群等城市优质资源转化成能够为城市发展带来促进和增长的引擎。

位于澳大利亚东南沿海的墨尔本，是澳大利亚第二大城市，总面积9900平方公里（大都会区），人口464万（截至2016年）。自1835年由英国自由移民建立至今，墨尔本的城市发展史仅有短短182年。独具历史特色的城市景观、温和的气候、高绿化率、滨海城市和多元文化与丰富的活动等，使墨尔本成为全澳洲最具活力的城市之一，也被称作“世界上最适合人类居住的城市”。

2008年，墨尔本被联合国教科文组织授予全球第二座“文学之城”的称号。2010年至2017年，墨尔本一直稳居“全球宜居城市”排行榜第一名①，成为全球唯一一座蝉联榜首七年的城市。墨尔本还被称为澳大利

* 本章系中国传媒大学人文社科科研培育项目《基于文化协同发展的京津冀品牌建设与传播研究》（CUC16A42）阶段性成果。

** 刘新鑫，管理学博士，中国传媒大学亚洲传媒研究中心副研究员。

① “全球宜居城市”排行榜（EIU's Index）由英国《经济学家》周刊根据城市社会稳定、医疗、文化、环境、教育、基础设施等方面进行评分，在全球140座城市中进行排名评选。

亚的“文化首都”，它拥有澳大利亚最大、最古老的文化机构——墨尔本板球场、维多利亚国家美术馆、维多利亚国家图书馆和被联合国教科文组织世界遗产名录收录的皇家展览馆等。墨尔本还是澳大利亚印象派艺术、规则足球、影视文化产业和现代舞蹈的发源地（Westwood Matthew，2017）。此外，墨尔本也是澳大利亚的工业重镇和汽车生产中心，重型机械、纺织、造纸、电子、化工、金属加工、汽车、食品等行业都很发达，尤其是汽车工业，生产包括福特、丰田等在内的多个在澳销售的汽车品牌。

墨尔本在不到两百年的时间里，实现了自然、人文与工业增长的和谐发展，成为“世界上最适合人类居住的”城市。这与其对城市本质的理解、科学细致的规划和市场化的品牌运营密不可分。

一　城市的本质：墨尔本的终极追问与解答

城市发展的核心问题是如何把握城市的本质，如果用一个问题来概括，那就是“什么样的城市才是好的城市”。简单地说，城市的好与不好，不是看这个城市 GDP 有多高，不是看面积规模、人口数量有多大，不是看吸引了多少投资、开发了多少园区，而是看这个城市的功能是否满足了城市居民的发展需求，他们是否在这里有高质量的生活品质。

（一）考问源头：城市为什么要发展

城市，因人而建。这是墨尔本城市发展的基本理念。在《墨尔本规划 2017—2050：大都市圈规划战略方案》① 的开篇，就有这样的阐述：“我们已成为全世界最宜居、最多元的城市之一，其成功的基础来自人民。如果没有移民人口带来的新群体和新想法，我们不会像今天这样如此繁荣和富有。”

城市，为人而建。这是墨尔本对城市发展本质的理解。在《墨尔本规划 2017—2050 概览：一个充满机遇与选择的全球化城市》中，墨尔本

---

① 2016 年，维多利亚州政府发布了“墨尔本规划”（Plan Melbourne），该文件分为三个部分：《墨尔本规划 2017—2050 概览：一个充满机遇与选择的全球化城市》《墨尔本规划 2017—2050：五年实施规划》《墨尔本规划 2017—2050：大都市圈规划战略方案》，详细阐述了未来墨尔本的发展规划和实施细则。

明确提出城市发展的本质是为了满足人们对工作、生活需求的变化："墨尔本这座城市是由人来定义的，由我们工作与生活的方式来定义，由我们从一个地方移动到另一个地方并且产生的相互作用而定义。这是为什么城市发展必须要去适应人们的变化。城市要保持活力，关键是两点——发展与持续。紧跟居民需求的变化，来决定发展的方向；保持对人们产生吸引力的原始特征，来决定持续的方面。"

可以说，墨尔本在180多年的发展历程中，寻找到了城市发展的意义源头——一切建设都要围绕满足人们需求进行，两者顺序不可颠倒。

（二）切中要害：居民的需求是什么

基于发展要满足居民需求的理念，城市管理者需要从纷繁复杂的建设和治理工作中理出头绪，寻找到最切合实际的居民需求。在这里，墨尔本抓住了一个关键词——人口变化。

2016年，墨尔本根据过去25年的人口数据变化推算出，到2036年墨尔本人口数量将突破600万，到2050年增长到接近800万，墨尔本所在州维多利亚总人口将达到1000万（图16－1）。届时，墨尔本将超过悉尼成为澳洲第一大人口城市。

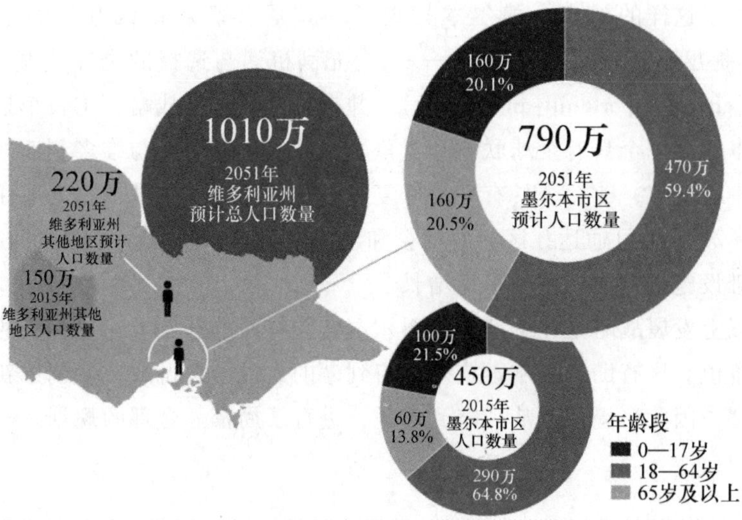

图16－1　维多利亚州与墨尔本人口变化

资料来源：Plan Melbourne 2017－2050。

基于这样一组人口变化数据，围绕如何应对未来35年出现的人口增长所引发的居民需求变化，墨尔本从就业、住房、交通、环境、社区营造几方面入手，围绕与居民工作、生活息息相关的方面，制定了城市发展战略政策优先级规划。

就业方面，计划从2017年至2050年为变化的劳动力市场创造出150万个就业岗位；住房方面，要在人们希望居住的地方建造160万套住房；交通方面，要保证墨尔本市的交通网络能够为每天约1000万人次的出行提供保障，这也就意味着35年间城市交通运力要提高80%；环境方面，墨尔本预测将会有更严重的高温和更长的干旱天气出现，因此要在2050年实现全市碳排放为零，并且要提高应对森林大火、风暴、洪水等极端天气的能力；社区管理方面，要继续保护社区的宜居性，打造20分钟可到达的社区环境。

（三）增量更新：城市的未来能走多远

墨尔本清醒地意识到，过去的发展历程使墨尔本成为一个拥有多元文化和高度包容能力的全球城市，宜居、实惠、运动和创新也已成为墨尔本的品牌标签。接下来，要向哪个方向发展，关系到墨尔本能走多远，更关系到它在全球城市中的重新定位。

基于这样的考虑，墨尔本打破了“宜居、繁荣和魅力”的定位窠臼[①]，提出更新后的发展愿景——一个充满机遇与选择的全球化城市（A global city of opportunity and choice），并提出八大发展战略：①一个独特的墨尔本；②一个具有全球联系和竞争力的城市；③一个与维多利亚地区相连的中心城市；④一个具有环境修复能力和可持续性的城市；⑤居住本地化——20分钟可通达社区；⑥社会和经济的参与；⑦强壮和健康的社区；⑧基础设施投资支持城市平衡增长。

以上发展战略是在继续保持墨尔本宜居特性的基础上，寻找到的城市增量价值。这有助于墨尔本应对即将到来的人口增长挑战，并创造新的发展机会。因此，墨尔本从战略到实施，进行了周密、合理的规划。

---

① 发布于2002年的《墨尔本2030可持续发展规划》提出在未来30年，墨尔本将建设成为一个供居民生活的宜居城市、供企业发展的繁荣城市和供游客旅游的魅力城市。

二　规划的更迭：墨尔本的持续探索与实践

城市规划是城市发展蓝图，引导着城市的发展和走向。先规划后建设，已经成为城市管理者的共识。但是，什么样的城市规划是好的规划？从《墨尔本2030规划》到《墨尔本规划2017—2050》，给我们提供了范本。

（一）限制城市空间增长边际

在城市发展过程中，许多城市出现了摊大饼式的扩张模式。这些城市的空间规划由人口增长倒逼而来——当城市人口数量增长到城市空间边际时，再做新的建设规划向外扩展。而墨尔本的城市规划逻辑与此相反，在2001年颁布的《墨尔本2030规划》中，他们规定了墨尔本城市增长边际，限制住了城市的蔓延，并用法律约束手段对城市边缘区的土地利用加以管理。

2016年7月，维多利亚州政府根据新的人口数据对墨尔本规划进行了修正，做出了更加细致的“墨尔本规划”（Plan Melbourne）。“墨尔本规划”分为三个部分：《墨尔本规划2017—2050概览：一个充满机遇与选择的全球化城市》《墨尔本规划2017—2050：五年实施规划》《墨尔本规划2017—2050：大都市圈规划战略》。

墨尔本规划中对城市更新区和旧城区的土地规划进行了详尽的安排描述，并强调墨尔本土地将优先用于商业和创造就业的目的。在市中心，鼓励高密度的住宅、商业和其他活动建筑混合开发；在城市更新区，鼓励中、高密度住房混合开发使用。大力发展地铁隧道、区域铁路等交通基础设施建设，构建起一个由步行、骑车、公共交通和夜间出行等构成的出行体系，以确保上班族、旅行者能够在活动区域和城市更新区域方便地穿行。在城市边缘区域，开放城市空间，增强绿化措施。

（二）引导人口密度合理分配

影响城市宜居程度最关键因素是人口密度与空间环境（叶祖达，2015）。人口密度过高导致城市资源供求不平衡、交通拥挤、通勤时间长、居住成本高、环境污染等问题，成为许多城市在迈向“宜居”道路上的拦路虎。在墨尔本，城市主城区的人口密度是4576人/平方公里，与北京建成区 8786 人/平方公里（叶祖达，2015）的人口密度相比（根据 2013 年中国城市统计年鉴相关数据测算），是北京人口密度的一半。

通过城市基础设施建设引导人口密度合理分配，是城市管理工作中的一项重要内容。墨尔本通过审慎开发、创造就业、提供住房、改善交通、连接社区这几方面措施，来引导城市人口密度的合理分布。

墨尔本对已有社区内未充分利用的区域进行选择性再开发，对新增区域保证在增长边界内谨慎开发。在靠近墨尔本中心城区的地方进行重建，建立创新集群和创业集群，以在人们居住的地方提供更多工作岗位。在适合的地方修建居民买得起的住房，给居民多种选择。在城市和郊区建设地铁隧道和公路。到 2050 年将墨尔本温气体排放量减少到零，发展清洁能源。为居民打造 20 分钟便可通达的社区城市，居民仍将从他们所在的地区去上班，但日常只需要通过步行、骑车或乘坐公共交通工具就可到达。

（三）制定细则强化战略导向

城市规划一旦出现问题，社会结构、消费结构、产业结构等都会出现偏差。“墨尔本 2030 规划”对在城区建造高密度住宅、在郊区建造中高密度住宅做出规划。然而这些决议遭到了当地居民团体、开发商的反对，墨尔本居民对单独地块上的独立住宅长期保有购买偏好，这对“墨尔本 2030 规划”的“构建紧凑型城市”产生了一定的冲击。

城市规划由一系列复杂的统筹决策组成，战略描述不足以支撑规划的落地实施，因此规划需要在战略导向的基础上，从蓝图式的规划设计转变成以政策为导向的文本。规划的核心不是空间土地的谋篇布局，而是具体实施的准则和步骤。

因此，在《墨尔本规划 2017—2050》中，墨尔本不仅制定了城市发展目标愿景与实施战略，还制定了五年为一个更新周期的执行规划。该执行规划系统阐述了墨尔本在未来 35 年实施规划过程中需要遵守和执行的 9 项原则、7 项结果、32 条路径和 90 条政策。这份执行计划也是墨尔本相关部门管理者、开发商、居民等群体用于工作参考的行政准则。

三　营销的突破：墨尔本的品牌主张与追求

墨尔本的发展有目共睹，宜居、包容、活力是墨尔本作为国际化都市的优势标签。然而，与世界上几乎每一座城市面临的问题相同，墨尔本如何让优势标签转化为城市品牌优势？如何将城市里一切优质资源，如街道景观、多元文化、不同族群等，转化成能够为城市发展带来促进和增长的引擎？墨尔本以城市营销为抓手，通过整合营销传播策略来解决这些问题。

（一）发现市场机会

2013 年，墨尔本城市营销部门进行了广泛的市场调查后意识到，与其他许多因为自然美景或历史文化而闻名的城市相比，墨尔本并不占绝对优势，那么墨城的品牌优势在哪里呢？他们瞄准了一个方向——在墨尔本能够体验到“受到别人羡慕的”、与众不同的故事和经历。基于这样的方向，墨尔本城市营销部门在 2013 年做出《墨尔本城市营销策略 2013—2016》的战略规划。

该规划从市场营销战略切入，将墨尔本定义为购物、餐饮、文化、体育、音乐、艺术以及娱乐、休闲和知识供给等新兴市场人群的首选目的地，并且针对新兴市场人群对社交平台的使用偏好，做出品牌承诺：你的每一次来访都会留给你一个值得分享的故事。

在此基础上，墨尔本将城市品牌愿景定义为“与众不同”（Melbourne，not an ordinary city）。通过推广能够打动人的、有趣的城市体验和城市产品，来增加墨尔本的到访数量，使墨尔本成为“平庸生活的解药”。

（二）选择目标市场

针对品牌定位——“平庸生活的解药”，墨尔本锁定了目标市场人群的特征：喜欢主动搜索和寻找自己感兴趣的产品、服务和活动的人，对新鲜事物充满好奇并积极尝试的人，当找到自己喜欢的产品、服务或有了美好体验时一定会与其他人分享的人、喜欢社交的人。通过对这类目标受众的特征分析，墨尔本营销部门将这些人统称为“好奇阶层”（the curious class）。

“好奇阶层”将是墨尔本成为“平庸生活的解药”过程中的忠实推动者和宣传者。城市营销部门进一步分析得出，他们不按年龄定义自己，他们更关注在日常工作、学习、生活之外选择做些什么有意思的事情，他们喜欢寻找新的体验和经历，从而让自己的社交生活变得有趣和不可预测。常规性和舒适性，不是他们在城市里寻找的重点，而与众不同的体验、获得以前不知道的知识才是会让他们兴奋并对外传播的兴趣点。

因此，针对“好奇阶层”做体验营销，成为墨尔本城市品牌营销的核心主张。

（三）开展场景营销

墨尔本营销活动取名为“Melbourne Moments”（墨尔本瞬间），旨在通过一系列“墨尔本瞬间”的打造来激活人们的兴趣——发现墨尔本（图16-2）。

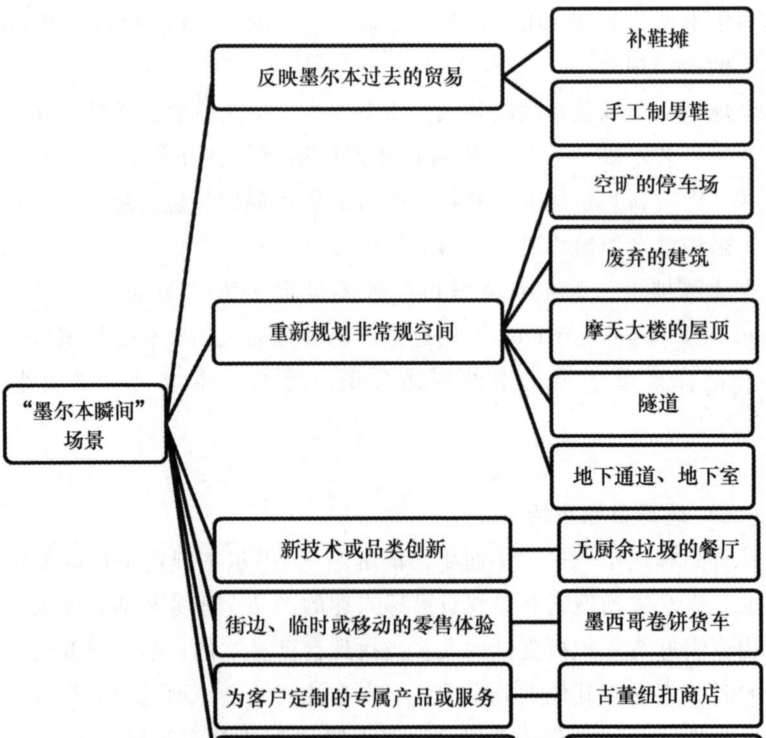

图16-2　墨尔本市场营销规划“墨尔本瞬间”场景设定

资料来源：《墨尔本城市营销策略2013—2016》

为实现这一目标，需要为人们提供多样的城市资源，将这些资源打造成意想不到的非凡体验。这样才能确保到访目标人群能够主动传播，并激励更多的人来到墨尔本。为做到这一点，营销部门第一步先将墨尔本能够提供给人们的体验做了分类，分别是：饮食、咖啡文化、独立艺术、节庆活动、现场音乐、露天市场、体育运动、购物、酒吧、夜生活。第二步他们深入评估以上城市产品和资源能够怎样做到“与众不同”和“远离平庸”。在这样的思考下，他们对城市资源从场景上进行了规划和提炼。

场景化的营销组合，目的是让到访者无论在何种情况、何种心情下、跟谁在一起，都能够在城市里找到属于自己的“墨尔本时刻”，并且营造出在墨尔本有无限隐藏的地方等待你去发现、去体验、去创造的城市氛围。城市营销部门从企业、店铺、街道、市场等场景和人产生互动关系的体验中获取这些信息，借助新媒体渠道进行推广和分享，通过组合营销模式，开发出与“Melbourne Moments”（墨尔本瞬间）调性相符的营销活动（图 16－3）。

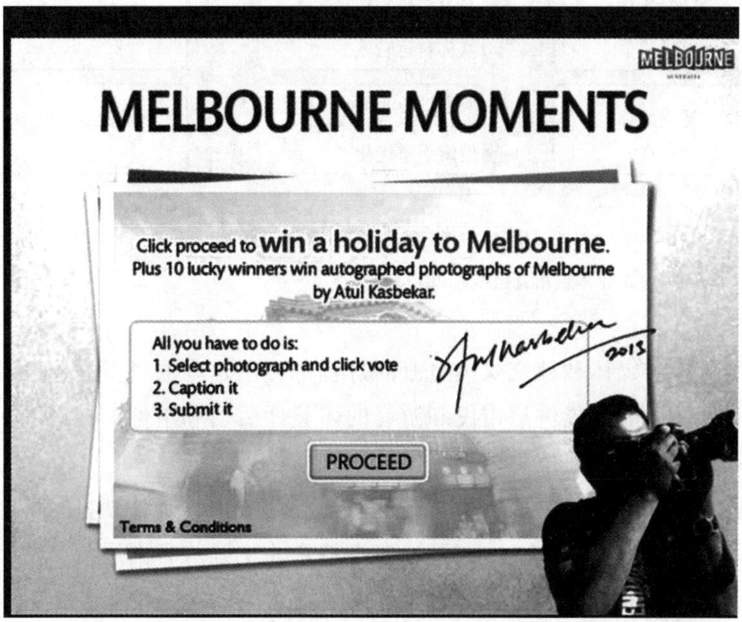

图 16－3　“墨尔本瞬间”在脸书上投放的活动广告

资料来源：http：//lighthouseinsights. in/tourism-victoria-melbourne-moments-facebook-campaign. html/。

（四）建立品牌传播体系

墨尔本营销部门通过“Melbourne Moments”（墨尔本瞬间）计划，开发出一个具有一致性的营销品牌“M”，这一品牌形象应用于所有营销场景。此外，墨尔本城市营销部门自 2007 年开始将传统营销活动，如印刷品、电视广告投放等，向数字营销模式转变，发展至今已经实现了全媒体数字营销。由 2013 年开始推进从数字营销向内容营销的转变。

在传播梯队的搭建方面，墨尔本建立起从传统媒体向数字媒体过渡的传播体系（图 16－4）。

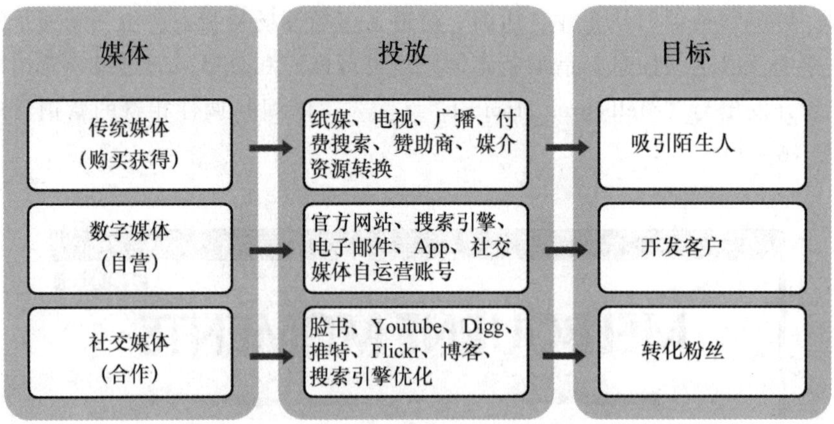

图 16－4　墨尔本传播体系框架

资料来源：《墨尔本城市营销策略 2013—2016》。

在向数字媒体和社交媒体过渡的过程中，墨尔本通过举办连续性的营销活动，增加能够提供给市民和游客的体验性活动和事件，把最受欢迎的城市资源打造为权威信息内容。

最重要的是，墨尔本城市营销部门开展的数字营销计划将本地企业主设定为重要的参与主体。一方面，向本地企业主开放官网后台，便于他们提交活动信息。另一方面，开设讲座、研讨会和一对一辅导，指导当地企业主在数字和社交媒体上建立与目标受众的交流平台，使他们能够从墨尔本城市营销的活动中受益，同时他们提供的服务和体验能够迅速有效地转化为墨尔本城市营销的具体内容和信息，丰富墨尔本城市营销内容和活动，并实现商业变现，直接促进当地商业的发展。

四　形象的构建：墨尔本的视觉传播与赛事营销

如果说城市规划是将城市优势资源进行归纳与延展，那么城市整合营销传播就是将城市优势资源进行品牌化梳理，寻找到它们的“卖点”。而城市形象的构建，则是将城市优势资源用视觉化的方式表达出来，让它们能够以具象的方式，传播得更远。

（一）标识的更新与应用传递墨尔本新形象

墨尔本最早的城市 logo 是以树叶与美术馆柱子组合成字母 M 的形态（图 16－5），树叶表示墨尔本的环境优美，美术馆柱子代表墨尔本丰富的文化底蕴，整体呈灰色基调，想要表达的是墨尔本的历史感。从 20 世纪 90 年代开始，这个 logo 使用了约 15 年的时间。

图 16－5　墨尔本旧版城市 logo

资料来源：http：//www. redocn. com/。

2009 年，墨尔本结合多元、创新、宜居、生态的城市定位，进行了形象标识的更新。这个新的标识耗资 24 万澳币（前期调研花费 9. 1 万，设计本身花费 15 万），由全球著名品牌顾问机构 Landor 设计，延伸了墨尔本城市营销过程中打造的“M”品牌形象（图 16－6）。通过全新的标识设计，墨尔本要借现代化的视觉语言向全世界展示活力、新潮与个性的城市形象。

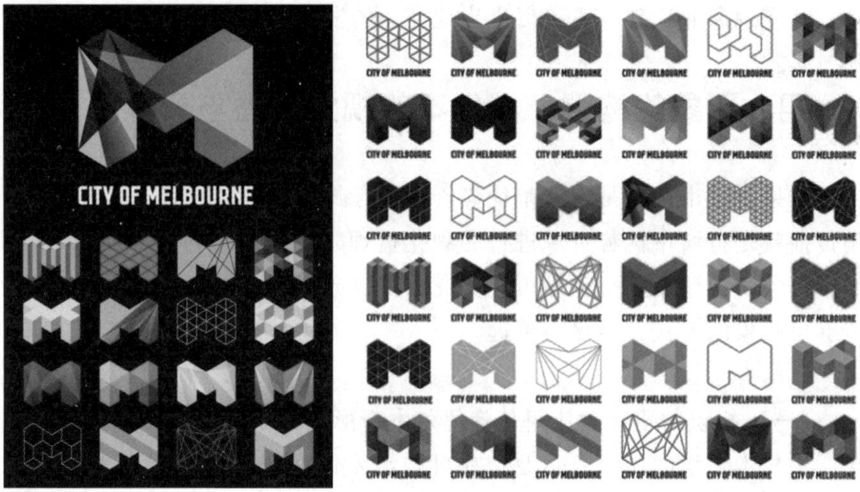

图 16－6　墨尔本新版城市 logo

资料来源：http：//www. redocn. com/。

标识的作用是强化品牌。墨尔本新版标识出炉后，被应用在了公共设施、节庆活动、街道、交通票、宣传册等城市的各个角落（图 16－7—图 16－11）。同时新版标识还被应用到墨尔本在世界各地的宣传推广活动中。看到色彩鲜明、元素多变、简约多面的墨尔本城市标识，人们能明确辨认出墨尔本的品牌形象和独特时尚的城市风貌。

图 16－7　墨尔本城市品牌灯箱广告

图16－8　墨尔本街道海报

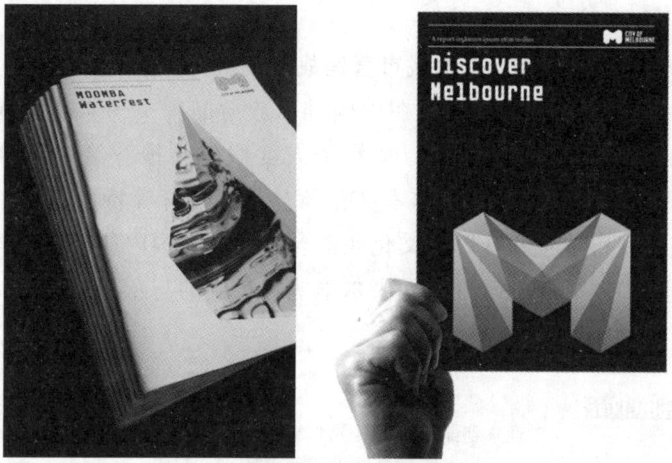

图 16－9　墨尔本城市宣传画册封面

图 16－10　墨尔本城市品牌推广海报

图 16－11　墨尔本城市交通票

（二）宣传片延续墨尔本城市营销战略

2010 年，澳大利亚旅游局在中国推出旅游品牌——“澳大利亚·尽是不同”，把澳大利亚当地人的精彩个人度假体验推荐给中国游客（图 16－12）。宣传片里介绍了墨尔本文化、艺术、体育等特色，从中体现墨尔本优雅的城市形象和深厚的文化底蕴。该视频在国内通过新媒体渠道进行传播，向中国游客着重推广在墨尔本能够得到的与众不同的体验。

图 16－12　墨尔本旅游局官网首页

资料来源：墨尔本旅游局官网。

另外，墨尔本旅游局也在中国进行推广，他们的品牌口号是“心随境开，墨尔本”。墨尔本旅游局的中文网站首页头条便放置了宣传片《心随境开，墨尔本》。该片文案这样写道：“让我们邂逅于墨尔本美丽的晨光里，踏上一段奇妙的感官旅程——推开一扇扇门，体验皇冠酒店的奢华，墨尔本街头咖啡的醇厚，维多利亚州国家美术馆珍藏画作的经典，十二门徒岩的恢宏，雅思迷宫的优美，丽晶剧院的华贵，葡萄酒庄的四溢芳香，地道美食的回味悠长……心门被一次次叩开，感官被一次次震撼！这就是墨尔本的秘密——当你敞开心扉，惊喜就会出现！每一个角落和每扇门背后都有独一无二的景致，追随你的心，打开一扇扇门，开启墨尔本，这座温情、浪漫而又充满惊喜的城市！”这段宣传片与上文中讲到的墨尔本城市营销战略相吻合，表明墨尔本的营销传播活动是在一以贯之的框架下进行的。

同时维多利亚旅游局推出的一款针对中国市场的旅游 App（图 16－13），也使用了“心随境开”这一口号。

图 16－13 苹果商店墨尔本官方旅游 App 界面

资料来源：截取自苹果官网。

（三）体育赛事助力墨尔本城市营销

20 世纪 90 年代后期，墨尔本开始重点发展体育赛事产业。在 2010 年举行的商业体育赛事管理奖的颁奖仪式上，墨尔本以总分第一的成绩获得该年度全球最佳体育城市奖（沈佳，2008）。自此，墨尔本迅速成为世界知名的国际体育赛事之都。

墨尔本体育赛事分为两类，一类是每年固定在墨尔本举行的国际重大体育赛事，另一类是墨尔本自己申办的体育赛事，但两类的共同特点是：级别高、受众广。以 2015 年为例，在墨尔本举办的就有世界四大体育赛事：澳大利亚网球公开赛、世界一级方程式大奖赛（F1）、世界摩托车大奖赛、世界杯板球赛。2015 年墨尔本重大体育赛事日程见表 16－1。

表 16－1　　2015 年墨尔本重大体育赛事日程

时间	赛事名称	举办地点	级别
1—3 月	2015 澳大利亚亚洲杯	阿提哈德体育场	亚洲级
1—2 月	澳大利亚网球公开赛	墨尔本体育公园	世界级
2 月	澳大利亚国际航空展	阿法隆机场	世界级
2 月	世界超级摩托车锦标赛	菲利普岛赛道	世界级
3 月	F1 大奖赛澳大利亚站	阿尔伯特公园	世界级
3 月	世界杯板球决赛	墨尔本板球场	世界级
9 月	澳式橄榄球联赛总决赛	墨尔本板球场	全国级
9 月	澳大利亚的澳式足球总决赛	墨尔本板球场	全国级
11 月	墨尔本杯赛马节	费莱明顿赛马场	全国级

资料来源：笔者整理。

墨尔本对体育赛事的管理理念非常市场化，他们将重点放在增加现有赛事的收入，并不断增强对高级别国际赛事的申办上。在“为赛事运行服务，促进城市发展”的办赛理念下，政府牵头成立了维多利亚大型赛事公司（Victoria Major Events Company，VMEC）。该公司为非营利性组织，其主要的工作内容就是研究现有国际重大体育赛事及其申办程序，并根据墨尔本的实际情况组织相关资源进行国际体育赛事的申办。但 VMEC 在成功申办体育赛事后，并不参与赛事的组织和管理工作，而是由专门成立的组委会或赛事管理公司去运作，这就使得赛事的经营和管理更加科学化和专业化（邢尊明等，2011）。

对于体育赛事的定位，墨尔本将其并入旅游资源的开发当中，积极寻找体育赛事与墨尔本旅游资源的协同发展路径。经过多年的探索和实践，墨尔本形成了利用体育赛事带动墨尔本空间资源合理配置、旅游资源不断扩充的发展模式，使墨尔本成为全世界体育迷们首选的短期度假胜地。

五　结论与启示

“宜居”，是每个城市人禁不住期盼的城市景象，城市要做到宜居，需要付出无比巨大和持久的努力。墨尔本七年蝉联“世界宜居城市”榜首位置，这本身就已经成为墨尔本最大的品牌资产。墨尔本能取得如此成就，从根本上讲，与墨尔本城市管理者对城市的深刻理解密不可分。在“以人为本”的城市理念基础上，城市才能够做出符合居民发展需求的规划，这些规划除去专业科学的步骤与规制外，一定是从点滴体现出对人的关照。

墨尔本的案例还告诉我们，当城市品牌构建达到一定阶段的时候，需要进一步通过城市整合营销传播策略进入品牌营销的细节和末端，开发出细分人群和市场，来锁定城市品牌营销的未来机会市场和目标市场。与此同时，墨尔本更新城市标识，制作系列宣传片、App，投入人力物力扩充国际体育赛事申办权以丰富体育旅游资源和体验，都说明城市品牌塑造和形象传播是一个动态持续的系统性工程，无法一劳永逸坐享其成。

“心随境开”是墨尔本的旅游推广口号，它传达给人们一种宁静又蓬勃的心灵体验。当一座城市充满绿色、充满希望、充满活力，居住其中的人们和慕名前往的人们，都会感受到这里的魅力。而这一切良好感受的背后，是墨尔本长达 180 多年的努力。

参考文献：

[1] 墨尔本旅游官网（http：//cn. visitmelbourne. com/）。

[2] 沈佳：《赛事之都墨尔本的战略经营管理》，《环球体育市场》2008 年第 4 期。

[3] 邢尊明、宋振镇：《墨尔本大型体育赛事组织管理中的政府作用模式研究》，《天津体育学院学报》2011 年第 3 期。

[4] 叶祖达：《宜居城市：我们需要多少空间?》，《人类居住》2015 年第 2 期。

[5] Department of Enviroment, Land, Water and Planning, Victoria State Government, Plan Melbourne 2017 - 2050: Metropolitan planning strategy, http://www. planmelbourne. vic. gov. au/.

[6] Department of Enviroment, Land, Water and Planning, Victoria State Government, Plan Melbourne, http://www. planmelbourne. vic. gov. au/.

[7] Westwood Matthew, The Cultural Capital's Perfect 10, The Australian, News Limited, from Wikipedia.

第十七章　“一带一路”视角下的深圳城市文化品牌建设

王林生[*]

【本章导读】深圳是一座文化根基并不十分厚重的创新型城市，作为主要由现代移民组成的“设计之都”，其城市文化品牌核心价值尚未建立，2011 年全球征集城市形象的“流产”更是加剧了这一尴尬。如何在非核心区的不利条件下，借力 21 世纪海上丝绸之路“构建以国际先进城市为标杆的文化品牌体系”，着实是一个亟须突破的突出瓶颈。加强顶层设计、凝练文脉精髓、确立品牌识别、推进政企合作、优化治理结构，是深圳砥砺奋进勇攀高峰、抢占全球城市高地的必由之路。

“一带一路”是新历史背景下，我国为主动参与和融入世界经济体系变动而提出的重要倡议。深圳作为中国改革开放的重要窗口城市、中国对外贸易的“海上门户”和“21 世纪海上丝绸之路”的重要节点城市，不仅承载着中国经济文化走向世界与深化对外文化交流的重要使命，也担负着不断强化城市自身产业职能，积极拓展城市影响力的重要职责。2016 年，深圳发布并实施《深圳文化创新发展 2020（实施方案）》，提出“构建以国际先进城市为标杆的文化品牌体系”。在此宏观语境中，打造深圳具有鲜明特色的城市文化品牌，提升以国际化为目标的创造与创新能力，有助于深圳在对外交往和交流中，利用城市品牌的独特魅力吸引、利用国内外的各种有利资源，塑造富有影响力的城市文化形象，全

---

* 王林生，博士，北京社会科学院文化研究所副研究员，首都文化发展研究中心专职研究员。研究方向：创意城市、文化产业。

面提升城市竞争力。

一 “一带一路”倡议下深圳的城市文化品牌建设

城市文化品牌是为推进城市文化建设，在全面衡量城市文化资源和产业禀赋的基础上，对城市形象的塑造和提升而做出的发展性规划，它能够“反映一个清晰的城市策略及其技能、资源和能力的侧重点”①。成功的城市文化品牌既能整合各种文化优势，又能借此实现产品价值的转化与增值。“一带一路”倡议及其实施，是中国城市和产业发展、崛起的重要机遇，深圳在以品牌打造参与“一带一路”倡议过程中，发挥自身多种优势，取得了重大进展。

（一）扩大文化对外开放

改革开放是我国的基本国策，“一带一路”倡议意味着中国进入全方位开放的新时期，即中国不仅要将国外先进的技术、优秀的文化“引进来”，也要推动中国自有的技术、文化积极地“走出去”。深圳是对外开放最早的城市，在长期对外开放的过程中积累了丰富的经验。深圳背靠粤港澳大湾区，且粤港澳大湾区建设已经列入《推动共建丝绸之路经济带和21世纪海上丝绸之路的愿景与行动》，这就意味着“一带一路”倡议为粤港澳大湾区建设以及深圳的对外开放提供了政策设计层面的叠加优势。目前，深圳是国家认定的三大对外文化贸易基地之一，是中国与海上丝绸之路沿线国家进行海上文化贸易距离最近的经济发达城市之一。深圳利用对外开放的经验优势、前海优势，与港澳台、东南亚等地区在文化产业和文化贸易等方面开展了一系列城市文化品牌的打造与推广活动。2016年在吉隆坡举办的中国（深圳）—马来西亚（吉隆坡）经贸合作交流会，2017年在澳门举行的“首届深澳创意周——深圳·澳门首届国际文化旅游创意产品设计大赛”、在深圳举办的“中国（深圳）—新加坡创新合作交流会”等活动，促进了深圳与“一带一路”沿线国家和地区政府部门、企业界的广泛对接与深化合作。

---

① ［英］丹尼：《城市品牌：理论与案例》，东北财经大学出版社2014年版，第28页。

（二）促进文化产业发展

发达的文化产业是深圳打造城市文化品牌的重要支撑，这一方面在于城市能以产业运作的模式助力品牌的传播，另一方面在于产业的不断创新能为城市品牌的传播提供内驱动力。目前，深圳共有8个国家级文化产业示范基地，1个国家级文化产业示范园区，1个国家原创音乐基地，1个国家动漫画产业基地，4个广东省文化产业示范基地，3个广东文化（创意）产业园区（表17－1）。2016年，深圳文化产业增加值为1949.70亿元，增长11%，强劲的产业实力为城市品牌的传播提供了坚实的基础。同时，深圳的一些品牌性企业，如腾讯、华强、华为等也发挥各自的产业优势，积极开展对外交往活动，拓展国际市场。2017年，腾讯联合瞭望智库、联合国教科文组织，充分发挥产业自身的技术优势和深圳的对外平台开放优势，启动了针对“一带一路”的传统游戏收集与研究项目，拓展深圳城市经济文化整体战略在“一带一路”沿线国家的推广，实现以企业“走出去”带动城市形象对外宣传的目的。

表17－1 深圳文化产业发展状况

项目	内容	数量
国家级文化产业示范基地	华侨城集团、大芬油画村、雅昌企业集团、腾讯、深圳古玩城、华强文化科技、永丰源、南岭文化创意园	8
国家级文化产业示范园区	华侨城集团	1
国家原创音乐基地	梅沙原创音乐前沿基地	1
国家动漫画产业基地	深圳怡景国家动漫画产业基地	1
广东省文化产业示范基地	环球数码、腾讯、天威视讯、雅昌	4
广东文化（创意）产业园区	田面设计之都创意产业园、深圳文化创意园、怡景国家动漫画产业基地	3

资料来源：笔者整理。

（三）创新文化金融

金融是城市品牌构建不可或缺的要素，尤其是在“一带一路”倡议的实施中，当越来越多的中国资本进入“一带一路”沿线国家和地区时，金融品牌的重要性日益凸显。金融机构作为连接金融资本与文化企业的中介，在推动金融资本注入的同时，也能提升金融机构所在城市的影响力。

深圳文化产权交易所作为国家级的“文化+金融”平台，积极推动对外文化投资和项目孵化活动。2017年，深圳文化产权交易所联合中国华夏文化遗产基金会、中证南山并购投资基金发起成立的“一带一路”中国文化“走出去”基金，就是充分发挥自身的金融优势，通过高效务实的金融服务，与“一带一路”沿线国家进行深度融合，从而能进一步提升城市本身的发展空间。

（四）提升城市展会功能

完善的基础设施是城市品牌得以构建的基础和载体，在参与“一带一路”倡议实施的过程中，深圳所具有的文化交流展示功能对城市文化品牌的打造发挥了重要作用。深圳文博会是目前我国唯一国家级、国际化、综合性文化产业博览交易会，作为深圳城市文化建设的品牌性资源，文博会不仅是审视我国文化产业发展的重要平台，还肩负着国家文化“走出去”的重任。为积极参与“一带一路”倡议，2017年，深圳文博会秉持开放合作的精神，设立“一带一路·国际馆”，邀请亚欧非大陆及附近海洋区域的35个国家及地区的海外文化贸易型企业参展。目前，深圳文博会已经成为推进我国与“一带一路”沿线国家文化贸易与交流的重要平台，而且通过文博会，深圳不仅进一步积聚了文化建设与发展的势能，也优化了城市产业结构，成为城市文化品牌建设的助推器。

（五）深耕“设计之都”品牌

“设计之都”是深圳城市文化品牌打造的重要内容，2008年，联合国全球创意城市网络认定深圳为世界上第六个“设计之都”，成为我国首个获此殊荣的城市。深圳在设计产业和设计创新领域有着较为深厚的基础，平面设计、数字内容和在线互动设计、装潢设计等，均具有一定的世界声誉。为提升深圳作为国际“设计之都”在“一带一路”沿线国家的影响力，2015年，深圳与联合国教科文组织共同主办“一带一路”全球创意城市峰会，提出要加强与曼谷、首尔、柏林、悉尼等中心城市的合作，积极拓展深圳发展的全球视野和创新活力。为积极推动深圳设计产业的发展，积极打造“深圳设计”，2017年，深圳举办了首届“丝绸之路”国际设计论坛及系列活动，邀请了“丝绸之路”沿线14个国家和地区的近300多位设计行业的负责人和设计师，凸显出论坛国际化、专业化、多元化、高端化的特色。国际设计论坛的举办，使深圳又拥有一个具有广泛国际影响力的城市文化品牌。通过与“一带一路”沿线国家的交流与合作，深圳在“一带一路”沿线设计产业链、价值链、供应链、服务链的重构过程中，增强了国际影响力和话语权。某种程度上，“设计之都”建设促进了深圳第二产业升级和创新型城市建设，对深圳城市文化品牌的打造和营销具有积极意义。

二 “一带一路”倡议下深圳城市文化品牌建设存在的问题

深圳城市文化的优势性资源推动了深圳城市文化品牌建设的进程，但是相对来说，深圳城市文化品牌建设还没有达到应有的水平与高度，主要的问题和挑战体现在以下几个方面。

（一）城市文化品牌核心价值不清晰

城市文化品牌的核心价值决定着城市寻求差异化、个性化的发展方向。改革开放以来，随着深圳城市文化建设向纵深拓展，以及国际化程度的不断提升，深圳一直在进行城市品牌的探索。21 世纪以来，深圳曾提出四大城市品牌建设，即“一是以大运会为契机，推广深圳城市人文形象品牌；二是以深港合作为契机，推广深港大都会形象品牌；三是以文博会为契机，推广深圳城市文化形象品牌；四是以高交会为契机，推广深圳城市科技形象品牌”[①]。四大城市品牌的提出虽然指出了城市发展的目标，但不容忽视的是，大运会与深港合作、文博会和高交会相比，只是一个时间段内的标志性事件，不具有持续性和稳定性，也就是说，四大城市品牌缺乏共有的核心价值的支撑，存在一定的先天缺陷。而且，单就品牌的设定来说，“品牌是一种名称、术语、标记、符号或设计，或是它们的组合运用”[②]，具有相对唯一性，其目的是借以辨认某个城市的形象，并使之与其他的城市竞争相区别，然而四大品牌的设定却未能将品牌建设的独特

① 张荣刚：《把你的名字写上世界地图——以深圳为例看新兴城市初级阶段品牌建设》，《对外传播》2010 年第 5 期。

② ［英］莱斯利·德·彻纳东尼：《品牌制胜——从品牌展望到品牌评估》，蔡晓煦等译，中信出版社 2002 年版，第 13 页。

内核凸显出来，与品牌建设的内涵略显背离。2011 年，《深圳市推进国际化城市建设行动纲要》中再次确立了建设现代化、国际化先进城市的发展定位，2016 年出台的《深圳文化创新发展 2020（实施方案）》在沿袭 2011 年纲要的基础上又提出“构建以国际先进城市为标杆的文化品牌体系”，均强调了“国际化”和“先进城市”的品牌指向，但深圳本身已是一个国际化的城市，而先进本身又缺乏具体的内容，因此这一品牌指向与其他城市相比差异化、个性化的特征明显不足。因此，在推进“一带一路”倡议实施以及以深圳为平台促进中华文化“走出去”的过程中，深圳仍需结合城市文化建设的特色与优势，对城市文化品牌的核心价值进行精准定位。

（二）城市文化品牌识别体系不健全

品牌的视觉识别体系是辨识城市最显著的标志，一个具有鲜明个性化的城市品牌识别符号不仅能够增强城市的影响力、凝聚力和注意力，也能将这种关注力转化为城市可利用的生产力。因此，在“一带一路”这样一个既充满城市竞争又存有机遇的倡议中，加强对城市品牌识别体系建构就显得尤为必要。“区域品牌是一个地区的附加吸引力，塑造区域品牌的核心问题是构建区域品牌识别。”[①] 一个视觉品牌识别符号，是符合图像时代的必然性要求，“当代文化正在变成一种视觉文化，而不是一种印刷文化，这是千真万确的事实”[②]，但是在视觉观念统治时代的语境下，深圳缺乏必要的品牌识别系统。2011 年，深圳虽然成立了“深圳城市形象全球征集工作领导小组”，面向海内外公开征集设计方案，但最终由于入围方案未能很好地提炼出深圳这座改革先锋城市人文精神内涵，以及缺乏必要的国际化表达等多方面原因，城市形象的设计方案最终流产，使得城市文化品牌的识别体系的建立一度搁浅。这不利于一个正在崛起的、致力于国际化并积极参与“一带一路”倡议实施的现代都市发展，但这也说明，城市文化品牌及其识别体系的构建不会一蹴而就，而是一个庞大而复杂的社会过程。

① 金元浦：《北京：走向世界城市》，北京科学技术出版社 2010 年版，第 357 页。

② ［美］丹尼尔·贝尔：《资本主义文化矛盾》，赵一凡等译，生活·读书·新知三联书店 1989 年版，第 156 页。

（三）城市文化品牌传播整合营销规划缺失

整合营销是从传播受众的需求出发，围绕品牌的核心价值，根据目标传播群体的特征和需求，运用多种宣传推广途径，如广告、新闻、促销、公关，并使彼此之间相互衔接，使营销过程统一、协调、完整、充分地与目标传播群体相接触。目前，深圳围绕“一带一路”倡议开展了一系列营销活动，如“一带一路”国际音乐季、“一带一路”企业家高峰论坛、“一带一路”海内外企业合作洽谈会、“一带一路”国际创客峰会、文博会、高交会等，但这些活动的举办仅限于深圳，不但没走出国门，未能针对“一带一路”沿线的某一区域或城市进行外向型营销，而且活动跨越多个部门，且彼此独立，缺乏相互协调与营销整合，资源使用的相对分散制约了营销效果的最大化。因此，在这个意义上可以说，在“一带一路”倡议的整体格局中，深圳城市文化品牌的营销效果有限。

（四）城市文化品牌治理体系不健全

城市治理能力和体系现代化是未来城市文化建设的重要内容，从治理主体来说，它强调的是社会公共事务的多方合作治理，提升社会资源的配置效率，而“一带一路”倡议就是在当前世界城市面临可持续发展和竞争日益加剧的背景下，提出国际社会必须以共商、共建、共享的理念推进城市治理，维护开放型的国际城市文化体系。然而，深圳与其他国际大都市相比，影响力依然有限。在对外推动城市文明互鉴、构建新型城市发展命运共同体层面的旗帜性作用不甚明显，而且深圳本身正处在转型发展的过程中，现代政府的城市治理智慧，完善和相互配合的治理结构，以及参与治理的成熟的公民意识和公民责任担当依然欠缺，因此一套符合现代城市文化品牌建设的治理体系亟待建立。

三　深圳城市文化品牌建设的案例启示

文化品牌是城市营销的核心要素，是城市无形资源的浓缩，并以其特有的个性化符号在对外交流与合作中形成显著性标识。“一带一路”倡议开启了我国对外开放的新格局，这一构想旨在巩固和发展我国与沿线相关国家互联、互通、互惠的双边关系，为世界经济的发展注入新的驱动力。

在这一整体格局下，深圳加强城市文化品牌建设，就是要强化深圳自身的社会认可度，推进城市在国际与国内双向互动中的有效连接。从不同的角度来看，深圳城市文化品牌具有多层意义。

第一，在国际城市体系中，文化品牌的打造有助于城市国际地位的提升。“一带一路”倡议，就是在尊重公平竞争和市场规律的基础上，与沿线国家发展社会、经济、文化、政治等各领域的双边关系，在经济一体化的潮流中，推动城市成为全球产业价值链重塑的重要力量。深圳是改革开放以来的第一个经济特区，是中国改革开放的窗口，是具有一定世界影响力的国际化城市。某种程度上，深圳加强自身的城市文化品牌建设是服务国家“一带一路”倡议主动担当的体现。这是因为深圳具有沿海开放城市的创新优势、先发优势，能够通过强化自身在经贸与文化交流中的国际供给能力，推进中国在“一带一路”倡议中的话语权。一批优质的品牌性企业，如华为、腾讯、中兴等凭借过硬的产品质量，已走出国门，抢占了行业发展的制高点，创造了1384项国际标准，成为具有世界供给能力的知名企业。目前，深圳吸引了62家国际国内标准组织秘书处落户，进一步增强了深圳在全球产业价值链重塑中的地位。某种程度上，深圳是中国改革开放的缩影，深圳城市文化品牌的成功打造将有助于深圳在“一带一路”倡议实施中以中国城市排头兵的身份走向世界。

第二，在国内城市体系中，文化品牌的打造有助于增强城市转型发展的示范效应。“一带一路”倡议强调，“一带一路”要融入地方社会、经济发展规划，通过科学规划产业布局，推动产业转型升级，着重指出“广东、陕西、福建等‘一带一路’沿线省份提升绿色发展水平”[①]，实施一批具有示范性、带动性的项目，探索经济的绿色、创新发展之路。在这个意义上，促进节点城市的转型升级是“一带一路”倡议的应有之义。这就要求深圳在积极参与“一带一路”和加快自身对外开放的过程中，以城市文化品牌建设为重点，在为“一带一路”沿线国家提供优质文化产品、创意理念、文化资本、高新技术的过程中，化解产业存量，提升发展质量，优化产业结构，抓住城市转型升级的先机，率先形成国际一流的文化产品供给能力，为国内城市的转型发展提供示范。

① 《关于推进绿色“一带一路”建设的指导意见》，中国一带一路网（https：//www. yidaiyilu. gov. cn/info/iList. jsp？cat_ id = 10006&cur_ page = 2）。

第三，在城市自身发展体系中，文化品牌的打造有助于城市强化质量领先优势。当前，“一带一路”倡议从整体上来说能在双边互惠互利的基础上化解产能、扩大贸易，而供给侧结构性改革则聚焦国内经济结构调整和经济发展方式转变，在这个层面上二者具有相同的逻辑起点。当前，深圳正在实施“文化创新发展2020”，就是在现有产业基础上，根据产业存在的问题，补齐文化建设存在的短板，提升文化产业的社会效益和价值导向功能，构建以质量型内涵式发展为特征的现代文化产业体系。而文化品牌的根本就是质量，因此，深圳城市文化品牌的打造，就是通过提升城市自身的文化发展水平，实现产业的提质增效，进而凭借质量领先的优势参与推进“一带一路”倡议。

四　推进深圳城市文化品牌建设的对策建议

城市文化品牌无疑是深圳城市文化建设的重要内容，根据以上梳理出的相关问题，本部分拟就推进深圳城市文化品牌建设的问题提出以下对策建议。

第一，强化顶层设计，准确定位城市品牌。顶层设计是深圳城市文化品牌打造的重要渠道，它要求政府在城市文化品牌的打造中发挥主导作用。因为城市文化品牌既关系到城市当前的建设，又关系到城市未来的发展战略。“一带一路”倡议为城市的自我审视和品牌的打造提供了机遇，这就需要深圳不仅要在城市自身发展的体系之内围绕产业要素和产业体系打造城市文化品牌，而且还要在“一带一路”的开放格局中，肩负着与沿线国家进行文化交流、文化合作、文化贸易的责任。这就需要政府从顶层设计出发，加强对城市文化品牌核心价值的研究、规划与设计。在“一带一路”倡议的整体视域中进行城市文化品牌建设，就是在对外交往中发挥品牌核心价值的作用，强化城市特色的竞争力，因此，城市文化品牌核心价值的遴选可以在政府主导下通过设立城市文化品牌专家组的形式，结合城市发展实际，采用定量或定性的分析方法，比较深圳与“一带一路”沿线相似城市的竞争优势，从而提炼出既符合深圳发展实际又兼具国际领先优势，既特色鲜明又能持续发展的文化品牌。

第二，构建城市品牌识别系统，提升城市品牌认知。城市文化品牌的识别系统是城市形象塑造和传播的重要手段，它是通过一定的视觉设计，将城市的精神、人文内涵、城市生活和发展理念有机结合在一起。而“一带一路”倡议为城市文化品牌识别系统的内容深化与挖掘提供了更为广阔的空间。加快深圳城市文化品牌识别系统建构，既要充分发挥“深圳城市形象全球征集工作领导小组”的作用，尽最大可能地统筹利用国外和国内两个市场的创意资源，又要发掘自身文化要素，找准品牌识别体系所需要的“清晰和有特性地加以表达的核心概念”[①]，避免2011年征集工作的尴尬。这就需要将城市文化品牌的打造视作一个系统性工程，不能将深圳城市文化品牌视为为迎合“一带一路”倡议而使用的媒体海外宣传符号和城市形象的自我建设，而是要将其视为有关城市整体利益的工程，是城市全面提升的发展过程。

第三，强化品牌整合营销与传播，扩大城市品牌影响力。城市文化品牌的打造与营销，是一个涉及多个部门、多个行业的系统性工程。推进城市文化品牌的整合性营销，首先，加强在“一带一路”格局中城市文化品牌的规划建设，从顶层设计的高度，集中各领域的资源，统筹利用深圳作为文化贸易基地、国家级文化产业示范基地、国家级文化产业示范园区、文博会、高交会等优势资源，力争使各种资源的利用率最大化。其次，密切关注“一带一路”沿线国家的文化需求。深圳城市文化品牌建设面临“一带一路”的整体格局，肩负着推动中华文化“走出去”的重任，而要实现这一目的，外向型的整合营销就显得必不可少，这就需要城市文化品牌的营销必须走出国门，针对特定的营销城市或地区指定特定的策略，以实现与品牌营销受众群体关注点的契合。最后，利用重大事件的影响，做好城市文化品牌的推广。重大事件能够塑造城市的文化形象，利用重大事件营销应避免事件之间的孤立，可以通过设立城市文化品牌营销机构的方式协调重大事件之间的互补关系，以充分把握大众的注意力，进而实现城市文化品牌的传播。

第四，培育和推介优秀企业品牌，发挥城市文化品牌与企业品牌的联动效应。从较为广泛的意义上来说，利用企业品牌推动城市文化品牌建设从属于整合营销的范畴，但是知名品牌营销比单纯城市形象推广活动取得的效果明显，使得越来越多的城市日益关注城市文化品牌与企业品牌的联

---

① ［美］西蒙·安浩：《铸造国家、城市和地区的品牌：竞争优势识别系统》，葛岩等译，上海交通大学出版社2010年版，第7页。

动效应。深圳具有一批知名的文化企业，而且都已经走出国门，具有一定的国际影响力。在“一带一路”倡议的实施过程中，腾讯、华强、华为等都以各种形式积极制定或参与到“一带一路”沿线国家的交往和贸易活动中，且在产品营销本土化的过程中，使这些沿线国家和地区的人们通过文化产品已经形成了对产品来源国和来源城市的直接体验，对深圳国际城市形象和文化品牌的塑造起到了良好的推动作用。因此，今后进一步发挥深圳的产业优势，培育优秀的企业并鼓励企业“走出去”，形成城市文化品牌与企业品牌的联动效应，是深圳城市文化品牌打造可以选择的重要路径。

第五，创新城市品牌治理，提升城市治理体系和治理能力。培育和建立城市治理能力和体系现代化是一个历史性的发展过程，需要依据时代的发展变化创新品牌打造的途径，建立符合时代发展潮流的治理体系。信息化、数据化和智慧化是现代科技的发展方向，也构成了创新城市品牌治理的重要方向。“一带一路”沿线的许多国家和地区已在这些领域取得了进展，香港特区的“大数据驱动的城市发展”、新加坡的“智慧国家2025”计划、以色列特拉维夫以“数字特拉维夫”为依托推进市民参与等，均在规划、建设、管理等层面为深圳城市文化品牌体系的构建提供了硬件与软件层面的各种借鉴。也只有在向更为先进的城市学习借鉴并结合自身发展实际的基础上，深圳才能最大限度地统筹城市规划、空间、规模、产业等各领域，实现城市文化品牌培育路径的发展创新。

第十八章 “北京欢迎你”：北京旅游品牌营销案例

王　恒[*]

【本章导读】作为全球第一座双奥运举办地、京津冀协同发展核心区，北京是当代中国最具话题性的城市品牌风向标，承担着作为国家文化中心、国际交往中心、科技创新中心和政治中心的使命和责任，在全球市场上是令人无法忽视的亚太地区首选旅游目的地。从2008年举办夏季奥运会的“北京欢迎你”，到今天，这座城市已经构建起具有强大辐射扩散效应的“首都旅游圈”，积极推进数据技术时代（DT）下跨区域品牌营销协同推广，并取得卓然成效。在泱泱大国的皇城气度之下，辅之以京腔京韵的家国情怀，即将迎来2022年冬季奥运会的“大北京”正在展示出盎然的生机与无比的自信。

近年来，立足于打造国际一流旅游目的地，北京在城市旅游营销实践方面不断总结成功经验，积极探索新的营销模式，整合多元营销平台，加强营销战略规划，在品牌营销和精准营销层面取得了较佳的成效。

一　北京旅游品牌营销的努力与探索[①]

（一）传统品牌沟通渠道：根据渠道媒体特点，着力实现精准营销

第一，根据国内不同报纸杂志、广播电视传统主流媒体的传播特点和

---

* 王恒，北京联合大学旅游学院副教授，管理学博士。研究方向：旅游目的地营销、旅游社交媒体营销。

① 本部分内容参考北京市旅游发展委员会城市形象与市场推介处2016年北京旅游宣传市场工作总结。

辐射范围，分别针对不同类型旅游资源进行宣传推介。一方面通过《首都旅游报》和《旅游》杂志合作对北京旅游资源进行推广，另一方面加强与北京主流媒体的沟通、策划，精选选题方向和报道内容，分别在《中国旅游报》《北京日报》《北京晚报》《北京青年报》《北京晨报》《法制晚报》等平面媒体进行宣传报道。此外，还利用中国旅游报《乡村周末》和北京交通台品牌栏目《一路畅通》等传统渠道重点介绍京郊旅游，以及与北京公交合作在北京公交移动电视播放定制的北京旅游新闻短片《北京旅游时间》。

第二，创新尝试与海外著名电视节目合作，改传统电视硬广投放为与媒体的深度合作。如与韩国主流电视机构——韩国 KBS、MBC 电视台 5 档知名栏目进行合作，将旅游线路与电视栏目相结合，通过明星效应带动韩国民众对美食、休闲、养生、老字号等北京旅游新产品的认知，现已在韩国播出，并配合进行了韩国网络的宣传，效果非常好。通过这些节目的介绍，北京近年来开发的古北水镇和司马台长城景区在韩国国内获得众多好评，产品销售火爆。

第三，利用海外重要机场枢纽、海外中餐馆渠道开展北京旅游宣传。在美国纽约肯尼迪机场、日本东京成田机场、俄罗斯莫斯科机场、德国法兰克福国际机场、英国伦敦希斯罗机场、法国巴黎戴高乐机场、荷兰阿姆斯特丹国际机场、泰国曼谷素万那普机场、马来西亚吉隆坡国际机场、澳洲悉尼国际机场、韩国仁川国际机场、台北松山机场、香港国际机场 13 个国家及地区重要的航空交通枢纽进行北京旅游形象及政策宣传。此外，与市侨办合作，在全球 25 个国家 30 多个城市 300 个中餐馆摆放宣传品，播放宣传片，开展北京旅游宣传，取得了良好的效果。

第四，充分利用海外媒体、旅行商渠道开展旅游推介。如 2016 年，北京旅游委相关职能部门参加境外旅游机构在京举办的旅游推介活动 7 次，接待外事会见 33 次，主要有加拿大渥太华旅游局、美国 ATI 旅行社、塞舌尔旅游局、亚太旅游协会（简称 PATA）、法兰克福国际机场、首尔观光公社、BBC 媒体机构、曼彻斯特机场、南非旅游部、爱尔兰旅游局、釜山国际交流财团、哥本哈根市外办、美属维京群岛政府、阿联酋阿提哈德航空公司、乌拉圭马尔多纳市政府、CNBC 有线电视卫星新闻台、法国巴黎大区政府、法国霞慕尼市政府、西班牙乡村旅游协会、日本东京葛饰区政府代表团等。此外，还邀请 20 批次近 180 名海外旅行商及媒体来北京考察旅游资源，通过旅行商和媒体宣传北京旅游资源，考察定制北京旅游产品。

（二）旅游节事品牌营销：类型主题等级多元，知名度影响力俱佳

北京借助作为首都的政治、文化和国际交流中心地位，成功打造了一批具有国际知名度和影响力的体育赛事、国际会议、展览等节事活动（表18-1），特别是一些旅游特色节事品牌活动的影响力持续提升，如北京新年倒计时、北京国际旅游节、北京国际旅游博览会、北京国际商务及会奖旅游展览会、北京国际旅游商品及旅游装备博览会、北京洋庙会等，极大地增强了北京作为旅游目的地的吸引力和竞争力。

表18-1 **北京市代表性节事活动**

节事会展名称	主办单位	时间	活动概况
中国网球公开赛	国家体育总局、北京市人民政府	每年一届	中国网球公开赛创办于2004年，每年一届定期在京举行。赛事是亚洲地区唯一设置最全、参赛球员最多、总奖金最高的国际综合性网球赛事。2009年起，中国网球公开赛全面升级，其中女子赛事升级为WTA皇冠明珠赛事（仅次于四大满贯赛事），男子赛事升级为ATP500赛事（仅次于四大满贯赛事、ATP1000赛事）
北京国际长跑节	北京市体育局、中国田径协会	每年一届	1956年开创，已有60年的历史，是北京一项具有较大规模和影响力的传统群众体育品牌赛事
北京马拉松	中国田径协会、北京市体育局、中央电视台	每年一届	自1981年开始创办，是国内历史最为悠久、连续举办时间最长的单项自主品牌赛事。自2008年起已连续八年获得国际田联路跑金标赛事的殊荣。北京马拉松适逢金秋最美时节开赛，起点位于祖国的心脏——天安门广场，终点位于国家奥林匹克公园，比赛线路宽阔平坦，沿途风景融合古都神韵与现代都市风光，赛事组织运营成熟，志愿者服务水平较高，吸引着越来越多的中外选手前来参赛，亦成为首都北京的城市名片
北京国际电影节	国家新闻出版广电总局、北京市人民政府	每年一届	自2011年创办以来，严格按照国际著名电影节展模式组织运行，历经了高端起步、跨越提升、与国际接轨等发展阶段，国际化水平、专业化程度、品牌影响力和大众参与度连年提升，探索发展和固化形成了独具特色的“大师”（Master）、“大众”（Mass）、“大市场”（Market）的“3M”活动定位和风格。作为北京重要的国际性文化交流活动，吸引了数千名全球影业精英和行业代表到访北京，成为世界成长最快、亚洲最大的电影市场。北京国际电影节已快速发展成为高端化、专业化的国际电影盛会

续表

节事会展名称	主办单位	时间	活动概况
北京大学生电影节	国家新闻出版广电总局、教育部、北京市人民政府	每年一届	电影节创建于1993年，始终秉承“青春激情、学术品位、文化意识”的宗旨，坚持以“大学生办，大学生看，大学生拍，大学生评”为特色，奠定了不同于其他所有电影节的独特品格。其权威性受到电影界人士普遍认同，被誉为“中国电影界具有国际水准的大赛”。历届电影节皆有多部影片脱颖而出，在华表奖、金鸡奖、百花奖和东京、柏林、西班牙等国际电影节获得各种奖项。电影节以北京为中心，辐射全国，参赛影片几乎囊括最新的优秀国产影片，学生评委来自全国各大高校，参与人数居国内电影节之最
北京国际旅游节	北京市旅游发展委员会	每年一届	自1998年创办以来，旅游节已经成为北京最具影响力的国际大型旅游节庆活动，在展示北京悠久历史文化、国际化大都市风貌和丰富北京市民及外地游客旅游文化生活方面发挥了重要作用
中国（北京）国际服务贸易交易会（京交会）	商务部、北京市人民政府	每年一届	京交会是全球唯一国家级、国际性、综合型的服务贸易平台，自2012年起每年在北京举行。京交会获得了世界贸易组织、联合国贸发会议、经合组织三大国际组织的永久支持，是目前全球唯一涵盖服务贸易12大领域的综合型服务贸易交易会
北京国际旅游博览会	北京市旅游发展委员会	每年一届	自2004年创办至今，一直秉承产业化、专业化、国际化特色，致力于强化展销对接、惠民服务的功能，全面展示旅游产业链条。目前已发展成为专业性强、参与面广、影响力大、收效显著的国际性旅游展，已成为亚太地区推广旅游产品和资源、提升企业品牌形象和业务平台的最重要旅游展会之一
北京国际商务及会奖旅游展览会	北京市旅游发展委员会	每年一届	创立于2006年，展会目前已成为亚洲地区最大、最成熟的专注于会议、展览及奖励旅游行业的国际性展览会
北京国际旅游商品及旅游装备博览会（北京旅商会）	北京市旅游发展委员会	每年一届	创立于2012年，已成为全国范围内有影响力的品牌展会和旅游商品交流交易的重要平台
亚洲运动用品与时尚展暨中国国际山地和冬季运动机械设备博览会	慕尼黑国际博览集团与意大利波城展览公司	每年一届	ISPO自1971年在德国慕尼黑举办第一届以来，至今已经成功地举办了74届，是世界上体育用品及运动时尚领域中最重要、最具影响力、规模最大的综合性展览会。ISPO于2005年登陆中国。从2007年起，ISPO BEIJING每年2月都在首都北京隆重举行

续表

节事会展名称	主办单位	时间	活动概况
国际冬季运动（北京）博览会	北京奥运城市发展促进会、国际数据集团	每年一届	创办于2016年，中国地区规模最大、级别最高的冬季运动专业论坛，影响力辐射全国。伴随北京申冬奥的成功，以及体育产业驱动政策的发布与落实，体育消费的快速升级，源自体育本体产业的强大内增长动力，为包括冬季运动市场在内的体育产业各领域提供了全新的发展空间，引领冬季运动行业进入全新未来
中国（北京）国际房车露营展览会	中国汽车工业协会房车委员会、21世纪房车网、房车世界	每年两届	自2010年首次举办至今，已发展成为亚洲最具影响力的房车露营交易盛会。大会举办地在位于北京房山区长阳镇大宁山庄的房车世界，是融全球房车销售、配件、售后、租赁、体验为一体的多元化综合卖场，目前已有国内外数十家品牌入驻，常年有数百辆房车在场内进行展示和销售，被称为中国房车露营发源地。举办至今，无论是参展企业、展品范围、展会观众、露营爱好者以及展会现场交易额都呈明显上升态势
北京新年倒计时	北京市旅游发展委员会	每年一次	从2011年开始，已连续在天坛、颐和园、长城、鸟巢、太庙和奥森公园主办六届北京新年倒计时活动，新年倒计时活动已经成为北京城市营销的标志性品牌。2017年奥林匹克森林公园倒计时以“魅力北京　激情冰雪”为主题，同步推出首届北京冰雪文化旅游节，受到媒体的广泛关注，影响范围涵盖亚洲、欧洲、美洲、北非、中东、澳洲等大部分地区，覆盖全球超过10亿观众。北京新年倒计时活动已跻身全球著名跨年活动
北京冰雪文化旅游节	北京市旅游委、商务委、侨办、文化局、体育局、文物局、冬奥组委新闻宣传部、公园管理中心	2017年1月首届	面向北京市民、国内外游客两大群体，推出新年庆典、庙会民俗、冰雪赛事、文博演出、购物美食五大主题系列活动，丰富了冬季旅游产品，促进了冬季旅游消费

资料来源：笔者整理。

（三）社交媒体品牌传播：传播内容立体化，媒介平台国际化

从新媒体营销的选择和效果来看，北京在旅游目的地营销中采用了多元化的社交媒体推广平台，而且更注重发挥国际化社交媒体的海外营销宣传作用，取得了不俗的效果。

第一，注重培育自有新媒体营销平台——北京旅游网。该网站影响力

明显增强，目前已发展成为由网站（10语种网站）、微信（中英）、i游北京手机App（中英）、电商平台构成的网络矩阵。网站Alexa全球综合排名接近3万位，在国际旅游城市网站排名前五名，在国内旅游政府官方网站中排名首位。北京旅游网微信位居全国政务微信第三名，全国旅游政务微信首位，关注粉丝超过80万人。此外还有电子政务网站、北京旅游官方微博、政务微信、北京旅游手机报、北京旅游短信提示等新媒体和渠道。北京旅游政务微信用户量达到50多万人；北京旅游官方微博粉丝超过72.8万人；北京旅游手机报受众群也超过15万；入京提示短信2016年发放近2亿条信息。

第二，努力拓展境外社交媒体营销渠道。2013年5月，北京旅游委顺势而为，以欧美市场为重点，在国外知名社交媒体Facebook开通了“Visit Beijing”官方账号。2014年7月，又进一步建立起了多平台立体式的全球推广数字营销和社交媒体系统：除Facebook外，开始运营全球最受欢迎的新闻分享聚集地Twitter、快速图片分享平台Instagram以及Pinterest、全球最大的视频分享平台YouTube，在这些平台上分享城市的风貌，全面提升北京旅游国际化城市形象。截至2016年底，北京旅游Facebook门户平台共获得46万海外粉丝关注，页面总曝光量已超过1亿次，累计发布帖文500逾条，产生粉丝互动量近40万次，与全国同类旅游省市账号相比，粉丝数量第2，活跃度第1；Twitter的粉丝1.1万多个，增长达10倍；YouTube视频平台，共获得超过10万次观看；新兴的美图分享平台Instagram粉丝数已增长至6000人。同时，与境外影响力最大的旅游评论网站Tripadvisor和境外最大的旅游电商Expedia深度合作，把北京近两年开发的中医养生、精品文博、游学、体育休闲等新产品进行精准营销，提升入境旅游产品的转化率。

（四）产品组合营销创新：深度开发产品体系，优化品牌营销效果

第一，开放推介中医健康旅游产品线路。主要营销举措有：一是印制了中英德等多语种的中医药健康旅游手册；二是联合市中医药局推出31个中医国际医疗旅游服务包，委托携程整合推出了30条中医药健康旅游线路，在携程国内及国际PC及App网站上分别建立中英文专题页，进行广告展示和在线销售，实施EDM数据库精准营销和Google网盟精准投放，并利用携程微信、微博和Facebook进行社交媒体推广，在主要客源

国招募旅游达人来京进行中医药健康旅游体验。

第二，推广精品文博、文化演出、体育赛事旅游产品。北京市旅游委积极整合文博、演出和体育赛事资源，进行了产品开发和海外市场推广，邀请不同市场的旅行商来京考察，形成20余种精品文博、文化演出、体育赛事产品并通过全球平台类网站Tripadvisor对美国、澳大利亚、德国、韩国、中国港澳市场进行精准投放。《功夫传奇》《金面王朝》《远去的恐龙》《中国大马戏——山海经之通天树》《Cavalia·舞马》等北京旅游演出剧目深受游客喜爱。

第三，积极推动游学旅游、商务会奖发展，扩大北京游学品牌辐射力。北京正式加入国家旅游局牵头的中国内地游学联盟，组织游学旅游企业赴台湾、澳门开展了北京游学旅游推广；接待了香港29名中学校长考察团，校长们考察了中关村高科技展览展示、皇家菜博物馆、功夫传奇等北京研学旅游资源，组织研学旅游推介交流会，推介旅游资源，了解香港青年学生的研学需求。2016年海淀区被确定为全国研学旅游目的地之一。

第四，拓展郊区休闲度假空间，丰富郊区旅游休闲产品。一是开发传统村落，实施24个重点传统村落一本旅游开发建议书、一本地图折页、一个移动房车咨询站、一个生态厕所、一个免费Wi-Fi站的“五个一”工程；二是提升十种业态，打造国际驿站、休闲农庄、采摘篱园、民族风苑、乡村酒店、养生山吧、生态渔村、山水人家、葡萄酒庄、汽车营地等郊区旅游十种业态“升级版”；三是培育特色小镇，重点培育和建设100个旅游特色小镇，打造郊区休闲旅游目的地品牌。

（五）品牌营销协同推广：国际国内区域协同，联盟机制发挥集聚效应

合作营销是旅游目的地放大品牌营销效应的重要渠道和模式，北京非常注重建立与国内外不同区域或城市、关联行业的产品协同、渠道协同、促销协同平台，提升目的地营销管理能力。

第一，充分发挥“9+10”区域旅游合作机制的区域协同功能。2008年2月，由北京倡议发起，环渤海地区5省市（北京市、天津市、河北省、辽宁省、山东省）、环北京4省区（内蒙古自治区、陕西省、山西省、河南省）以及国内10个热点旅游城市（北京市、上海市、重庆市、西安市、杭州市、南京市、昆明市、成都市、哈尔滨市、桂林市）建立

起“9 + 10”区域旅游合作机制。在此次区域旅游合作会议上，环渤海地区、中国主要热点旅游城市的旅游局局长分别签署了《环渤海地区五省市区域旅游合作框架协议》《中国主要热点旅游城市旅游业合作框架协议》；北京市旅游局还分别与山西省、陕西省、内蒙古自治区以及河南省旅游局签署了4个双边旅游合作协议。协议以“促进环渤海区域旅游业的共同繁荣”为指导思想，以“优势互补、互利共赢”为合作原则，明确了政府主导，建立区域旅游合作机制；联合促销，打造区域旅游品牌和形象；增进交流，推动区域旅游产业的可持续发展；区域联动，营造良好的旅游环境4条16款内容。2013年，第五届“9 + 10”区域旅游合作会议成立了“9 + 10”区域旅游合作四大联盟，即区域入境旅游合作联盟、媒体合作联盟、研究机构合作联盟和投资促进合作联盟。

第二，利用世界旅游城市联合会平台推广北京旅游。2012年至2015年，总部设在北京的世界旅游城市联合会相继召开了5届“香山峰会”。2016年香山旅游峰会在重庆举办，以“共享经济和世界旅游城市发展”为主题，有全球100多个旅游城市、50多个旅游机构和国际旅游组织，以及全球近百家国际知名旅游媒体的代表约400人齐聚重庆，共谋旅游城市国际交流与合作，促进世界旅游城市经济社会协调发展。会上发布了《世界旅游城市联合会重庆宣言》和《重庆市打造国际知名旅游目的地案例研究报告》及《世界旅游城市发展报告2016》等研究成果，西班牙马德里、德国德累斯顿、加拿大蒙特利尔等十多个新会员加入了世界旅游城市联合会大家庭。截至2016年底，联合会成员已经由成立之初的58个发展到181个，成为最具成长性的国际旅游组织，有力地提升了中国在国际旅游业的影响力和话语权。

第三，完善中国世界遗产旅游推广联盟章程和机制，积极开拓中国遗产旅游市场。2016年，北京市旅游委牵头组织并发起的“中国世界遗产旅游推广联盟”逐步完善了“中国世界遗产旅游推广联盟”章程和各项工作机制，拍摄了中国世界遗产旅游推广联盟宣传片，印制了联盟推广手册；在北京和承德分别召开了由北京市旅游委、河北旅游委、承德市政府主办的“2016中国世界遗产旅游推广联盟工作会议暨中国世界遗产旅游高峰论坛”，发布了《2016中国世界遗产旅游发展报告》及中国遗产推广标识，吸纳了广西左江花山岩画和湖北神农架景区两个新的世界遗产成为会员单位，为联盟下一步的发展打下了坚实的基础。“中国世界遗产旅游推广联盟”平台已经成为各省市旅游部门、遗产单位和专家学者之间的交流沟通平台，为进一步整合联动中国优质遗产资源，通过产业创新、融合将其推向全球，共同传承和发扬中国的世界遗产价值发挥了积极作用。

第四，完善中国会奖旅游城市联盟、北京高端旅游与会议产业联盟。中国会奖旅游城市联盟于2012年9月12日在北京成立，由北京、上海、天津、成都、杭州、昆明、三亚、西安8城市共同发起。2016年，北京市旅游委主办了第九届中国会议产业大会，并开展了中国会奖旅游城市联盟、北京高端旅游与会议产业联盟夏、冬季推广活动。廊坊成为中国会奖旅游城市联盟第17个会员城市。北京高端旅游与会议产业联盟开展了3次北京会奖资源场所的考察，组织协会、会奖公司、公关公司等相关办会企业120家210人对有关会议场所进行考察体验，开展北京会议酒店市场调查和分析工作。两个联盟进一步完善了机制，拓展了合作，在共同参展、联合促销方面做出了有益探索。

第五，借助“中国长城旅游市场推广联盟”，联合推广打造国际精品旅游线路。2014年1月8日，北京、天津、河北、山西、内蒙古、陕西、甘肃、宁夏8省区市旅游局（委）代表齐聚北京，成立“中国长城旅游市场推广联盟”，商讨创新宣传推广机制，整合长城沿线区域旅游产品资源，使传统的长城品牌焕发更大活力。长城旅游联盟由河北省旅游局最初提议，联盟秘书处设在河北省旅游局（现河北省旅游发展委员会）。2015年12月山东省旅游局加入联盟。联盟成员审议并通过了《中国长城旅游市场推广联盟章程》。根据章程，联盟成员之间彼此尊重、平等、诚信，通过资源整合、产品包装、形象宣传、联合营销等方式，促进长城沿线地区旅游产品一体化开发和推广，推动联盟成员之间的区域互动与合作，最终实现把长城打造成为国际知名的精品旅游线路的目标。

二 北京旅游品牌营销的经验启示

（一）目的地品牌营销管理机构创新

北京旅游委成立以来，整合部门机构，在目的地营销与市场推介方面最大的举措和亮点是重新整合并设立了新的职能处室——城市形象与市场推介处。该处的核心职能为：负责组织本市旅游整体形象的策划与推介，以及旅游资源的对外宣传推广工作；拟订并组织实施旅游市场营销战略，建立完善旅游市场营销体系；建立旅游资源的媒体宣传推介网络，完善旅游资讯推介体系；负责在主要客源国城市和地区设立旅游办事机构；组织旅游宣传品的制作与发放。之后，高端旅游发展处并入该处，增加了高端旅游产品及线路的开发整合推广的工作职责。由此，就营销管理机构层面而言，北京旅游营销的诸多活动和工作得到了统一的部署与具体的实施。

（二）目的地品牌营销平台协同创新

一方面，北京旅游营销已构建起"各区—全市—区域—全球"的营销协同平台。首先，各区旅游委的各项营销工作保持了与北京旅游委市场工作的协同，各区旅游营销活动各具特色、优势互补；其次，北京与周边省份达成了区域旅游合作协议，合作编制旅游规划和产品线路，建立共享的旅游信息交流平台，如京津冀三地联合编制"一本书、一张图、一张网"，是实现京津冀旅游市场一体化的重要载体；再次，随着 2012 年 4 月全球第一个以城市为主体的国际旅游组织世界旅游城市联合会（WTCF）在北京的正式成立，北京旅游营销已经搭建起了国际化的协作平台。由此，北京塑造了更具优势的城市品牌，获得了更加有利的旅游营销外部环境，为营销活动的开展拓宽了推介的辐射范围。

另一方面，北京旅游营销构建了多元化的线上线下媒体传播网络。首先，如前所述，北京旅游网作为北京旅游发展委员会的官方网站，提供了全方位的旅游资讯，是城市旅游营销的核心平台；其次，2012 年 5 月，为了更有效地发挥旅游服务网站在助推北京旅游市场发展、带动旅游行业健康发展和提升旅游公众服务水平方面的作用，由北京市旅游发展委员会发起，以北京旅游网为轴心网站，联合搜狐、艺龙网、携程网以及各区旅游委等官方网站共同构建组成北京旅游网站联盟，旨在规范北京旅游、宣传北京旅游、为北京旅游企业服务、共创旅游类网站繁荣。此外，还进一步完善了宣传报道体系，已经形成了一支覆盖电视、广播、报纸、网络等数十家媒体记者的报道队伍，这些都为城市旅游营销与市场推介工作提供了有力的保障。

（三）目的地旅游品牌体系开发创新

首先，为加强品牌形象标识的一致性与规范化，北京市旅游委在修订的《北京市旅游导览导向标识设置规范》中明确要求"标识设计须融入北京旅游统一的标识图形元素”——天坛。

其次，形成了市、区、企业和产品四个层次的目的地旅游品牌体系结构，特别是在各区和旅游产品（商品）品牌体系建设方面，取得了不俗的营销传播效果。一方面，各区根据自身的旅游资源禀赋条件和目标市场偏好确立了独特的品牌形象定位，尤以西城区和东城区品牌塑造和传播最为成功。另一方面，北京旅游委出台《北京旅游商品扶持资金管理办法（试行）》，目前已经实施四年，通过对北京旅游商品的研发、设计、销售等全产业链的资金扶持与引导，鼓励创新，培育特色，打造“北京礼物”品牌。目前，“北京礼物”已经展出 8 大系列 2000 多件商品，极大地丰富了北京旅游商品供给，提升了“北京礼物”的品牌知名度和北京旅游目的地的美誉度。

（四）目的地品牌营销传播模式创新。

在开拓国际社交媒体推广平台后，北京旅游委也借鉴国外优秀旅游目的地的成功经验，有效实施线上、线下全球目的地营销推广活动。如 2016 年，与万事达信用卡合作开展了“长城好汉”全球线上线下相互动的网络营销活动，通过意见领袖招募、实地体验、网络传播等步骤，持续在海外宣传以长城为主题的北京深度体验资源。同时结合万事达卡的海外持卡人及宣传渠道，扩大北京旅游在境外的影响力，进一步开拓入境旅游市场。此次选中的意见领袖是美国社交媒体达人、独立导演、拥有 400 多万粉丝。在活动期间，身为导演的“长城好汉”索尔在活动期间坚持每日发布一条视频，目前已发布的 5 条视频，共获得超过 10 万次浏览，得到了大量粉丝留言，其中九成留言的评论非常正面，对北京长城及周边旅游资源表示喜爱和极高的体验兴趣。Visit Beijing 和郎朗也在社交媒体平台上进行了互动，两个平台发布、分享、转推了 6 月 1 日发布会和攀登长城（有索尔互动）的内容。此次营销活动首次利用北京旅游委、万事达、意见领袖三个渠道同步进行推广，充分利用新媒体、社交媒体的影响力和瞬间聚焦效应，进行营销推广，促成境外主流媒体的广泛报道，迅速提升了北京作为国际旅游目的地城市的国际影响力，是一次线上线下融合、新媒体营销的典型案例。

再如，2017 年启动的由北京市旅游委联合战略合作伙伴中国国际航空及多个北京旅游企业单位，共同打造的全球大型旅游营销推广活动

“皇城御使”，通过“访古——天子脚下的皇家巡礼”和“问今——皇城根儿的京味探秘”两条皇家文化深度体验线路，让海外御使从古代穿越到现代，从皇家城池走入胡同巷尾，亲身感知北京世界文遗的厚重大气、帝王御苑的旖旎风光、皇城酒店的宾至如归、御膳名馔的地道京味、文艺瑰宝的精彩纷呈。活动在启动后一个多月的时间里，网站的线上招募就获得超过5万次页面浏览量，共收到来自海外近80个国家超过2000份报名申请，境外新媒体平台新增粉丝6万余人，累计发布过百条帖文，产生超过3500万次曝光，北京旅游首部官方VR虚拟视频宣传片也随着活动的启动在全球同步发布。最终，来自英国的著名网红家庭Family Fizz（菲兹家庭）当选“皇城御使”。8月他们受邀来到北京，这是Family Fizz第一次到访中国，通过三日的皇家文化深度体验之旅，感受北京文化，他们全程自主拍摄视频和美图，即时分享到海外社交媒体平台与全球粉丝分享精彩体验内容，进行口碑传播和扩散宣传，特别有助于提升北京入境游对“家庭游”这一重要目标群体的影响力和吸引度。

第十九章　基于投资吸引力的城市品牌：青岛经验

李泽锋*

【本章导读】青岛自建市以来就是中国的产业名城，从租界时期登州路上的“青啤”到本土企业真诚到永远的“海尔”，从畅销城乡的“青食饼干”到纵横高铁的“中车四方”，这座位于山东半岛的北方海滨城市从未令人失望。早在1984年，在很多城市还在组建企业、推动市场经济发展的时候，青岛市就已经实施“名牌带动、品牌兴市”的战略，从产品品牌到企业品牌，从帆船之都品牌到金融财富品牌，青岛走出了城市品牌与投资吸引交互发展的康庄大道。面对新世纪全球城市的竞争，作为国家中心城市的青岛如何依托投资品牌整合文化、旅游、宜居品牌，跻身一线城市将是其应当勠力而为的关键之战。

青岛，简称青，别称“琴岛”“岛城”，地处山东半岛东南部沿海，胶东半岛东部，濒临黄海，隔海与朝鲜半岛相望，地处中日韩自贸区的前沿地带。青岛是计划单列市，副省级城市，是全国首批沿海开放城市、中国海滨城市、国家历史文化名城、全国文明城市、国家卫生城市、国家园林城市、国家森林城市，也是中国最具幸福感城市。

滨海的城市地理位置给了青岛人民舒适的生活环境。青岛依山傍海，风光秀丽，气候宜人。青岛岬湾相间，沙软滩平，海岸曲折，城伴海生，海增城色；崂山，山险峰秀，空旷幽远，鬼斧神工。八大处欧式建筑，造

* 李泽锋，宁波城市职业技术学院/宁波大学职教学院专任教师。研究方向：文化旅游、区域旅游产业发展、城市营销。

型别致，红顶石墙，精巧玲珑，各具风韵；宗教建筑别具韵味，市区的天主教堂、崂山的道观庙院、珠山佛寺尼庵，其建筑造型迥异，气氛庄严肃穆、空灵圣洁。名人故居多而密集，民俗景点分布广，民族文化底蕴深厚。

同样，滨海的城市地理位置给了青岛广阔的发展空间。1897 年青岛就有了港口和铁路，青岛遂因“一港一路”而兴。20 世纪 80 年代开始，青岛培育并创建了一大批知名的企业品牌，如海尔、海信、青啤、双星、澳柯玛等。2008 年，凭借得天独厚的水域资源，北京奥运会帆船比赛在青岛举行，此举也将青岛“帆船之都”的城市品牌传播至世界各地。从 2013 年开始，青岛积极融入国家“一带一路”倡议，发挥“一带一路”新亚欧大陆桥经济走廊主要节点、海上合作战略支点城市的双定位优势。到 2016 年，青岛机场旅客吞吐量已经突破 2000 万人次，跻身国内大空港行列；青荣城铁开通，胶东半岛实现快速直达；铁路青岛北站建成运营；青岛国际邮轮港获批对外正式开放。青岛市 2016 年经济总量已经突破万亿，全市生产总值 10011.29 亿元，按可比价格计算，增长 7.9%，人均 GDP 达到 109407 元。至此，青岛跨入“万亿俱乐部”，成为全国 12 个经济总量过万亿的城市之一。

青岛不光注重城市设施建设及经济发展，也关注青岛城市品牌的培育。在历届青岛政府的努力下，青岛的城市品牌建设不断深入。青岛是全国最早实施名牌带动战略的城市之一，经历了 20 世纪 80 年代的产品创建阶段，90 年代的品牌战略阶段，到 21 世纪初发展品牌经济、打造品牌城市阶段，青岛的品牌经济逐步升级，产品品牌与城市品牌互动推进，城市品牌不断明晰，影响力进一步提升。

一　青岛城市品牌发展历程

青岛的品牌意识首先体现在产品（企业）品牌上，而后逐步延伸开来，形成品牌经济。在此基础上，青岛市政府提出城市品牌的构想，尤其在奥运之后，青岛提出“帆船之都”的城市品牌。随着 2014 年 2 月，青岛市财富管理金融综合改革试验区正式获得国家批复，成为全国首个以财富管理为特色的金融综合改革试验区①，“财富金融青岛”的城市品牌也逐步凸显。

（一）从品牌产品（企业）到“品牌之都”

1. 青岛市产品（企业）品牌的建立与发展

青岛是国内较早有品牌意识的城市之一，其一直以来有较好的品牌基础。早在20世纪初，青岛就涌现出一批高质量产品的企业，如1903年开办的英德啤酒厂（今青岛啤酒厂），创建于1900年的四方机车车辆厂，创建于1924年的颐中烟草公司，创建于1912年的谦祥益等著名工商企业。

到20世纪80年代初，青岛市政府结合青岛当地企业实际，开始积极的布局品牌战略，培养了一批品牌产品、品牌企业，这是后来青岛“品牌之都”的城市形象树立的基础。1984年，在很多城市还在组建企业、推动市场经济发展的时候，青岛市果断实施“名牌带动、品牌兴市”战略，拉开打造品牌之城的帷幕。该年，青岛市政府出台《青岛市1984—1990年重点产品发展规划》，提出发展具有青岛市特点的“拳头”产品，并确定了57种重点扶持的产品，青岛啤酒、海尔冰箱、海信电视、双星运动鞋等都位列其中，产品品牌的高速发展正式拉开序幕。1989年青岛市政府发出《关于在工业系统全面开展争创“青岛金花”活动的通知》，进一步落实产品（企业）品牌，通过举办大规模的展销会、宣传会等，使得产品（企业）品牌深入人心。同时，在国内外对评选出来的品牌进行大量的宣传，提升了青岛品牌的知名度，也提升了青岛在品牌建设上的全国知名度。1989年中国首批10个驰名商标，青岛海尔、青啤2家入围。在此后的时间里，青岛涌现出海信、双星、澳柯玛等一系列知名品牌。至此，青岛在产品品牌建设中占得先机。

进入90年代，青岛市政府出台相关文件，持续推进青岛产品（企业）品牌建设，如1994年发出《关于实施名牌战略、开展争创“青岛名牌”产品活动的通知》；1999年发出《关于进一步加强实施名牌战略争创

① 《中国人民银行等11个部门联合向山东省人民政府发出〈关于印发青岛市财富管理金融综合改革试验区总体方案的通知〉》（银发〔2014〕38号），《光明日报》（http://epaper.gmw.cn/gmrb/html/2014-02/18/nw.D110000gmrb_20140218_12-10.htm?div=-1.2014-2-10）。

名牌产品工作的通知》。在该段时间内，政府进行了培育名牌、发展名牌、宣传名牌、保护名牌等一系列措施，并提出从产品质量到企业品牌的全面提升及构建，形成品牌集群，争创世界品牌。

2. “品牌之都”：从品牌产品到品牌经济的跨越

在原有产品品牌的基础上，青岛市认识到品牌是一笔巨大的财富，尤其是进入21世纪以来，品牌已经成为企业及市场交往中重要的要素，品牌经济已经主导市场的发展，而品牌对城市的作用也越来越凸显。无论是企业的发展、产业的集群，还是城市的宣传，品牌因素越来越重要。

21世纪初，青岛市品牌产业规模化、集群化、国际化发展。在这一时期，青岛的产业结构也逐步从以“五朵金花”为代表的“轻型化”向以石化、造船、汽车、家电、电子和港口六大产业集群为轮廓的“集群化”转变。青岛市政府及有关部门出台并实施了青政发〔2004〕56号《关于建立新创工业知名品牌奖励制度的通知》、青经贸〔2005〕50号《2005年品牌经济工作意见》；青政办发〔2007〕7号《关于促进品牌经济发展的意见》、青经贸〔2007〕79号《关于推进纺织服装品牌集群发展的意见》等文件，青岛市从产品（企业）品牌开始向品牌经济推开深化。如海尔周边吸引了一大批家电上下游相关企业，许多国际和国内大企业纷纷把代表核心技术水平的研发中心转移到青岛，从而搭建出一个集研发、制造、采购、物流等于一身，辐射力巨大的产业平台，品牌经济越发凸显。2005年，在北京举行的2005中国自主创新·品牌高层论坛暨中国品牌经济城市峰会闭幕式上，青岛市被授予“中国品牌之都”称号。2012年出台的《关于加快本市品牌经济新一轮跨越式发展的意见》、2017年出台的《青岛市积极推进2017年工业质量品牌建设工作》等政策文件，突出了把品牌建设作为推进供给侧结构性改革的重要突破口，大力强化“品牌强市”战略。

在品牌经济的体系建设过程中，青岛市提出服务品牌与政务品牌的建设，突出青岛的城市文化，展现青岛的软实力。自1999年实施“精神文明建设名牌战略”以来，青岛在全市上百个门类的服务行业中开展了创服务名牌活动。青岛市对此出台《青岛市服务名牌创建管理办法》，规范服务行为，创新工作方法，通过服务品牌的建设，提高服务水平，提高青岛综合竞争力，提升青岛形象。由青岛交运集团提出的“情满旅途”是我国第一家以精神文明建设品牌注册的服务商标，先后荣获中国驰名商标和省市服务名牌，也是中国道路运输行业第一个服务品牌。2015 年，“情满旅途”荣获全国十大交通运输文化品牌。海尔集团曾经温暖千百万用户心灵的品牌传播语“真诚到永远”也被授予“青岛市服务名牌”称号。青岛 12319 服务热线被中央精神文明建设指导委员会首批授予全国文明单位。此外，青岛市高速公路管理处的“畅行达远”，青岛市中心血站的“热血真情”，中国太平洋财产保险股份有限公司青岛分公司的“便捷理赔”，平度市同和街道办事处“同和一家亲”等服务品牌都被授予了“青岛市服务名牌”称号。

通过服务品牌的创建，提升青岛各行各业的服务意识和服务水平，为青岛市的社会经济发展营造良好的城市氛围，进一步加深品牌经济的影响。这些服务名牌与产品名牌一道，使青岛成为享誉全国的“品牌之都”。

（二）“帆船之都”：借势“奥运”后的持续发力

借助各类节庆活动，是宣传城市形象的大好机会，2008 年北京奥运会的举办正好给了青岛这样一个难得的契机。2008 年北京奥运会帆船比赛在青岛举行，这既得益于青岛得天独厚的水域资源，也是因为帆船运动在青岛有着良好的基础。青岛是中国最早出现帆船运动的城市，帆船运动在青岛已有百年历史。据记载，1904 年青岛皇家帆船俱乐部举办了帆船比赛，这是目前中国发现的最早记录帆船运动的历史资料。

2008 年，奥帆赛落户青岛，青岛借助这一契机，倾力打造“帆船之都”，为城市品牌注入新的内涵和活力，给青岛的发展带来永久性影响。青岛突出“新青岛、新奥运”的主题，实现了举办一届“有特色、高水平”奥帆赛的目标，充分利用青岛“山、海、城”浑然一体、人与自然和谐共处的城市特点，做足了海上运动的文章，建成亚洲一流、国际先进的海上运动基地，展示青岛“海上奥运”的特色，将青岛打造成中国的“帆船之都”。通过奥帆文化与城市形象有机结合，并引进诸多国际顶级帆船赛事，组建青岛市帆船队参加国内外重大帆船比赛，将帆船打造成青岛最亮丽的城市名片。

2016 年 2 月，青岛市政府提出了“在 2025 年前要将青岛打造成为国际休闲体育和海上运动知名城市”的发展战略，给青岛帆船事业的发展带来了前所未有的发展机遇和深远影响。在 2016 年，青岛获得了世界帆联、亚帆联授予的“十年御风城市奖”。

在奥帆赛结束后，青岛持续发力，通过参赛、交流、宣传等一系列方式，扩大青岛在帆船界的影响力。

第一，“重比赛”，引进并参与多项国际性赛事。自 2008 年奥帆赛、残奥帆赛以来，青岛相继举办世界杯帆船赛、克利伯、沃尔沃、国际极限帆船系列赛等顶级国际赛事，青岛已经成为亚洲地区引入国际顶级帆船赛事最多的城市之一，“帆船之都”青岛在世界帆船界的影响力也不断提升。

第二，“强交流”，构筑起帆船的文化交流路径。青岛借助与国际奥委会、世界帆联、世界奥林匹克城市联盟、国际 OP 级帆船协会的友谊，广泛参与国际帆船运动与奥帆文化交流活动。青岛市帆协与德国、法国、瑞典、韩国、俄罗斯等 20 多个国家和城市的帆船协会建立友好关系。此外，青岛还连续多年选拔青少年和教练员赴德国、西班牙、澳大利亚等帆船运动发达国家城市开展交流活动。

第三，“塑氛围”，推动全民了解并参与帆船的热情。连续九年举办青岛国际帆船周・海洋节；举办“市长杯”国际帆船绕岛赛、青岛国际帆船赛等；推出青岛国际大学生帆船训练营、国际名校大学生帆船赛（中国青岛）、山东省休闲皮划艇大赛青岛站比赛、“船东杯”帆船赛等活动和帆船训练营；开发了城市俱乐部联赛等各类群众性帆船赛事；长期开展城市帆船普及活动——“帆船运动进校园”青少年帆船普及活动和“欢迎来航海”全民帆船普及活动。2006 年，在青岛全市启动了“帆船运动进校园”活动以来，累计培训超过 2 万名青少年，更让几十万普通人登船体验航海，夯实了“帆船之都”城市品牌的社会基础。促进帆船与旅游、文化、会展、商务等业态的深度融合，让更多市民和游客参与其中。

第四，“广宣传”，通过各类途径推荐宣传青岛“帆船之都”的城市品牌。发布《帆船之都》宣传系列片。通过高端帆船赛事和节庆活动搭建平台，举办首届奥帆城市市长暨国际帆船运动高峰论坛、环中国海帆船俱乐部论坛等活动，汇集各方智慧，凝聚业界共识，发布青岛宣言。每年派团出席世界帆联年会、世界奥林匹克城市联盟峰会、国际帆联部分协会年会，广交朋友，大力推介，积极宣传青岛“帆船之都”城市品牌。

二　青岛城市投资品牌的打造

（一）城市品牌与投资吸引的交互

1. “品牌之都”的投资吸引

青岛城市品牌的打造为青岛赢得良好的城市形象，也给青岛带来了大量的投资机会，同时，投资也提升了青岛的经济活力和城市美誉度。招商引资不仅仅是简单的资金投入，更是利用外资的影响来提升城市品牌的一种方式，通过引进国外企业先进的技术、管理、渠道来带动青岛本地企业的发展，同时带动城市的发展。

“品牌之都”青岛，其原有的名牌产品和企业成为吸引外资的重要力量。很多世界著名品牌与青岛市本地名牌企业建立了合作关系。有松下、三洋、LG、朗讯、可口可乐、雀巢、大众、亚马逊、爱立信、汇丰、日立等境外133家世界500强企业落户青岛市，投资设立了261个项目。2016年，空客将其在欧洲以外的第一条H135型直升机总装线基地放在青岛，就是因为有青岛华通集团、青岛旅游集团等一批优秀的合作伙伴。以色列mPrest公司则选择与在智慧城市领域深耕多年的海信集团合作，面向全球推广智慧城市解决方案，共同开发物联网云平台，在智慧城市、安全城市、重要设施管理、智能交通等方面实现合作。加拿大庞巴迪和青岛德固特轨道装备有限公司合作进行单轨交通系统研发建造。2016年，青岛市积极吸引和承接世界500强企业投资青岛，先后与德国大众、西门子、庞巴迪、亚马逊、大陆、曼福集团、高盛等世界500强企业签约设立了29个外资项目，外资额13.6亿美元，位列山东省第一。投资领域包括汽车、集装箱、轨道交通、橡胶轮胎、互联网、房地产业、仓储物流等。同时，在跨国公司成为主要经济主体的当今世界，青岛市的很多实力强大的品牌企业走出国门进行海外投资，投资区域遍布全世界。

此外，青岛在投资吸引上的成功，也离不开青岛市服务软环境的建设。在青岛“服务名牌”的创建下，青岛市以自身增值为目标，不断地改善投资软环境。青岛市政府提出构建务实高效的政府环境，便捷和谐的商务环境，公正的司法环境和健全的保障机制环境的倡议。

2. “帆船之都”的投资带动

“帆船之都”的城市品牌也给青岛带来了一系列投资机会。“帆船之都”的城市品牌营造推动了青岛在经济、旅游、文化领域的跨越式发展。根据《青岛市城市总体规划（2006—2020）》，青岛将建成为我国东部沿海区域经济中心、现代化服务中心、文化中心、国家海洋科研及海洋产业开发中心、东北亚国际航运中心和国际滨海度假胜地。蓝色经济区的开发建设，将使青岛“帆船之都”的城市品牌意义更加凸显。

在“帆船之都”的青岛城市品牌之下，水上运动、文旅投资等项目不断扩大。2017 年 8 月在山东省政府主办的香港山东周上，港中旅青岛帆船小镇、恒大童世界、世茂国际城、香港金控战略合作 4 个重大项目相继签约落户青岛，总投资额超过 30 亿美元。其中，港中旅青岛帆船小镇项目计划总投资 100 亿元，协议外资额达 2 亿美元，其以青岛海泉湾为依托，建设海洋科技馆、500 泊位的帆船游艇码头、帆船游艇产业园区、人才公寓配套等，拓展海上娱乐、休闲度假、运动和比赛等相关活动，打造以海洋主题为特色的国内外知名休闲度假目的地。同时，随着“帆船之都”的城市品牌不断深入人心，在国内旅游交易会上也推出“帆船之都”专项旅游产品。青岛国际帆船周·青岛国际海洋节等活动所包含的游艇帆船及高端消费品、展览区、美食节、购物节等产业板块也进一步扩大。此外，帆船制造产业已经成为青岛市特色产业之一。青岛船艇制造商承接了英国克利伯公司全球招标价值 1.2 亿元的环球远航赛船的建造工作，标志着青岛大帆船建造水平达到了国际赛事标准。

3. 国际合作下的青岛投资品牌

青岛是“一带一路”战略上的重要节点城市，在 2015 年国家发展改革委、外交部、商务部联合发布的《推动共建丝绸之路经济带和 21 世纪海上丝绸之路的愿景与行动》中，青岛作为重要的海陆双向“桥头堡”被正式提出。青岛围绕新亚欧大陆桥经济走廊主要节点和海上合作战略支点的双定位，不断推进“一路一带”的战略框架，吸引投资。连续两届举办“青岛国际经合伙伴圆桌会议”，截至 2016 年青岛已经与全球 30 个国家的 37 个城市和省州、11 个经贸机构建立经济合作伙伴关系，成为全国唯一加入与美国加利福尼亚州和芝加哥市两个“贸易投资合作联合工作组”的计划单列市，并成为中英地方贸易投资联合工作组首批成员之一。围绕“一带一路”投资布局，建立了 72 个总投资 200 亿美元的“一带一路”经贸合作重点项目库，全方位提升双向投资合作水平。

成立金融综合改革试验区，叫响“财富金融青岛”城市新品牌。

2014 年，国家批复成立青岛市财富管理金融综合改革试验区，成为全国首个以财富管理为特色的金融综合改革试验区。近年来，通过各类财富管理创新政策实施，直接为青岛市带来融资近 380 亿元，为企业节约费用超过 25 亿元。2016 年 9 月，经欧洲央行、意大利央行批准，意大利联合圣保罗银行发起筹建的青岛意才财富管理有限公司正式在青岛完成工商注册，注册资本达 1.46 亿元人民币。截至 2016 年，外资金融机构已达 34 家，数量领先于全省，在计划单列市中列第二位，已有 13 家银行机构总部在青岛设立私人银行，私人银行管理资产额 837.2 亿元，是 2014 年末的 1.7 倍。私募基金管理资产规模 939.2 亿元，比 2014 年底增加 872.2 亿元。

（二）夯实投资品牌要素基础

基础设施、人才要素、制度环境、投资营销等都是构建青岛投资品牌的重要因素。因此，从青岛投资的基本要素出发，勾勒出青岛投资品牌形成的要素基础。

1. 基础设施

地理位置和交通是投资考虑的重要因素，也是建立投资品牌的重要因素之一。只有在良好的交通条件之下，青岛才能吸引更多的投资者，青岛的投资品牌才能牢固树立起来。现阶段，青岛有良好的地理位置和交通条件。截至 2016 年，青岛市拥有国内航线 127 条，国际航线 17 条，港澳台地区航线 2 条，全年航空旅客吞吐量达到 2050.5 万人次。青岛市还计划于 2019 年在胶州建成新的国际机场——胶东国际机场，总投资 415 亿元，按 2025 年旅客吞吐量 3500 万人次、飞机起降量 30 万架次目标设计，打造区域性枢纽机场。青岛地面交通设施完善，逐步进入地铁时代。青岛地铁工程，总投资 1577 亿元，6 条线路同时开工在建。除了已经全线通车的地铁 3 号线，2017 年底，2 号线也将开始试运行。青平城际轨道交通工程，总投资 194.6 亿元，加强县域之间联系。青岛将成为山东交通最便利的城市之一，也是山东第一个建成地铁的城市。港口吞吐量持续上涨，2016 年全市港口吞吐量 5.1 亿吨，增长 3.4%；外贸吞吐量 3.4 亿吨，增长 4.5%；集装箱吞吐量 1805 万标准箱，增长 3.5%

2. 人才要素

人才为投资及城市的可持续发展提供持续动力，有较好投资基础的城市往往是人才较为集聚的城市。人才会给城市带来更多创新，有利于吸引投资，同时，投资开发也会吸引人才的流入。对青岛而言，其有很强的人才储备，2016 年末青岛全市共有各类大专院校（含民办高校）26 所，其中普通高校 24 所，全年研究生招生 1.1 万人，在学研究生 3.3 万人，毕业生 0.8 万人（不含驻青科研院所研究生）。普通本专科招生 10.1 万人，在校生 34.1 万人，毕业生 8.6 万人。青岛除了目前拥有的中国海洋大学、青岛大学等知名大学外，还吸引了如山大、哈工大、北影、上戏等知名大学来建立新校区。此外，2016 年青岛全市共取得重要科技成果 606 项。获得国家级科技奖励 9 项，其中，技术发明奖 2 项，科技进步奖 6 项，国际合作奖 1 项；获得省级科技奖励 42 项，其中，最高奖 1 项，自然科学奖 5 项，技术发明奖 8 项，科技进步奖 27 项，国际合作奖 1 项。由此可见，青岛的人才储备及人才创新能力强，这为青岛投资品牌的建设提供了强大的智力支持。

3. 制度环境

吸引更多的投资，建立城市投资品牌，需要一个良好的制度环境，尤其是和投资直接相关的制度。城市需要为投资方提供一定的让利，以吸引投资者来本地。青岛市政府制定了一系列政策文件，通过多层次、多角度的政策支持来吸引投资，并保障投资方的合法利益。2017 年初，国务院《关于扩大对外开放积极利用外资若干措施的通知》公布，鼓励地方政府在法定权限范围内制定出台招商引资优惠政策。青岛把握机遇，通过调查走访，制订并出台《青岛市加快实施现代产业精准招商行动计划》，并在此基础上，形成《实施现代产业精准招商政策措施》，总计 57 条招商新规。青岛对先进制造业领域的内外资招商项目，给予奖励、补助、贴息及其他资金支持。对新引进的高新技术企业，最高给予 30 万元的奖励，在青岛新注册的总部企业，实缴注册资本 20 亿元以上的，给予不高于 4000 万元一次性补助。此外，青岛还强化对外合作，利用各类渠道和平台吸引外资。2016 年，青岛市落实《青岛市深化与世界 500 强及全球行业领军企业（机构）合作行动计划》，积极吸引和承接世界 500 强企业投资青岛。先后与德国大众、西门子、庞巴迪、亚马逊、大陆、曼福集团、高盛等世界 500 强企业签约。2015 年，青岛市制定了《青岛市落实国家“一带一路”战略规划总体实施方案》和《青岛市加快走出去实施“一带一路”战略经贸合作行动计划》，明确了用 3—5 年的时间与沿线国家的进出口贸易额、累计利用外资额和对外投资额三项指标各新增100亿美元的总体发展目标，并为此匹配了相关保障政策。这一系列政策形成高效的青岛招商引资优惠政策体系，为青岛的投资品牌建设保驾护航。

4. 投资营销

通过人文交流、经贸宣传，进行投资营销，宣传青岛的投资政策与投资环境，树立青岛的投资品牌。良好的投资环境、投资政策等条件需要通过有效的投资营销宣传出去，让更多的投资者熟知。在这方面，青岛市不断开拓各个宣传渠道，举办“青岛欧盟投资贸易科技合作洽谈会”“中国（青岛）—拉美投资与贸易推介洽谈会”“青岛国际经济合作伙伴圆桌会议”“欧亚经贸合作产业园区商务对话会”“中荷（青岛）经贸合作交流会”等，在“一带一路”沿线国家举办了多场“丝路对话”系列经贸促进活动；参与“中国国际投资贸易洽谈会”“香港山东周”“中美地方经贸合作系列活动”等系列活动。这一系列活动有助于宣传青岛的投资形象，吸引外资入驻青岛。此外，青岛还通过“青岛国际啤酒节”“青岛海洋节”“青岛国际服装节”“青岛国际电子家电博览会”等节庆展会活动，吸引了国内外众多客商的目光。

三　青岛投资品牌发展的经验及不足

（一）青岛投资品牌发展的经验

1. 借助城市品牌，深化投资吸引

在投资品牌的建设中，要紧紧依靠城市的整体品牌。城市品牌能够给投资者形成一个良好的印象。有良好形象的城市，投资者必将更加愿意前往，吸引投资的能力也越强。所以在城市投资品牌的建设过程中，应结合城市整体品牌，进行有效的宣传、包装、对接。青岛市在此方面就有不错的表现，青岛市紧紧依靠“品牌之都”的城市形象，主动对接世界500强企业，为青岛带来大量的投资合作机会。这不光是投资的引入，更是世界500强企业的管理模式、理念、技术的引进。同样，在“帆船之都”的城市品牌之下，青岛做足了水上运动、海滨旅游休闲的功课，通过举办节庆活动、招商引资活动，吸引旅游文化项目的投资。在2017年的“香港山东周”上，港中旅青岛帆船小镇项目落户青岛，计划总投资100亿元，这正是“帆船之都”城市品牌影响下所直接带来的投资效应。因此，对于投资项目的吸引、推进等，城市应该借助整体的城市品牌，在城市品牌效应下，提高本地区的投资吸引力。要充分挖掘城市品牌中的投资要素，把吸引投资的关键要素和城市品牌进行良好结合，让品牌带动投资，让投资促进品牌。

2. 把握国家战略及政策导向，占得投资先机

城市的投资品牌建设需要结合国家的战略及政策导向，这样能够借助国家层面的投资宣传平台，而且也更容易受到国家政策的鼓励与支持，创造更多的投资机会。青岛在进行投资宣传的时候，结合国家“一带一路”的战略布局，充分发挥“一带一路”新亚欧大陆桥经济走廊主要节点、海上合作战略支点城市的双定位优势，进行一系列的招商引资活动。截至2017年上旬，青岛先后多次在“一带一路”沿线的欧亚非30个国家举办40余场以“通商青岛新丝路、经济合作新伙伴”为主题的“丝路对话”经贸活动，先后与沿线国家投资贸易机构和有关城市签署了52个地方经济合作伙伴关系备忘录。这些宣传活动提高了青岛的城市知名度，也推动了双方的投资发展。2016年，青岛实际到账外资金额70亿美元，引进青岛市以外国内资金1665.5亿元。在城市投资品牌的构建过程中，应该把握整体的政策环境，通过与国家战略相对接，扩大自身的投资宣传面，使自身城市的投资形象被更多人所熟悉，同时，通过嫁接国家平台，还能够使自己的投资宣传起到事半功倍的效果，也进一步降低了投资吸引成本。

3. 完善投资要素，进行投资营销

城市投资品牌的构建需要从投资者角度出发，为投资者提供相关的投资要素，如便捷的交通设施、完善的人才储备、优惠的投资政策等，让投资者能够在本城市享受到完善的投资服务及良好的投资优惠。在此基础上，通过投资营销，将这些内容及信息有效地传递给投资者，以吸引更多的投资者。

首先，交通是一个城市吸引投资的必备条件，在交通设施完备的情况下，物资流、信息流、人才流等能够更好地积聚，各项投资才更有可能入驻当地。青岛市地理位置优越，是新亚欧大陆桥经济走廊主要节点、海上合作战略支点城市，交通设施完备，航空、陆地、海运交通都有良好的基础，而且更多的交通设施也在进一步的建设中。其次，要积极进行人才培养和吸引。青岛有不少大学，而且还有多所985高校（校区），这些优秀的人才资源为投资企业提供充分的人力资源保障。做好城市的人才培育和

吸引工作，能够为城市及投资企业提供持续的发展动力。再次，要给予完善的制度保障。青岛在这方面有较好的投资政策及制度保障。在2017年1月国务院《关于扩大对外开放积极利用外资若干措施的通知》出台后，青岛第一时间结合本市的实际情况，制订《青岛市加快实施现代产业精准招商行动计划》《实施现代产业精准招商政策措施》两项文件，出台形成了“57条政策措施+30个专业招商团队”的政策体系。此外，城市的知名度是决定城市能否吸引投资者的第一步，还要进行相应的营销活动，通过各类招商会议、节庆活动等，把城市的投资品牌及投资政策宣传出去，让潜在投资者知道你，然后选择你。

（二）青岛投资品牌发展中的不足之处

1. 城市投资品牌不够鲜明

现阶段，青岛的投资品牌建设已经逐步推进，但是到目前为止，青岛还未形成鲜明的城市投资品牌。目前，青岛的投资吸引主要建立在城市整体品牌的基础上，所以投资的影响还不够突出，人们对青岛投资认知还比较低。各类招商、投资活动比较分散，还没有形成整体的联动系统。如有可能，需要把投资吸引的宣传活动连接成一个统一的整体，在统一的投资品牌下，对各项活动做出合理的安排，形成规模效应。2016年青岛提出结合青岛市财富管理金融综合改革试验区，打造“财富金融青岛”品牌，但是这一品牌的提出时间还不久，影响力有待进一步提高。因此，青岛需要形成一个鲜明的城市投资品牌，能够在各类招商、投资会议上宣传，能够被投资者更好地接受和认知。通过鲜明的城市投资品牌，凸显优先投资项目，不仅让投资者发现青岛这一投资热土，更让青岛能够真正挖掘促进青岛城市发展的优质投资资源。

2. 对投资品牌的营销应更加深入细化

青岛市现阶段已经就城市投资的营销进行了大量的工作，而且也取得了不错的效果，但是在进一步推进城市投资品牌的建设、增强城市投资吸引的效果上，青岛还需要对投资品牌的营销进行进一步的深入和细化。具体而言，首先，应该更加细分潜在投资者，对不同的潜在投资者，进行更有针对性、更有效的投资营销工作。有些通过会议、展览等方式，对自身城市的投资品牌进行推荐，有些通过办节庆活动、实地考察等方式来进行投资营销，关键在于结合具体投资者的项目需求情况，通过多样化的方式，把城市投资品牌和理念传达出去。其次，对青岛自身的投资需求进行深入的分析。现阶段，青岛已经从投资的量转变为对投资的质的关注，更需要吸引投资附加值高的产品或项目，因此，青岛市需要对自己的投资需求进行分析，选择优先的投资项目，然后对此进行深耕，充分挖掘此领域的潜在目标投资者。这样不仅可以使目标聚焦，投资宣传更有效果，还可以在目标投资者中树立起青岛良好的投资品牌。

参考文献：

[1] 傅军：《叫响“财富金融青岛”城市品牌》，《青岛日报》2016 年 11 月 28 日第 1 版。

[2] 侯历华、王晖、林蒙娜：《基于感知的旅游目的地品牌个性研究——以青岛旅游品牌为例》，《经济与管理评论》2015 年第 5 期。

[3] 嵇晶晶：《城市文化品牌建设中的地方政府行为研究》，硕士学位论文，电子科技大学，2014 年。

[4] 钱丽娜：《青岛啤酒——中国建立国际品牌的范本》，《商学院》2017 年第 9 期。

[5] 孙万松、薛澜：《青岛品牌企业集群现象的演进规律研究》，《管理现代化》2009 年第 4 期。

[6] 王新业：《青岛：要“里子”更要“面子”》，《中国品牌》2015 年第 10 期。

[7] 王雅莉、崔敬：《城市化经济运行模式的比较分析——兼论大连品牌城市与青岛城市品牌》，《经济与管理》2011 年第 12 期。

[8] 王正林：《从“青岛金花”到“品牌之都”》，《商周刊》2014 年第 11 期。

[9] 韦明、许燕：《青岛市城市品牌竞争力研究》，《经济研究导刊》2015 年第 23 期。

[10] 张小语、辛克江、袁华强：《大力推广帆船运动，着力普及帆船知识——青岛全力打造青少年帆船运动新风尚》，《走向世界》2017 年第 29 期。

[11] 朱文达：《青岛：新旧动能转换助力中国品牌之都》，《中国质量报》2017 年 9 月 14 日第 10 版。

[12] Andrea Lucarelli, “Unraveling the complexity of ‘city brand equity’: a

three-dimensional framework", *Journal of Place Management and Development*, *Vol.* 5, No. 2, 2012.

[13] Hee-Jung Lee, Yong-Gu Suh, "Understanding and Measuring City Brand Personality (CPS)", *International Journal of Tourism Sciences*, Vol. 11, No. 3, 2011.

[14] Muhamad Fazil Ahmad, Zulhamri Bin Abdullah, Ezhar Bin Tamam, Jusang Bin Bolong, "Determinant Attributes of City Brand Personality That Influence Strategic Communication", *Canadian Social Science*, Vol. 9, No. 2, 2013.

[15] Young-joo Ahn, Sunghyup Sean Hyun, Insin Kim, "City Residents' Perception of MICE City Brand Orientation and Their Brand Citizenship Behavior: A Case Study of Busan, South Korea", *Asia Pacific Journal of Tourism Research*, Vol. 21, No. 3, 2016.

第二十章 “天府之国”的宜居魅力：成都案例

王明康*

【本章导读】带着3000年未曾更名的优越感，成都的闲适与恬淡成为城市宜居生活的最佳代言。“宜居成都”是由自然环境品质、社会人文品质、经济发展品质共同决定的一种生活方式，并呈现出城景相融、田园相连、山水相依的空间格局。

“和我在成都的街头走一走，直到所有的灯都熄灭了也不停留。”2017年初的一首《成都》让这座“巴适”的城市再次走进了大众视野。“成都是座慵懒的城市”“成都是一座来了就不想离开的城市”“休闲之都”“东方伊甸园”“世界田园城市”等给予成都关于高品质宜居生活的各种评价与称号，这给予了在当今城市化急剧扩张的背景下，游走在忙碌边缘的现代人极大的诱惑，折射出了现代人对于高品质宜居生活的向往与追求。而通过“宜居成都”获得高品质生活与体验是对成都宜居形象最好的概括，是在成都厚重历史文化基础上，对时尚、潮流、健康、文明与和谐等现代化元素的凝结与提升。事实上，宜居成都的高品质生活主要由三方面构成：一是由生态环境、气候条件以及自然人文景观构成的自然环境品质；二是由人文底蕴、城市精神和城市服务水平铸就的社会人文品质；三是由物质财富和经济活力决定的经济发展品质。本章主要从休闲与文化、生态环境、公共服务、创新创业与城乡统筹几个方面介绍成都市为打造宜居形象，在宜居城市建设中所进行的具体努力，并对成都在宜居城

* 王明康，中国社会科学院研究生院2016级博士研究生。研究方向：旅游经济、旅游品牌。

市建设及形象推介方面所取得的经验、存在的不足与未来改进方向进行一定的探讨。

一 成都宜居城市建设的努力

（一）休闲与文化篇

成都素有“天府之国”“蜀中江南”“蜀中苏杭”的美称，张艺谋勾勒的“一座来了就不想离开的城市”，将成都这座千年古城的休闲气质表现得淋漓尽致，而成都人淡定而洒脱的生活态度也成为人们津津乐道的谈资。

早在2001年，成都就提出了打造“中国休闲之都”的口号，2007年成都成为首批中国最佳旅游城市，并在2011年荣获“最佳休闲城市”称号，在“2016中国（国际）休闲发展论坛”上，成都市获得了“2016中国年度十大活力休闲城市”的称号。这些都彰显出了成都在城市休闲旅游方面所取得的重要成就。

1. 合理利用与开发休闲旅游资源

成都市传统休闲旅游资源较为丰富，截至2015年，全市共有A级旅游景区77个，星级宾馆130家，旅行社406家。知名度较高的旅游资源景观包括道教圣地青城山、世界上最古老的水利工程都江堰等世界自然与文化遗产项目与杜甫草堂、武侯祠、金沙遗址、三星堆遗址等历史文化景区，春熙路、琴台路、锦里及宽窄巷子也让人流连忘返。在对这些传统的历史文化景观资源合理开发与利用的基础上，成都市政府还积极主导开发新的旅游休闲景观，比如花舞人间、五凤古镇、白鹿中法风情小镇、大青城旅游度假区、蒲江大溪谷旅游度假区、温江万春国色天香旅游度假区、三圣花乡·白鹭湾湿地旅游度假区等一批省级旅游度假区，以此满足居民与游客多元化的休闲旅游需求。

2. 塑造多元化的休闲文化形态

在休闲文化层面上，成都市积极打造多元化、彼此和谐共存的休闲文化形态，提升其感染力、聚集力和辐射力。成都市的休闲文化类型丰富，既有川剧、变脸、茶馆、川菜等大众通俗休闲文化，又有咖啡馆、酒吧、高尔夫俱乐部、文化沙龙等精英文化及时尚前卫的现代文化、丰富浓厚的宗教文化与贴近生活的街头文化等。

在传统民俗文化塑造中，成都市积极塑造茶馆文化与川菜文化这两个传统文化品牌。“四川茶馆甲天下，成都茶馆甲四川”，成都茶馆之多，堪称中国之最。通过茶馆文化延伸出来的麻将、川剧、评书等休闲活动体现的正是成都人与生俱来的休闲观念，他们在休闲中品味生活，体验生活（图 20 – 1）。饮食文化中，最为经典的是川菜，川菜是中国四大菜系之首，而成都也是正宗川菜的发源地，从宅院深处的谭氏官府菜到平民百姓的坝坝宴，川菜以“一菜一格，百菜百味”的鲜明特色赢得了“食在中国，味在四川”的美誉。

图 20 – 1 成都茶馆文化

在现代文化塑造中，不断凸显现代化时尚与艺术休闲元素。首先，成都市不断引导文化创意产业集群化发展。例如，成都“蓝顶艺术中心”自 2003 年成立后逐渐成为成都乃至全国的当代艺术磁场，成为继北京、上海之后，中国第三大艺术群体聚居区。其次，创意集群的特色化发展也得到合理引导。例如，“荷塘月色”形成了画意村，“东篱菊园”形成了摄影艺术村，“幸福梅林”形成了传统文化民俗艺术村，“江家菜地”则形成了雕塑艺术村。此外，积极开展国际化的艺术节事活动，比如，法国电影展映、热波音乐节、都市行吟、国际电子竞技大赛、A1 世界杯汽车大奖赛等一系列时尚艺术节事与国际赛事开始向成都汇集，中西方时尚与艺术的完美融合在成都展现了更高层次的休闲文化，也向世界展示了成都休闲的开放与包容。

3. 积极完善休闲文化设施

成都市在积极发展休闲文化的同时，也非常注重休闲文化相应设施的建设与完善，为数众多的音乐厅、剧院、图书馆、博物馆成为成都的另一大特色。据统计，2016 年成都拥有国有博物馆 34 个，文化馆 22 个，公共图书馆 22 个，馆藏图书 1708. 7 万册。年末全市拥有广播电台与电视台共 28 座，制作电视节目 21 套。年末全市有线电视用户 400. 9 万户，其中数字电视 374. 6 万户。档案馆 24 个，其中国家综合档案馆 21 个，向社会开放各类档案 659. 6 万卷。由此可见，完善的现代休闲艺术文化设施为宜居成都的内涵提升提供了良好的条件。

4. 政府合理统筹，科学规划休闲与文化发展

政府在政策层面上对旅游休闲与文化进行大力扶持，出台的一系列的规划政策不仅从组织、制度、土地、金融等各方面对休闲与文化发展提出科学规划与指导，而且还指出了成都未来旅游休闲与文化的发展目标。在旅游休闲层面，成都市政府的《成都市旅游业发展第十一个五年规划》指出，成都市将以国际、休闲、观光为主题，以推进城乡一体化为主线，整合旅游资源，突出休闲主题，以大熊猫生态文化、古蜀文化、休闲文化和美食文化为特色，打造“休闲之都”城市品牌。而《成都市旅游业发展第十三个五年规划》提出依托熊猫故乡、美食之都、音乐之都、蜀绣蜀锦等城市名片，构建遗产观光、蓉城休闲、时尚购物、美食体验、商务会展、文化创意、养生度假七大世界级的旅游产品体系，为最终建成世界旅游目的地城市奠定坚实基础。

在文化创意层面，成都政府分别颁布了《中共成都市委关于深化文化体制改革加快建设文化强市的意见》《成都市文化产业发展“十三五”规划》，提出了“文化产业成为成都市国民经济新兴支柱产业，围绕‘大熊猫文化’‘金沙文化’‘三国文化’‘诗歌文化’等特色文化打造文化产业品牌，着力打造 3—5 个国内外知名的文化企业品牌，培育打造 1—3 个具有国际影响力的自主品牌赛事”。

（二）生态环境篇

众所周知，生态环境是一个城市宜居价值的核心所在。近年来，成都

市通过全方位治理水气污染、园林绿化提升工程、环城生态区建设及绿色经济发展等举措打造“生态之城”，以此把建设“宜人成都”作为建设“美丽中国”的落脚点，并取得不错的成效。

1. 全方位治理水污染及大气污染

在水污染治理方面，一方面，成都市政府近年来着重进行了府南河与沙河的“母亲河整治工程”。前者连续获得“联合国人居奖”（1998 年）、“地方政府首创奖”、“最佳范例奖”三个奖项，而后者喜获“国际舍斯河流奖”。另一方面，成都市政府在进行排污企业整顿及河流截污治理方面也不遗余力。本着“不达标就停产、治理无望就关闭”的原则，开展违法排污单位集中治理，关闭多家违规排污生产的造纸企业、印染企业，仅 2014 年一年的时间，成都市就清理排查违法排污单位 11219 家，完成整治 8127 家，取缔“三无”企业 3092 家，立案查处 526 家。完成全市 183 条河渠截污治理，包括 89 条城区河渠和 93 条郊区（市）县河渠。

在大气污染治理方面，2014 年以来，成都将大气环境治理摆在了重要的位置，2014 年初出台了《成都市大气污染防治行动方案（2014—2017 年）》，完善重污染天气应急机制，并实行空气质量预测预报预警。其中提出 40 条措施，计划用 4 年左右时间，力争能在大气污染防治工作中取得较为明显的成效。而近年来，成都市全年空气质量达标天数（空气质量指数小于或等于 100 的天数）多达 200 天以上，大气环境质量得到了极大改善。

2. 注重园林绿化提升

自 2004 年以来，成都市启动“500 米见绿”工程，即市民出门 500 米就有一处公共绿地。截至 2009 年，成都主城区共有人民公园、百花潭公园、金沙遗址公园、北湖公园、青羊绿舟公园等 80 多个公园，其中，80% 以上的公园免费开放，满足了成都市居民对自然森林的向往和追求。

3. 加强环城生态区建设

成都进行的环城生态区建设也取得明显的效果。2008 年，成都提出“198”规划，即将环绕中心城区内的 198 平方公里的非建设用地中的 140 多平方公里用作生态用地，塑造森林、草地、花卉、水体和生态农业等项目，极大地改善城市生态条件，使成都的宜居价值大幅提升。2012 年，成都颁布了《成都市环城生态区总体规划》，建设“六湖八区”的环城生态区，旨在塑造独具特色的环状大都市湿地景观（图 2－20）。其规划的生态用地约133平方公里，提出构建“两山两环两网六片”的生态格局，并通过制定《成都市环城生态区保护条例》，以立法的形式予以刚性保护，旨在将成都打造成城景相融、田园相连、山水相依的生态宜居城市。

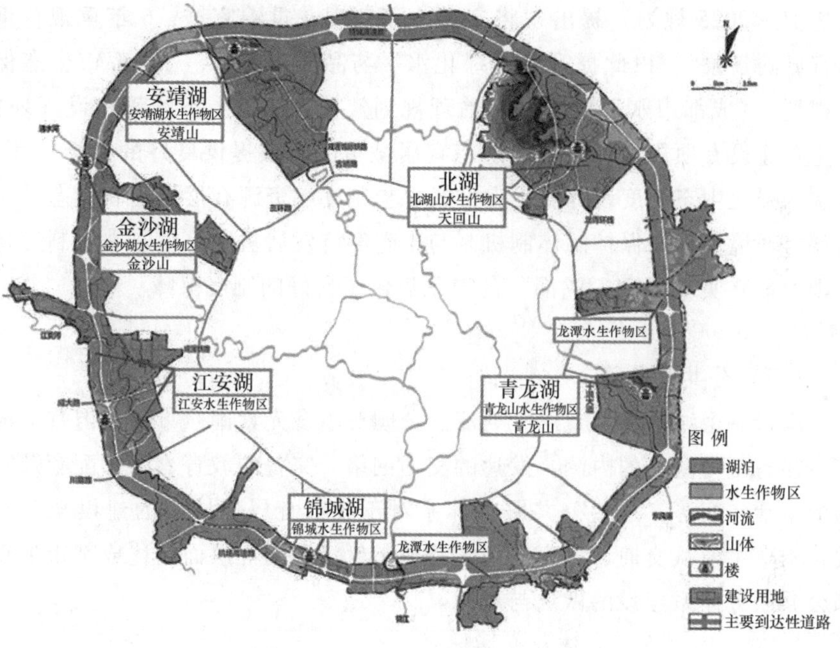

图 20-2 **成都环城生态区规划**

4. 大力推行城市绿色发展

在引领绿色发展方面，成都市也走在了前头。成都市不遗余力发展绿色产业，着力构建绿色生产体系，实现产业转型升级。改造和“绿化”传统产业，大力发展第三产业特别是高端现代服务业，形成低碳化、绿色化的现代生产体系新格局。

首先，绿色总体规划先行。2016年，成都市通过了《中共成都市委关于推进绿色发展建设美丽中国典范城市的实施意见》，提出要“牢固树立绿色发展理念，着力加强生态环境保护、促进绿色产业发展、健全绿色制度体系，不断推进特大城市治理体系和治理能力现代化，加快国家生态文明先行示范区建设”。并提出了“到2020年，努力将成都打造成碧水蓝天、森林环绕、绿草成茵、绿色出行、宜业宜居的美丽中国典范城市”。其次，多层次规划配套。为了保障该意见中目标的实现，成都市政府制定了相应的规划政策进行辅助支撑。例如，《龙泉山脉生态提升工程2016—2020年总体规划》提出“到2020年，龙泉山脉区域将初步建成资源丰富、布局合理、功能完善、优质高效的森林资源体系”。《花重锦官城2015—2025规划》提出“将实现3年初现花重锦官城，6年重现花重锦官城的景象”，以此提升城市绿化水平与品质。此外，《成都市生态保护规划》《成都市水环境保护和治理规划》《成都市生态屏障建设规划》等生态建设专项规划等为成都生态宜居城市的建设提供良好的指导作用。再次，强化生态制度设计。生态红线保护制度、资源有偿使用和生态补偿制度、环境治理和保护的体制机制与生态经济发展机制等生态文明制度建设则为最终实现“宜人成都”的愿景提供了良好的制度保障。

（三）公共服务篇

衡量一个城市是否宜居，河流、公园等生态元素固然重要，但宜居成都，还有更为宽广的内涵：发达的交通网络、完备的教育、医疗配套及宜居的生活空间等，这些公共服务体系对于成都宜居性城市的建设至关重要，本章主要从交通、教育、医疗及城市生活空间等层面阐述成都市近年来公共服务体系建设的做法与成就。

1. 健全多层次、立体化交通体系

一方面，从远程交通体系来看，积极完善航空、铁路与公路网络。首先，积极突出成都的“空中优势”，在2008年，国际机场协会公布的“全球繁忙机场福布斯排行榜”上，成都双流国际机场无论旅客吞吐量还是货邮吞吐量均位于我国中西部第一。其次，完善成都西南铁路枢纽的地位。成昆、成渝及成兰铁路、成贵铁路使成都成为西南地区重要的交通枢纽，“二环十射”的铁路网格局正在逐渐形成。再次，打造多元化的高速公路网络。作为西部高速公路枢纽，成都形成了“一环十射”的高速公路网络，市域内全面实现“县县通高速”，与周边市州均实现高速公路连接。随着高速公路和高等级城际铁路的建设快速推进，成都到周边城市的时空距离大大缩短，这无疑增加了成都的便捷程度和宜居魅力。

另一方面，市域交通跟城市宜居性息息相关。在成都市政府的大力建设下，成都市近年来的市域交通有了很大发展与提升。成都的市域综合交通体系也日渐成型，城市各组团间的交通联系日益紧密。成都居民出行，将有普通公交、快速公交、地铁和有轨电车四种公交工具可以选择，实现快速、便捷、无缝转乘，极大地提高了成都居民的幸福指数。

首先，成都的快速公交、干线公交、支线公交及社区微循环公交四级公交线网体系日益完善。目前中心城区共有公交线路达300多条。

其次，“两快两射两环”的市域间快速路建设日益完善，极大提升了中心城区各组团、市域内相邻县城间的通达性。

再次，成都地铁线路网逐渐成型，市民出行拥有有更多选择，除此之外，成都积极构建“市域半小时快铁交通圈”，逐步实现“县县通快铁”的出行格局。

此外，大力推行绿色交通建设。中心城区实施“加速加密成网”计划，重点强化了贯穿市中心的地铁快线。成都天府新区实施“核心成网”计划。众所周知，轨道交通是实现绿色交通出行的重要手段。成都市大力实施地铁成网计划，轨道交通将从服务城市规划区到市域满覆盖转变。此外，成都在积极提升地铁、公交、慢行之间的一体化换乘效率基础上，积极加强慢行系统建设，依托地铁站点，构建地上地下有机融合的慢行系统；通过示范带动，全面加快推进“小街区”规制，提升慢行空间品质；完善天桥布局，形成连续、安全的慢行系统。《中共成都市委关于推进绿色发展建设美丽中国典范城市的实施意见》提出了构建“778”市域交通格局——机动车占出行总量的70%，公共交通占机动化交通出行比例达到70%，其中轨道交通占公交的80%。

2. 积极完善教育与医疗配套

一方面，在教育配套方面，首先，成都市开始将优质教育资源向新型社区扩散延伸，早在2008—2010年，在高新区和平小区、金牛区沙河源片区等9个居民集中居住区域，配建9所公办国家级示范性中学和优质品牌小学，而泡桐树小学、草堂小学等名校将通过直办、领办、合办等多种形式，延伸到新兴社区。

其次，成都市还积极打造从小学到高中的优质教育链，组建了52个名校集团，全市20个区县组建“一对一”的教育联盟，探索“委托管理”，一个县区授权另一个县区的学校来管理本地学校，整体推动教育资源的跨区域流动，实现优质教育资源的合理流动。

最后，在加大教育基础设施建设力度、完善基础教育配套、积极推动教育国际化方面，成都也进行了多方面的努力。

另一方面，在医疗配套层面，大型三甲医院开始积极向新型社区延伸，社区医院体系逐渐完善，实现了“10分钟求医”目标。此外，成都市还积极探索市级医院对县级医院进行托管，让中心城区的优质医疗资源向区（市）县覆盖，提升二、三圈层城市的宜居水平。

3. 积极拓展城市生活空间

在城市生活空间层面，为了应对城镇化的快速推进所带来的环境污染、交通拥堵、基础设施不足等各种压力，如何保持宜居的城市生活是成都市城市建设面临的重要问题，成都选择了发展卫星城。二、三圈层城市更大的环境容量，更好的自然资源，将为卫星城提供更舒适宜居的居住体验。成都明确要在中心城周边打造7座卫星城，通过构建更加优越的医疗、教育、文化、绿地等基础设施，吸引人口和产业从中心城向卫星城流动，在此基础上提出构建3个10分钟服务圈——10分钟公交圈、10分钟公园圈、10分钟基本公共服务圈。“10分钟公交圈”意味着市民能在10分钟之内步行到达公交站点，包括轨道站点、常规公交站点、自行车租赁点。“10分钟公园圈”则代表在城市的任何一个地方步行10分钟，就能到达一个公园绿地。“10分钟基本公共服务圈”则代表着市民日常的办证、社区医疗、体育休闲、阅读等基本公共服务能在10分钟的距离内实现。

为了提升卫星城的宜居优势，首先，成都市政府进行了科学规划，按照多中心、组团式、网络化、集约型的规划思路发展。《成都市域城镇体系规划》提出未来的成都，将形成由1个特大中心城区、7个卫星城、6个区域中心城、10个小城市及若干个特色镇、农村新型社区组成的新型城镇村体系（图20－3）。其次，成都尤为注重发展卫星城的产业，在卫星城建设中坚持产城一体，以产业支撑城市的繁荣，以城区为产业提供支撑。明确提出每座卫星城必须有不同的支柱产业，形成错位竞争发展的局面。而且，7个现代化卫星城都已经有各自的特色产业。再次，成都还十分注重卫星城市的环境建设，构建由中心公园、大区公园、片区公园、社区公园组成的四级公园绿地体系，人均公园绿地要达到15平方米。此外，在公园、教育、医疗、文化等这些大家最为关注的基础配套与公共服务设施方面，成都卫星城的规划建设指标也高于中心城，实现基础设施配置水平与中心城区持平，甚至高于中心城区标准，极大地提升了成都卫星城宜居条件与水平。

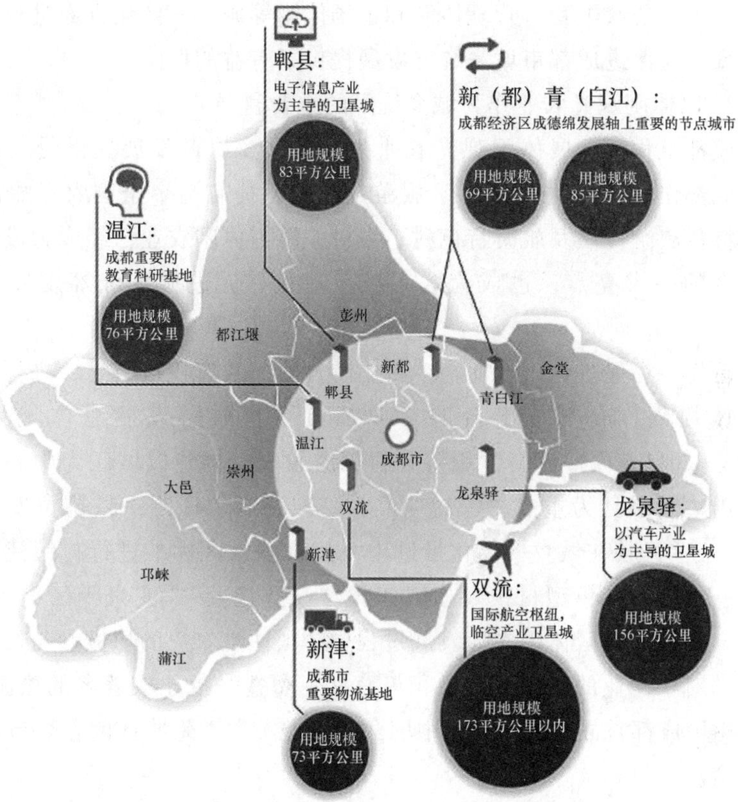

图 20－3 成都卫星城规划

（四）城乡统筹篇

成都宜居城市建设不仅仅指都市宜居，而且还包括广大农村地区的宜居性建设，这就要求成都宜居，是城市和农村的同步宜居，是在“全域成都”发展理念指导下实现的成都市城乡统筹发展。

1. 以“世界现代田园城市”建设为契机引领城乡统筹

当下成都正在创建的“世界现代田园城市”的核心内涵就是世界级国际化城市，西部地区现代化特大中心城市，人与自然和谐相融、城乡一体的田园城市。毫无疑问，“现代田园城市”建设的落脚点仍然在城乡关系上，自 2003 年以来，成都开始进行以“统筹城乡经济社会发展、推进城乡一体化”为主题的改革实践。此外，成都在统筹城乡综合配套改革试验区建设的基础上，积极破除城乡二元结构，在城乡规划、产业布局、基础设施、公共配套、管理体制和市场体制等城乡一体化方面进行了有效的积累，为促进成都市城乡统筹发展提供了有益的保障。

2. 以休闲观光农业作为城乡统筹的重要利器

成都市积极发展休闲观光农业为促进城乡协调发展提供另一有效路径。成都作为全国“农家乐”旅游发源地，拥有多个全国农业旅游示范点、特色旅游古镇及旅游特色村，乡村旅游与休闲农业已经成为成都市民和游客的一大亮点，也成为联系城乡居民、促进城乡统筹发展的重要纽带。

首先，在促进休闲农业与乡村旅游方面，政府积极引导，进行高起点的总体规划。成都市出台的《成都市乡村旅游发展总体规划纲要（2006—2015年）》提出“统筹乡村旅游发展，构建以城区为中心，以城郊和周边区市县为重点，一村一品、一户一园、一园一景错位发展的格局”。一些区县在城乡一体化推进中，按旅游景区标准进行村镇建设，打造了一批旅游特色型村镇。如锦江区“三圣花乡”、龙泉驿区桃源村等。此外，在成都地区休闲农业发展过程中，很注重农户的积极参与及大型节会活动对于产业的带动作用与积极意义，塑造一批比较著名的旅游品牌，如“中国成都首届梅花节”“中国骄子菊花节”“荷塘月色彩灯节”等盛大节会。

（五）创新创业篇

宜居亦能宜业，宜居城市既需要人居环境优越、文化氛围浓厚、城市治理机制完善、社会环境安定和谐的优势，又需要具备良好的就业、创业、投资环境和良好产业集聚基础。近年来，成都市在打造区域“双创中心”方面下了很大功夫，取得了显著成效。

1. 成都市政府积极出台各项鼓励“双创”计划与政策。

成都相继实施“大学生创业计划”“成都人才计划”“科技人才计划”“创业天府计划”等，出台《进一步促进高校毕业生就业创业工作的实施意见》《促进国内外高校院所在蓉协同创新的若干政策措施》，实施《成都市科技人才创新创业资助管理办法》《成都市引进高层次创新创业人才实施办法》《“成都人才计划”青年项目和海外短期项目实施办法》等系列政策，紧密结合创业、就业、项目激励和人才待遇，着力于深化改革、创业扶持、就业服务、税费优惠、落实待遇等方面，从政策层面打造一流创新创业环境，积极吸引各类型人才创业创新。

2. 成都市积极搭建“双创”服务平台

在积极塑造“创业之城、圆梦之都”的城市形象的基础上，成都正在打造一批市场化、专业化、网络化的众创空间等新型服务平台。创客坊、创客空间等创客机构，游戏工场、8 号平台、创业茶馆、十分咖啡等一批“孵化 + 创投”模式的新型孵化器加速成长，逐步形成 3 个双创载体引领区、M 个双创载体集聚区及 N 个双创特色区的“3 + M + N”双创载体空间格局。积极搭建“菁蓉汇”（图 20 - 4）“创交会”两大平台。不仅在成都全社会形成了推动创新创业的强大气场，更让创新创业成为成都又一个响亮的城市品牌。

图 20 - 4 “创业天府 菁蓉汇成都大学”青年文创专场活动现场

3. 成都市对于“双创”提供了强有力的资金扶持

成都市构建“创业投资 + 债权融资 + 上市融资”多层次创业融资服务体系，出台《成都市科技创业天使投资引导资金管理暂行办法》和《成都市市级科技企业债权融资风险补偿资金池资金管理暂行办法》，设立 2 亿元的天使投资引导资金、1 亿元的市级科技企业债权融资风险补偿资金池，在上市融资方面也提供了较大的支持。

二　成都建设宜居城市的经验借鉴

（一）充分发挥政府的主导与统筹作用

宜居城市建设是城市发展到后工业化阶段的产物，是一个涵盖丰富的系统性概念，不仅包括清新的空气、洁净的饮水、优美的生态环境、便捷的交通，还应具备安定的社会环境、完善的城市功能、和谐的氛围、先进的文化、智能化的城市管理体系，乃至公平正义的社会政治生活条件。包含着如此之多的城市元素，没有当地政府的引导与统筹，宜居城市建设就会成为一句空话。

在宜居城市建设方面，成都市政府给予高度重视，将其上升到战略高度，在2017年成都市政府工作报告中，“着力优化城市功能品质、建设宜业宜居城市”成为成都市政府的重要工作内容。而在休闲文化、生态环境维护、绿色发展、公共服务、城乡一体化及“双创”条件的创造等宜居性具体建设方面，成都市政府不仅充当了重要规划政策的制定者，其规划政策的制定既涉及区域布局、土地规划、设施建设、相关项目开发等硬件环境建设方面，也涉及规则标准、投融资体制创新、生态文化制度等软环境的建设方面，成都市政府通过科学合理的规划，为成都市宜居城市建设提供良好的指导作用。此外，成都市政府也充当了宜居城市建设的重要资金提供者。比如，博物馆、大型公园、社区休闲广场等公益设施及文物、历史文化遗产、遗址和独特的自然人文景观的保护和发掘、交通、医疗及教育等公共服务的提供、生态环境的改善均需要政府提供大量的资金支持，而成都市政府在这方面投入较为可观，保障了成都宜居城市建设水平的提升。

（二）着眼于国际化视角进行宜居水平提升

在当今全球化加深的背景下，国际化逐渐成为城市发展新的趋势，建设宜居城市已经成为全球城市的普遍共识。因此，成都在建设宜居城市过程中，一方面，提出其建设目标是立足本土，以国际化为导向。在成都市第十二次党代会上，成都市政府提出了全面实施国际化城市建设行动纲要，提出建设“国际知名的宜人城市”“世界田园城市”等，积极迎合城市国际化发展趋势。另一方面，成都市积极嵌入全球城市网络，非常注重与国际接轨，积极借鉴国外宜居城市建设经验，营造宜居城市建设的国际化环境。比如，成都市积极引进国际化的艺术节事活动，提升成都文化休闲的国际化水准，通过引进国际医疗机构和提供国际化医疗服务，推进国际化医疗服务体系建设；通过与英、法、美、澳、芬等国家和地区建立教育合作关系，创设教师国际化培训基地，与境外学校缔结姊妹校等，推进教育服务国际化；通过完善国际规范的社会服务体系，提升国际化服务水平。

（三）以“四态融合发展”为主要路径提升宜居城市建设水平

“四态融合发展”是成都市进行宜居城市建设的主要路径，是指促进成都城市文态特色化、城市生态优美化、城市业态高端化、城市形态现代化融合协同发展。通过“四态融合发展”，成都市宜居城市建设水平不断升到新的高度。首先，通过保护城市传统民居、历史特色街区、传统文化习俗等传统文化资源，推进城市博物馆、图书馆、文化广场和景观小品建设等，塑造特色化的城市文态。其次，通过生态污染的治理、生态环境的改造与修复、环城生态区的有效建设，从而不断改善城乡人居环境，打造优美化的城市生态。再次，通过坚持发展新兴产业、高新技术产业和现代服务业，大力发展循环经济、低碳经济和绿色经济，调整优化产业结构，吸引国内外高端人才，进行“双创”活动的开展，积极推进城市业态高端化发展。最后，通过实施“立城优城”战略，以天府新区建设和旧城改造为抓手，优化城市空间结构，大力推进卫星城建设，着力提升城市“形态”现代化水平。

（四）宜居城市建设的核心是以民为本，以民生优先为立足点

一座城市无论宜居还是宜业、宜商、宜游，归根结底是要“宜人”，宜人城市建设的根本目的和落脚点就是以民为本。因此必须以满足和改善城市居民的生活居住需求为前提，把保障和改善民生放在突出位置，通过建设宜人城市让人民群众共享改革发展的成果，切实增强人民的幸福感。而成都市在宜居城市的建设中较好地践行了这一点。近年来，成都市政府投资民生领域的财政预算资金逐年增多，就业社保体系不断完善，教育卫生服务更加优质，公共文化服务显著提升，交通出行日趋便利，人居卫生环境趋向优化，由此带来成都市居民幸福感的极大提升。

（五）通过多种途径与平台，全方位地展现成都宜居形象

近年来，在涉及成都宜居建设各个层面，成都都不遗余力进行设计与推介。一方面，在成都市政府市政建设的各类规划与社会媒体传播途径中，多次提及与宜居城市相关的形象定位（表20－1）；另一方面，成都市积极参与各类城市建设评选活动，除了各种休闲旅游方面的荣誉称号外，还先后获得了与城市宜居建设方面相关的多种荣誉称号（表20－2），这些荣誉称号从不同角度体现了成都的宜居城市形象特征，极大地提高了成都宜居城市的知名度。

表20－1　**成都宜居城市形象定位**

类型	形象定位	来源
政府规划文件	国际交往中心、国际区域性交通通信枢纽、国际产业集聚高地、体现国际品质的宜人城市、具备国际竞争力的创新型城市、亚洲开放型区域中心、综合型国际化城市	《成都市国际化城市建设行动纲要》（2012—2016）
	中国西部金融中心（西部金融机构集聚中心、西部金融创新和市场交易中心、西部金融外包及后台服务中心）	《成都市金融业发展“十二五”规划》（2011—2015）
	中西部创业环境最优、人居环境最优、综合竞争力最优的现代特大中心城市	《成都市国民经济与社会发展第十一个五年规划纲要》（2006—2010）
	世界现代田园城市	《成都市国民经济与社会发展第十二个五年规划纲要》（2011—2015）
	西部经济核心增长极、国际性区域中心城市、西部经济中心、区域创新创业中心、美丽中国典范城市、国家门户城市、现代治理先进城市、幸福城市	《成都市国民经济与社会发展第十三个五年规划纲要》（2016—2020）
	西部经济中心、西部科技中心、西部文创中心、西部对外交往中心、西部综合交通枢纽等	成都市政府工作报告（2017）
媒体传播	中国第四城	《新周刊》（2000）
	东方伊甸园	《中国成都——东方伊甸园》（成都科幻世界杂志网，2004）
	西部之心	《典型中国——西部之心》（高小虎，2010）
	熊猫故乡	《典型中国——熊猫故乡》（唐高鹏，2011）

续表

类型	形象定位	来源
其他	会展之都、商业之都、多彩之都、美食之都、休闲之都、安逸之都等	各产业领域

资料来源：笔者整理。部分来源于《城市国际化视域中的成都城市形象定位研究》（眭海霞、陈俊江，2014）。

表 20－2 **成都宜居城市建设荣誉称号**

宜居评价体系	荣誉称号
旅游与文化	“最佳休闲城市”“中国最佳旅游城市”“国家森林城市”“中国会展名城”
生态环境	“城市环境综合整治优秀城市”“国家环境保护模范城市”“节水型城市”
公共服务	“全国文明城市”“中国民生成就典范城市最高荣誉奖”“中国食品安全十佳城市”
创新创业	“国家知识产权示范城市创建市”“中国优秀创新型城市”“中国软件名城”
其他方面	“十大最具经济活力城市”“中国形象最佳城市”“中国最具幸福感城市”

资料来源：笔者整理。

三 成都建设宜居城市中存在的问题

（一）休闲文化供需矛盾日趋突出

伴随着宜居城市的建设，成都市休闲文化与氛围浓厚，居民的休闲需求日趋旺盛，并呈现出休闲需求多元化的发展态势。但在休闲文化设施的供给侧方面，其分布不尽完善与合理，建设层次也较为一般。成都市跟其他大城市类似，在追求现代化的城市扩张中，更加注重公园、广场的建设与茶馆、特色古街的维护等，而对于图书馆、博物馆等现代文化设施建设投入还有待提高。休闲文化设施的供给侧配置不合理约束着成都市居民休闲需求的合理释放，使得居民休闲需求更多停留在以公园、广场、茶馆等设施为载体的“吃吃喝喝”的物质消费层面，而读书、文博、音乐等精神层面的休闲消费需求则受到压抑，从而制约了成都市居民休闲文化水平的进一步提升。

（二）生态环境建设仍任重道远

虽然成都市政府近年来在生态环境整治上投入巨大，取得不错的成效，但受成都周边地区的地理环境影响，加上随着成都城镇化进程加速、机动车数量猛增，受外来沙尘、市区周边秸秆焚烧烟雾、市内工业废气、机动车尾气、建设工地扬尘等影响，市内空气污染仍然较为严重，此外，成都水体污染问题也比较突出，由此严重影响了成都居民的工作与生活，给成都市宜居城市的建设带来明显的负面影响。

（三）民生问题仍然较为突出

成都市政府在宜居城市建设过程中，一直把民生优先放在重要位置，并由此付出了不少努力，成效显著，但民生建设仍存在诸多不足。比如，在城市交通方面，交通拥堵是许多人口稠密城市尤其是一线城市的通病，也是中国宜居城市建设的主要短板。成都作为仅次于北京的私家车保有量第二大城市，较大的人流量与车流量造成了城市交通堵塞较为严重，中心城区盐市口、春熙路、荷花池等区域的交通拥堵现象最为突出，由此可见，成都市交通管理还是任重道远。此外，在宜居城市安全性建设方面，成都市所需要提升的空间还较大，目前成都的城市宜居性建设对城市的安全性建设考虑得仍然不够，关于安全城市的研究也没有形成体系，成都市多次落选“中国最具安全感的城市”就是最好的例证。

（四）成都宜居城市形象定位不合理

一方面，成都宜居形象定位较为模糊，缺乏一定的稳定性。“一座来了就不想离开的城市”“东方伊甸园”“中国休闲之都”等之类的城市形象定位只有短短几年的生命力，城市形象定位变化的频繁加大了社会公众对成都形象的认知难度。另一方面，成都宜居形象定位宽泛，缺乏专属性与特色性。以“世界现代田园城市”定位其形象的城市，不仅包括成都，在世界上还有美国加州的洛杉矶、亚利桑那州的凤凰城和图森。以“休闲之都”定位，已有杭州走在先列，而冠名“会展之都”“美食之都”的城市更是不胜其数。此外，成都市政府出台的系列文件规划中涉及的成都城市形象定位缺乏成都应有的文化特色与内涵，如“国际产业聚集高地”“中国西部金融中心”等，主要描述的是成都经济发展目标或者交通规划等方面，均未高度概括成都特有的历史文化元素，从而不利于成都宜居城市独特品牌形象的构造。

四 成都建设宜居城市中的提升策略

（一）积极推动休闲文化供需平衡

积极推动成都市休闲文化供给侧改革，合理引导成都市居民的休闲文化多元化、现代化发展，积极培育现代化的休闲文化产业。具体而言，在积极提升现代休闲文化设施供给水平的同时，也要引导居民休闲文化需求现代化、高尚化、树人化发展，从理念和实践两个维度，积极打造优质的休闲文化产业，同时也以此来推动休闲文化与市民精神的发展。从理念来讲，成都以平等、开放和包容的平民文化而著称，在休闲文化产业的发展中应尤为保持其特色，贯穿其市民文化思想。从实践而言，休闲文化不应仅仅重复简单无意义的喝茶打麻将，还应该提倡阅读、运动等积极休闲方式，实现休闲、教育等功能的结合，实现休闲时间的深度利用，达到休闲文化的宽度和深度的融合。

（二）继续加强卫生环境建设

为了营造良好的人居环境，为宜居城市建设提供优质的卫生服务。成都市政府应该进一步加大生态修复与污染治理的力度，在稳步提升生态投入的基础上，创新成都市环境卫生的管理机制与方法，强化以社会为主导的环境卫生监督机制，充分发挥居民参与城市环境卫生管理，严格执行“门前三包”制度，对不履行“门前三包”义务的商家店铺予以重罚，对于中心城区实行3班清扫、24小时全时段全区域无缝隙保洁制，进一步强化区（市）县、乡镇（街道）、村（社区）的属地卫生管理责任，做到对于脏乱差的“零容忍”，由此推动成都市环境卫生水平的有效提升。

（三）不遗余力继续解决民生问题

民生问题一直以来都是成都市建设宜居城市的核心议题，涉及民生的交通、安全、医疗、教育等问题均与城市宜居性程度息息相关。针对成都市较为严重的交通拥堵问题，在完善原有的交通网络体系的基础上，大力推进公交、地铁等公共交通设施建设，鼓励居民提高乘坐公共交通工具的频率。此外，需要强化成都市私家车出行的管理，完善停车场设施建设，推行智能交通信息化平台建设，对于拥堵路段的车流、人流进行科学的预警与引导。另外，针对成都市安全城市建设不足的问题，提升安全建设水平也是其宜居城市建设的当务之急。

（四）合理定位与推介宜居城市品牌形象

针对成都市宜居城市定位的模糊、雷同、缺乏特色等问题，成都市在宜居城市形象构建过程中，根据成都国际知名的宜居城市的建设目标，按照规范性、特色性、导向性、美誉性、认同性等原则，科学构建城市国际化视域中的宜居城市形象。在宜居城市形象定位与推介过程中，一方面，要深入挖掘城市的独特文化内涵，将其与城市历史传统有机结合，在此基础上还可以创新性地将现代文明与传统文化融会贯通，彰显城市的品牌形象的独特文化底蕴内涵。另一方面，在成都宜居城市形象的对外推介过程中，注重宣传社会与精神文化，坚持以人为本，向外界宣传与讲述生活在这个城市中的人的故事，展现城市市井生活，传播老百姓喜闻乐见的内容，提高成都宜居形象的亲和力与包容性。

五 结语

进入21世纪后，随着城市化进程的大规模推进，现代城市文明的不断演进，改善人居环境、提高宜居性成为各大城市未来发展战略的重要议题。成都在打造“宜居成都”这块金字招牌时付出的努力有目共睹，这块金字招牌不是一朝一夕炼成的，是成都经过上千年历史文化积淀，在政府、居民及外来游客等主体共同参与塑造的智慧结晶。当然，未来成都在城市宜居水平方面仍然具有较大的提升空间，在成都宜居城市建设方面仍然有较长的路要走。

参考文献：

[1] 陈敏、黎永泰：《休闲城市的发展动力——以成都市为例》，《社会科学家》2009年第8期。

[2] 何玎嫣：《体验经济视角下休闲城市发展研究——以杭州、成都为例》，《经济研究导刊》2014年第31期。

[3] 张元忠、赵圆媛、邓果等：《独特的城市魅力怎样炼成——解读宜居宜业的成都范式》，《四川日报》2009年4月29日。

[4] 王琳黎、缪梦羽、袁弘等：《让碧水蓝天成就成都的宜业宜居》，《成都日报》2016 年 9 月 19 日。
[5] 杨飞：《“双轮驱动”激发“宜居成都”新活力》，《成都商报》2014 年 6 月 18 日。
[6] 雷露：《成都：“来了就不想走”的创业天堂》，《四川劳动保障》2015 年第 4 期。
[7] 王文君：《基于集聚创新人才的成都创新环境建设探索》，《商场现代化》2016 年第 24 期。
[8] 倪鹏飞、潘文轩：《成都建设“世界现代田园城市”的战略构想》，《城市观察》2010 年第 4 期。
[9] 郭雪飞：《温哥华与成都管理模式比较研究》，《四川大学学报》（哲学社会科学版）2012 年第 3 期。
[10] 眭海霞、陈俊江：《城市国际化视域中的成都城市形象定位研究》，《成都行政学院学报》2014 年第 5 期。
[11] 严晓璐：《城市形象宣传片中的城市文化建构》，《青年记者》2015 年第 1 期。

第二十一章　后 G20 时代杭州城市品牌的运营与思考

何春晖　陈露丹　张刘卓　项　辉*

【本章导读】虽然有“上有天堂，下有苏杭”的自带光环，但生活在上海这座庞然大城阴影之下，着实不够轻松。然而杭州却做到了优雅与自如，这或许源于其作为千年古都的那份自信与包容。从西湖烟雨中走来，我们不仅看到了风景如画的天上人间，也触摸到了移动互联时代创新脉搏，更观赏到了这座名城在世界舞台上的长袖善舞。自然而然，2017 年杭州成了中国唯一入选《孤独星球》推荐的最值得新年旅行的七大目的地之一。杭州一以贯之、坚持不懈地打造国际化东方品质之城，并实现了从西湖时代走向钱塘江时代的空间成长与转型发展。后 G20 时代，我们有理由相信杭州这座在《马可·波罗游记》中被誉为“当时世界上最美的城市”，在新时代里将会更加美丽。

城市作为多维空间载体，不仅象征着人类居住方式的改变，更是社会发展的主要驱动力。这也意味着在全球化和城市化进程加快的条件下，城市面临着全球资源、市场、生存和发展空间与机会的合作与竞争，在全球化和移动互联时代，城市间的竞争日益激烈，而城市如何跳出发展模式千篇一律的窠臼，进而在消费者心中占有一席之地，则造就了城市品牌营销的必然趋势。2016 年 G20 峰会给予了杭州在世界舞台上隆重亮相的机会，杭州亦抓住此机遇加速城市发展，不论是硬实力还是软实力

* 何春晖，浙江大学传媒与国际文化学院副教授；陈露丹、张刘卓，浙江大学传媒与国际文化学院硕士研究生；项辉，杭州市发展研究中心文化建设处处长。

皆实现全面提升，于城市品牌的塑造和传播而言，同样再上一个台阶。新时期的杭州提出要打造“独特韵味、别样精彩”的世界名城，这既是对“东方品质之城”城市品牌定位的升级，也是对杭州城市品牌国际化塑造和传播的引领性要求。本章通过对后 G20 时代杭州城市品牌的营销观察、个案分析，反思存在的问题，提供 G20 之后杭州城市品牌传播管理的策略和路径。

一　杭州城市品牌的现状

（一）杭州城市品牌简况

上有天堂，下有苏杭。杭州自古以来便拥有独到的自然风景和厚重的人文历史。进入 21 世纪，以阿里巴巴为代表的创新创业之风席卷杭州，这座城成为“历史文化名城，活力创新之都”。凭借着自然环境、经济和文化互相渗透融合的优势，杭州城市形象建设走在国内前列，而在此过程中，杭州对城市的经营经历了从城市形象到城市营销再到城市品牌的阶段。城市定位是引领城市发展的核心，决定着一个城市发展取向和模式，它同时也是城市品牌的核心和前提。杭州的城市定位主要围绕着其作为历史文化名城和风景旅游城市展开，在新旧世纪交替之时，杭州提出了明确的城市品牌定位。杭州 2007 年第十次党代会确立了“生活品质之城”作为城市品牌，2008 年杭州市为十届四次全会明确了杭州的“世界坐标”——中国特色、时代特点、杭州特征、覆盖城乡、全民共享，与世界名城相媲美的“生活品质之城”。2012 年杭州市第十一次党代会工作报告提出，“全力打造东方品质之城，建设幸福和谐杭州”，“东方品质之城”的城市品牌建立在“生活品质之城”和“东方休闲之都”的基础上，其本质依旧指向以“经济生活品质、社会生活品质、文化生活品质、环境生活品质、政治生活品牌”这五大内涵为主的“生活品质”，以此为引领，杭州产业、文化、风景、历史等诸多方面都有机地融合在了一起。以杭州城市品牌为龙头，行业品牌和企业品牌也积极响应。

城市国际化是杭州近十年来城市发展的一个重要方向。2008 年，杭州市委十届四次全体（扩大）会议提出《杭州城市发展六大战略》，明确指出“城市国际化”是城市发展六大战略之一，并且要以国际化提升城市化、工业化、信息化和市场化。2012 年，杭州提出将城市国际化作为推动城市发展的两大主抓手之一。2013 年，杭州市通过《中共杭州市委关于学习贯彻党的十八届三中全会精神全面深化重点领域关键环节改革的决定》，指出要“围绕推进国际重要的旅游休闲中心建设，形成提升城市国际化水平的体制机制”，深度挖掘并策划整合具有东方品质、杭州特色的国际化资源，健全符合国际惯例的国际化导向营销推广机制，完善国际化生活创业环境，到 2017 年城市国际化水平和程度有明显提升，打造便捷高效的政务环境、接轨国际的商务环境、公平诚信的市场环境和良好的知识产权保护环境，营造国际化的制度环境、语言环境。由此可见，城市国际化的本质亦是指向城市生活品质的全面提升，其为杭州城市品牌的塑造和营销注入了与时俱进的新内涵，也制定了新目标。

2014 年 11 月 15 日，习近平出席在澳大利亚布里斯班举行的 G20 峰会，发表题为“推动创新发展实现联动增长”的重要讲话，宣布中国将举办 2016 年 G20 峰会。2015 年 2 月，杭州成功获得 2016 年 G20 峰会举办权。G20 峰会的到来，成为杭州城市发展的重大机遇和杭州城市国际化发展的重要“窗口期”，从而加快推动杭州全面提升城市国际化水平，加快现代化建设的进程。

2016 年 5 月，《杭州市加快推进城市国际化行动纲要（2015—2017 年）》出台，纲要围绕长三角、围绕打造世界级城市群和世界名城的战略要求，提出以更高的国际视野、更加开放的姿态主动融入全球化，到 2017 年初步建成具有浓郁东方特色的现代化、国际化大都市，成为长三角世界级城市群的明星城市。2016 年 1 月，国务院正式批复修订后的《杭州城市总体规划（2001—2020 年）》，其中明确把旅游休闲中心和电子商务中心的打造提升到国际高度。2016 年 7 月，中国共产党杭州市第十一届委员会第十一次全体会议审议通过《中共杭州市委关于全面提升杭州城市国际化水平的若干意见》，进一步提出杭州的城市国际化目标——“独特韵味、别样精彩”的世界名城，其中包含八个分目标——打造具有全球影响力的“互联网 +”创新创业中心、打造国际会议目的地城市、打造国际重要的旅游休闲中心、打造东方文化国际交流重要城市、形成一流生态宜居环境、形成亚太地区重要国际门户枢纽、形成现代城市治理体系以及形成区域协同发展新格局。

二 G20 峰会期间杭州城市品牌的传播

杭州国际化的具体目标也为其城市品牌在 G20 峰会筹备和举办过程中的传播活动指明了方向。自 2015 年 11 月习近平在土耳其宣布中国将于 2016 年在杭州举行 G20 峰会后，杭州就开始启动集中宣传工作，陆续在海内外主流媒体、知名外国商会会刊、重要机场等投放 G20 专题宣传内容，通过不同角度来展示杭州旅游的总体形象。杭州城市形象宣传片也在 G20 筹备和举办期间推出。《G20 杭州再出发》《喜欢你在一起》《最忆是杭州》由央视制作。2016 年 8 月，G20 相关宣传片相继在海外亮相。G20 杭州城市形象宣传片《韵味杭州》于 8 月 8 日在 BBC 电视台首播，短短 30 秒的视频，向全球展示了最精美的杭州，该形象片同步在北美地区、欧洲地区和亚太地区播出，一直持续到 9 月 9 日。杭州旅游动画宣传片《欢迎来 G20 杭州》于同一日在 BBC 播出，这也是 BBC 首次与城市旅游合作推出的动画宣传片。G20 宣传片《相约浙江》于 8 月 12 日首登 CNBC，共播出 1 个月，预计影响 3.03 亿欧美用户。

2016 年 9 月 4 日晚，G20 峰会文艺晚会《最忆是杭州》在西湖举行，由著名导演张艺谋执导，是国内首次在户外的水上舞台举办大型交响音乐会。关于这场演出，总导演张艺谋给出的关键词是：西湖元素、杭州特色、江南韵味、中国气派和世界大同。晚会既有《春江花月夜》《高山流水》这样极富中国古典韵味的曲目，也有《欢乐颂》《天鹅湖》等西方经典，还有《梁祝》《采茶舞曲》等融合了杭州本地文化元素的节目。这场 50 多分钟的艺术盛宴，在网上播出后大获好评，网友纷纷表示“要被杭州美哭了”。中评社还发表题为《最忆是杭州：G20 演出演绎“天堂佳音”》的报道，称这场演出“向世界传递着人类共通的情感力量，传达着融合共处的美好愿景，更传递着中国的文化自信”。音乐艺术是最能融通世界的语言，一台《最忆是杭州》成了杭州城市形象传播的最佳样本。为了让普通民众共享 G20 峰会文化成果，主会场杭州国际博览中心在峰会结束后开始对外开放，《最忆是杭州》的演出场地曲院风荷公园、G20 峰会午宴用餐点楼外楼、钱塘江沿岸城市亮灯工程等都成了西湖边最热门的景点。

峰会筹备期间，杭州市旅委推广中心根据海外游客的兴趣点重新审视宣传内容，制作了一批既新颖有趣又能彰显杭州文化魅力的宣传品。与商务印书馆合作的精品全英文旅游图书《杭州一瞥》，以“环保客、访古者、创业者”等十个角度诠释杭州，取得市场和口碑双丰收；编印的精品线路手册《三十种韵味·别样精彩》以及《杭州故事》，极好地呈现了杭州历史文化的精髓；英语、西班牙语版本实现在杭外籍人士执笔的《杭州旅游指南》，文风更接近受众阅读习惯，内容也更国际化，并且进驻本地著名酒店，实现在杭州交通枢纽的全覆盖；制作杭州旅游新版纪念品——南宋官窑多功能音乐盒，进一步展示杭州精致典雅的文化特色，获得广泛好评。在传播手段上，推广中心积极利用以 Facebook 为主的海外新媒体平台，策划推出介绍杭州的城市新貌、风土人情的“G20 杭州”标签系列帖文 46 则，互动人数总计 10818 次，之后还把帖文内容编制成杭州英文宣传册 *Experience Hangzhou*。峰会期间，向新闻中心及各人员驻地提供了宣传品 4000 余册，成为峰会的宣传精品。而《韵味杭州》英文版作为 G20 杭州峰会官方指定用书，以历史与现实交汇为总体风格，立足杭州特色和国际视野，从湖山胜景、悠久历史等 10 个维度选取 113 个入选点和 8 个经典故事，向世界讲述杭州故事。G20 期间外国来宾在杭行程的设计，皆来自《韵味杭州》中推荐的入选点和体验线路，《韵味杭州》还荣获德国 IF 国际设计论坛评选手册类 IF 奖。

城市礼品是一座城市的期待，也是城市品牌元素的最温情的传达。礼品不仅在文化上契合杭州的城市特色，还全方位地展示传播了杭州的产业和企业品牌的形象。

饮食是城市元素的重要组成部分，在餐饮设计中传达杭州元素也是 G20 峰会召开期间城市品牌传播的重要手段。中方精心准备的国宴随着 G20 峰会受到大家关注。除去极具地域特色的杭帮菜举世瞩目，名为“西湖盛宴”的 G20 国宴餐具亦令人惊艳。整套餐具创作灵感来源于西子湖畔的水与自然景观，在色调上以绿色为主，传递绿色发展的理念，图案为西湖十景，具有非常厚实的杭州传统文化底蕴，而骨质瓷的运用又融入了西欧的文化元素，间接折射出杭州历史与现代交融的城市特质。丝绸设计的壁画、菜单以及服务人员的着装，无不鲜明地传递着杭州城市的特色。

作为 G20 峰会的举办城市，杭州的城市特质与发展方向，已经升级成为一种生活和发展模式，能够代表中国甚至世界未来的发展方向，在峰会筹备过程中，杭州积极传播城市特质，推出引领世界未来发展的“中国模式的杭州样本”。杭州借势借力 G20，按照“最高标准、最快速度、最实作风、最佳效果”要求，从道路建设、河道整治、停车场库建设、工厂扬尘治理、“三拆一改”行动等方面对基础设施建设和城市环境做了全面提升，在优化城市功能布局、提升环境质量、彰显城市特色风貌上实现了新的突破，因此有了 G20 峰会筹备和举办期间各个媒体上魅力无限的城市风采的展现和传播。对相关会场进行重建、修缮和提升，既较好处理“标准要高”与“节约办会”的关系，保证了峰会的成功召开，也为杭州后续打造国际会议目的地城市奠定良好基础。另外，杭州抓住 G20 机遇，积极展开“最文明”城市打造活动，争取把杭州打造成国内一流、国际领先的“最文明”城市，真正把“生活品质之城”的风范亮出来。

三　G20 后杭州城市品牌的新发展

G20 峰会无疑开启了杭州的城市发展新时代，是杭州加快城市转型的历史性机遇，杭州市委市政府以此为契机，以“十三五”为时间节点，在确保继续走在全国重要城市前列、共享共建历史文化名城、创新活力之城、东方品质之城、努力建成美丽中国的样本基础上，推进城市国际化、提升杭州在全球城市网络中的能级，全面提升杭州的综合实力、创新活力、人文魅力和国际影响力，为建设世界名城打实基础。

2016 年 G20 峰会全面呈现了生活品质之城与活力创新之都的交相辉映，历史和现实相得益彰的独特韵味、别样精彩，成功体现了中国特色、中国风格、中国气派和杭州特征，对于杭州的国际知名度、美誉度和影响力、竞争力皆有显著提升。习近平同志在 G20 杭州峰会闭幕式上致辞“这次会议将成为一个崭新起点，让二十国集团从杭州再出发”，随后，习近平在 G20 峰会闭幕后会见中外记者，以“最忆杭州，期待何日更重游”结束。G20 杭州峰会给世界带来了以“创新、活力、联动、包容”为特征的“新型世界经济”的中国方案，而在杭州城市品牌的发展上，由本次峰会带来的改变尤为显著。直接的改变体现在 G20 杭州峰会对杭州城市形象的提升和促进上，间接的变化体现在 G20 杭州峰会所倡导的发展理念、方式和模式，亦融入了杭州的城市品牌塑造和传播中。

借助 G20 峰会，杭州举世瞩目，让世界对接杭州，让杭州融入社会，杭州城市形象得到极大的传播，本次 G20 杭州峰会的召开对杭州城市和旅游品牌的推广远超过去 20 年的积累。相关数据显示，从 2016 年 1 月到 2016 年 9 月，媒体对 G20 的关注度持续升温，报道次数从 345 次增加到 4473 次，增幅巨大，这显示出 G20 盛会对杭州提升国际地位和知名度起到了极好的正面作用，让世界重新认识了杭州的美丽景色以及人文氛围。峰会召开期间，习近平主席在 G20 峰会发表主旨演讲、各国领导人乘机抵达、G20 峰会开幕、文艺晚会《最忆是杭州》等事件，相继成为国际主流媒体极为关注的舆情热点。《孤独星球》在全球选出了 7 个最值得 2017 年新年旅行的地方，杭州是中国唯一入选的城市。因此，在后 G20 时期，如何以 G20 峰会成就为基础，克服“眩晕效应”，与杭州国际城市建设等实体工作相同步，加大对杭州城市国际形象的传播和推介，以至于杭州能够保持连续的被关注，成为后 G20 亟须完成的重要内容。

借势 G20 峰会会议本身，杭州会奖全新品牌形象及口号被推出。在 2016 年 11 月 9 日的第九届中国会议产业大会开幕式上，杭州发布了全新的会奖品牌形象“峰会杭州”。杭州会奖口号“Hangzhou，Inspiring New Connections”，寓意杭州将成为激发更多产业连接、知识连接和商机连接的会展福地。至此，杭州也成为中国首个正式发布会奖目的地品牌的城市。秉承“引进来”和“走出去”的全球化发展视野，杭州与海外 MICE 产业进行多元化连接，从线上的“MICE 拼单季”活动到线下的“MICE 体验官”全球买家目的地考察活动陆续展开，海外官方推广平台 LINKEDIN 也建立起来。早在 2016 年 5 月，杭州市旅游委员会与市财政局联合出台了《杭州市促进会议与奖励旅游项目引进支持办法》，配套推出了 2016 年会奖旅游特惠年活动，截至 7 月底共引进会议 14 个，参会人数达 1 万余人，直接会议消费 1800 余万元，包括 2 个单会代表超过 2000 人的超大型会议，5 个单次消费超过 200 万的高端会议，政策拉动效应显著。

峰会后，杭州立即推出《江南韵味 · 世代匠心——G20 后游杭州》等宣传品，引爆新一轮杭州旅游热潮。2016 年实现旅游外汇收入 31.49 亿美元，同比增长 7.47%；入境游客 363.23 万人次，同比增长 6.34%。

2017 年，新版杭州旅游宣传片《聆听杭州》正式拍摄和制作，《杭州日报》《都市快报》等多家主流媒体对此进行了报道，公益出演的明星王力宏用其微博账号为杭州之行做宣传，引发广泛传播。“杭州新忆”项目正式发布，结合互联网推广模式，以“后峰会”杭州旅游新品为切入点，塑造杭州新形象，微博活动阅读量突破 1.1 亿次。2016 年 10 月，杭州旅游新媒体整合营销项目（F 计划）启动，包括全球性活动策划实施、杭州旅游境外新媒体平台维护、全球知名旅游点评类新媒体、第三方评估和监测等内容，旨在在“后峰会时代”掀起新一轮城市旅游营销热潮。2017 年，“F 计划·杭州全球旗袍日”在以 Facebook 为核心的海外社交平台和欧美重点城市推出线上线下互动活动，活动引起了 Tripadvisor（猫途鹰，全球最负盛名的旅游点评网站）、新华社、中新社、中央国际广播电台等国内外主流媒体的关注和报道，影响杭州旅游境外主要目标市场超 1 亿人次，首次获得国务院新闻办客户端的报道，获得大量转发。5 月，“杭州夜十景”这一品牌正式诞生，引发全国近千家报纸电视媒体及新媒体平台传播推广，并在 Facebook、Twitter 等国际社交媒体上亮相，为杭州旅游向国际化、全域化、全时化拓展提供新支点、新动力，为“东方休闲之都、品质生活之城”注入新的内涵。

杭州市委外宣办在 2017 年上半年有一系列举动以塑造和传播杭州城市国际形象：和都市快报合作，在 Facebook 等四大海外社交媒体上注册和运营杭州城市形象官方账号“Hangzhoufeel”（韵味杭州），向海内外受众展示杭州的美景、美食、市民生活等城市文化，以及在经济发展和生态文明建设等方面的成就和经验；建立“外宣厨房”，完善软硬件设施，运营四大海外社交媒体账号并做好信息采集、翻译、报送和海外舆情监测分析等工作；在海外媒体投放专稿，打造杭州“创新活力之城”形象；7 月启动“我的西湖记忆”全球征文活动，借助口碑传播城市形象。

杭州城市品牌促进会一直是杭州城市品牌打造的重要力量。除了响应杭州城市化目标继续办好杭州市生活品质总点评、杭州市民体验日和杭州国际日三大经典城市品牌活动，还在 2017 年 8 月携手杭州市杭商研究会再次开启第三届中美文化交流活动——杭州遇上西雅图，与美国杭州商会共同签署“杭州城市品牌洛杉矶中心”合作备忘录，给杭州城市品牌国际化进程更添助力。

G20 后杭州具体城市营销和品牌宣传活动，详见表 21 - 1。

表 21 -1 G20 后杭州城市营销和品牌传播活动一览

传播事件	活动时间	传播内容	传播效果
“峰会杭州”会奖品牌发布	2016 年 11 月	会奖品牌和口号发布	杭州成为全国首个发布会奖目的地品牌的城市，标志着杭州打造国际会议目的地全球营销正式启动
讲好中国故事之讲好杭州故事创意传播国际大赛（中国国际传播局与中国公关学会主办）	2017 年 3 月—2017 年 11 月	可围绕杭州的历史文化、山水美景、创新活力、城市治理、城市国际化等方面以国际叙事来讲述杭州故事	获得广泛关注，杭州多行业参与
杭州“外宣厨房”项目组建	2017 年 3 月	生动地报道传播杭州的经济发展、历史文化等情况	与境内外众多媒体建立了合作关系，有强大的供稿和发稿渠道，形成了全方位、立体化的传播矩阵
《杭州依托创新跻身中国“万亿俱乐部”城市》专稿海外投放	2017 年 4 月	杭州是具有全球影响力的“互联网 + 创新创业中心”	《今日美国》和《华尔街日报》相继刊登，在 540 余家国家通讯社、主流媒体和门户网站以 16 种语言进行转载宣传，仅网络访问量就超过 1.95 亿人次
杭市民体验日	2017 年 4 月 22 日	“全年体验”理念；2017 年度杭州“最具品质体验点”推广	社群营销、分众传播效果显著；“体验师”成为传播领袖；传统媒体持续助力
“杭州旅游护照 · G20 线路优惠联票”首发仪式	2017 年 4 月 23 日	推荐 G20 期间各国领导人及夫人体验过的经典美景美食	发布近两个月时间纸质版已销售 1 万余套；同时得到了浙江卫视、《杭州日报》、新华网等国内媒体的广泛报道
杭州全球旗袍日	2017 年 5 月	“丝绸与旗袍”主题；千名女性代言杭州	线上线下共同发力；国内国外联动；城市传播与国家战略相结合
“杭州夜十景”评选征集活动	2016 年 8 月—2017 年 5 月	以“夜杭州 · 夜生活 · 夜美丽”为主题	评选组专家名人自带传播热点、多形式多环节皆具传播力
城市形象官方账号“Hangzhoufeel”登录海外社交媒体	2017 年 6 月	讲述杭州好故事，传播中国好声音；通过丰富多彩的形式和内容，向世界呈现杭州的独特韵味和别样精彩	通过同步推送“我的西湖记忆”全球征文启事，引发人民日报、新华社、中国日报的海外社交媒体账号纷纷转发；平均每日推送信息 30 余条，总粉丝数已超过 1 万，并同中央媒体海外社交账号进行互动转发，提升曝光度和粉丝数

续表

传播事件	活动时间	传播内容	传播效果
杭州生活品质总点评（第 13 届交流发布会）	2017 年 6 月 3 日	2016 年度杭州十大现象、人物、事件	参与报道媒体数量众多，自媒体圈层传播效果显著
杭州国际日系列活动	2017 年 9 月 5 日	国际友人开展杭州专题线路体验	社交媒体持续发力，名人传播效果显著

资料来源：笔者整理。

四　后 G20 时代杭州城市品牌塑造传播的问题与思考

2016 年杭州 G20 峰会给予了杭州一个特殊“事件”机遇，向全中国乃至全世界推广杭州的城市品牌。而 G20 过后，杭州在 2017 年 9 月份承办了全国大学生运动会，还将承办 2018 年世界游泳锦标赛、2022 年亚运会等大型活动。如何汲取 G20 时期的杭州城市品牌推广经验，解决其存在问题，在后 G20 时代“更上一层楼”尤为重要。在此，笔者就城市传播存在的问题进行初步的分析和思考。

（一）单一的城市形象传播不能等同于城市品牌的全方位传播管理

杭州作为第一批国家历史文化名城，历史底蕴和文化特色得天独厚，然而在推进杭州城市国际化进程中，相较于经济、社会、生态层面，历史、文化层面的推动措施和实际效果略显薄弱。在杭州城市形象的传播过程中，杭州一直被塑造为历史古都或者风景名胜古城，单一的城市形象传播与城市品牌的全方位传播管理尚有诸多的差距。比如在后 G20 时代，杭州一方面针对不同层次消费者需求，完善和丰富旅游产品线，健全服务体系，提升接待水平；另一方面根据新媒体环境和消费者口味习惯重新制作宣传产品，展开活动。但是，杭州的对外宣传依旧是把切入点放在某一个历史文化或者大量的风景名胜展现上，这将导致两个结果：一是在传播内容上变成片面化的城市形象的传播；二是历史文化名城的形象塑造传播大打折扣——不但难以与北京、西安等国内历史文化名城匹敌，更是与东京、巴黎、佛罗伦萨等世界历史文化名城存在较大的差距。

如何通过政府的引领，全民的参与，基于城市品牌的城市传播管理达成社会共识迫切需要进一步的城市管理的机制创新；对城市的传播管理中彰显杭州的城市个性，展现城市文化品格，打造东方文化国际交流重要城市，形成360°的品牌传播接触点，把控每一环节，提供完整的城市品牌体验过程，需要进一步探索和实践。

（二）传播渠道单一，主要锁定主流大众媒体和节事活动

现阶段中国城市品牌传播的渠道以“大众媒体、节事活动、新闻发言人”为主，杭州亦不例外。杭州向来青睐主流大众媒体，各种宣传活动也更加注重在大众媒体上的投放。现在的杭州开始使用新媒体进行国内外传播，但是可以看到，后G20时代的杭州仍旧把城市品牌传播的重点渠道放在主流大众媒体上。即便是新媒体平台上的营销活动，也是在后续宣传中投入更多注意力在大众媒体上的报道，对传播效果评估的依据主要来自主流大众媒体的数据。

G20杭州峰会本身就是一个节事活动，以此为契机，杭州有效提升了自身作为国际旅游目的地城市的能级，迅速提高了城市知名度和国际化水平，同时借助G20峰会的品牌效应，作为举办地城市迅速提高了重大项目的承接能力，为后续争取承办国际重要会议、国际体育赛事以及各类大型活动奠定了基础。G20后，杭州积极推动杭州各区域平衡发展，协同传播。各区县（市）推出极具文化特色的民俗节庆活动，如西溪湿地“摘火柿、赏国瓷、花卉展”活动，运河杭州段的博物馆学艺，富阳龙门古镇民俗风情节，临安“万寿银杏节、高山红叶节”，建德新叶古村“社戏节”等，这些节事活动在丰富了杭州休闲旅游产品体系的同时，掀起一轮一轮的传播点，吸引了大量游客。但是从长期的传播来看，可能会落入缺乏新意的窠臼，从而失去传播活力。

大众媒体和节事活动，不可否认都是城市品牌传播重要有效的渠道。但是在全球化和移动互联网时代，到底怎样的传播渠道选择才是最有效的？国外的传播生态是否与国内相同？而不同的节事活动是否需要探索不同的传播路径？杭州被习总书记誉为“创新活力之城”，如何利用“互联网+”在传播手段上予以创新的同时，也通过传播手段的创新塑造杭州创新创业之城的形象？这些都是杭州城市品牌在后G20时代的整合营销传播中需要考虑的。

（三）主体传播意识有所欠缺，传播资源整合力度有待加强

2016 年 1 月，《杭州市城市总体规划（2001—2020 年）》（2016 年修订）获国务院正式批准。其提出的目标是把杭州市建设成为经济繁荣、和谐宜居、生态良好、富有活力、特色鲜明的现代化城市和美丽中国先行区。此目标的提出也折射出“品质之城”的内涵。杭州在城市品牌的塑造过程中提倡“共创共建”，杭州在城市品牌落地时，建立了由一把手掌舵的杭州市城市品牌工作指导委员会，创新性地组建了相关知识界、媒体界、行业企业界、党政界“四界联动”的“多层复合”新型社会主体——杭州市城市品牌促进会，并且致力于推动包括前者、杭州市委外宣办、杭州市传媒品牌促进会、杭州市旅游形象推广中心等在内的城市品牌网群发挥作用。从后 G20 已有的城市营销和城市品牌传播活动来看，基本上是由政府部门和事业单位主导的，效果更加看重体制内部的评价，而未真正渗透到各个城市主体当中去。在很多人心中，杭州的城市对外整合营销传播仍旧属于政府某部门的责任。这也从另一个方面折射出来杭州现有的城市营销活动中，针对本城市主体的不多，而城市主体参与度亦不够高。要真正实现有效的城市品牌整合营销传播，必须将城市的核心价值和品牌的传播理念贯彻到城市管理的多个领域、产业经营的诸多环节以及城市市民的言行中，让城市的每个主体为杭州的城市品质发声和代言。

另外，相关调查数据显示（章伟良，2015），杭州市优秀专业人才中从事对外宣传和传播工作的人员数量仍然偏少，基层外宣从业者数量不多且兼职现象较为普遍，这些皆不利于杭州对外整合营销传播策略的制定和实施。

（四）会议目的地和创新创业中心的品牌塑造传播较为薄弱

G20 峰会为杭州会议旅游产业发展打开了与国际接轨的大门，有效提升杭州“高端国际会议目的地”品牌形象，并为会议旅游产业发展留下国际标准的基础设施、会议场馆等丰富遗产。G20 会场所在地钱江新城被打造成拥有“商务 + 商业 + 金融 + 文体”四大主导功能的“杭州国际化窗口”。杭州会奖全新品牌形象及口号推出，使杭州成为中国首个正式发布会奖目的地品牌的城市。但是在杭州对会议品牌、目的地的品牌传播中总是围绕着 G20 来展现，在杭州整体的对外传播中也未占多大比重。另

外，杭州的会议基础设施建设和会议目的地接待水平皆存在不足，这对杭州国际会议目的地的形象塑造是不利的。

“互联网+”创新创业中心的品牌塑造传播也稍显不足。尽管2017年以来，杭州市委外宣办在海外媒体投放专稿，打造杭州“创新活力之城”形象，但杭州在此方面的传播以阿里巴巴和互联网大会为主要代表，缺乏对杭州在集聚高端要素、培育前沿产业、发展高端产业、扩大经济开放度上的具象表现，同时缺乏相关的体验式营销活动，让城市消费者不容易感受杭州身为创新活力之城的综合实力和全球影响力。

（五）海外主流媒体的声量与本土传播的声量失衡

G20为杭州的城市形象传播提供了绝佳的契机，杭州历史与现代交融的国际化形象得到展现，特别是在中国本土，中央媒体和浙江地方媒体携手共同塑造着“独特韵味、别样精彩”的杭州城市形象。然而在海外，主流媒体对于杭州的报道比较单一，甚至只是多作为G20会议举办地单纯出现。从国外的报道来看，杭州较难作为独立的地域名词出现，一般都要进行特别解释，比如“G20峰会主办城市”“浙江省会”“商业巨头阿里巴巴所在地”等，可见杭州本身的国际知名度并不够高，国际传播需要依赖他者影响力。其次，外媒呈现的杭州是一个自然环境优美，历史文化底蕴丰富，经济发展蓬勃向上，政府处理国际大型活动经验尚有不足，知名度不高但是正在迈向国际化、科技化大都市的形象，但整体形象不够丰满。尽管G20后杭州持续发力，在海外策划了几个城市营销活动，但是如何加强自我国际形象规划，策划有国际影响力的媒体传播话题，加强与海外媒体的创新合作，扩大在海外主流媒体的声音，都是在之后需要着重考虑的问题。

五　未来展望与策略建议

（一）接轨国家形象战略，讲好杭州故事

近年来，随着中国经济的快速增长、综合国力的不断提高、国际地位的进一步提升，中国在国际上拥有了越来越多的话语权，对国家形象的国际传播越来越重视。如何构建国际大国形象已经成为中国十分重视的战略问题，为此国家出台多方政策重塑国家形象。G20峰会虽然为杭州带来了

一定的国际知名度，但与北京、上海等国际大都市相比，仍然有较大差距。在这种背景下，积极依托国家形象战略，寻找国际接轨点，依靠国家的政策力量比单纯的城市形象传播具有更好的传播效果。例如，近年来习近平提出了“一带一路”倡议，杭州要积极抓住这一机遇，将杭州的丝绸、茶叶等传统文化融入时代精神，与“一带一路”各国寻找共通的文化背景与共建话题，向各国人民展现杭州丝绸的魅力。在这一过程中，巧妙地植入杭州的历史文化、山水美景、创新活力、城市治理、城市国际化等城市议题，向世界展示一个既有深厚历史文化底蕴又有创新活力的国际城市形象。除此之外，“旅游外交”“中华优秀传统文化传承发展工作”等各项战略和政策，都是杭州可借助的传播载体。

（二）构建 360°的城市品牌整合营销传播理念

“整合营销”原是市场营销中的一个概念，指的是通过使用各种不同的传播手段，发挥不同传播工具的优势，实现组织的营销目标。后被广泛应用到各个领域。城市形象的传播并不是单纯的城市外观、城市景色、城市建筑的传播，而是一套系统的工程，政府应整合各部门资源，充分发挥服务者的角色，围绕“一个声音”，有计划、有步骤地对城市的各个方面开展协调一致的营销传播活动。在这个过程中尤其要注意两点：一是明确目标受众，杭州在国内已经拥有极高的知名度，所以杭州国际传播的主要对象是国外受众，要分析国外受众的兴趣点和认知方式，选择最容易引起他们关注的方式进行沟通，再结合城市发展目标有针对性地进行传播；二是要形成统一的城市品牌形象，杭州目前在国际上的知名度还是紧紧依附“G20”，这显然不够，要围绕打造“东方品质之城”的城市定位，将杭州的历史文化、经济发展、创新活力都融入进去，形成受众对杭州城市形象稳定的统一的认知。

（三）调整移动互联网时代的城市品牌传播管理架构

一是运用基于大数据的精准和有效传播。移动互联网的出现推动了传播技术的创新，也给城市管理者提供了一个巨大的数据库。基于移动互联网应用的大数据技术，能全面记录和动态追踪每一个个体目标消费者的行为轨迹，从而通过数据挖掘和关联分析，得到目标消费者的精准画像。大数据还能预判目标消费者在特定时间和场景下的消费，根据消费者已有的消费记录预测消费者的关联“消费需求”。通过与特定移动设备持有者的身份匹配，保证品牌传播过程的精准可控。城市品牌需要调整自己的传播战略，把握移动互联网时代下的精准传播策略。比如建设杭州城市消费数据平台，记录来杭消费者的足迹和消费渠道，一方面可以推出更加迎合大众需求的城市消费产品，另一方面亦可推出满足不同人群喜好的体验路线。需要注意的是，精准传播是以消费者为核心，尽管需要技术、创意的共同支撑和驱动，但也应当以传播的有效性为重要的传播目标，不一定为了适应时代潮流在任何活动中都照搬移动新媒体战略。最后，要学会利用大数据来收集消费者对每一次传播的反馈，从而调整下一阶段目标和方式，这也有利于构建完整和可持续的城市品牌传播管理生态圈。

二是探索城市品牌管理模式的创新。“未来的营销是品牌的战争”，城市的营销也不例外，而品牌管理模式是实施品牌战略的核心内容，如何根据城市的特色，进行有效创新，建立科学的品牌管理模式成为城市面临的重要现实问题。一般品牌始终处于市场、消费者、产品和企业之间，建立品牌管理模式要围绕品牌与四者的关系展开，城市品牌管理模式的创新也要从这四方面来考虑。在城市品牌与市场关系上，要坚定新时期杭州“独特韵味、别样精彩”的世界名城城市定位，尽快占据消费者心智。在品牌和消费者的关系上，在坚持共享共建的价值基础上，以对更多城市利益相关者的价值承诺来调动其对城市品牌塑造传播的积极性。在品牌和产品的关系上，创新城市品牌文化，根据消费者需求不断开发出有市场竞争力的城市产品，完善相关服务。最后，评估和传播品牌对城市的价值，规范评价体系，帮助政府和市民树立城市品牌价值观念。

（四）以城市民间外交促动城际传播，达成城市品牌的提升

城市国际化和全球都市的兴起，使得城市越来越成为国际关系中活跃的行为体，城市的外交职能得以不断完善，城市外交从而成为一种新兴的外交形式（赵可金，2016）。城市外交与致力于捍卫国家利益和执行对外政策的国家外交相比，还包含着寻求管理多样化的城际国际利益、提升社会团结、拓展城市发展空间等目的，尤其是全球化快速发展的时期，绝大多数城市面临着多样化族群、环境、文化等共同挑战和其产生的外交问题，需要通过外交的手段来为城市的安全繁荣和可持续发展营造良好氛围（赵可金、陈维，2013）。城市外交的过程也是城市品牌的传播过程，尤其可以通过城市的民间外交，传递城市品牌价值，探讨交流城市管理经验，谋求城市之间的利益共享。而“品牌化”也有助于在城市外交中塑造城市形象，帮助城市赢得信任和尊重，提升人们对城市品质和竞争力的期待。在城市外交中可以以城市品牌价值为诉求，联动城市行业、企业品牌为载体，通过城际的全方位的体验交流为手段，达成城际的互动互晓，合作共赢。

参考文献：

[1] 常江：《作为 IP 的中国——概念、形象、叙事》（http://news.china.com.cn/txt/2017-04/19/content_40650144.htm）。

[2] 陈柳钦：《城市形象的内涵、定位及其有效传播》，《湖南城市学院学报》2011 年第 1 期。

[3] 黄灿灿：《人民日报社“中央厨房”解读》，《新闻论坛》2016 年第 1 期。

[4] 刘波：《全球化时代城市外交的地方经验——以北京为例》，《西部学刊》2017 年第 4 期。

[5] 刘彦平主编，许峰、[瑞典] 艾玛、赵峥、何春晖副主编：《中国城市营销发展战略（2016）：国家战略视野下的城市营销》，中国社会科学出版社 2017 年版。

[6] 章伟良：《杭州城市国际化进程中对外传播格局的构建》，《对外传播》2015 年第 11 期。

[7] 赵可金、陈维：《城市外交：探寻全球都市的外交角色》，《外交评论》2013 年第 6 期。

[8] 赵可金：《中国城市外交的若干理论问题》，《国际展望》2016 年第 1 期。

附　　录

刘彦平　张巍巍

一　指标体系

（一）中国城市品牌发展指数（CBDI）指标体系

一级指标	二级指标	三级指标	指标衡量方法
B1 城市文化品牌发展指数	B1.1 文化独特性	B1.1.1 文化渊源	历史文化指数
		B1.1.2 文化特色	国家非物质文化遗产数
		B1.1.3 独特性感知	"城市名 + 独特" 全网数据量
	B1.2 文化开放性	B1.2.1 文化包容性	常住外来人口占比、众创空间大学生创业数和就业数
		B1.2.2 文化产业	每百万人文化、体育和娱乐业从业人数
		B1.2.3 友善氛围	"城市名 + 友善" 全网数据量
	B1.3 文化活力	B1.3.1 文化影响力	"城市名 + 文化" 全网数据量
		B1.3.2 文化创新	著作权登记数量
		B1.3.3 创新氛围	"城市名 + 创新" 全网数据量、众创空间创新创业活动数
	B1.4 文化吸引力	B1.4.1 舆论关注度	"城市名 + 城市文化" 百度关注指数
		B1.4.2 研究关注度	"城市名 + 城市文化" 知网期刊主题词文章数量
B2 城市旅游品牌发展指数	B2.1 旅游人气	B2.1.1 国内旅游人气	国内游客数量
		B2.1.2 国际旅游人气	国外游客数量
	B2.2 旅游吸引力	B2.2.1 文旅资源	国家非物质文化遗产数
		B2.2.2 旅游吸引物	4A 级景区数（每个 2 分）、5A 级景区数（每个 5 分）

续表

一级指标	二级指标	三级指标	指标衡量方法
B2 城市旅游品牌发展指数	B2.3 旅游发展效益	B2.3.1 旅游收入	旅游总收入
		B2.3.2 旅游增长	旅游总收入增长率
	B2.4 旅游营销传播	B2.4.1 微信传播	“城市名 + 旅游” 微信发文量
		B2.4.2 论坛传播	“城市名 + 旅游” 论坛发文量
		B2.4.3 博客传播	“城市名 + 旅游” 博客发文量
		B2.4.4 微博传播	“城市名 + 旅游” 微博传播内容量
		B2.4.5 App 新闻	“城市名 + 旅游” App 新闻传播内容量
		B2.4.6 纸媒传播	“城市名 + 旅游” 纸媒报道发文量
		B2.4.7 问答传播	“城市名 + 旅游” 问答发文量
		B2.4.8 视频传播	“城市名 + 旅游” 视频传播量
		B2.4.9 新闻传播	“城市名 + 旅游” 新闻传播量
B3 城市投资品牌发展指数	B3.1 要素质量	B3.1.1 大企业指数	500 强及上市企业数
		B3.1.2 人力资本结构	每百万人科学研究及金融从业数
		B3.1.3 人均存款余额	—
	B3.2 经济基础	B3.2.1 人均 GDP	—
		B3.2.2 人均收入	城镇居民人均可支配收入
		B3.2.3 人均收入增长率	城镇居民人均可支配收入增长率
		B3.2.4 经济发展预期	“城市名 + 持续增长” 全网数据量
	B3.3 创新创业潜力	B3.3.1 专利数	专利申请量
		B3.3.2 高校质量	各城市大学排名
		B3.3.3 平台与设施	众创空间数、孵化器数、千人互联网用户数
		B3.3.4 创新创业口碑	“城市名 + 创新创业” 全网数据量
	B3.4 投资营销传播	B3.4.1 微信传播	“城市名 + 投资” 微信发文量
		B3.4.2 论坛传播	“城市名 + 投资” 论坛发文量
		B3.4.3 博客传播	“城市名 + 投资” 博客发文量
		B3.4.4 微博传播	“城市名 + 投资” 微博传播内容量
		B3.4.5 App 新闻	“城市名 + 投资” App 新闻传播内容量
		B3.4.6 纸媒传播	“城市名 + 投资” 纸媒报道发文量
		B3.4.7 问答传播	“城市名 + 投资” 问答发文量
		B3.4.8 视频传播	“城市名 + 投资” 视频传播量
		B3.4.9 新闻传播	“城市名 + 投资” 新闻传播量

续表

一级指标	二级指标	三级指标	指标衡量方法
B4 城市宜居品牌发展指数	B4.1 宜居声望	4.1.1 美丽口碑	“城市名+美丽城市”全网数据量
		4.1.2 美食口碑	“城市名+美食”全网数据量
	B4.2 社会治理	B4.2.1 社会保障	人均社会保障、就业和医疗卫生财政支出
		B4.2.2 社会治安	每万人刑事案件逮捕人数
		B4.2.3 安全城市口碑	“城市名+安全城市”全网数据量
		B4.2.4 和谐城市口碑	“城市名+和谐城市”全网数据量
	B4.3 民生质量	B4.3.1 房价收入比	(住房平均售价×90)/城镇居民人均可支配收入×3
		B4.3.2 教育发展	小学指数、中学指数和大学指数
		B4.3.3 公共医疗	每万人拥有医生数、病床数，三甲医院数
		B4.3.4 公共文化	每百人公共图书馆藏书数量比（市/辖区）
		B4.3.5 基础设施	交通拥堵指数、排水管道密度指数、互联网宽带接入指数
	B4.4 生态环境	B4.4.1 空气质量	PM2.5
		B4.4.2 绿化面积	建成区绿化覆盖率
		B4.4.3 生态保护	国家级自然保护区数量和面积
		B4.4.4 环境保护	单位 GDP 二氧化硫排放量
B5 城市品牌传播发展指数	B5.1 城市知名度	B5.1.1 国内知名度	城市名百度新闻搜索信息数量
		B5.1.2 国际知名度	城市英文名称 Google 新闻搜索信息量
	B5.2 城市关注度	B5.2.1 网络关注度	城市名百度指数
		B5.2.2 研究关注度	城市名知网数据
	B5.3 媒体营销传播	B5.3.1 微信传播	城市名微信发文量
		B5.3.2 论坛传播	城市名论坛发文量
		B5.3.3 博客传播	城市名博客发文量
		B5.3.4 微博传播	城市名微博传播内容量
		B5.3.5 App 新闻	城市名 App 新闻传播内容量
		B5.3.6 纸媒传播	城市名纸媒报道发文量
		B5.3.7 问答传播	城市名问答发文量
		B5.3.8 视频传播	城市名视频传播量
		B5.3.9 新闻传播	城市名新闻传播量

续表

一级指标	二级指标	三级指标	指标衡量方法
B5 城市品牌传播发展指数	B5.4 政务新媒体传播	B5.4.1 政务微博传播力	城市政务微博发布信息内容量
		B5.4.2 政务微博服务力	城市政务微博原创发文、主动评论、主动私信人数及私信回复次数
		B5.4.3 政务微博互动力	城市政务微博被转发、评论和点赞次数

资料来源：课题组设计。

（二）数据来源

指标测算的全部数据均来源于中国社会科学院城市与竞争力研究中心数据库、国家统计局、各省统计局及相关城市统计公报2016年数据，以及百度、谷歌、中青华云大数据平台、人民网等数据。其中，中青华云大数据的爬虫、数据框是全量数据，数据维度为论坛、新闻、博客、微博、微信、纸媒、App、问答和视频9个维度的精准匹配数据（凡标明“全网数据量”的数据项均为上述维度的数据汇总），截取时段为2017年9月1日至9月30日。政务新媒体传播数据采用人民网舆情监测室和微博数据中心撰写的《2017年上半年人民日报·政务指数微博影响力报告》中的有关地级以上城市的数据。

二 样本选择

中国城市品牌发展指数（CBDI）2016—2017年度的考察样本包括中国30个省、市、自治区的287个地级以上城市。

三 计算方法

统一评估流程和数据处理方法可以在相当程度上保证结果的可用性，便于结果进行横向和纵向的比较，从而保持城市品牌发展评估的持续性和稳定性。因此，本书CBDI评估体系的指标测算秉承科学性和标准化的原则，严格按照指标评估体系的特点选择评估方法。

（一）逆向指标处理

综合评价指标体系中经常会出现逆向指标，在本书中，不同性质指标对城市品牌的作用力不同，无法通过直接合成来反映综合结果。因此，要考虑改变逆指标的数据性质，对其进行正向化处理，使所有指标对城市品牌的作用力趋同化，从而构建一致、有意义的综合指数。正向化处理的方法有取倒数、取相反数、极大值法等。

（二）无量纲化

对于多指标综合评价体系，必须对性质和计量单位不同的指标进行无量纲化处理，以处理解决数据的可比性问题。无量纲化就是把不同单位的指标转换为可以对比的同一单位的指标数值，用于比较和综合分析。无量纲化函数的选取，一般要求严格单调、取值区间明确、结果直观、意义明确、尽量不受指标正向或逆向形式的影响。无量纲化的方法一般有标准化法、极值法和功效系数等方法。本书选取极值法来消除量纲的影响。极值法的公式如下：

$$X = \frac{x - x_{min}}{x_{max} - x_{min}}$$

其中，x 为评价指标，x_{max} 和 x_{min} 分别对应指标 x 的最大值和最小值。

（三）指标权重

在多指标综合评价中，指标权数的确定直接影响着综合评价的结果，权数数值的变动可能引起被评价对象优劣顺序的改变。权重系数的确定，是综合评价结果是否可信的一个核心问题。在 CBDI 指数的权重结构中，笔者认为城市文化品牌发展指数、城市旅游品牌发展指数、城市投资品牌发展指数、城市宜居品牌发展指数和城市品牌传播发展指数虽内涵各异，但五个单项指数对总的中国城市品牌发展指数具有同等的重要性，即上述五个单项指数在计算总指数时应该是等权的。而在每个单项指数内，由于指标数量较少，构成简单，每个子指标合成上一级指标时也采用等权重的方法。

（四）指数合成

确定了各指标及子指数，最后一步就是把这些子指数合成为一个综合指数，从而得到一个城市品牌的综合评价。本书选择几何平均法进行综合指数的合成。几何平均法合成指数的公式如下：

$$X = \prod x_i^{w_i}$$

其中，x_i 为第 i 个子指标，w_i 为第 i 个子指标的权重，X 为合成后的综合指标。

后　记

本书是课题组全体同人通力合作所编撰的第四部中国城市营销报告。报告对中国内地 287 个城市进行了城市品牌发展指数测评，并将 CBDI 的指数评估视为对中国城市治理能力和治理绩效的一个重要测度。本报告围绕“国家品牌战略的城市担当”主题进行了理论与案例研究，旨在为更好地促进我国国家品牌战略体系的发展，并为城市营销及品牌化研究与实践提供参考和借鉴。

感谢课题组同人一如既往的奉献和支持！许峰（山东大学管理学院副教授）、钱明辉（中国人民大学信息资源管理学院副教授）、赵峥（首都科技发展战略研究院副院长）、何春晖（浙江大学传媒与国际文化学院副教授）、项辉（杭州市发展研究中心文化建设处处长）、张巍巍（建信资本管理有限责任公司高级分析师）、刘新鑫（中国传媒大学亚洲传媒研究中心副教授）、沈涵（复旦大学旅游学系副教授）、王恒（北京联合大学旅游学院副教授）、王林生（北京社会科学院副研究员）、隋欣（中国传媒大学亚洲传媒研究中心助理研究员）、牛天（中国社会科学院新闻与传播研究所助理研究员）、李泽锋（宁波城市职业技术学院/宁波大学职教学院助教、专任教师）、石俊（中国人民大学创意产业技术研究院助理研究员）、李帅帅（北京大学政府管理学院博士研究生）、王玉玺（中国人民大学研究生院博士研究生）、王明康（中国社会科学院研究生院博士研究生）、胡纯（中国社会科学院研究生院博士研究生）、徐志轩（中国人民大学信息资源管理学院博士研究生）、陈露丹（浙江大学传媒与国际文化学院硕士研究生）、张刘卓（浙江大学传媒与国际文化学院硕士研究生）、李祎玚（复旦大学旅游系学生）、杨喻涵（复旦大学旅游系学生）、林雪娇（山东大学管理学院硕士研究生）、牛文霞（山东大学管理学院硕士研究生）、罗欢（武汉大学经济与管理学院硕士研究生）等参与了本书的理论研究、案例研究或指数点评分析。他们优秀的学养和不辞劳苦、精益求精、团结协作的精神，是本报告得以顺利完成的坚实保障。

本书的付梓，得到许多领导、前辈及同人的大力支持。感谢中国社会科学院财经战略研究院院长何德旭教授、杜志雄教授以及中国人民大学中国市场营销研究中心主任郭国庆教授、中国社会科学院城市与竞争力研究中心主任倪鹏飞教授对课题的指导、关心与支持，特别是倪鹏飞老师多年来给予课题组研究的热心指导和数据支持！感谢温州大学校长李校堃教授、世界温州人投资联盟发起人应树德先生对课题研究合作的鼎力支持。感谢中青华云新媒体科技有限公司 CEO 张英伟先生、中国社会科学院新闻与传播研究所传媒调查中心主任刘志明研究员、人民网舆情监测室毛亚美小姐等为本书提供宝贵的数据支持。感谢艺道创始人杨菲女士、中青旅联科公关顾问公司副总经理方涛博士和北京育灵童集团董事长李家宝先生对课题研究的宝贵指导和支持！

许峰教授审校了部分章节，并撰写了绝大多数章节的导读。赵峥、钱明辉、何春晖几位老师也对本书的成稿各自贡献良多。

感谢中国社会科学出版社的各位领导和老师，他们一如既往地支持课题研究，并为本书出版付出了大量辛劳。

由于编著者的学识和能力有限，书中可能存在许多不足乃至错误，诚望各位前辈、同行及广大读者不吝批评赐教！

刘彦平

2017 年 11 月 10 日